Il Regno e la Gloria
Per una genealogia teologica dell'economia e del governo
Giorgio Agamben

左翼前沿思想译丛12

王国与荣耀
安济与治理的神学谱系

[意]吉奥乔·阿甘本 - 著　蓝江 - 译

南京大学出版社

Il regno e la gloria
Homo sacer Vol. II, 4
Copyright © 2007 by Giorgio Agamben
Originally published by Neri Pozza editore, Milano
Simplified Chinese edition copyright © 2021 Shanghai Sanhui Culture and Press Ltd.
Published by Nanjing University Press
All rights reserved.
版权登记号：图字10-2021-385号

图书在版编目（CIP）数据

王国与荣耀：安济与治理的神学谱系 /(意) 吉奥乔·阿甘本著；蓝江译. — 南京：南京大学出版社，2021.9（2022.3重印）
（左翼前沿思想译丛）
ISBN 978-7-305-24801-6

Ⅰ. ①王… Ⅱ. ①吉… ②蓝… Ⅲ. ①吉奥乔·阿甘本—政治哲学—研究 Ⅳ. ①B546②D0-02

中国版本图书馆CIP数据核字(2021)第146360号

出版发行　南京大学出版社
社　　址　南京市汉口路22号　　邮　编　210093
出 版 人　金鑫荣

丛 书 名　左翼前沿思想译丛
书　　名　王国与荣耀：安济与治理的神学谱系
著　　者　[意]吉奥乔·阿甘本
译　　者　蓝江
策 划 人　严搏非
责任编辑　施　敏
助理编辑　刘慧宁
特约编辑　谢小谢　黄　洁

印　　刷　山东临沂新华印刷物流集团有限责任公司
开　　本　880×1240 1/32　印张 16.625　字数 355千
版　　次　2021年9月第1版　2022年3月第2次印刷
ISBN 978-7-305-24801-6
定　　价　75.00元

网　　址　http://www.njupco.com
官方微博　http://weibo.com/njupco
官方微信　njupress
销售热线　（025）83594756

版权所有，侵权必究
凡购买南大版图书，如有印装质量问题，请与所购图书销售部门联系调换

1 神的王座,巴尔·科赫巴发行的硬币,公元 2 世纪。以色列耶路撒冷,以色列博物馆

2 凯旋门中的空王座,两侧为使徒彼得和保罗。意大利罗马,大圣母殿

3 空王座,镶嵌画,公元5世纪。意大利拉文纳,尼安洗礼堂的拱顶

4 古罗马君士坦丁堡的大理石浮雕,公元5世纪。德国柏林,国家博物馆

5 古罗马君士坦丁堡的大理石浅浮雕,公元6世纪。意大利威尼斯,圣马可大教堂,北立面

6　带十字架的空王座，镶嵌画，公元 6 世纪。意大利拉文纳，亚略洗礼堂

7 卧有羔羊的王座,镶嵌画,公元6世纪。意大利罗马,圣葛斯默和达弥盎教堂,拱顶

8 第一次君士坦丁堡公会议,格里高利·纳齐安的微型像,约880年。法国巴黎,法国国家图书馆

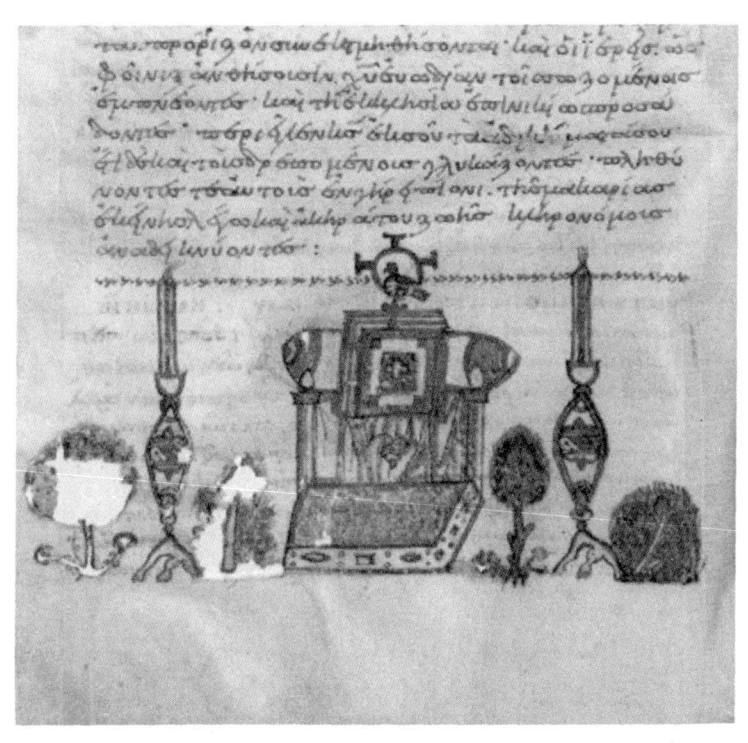

9　三位一体空王座，希腊文出自比提尼亚人，公元 9—10 世纪。法国巴黎，法国国家图书馆

10 古罗马君士坦丁堡的空王座圣像画,滑石金,公元 10 世纪末 11 世纪初。法国巴黎,卢浮宫

11 三位一体空王座，有色玻璃，12世纪初。意大利威尼斯，圣马可大教堂，黄金祭坛

12 《最后的审判》(局部),公元6—7世纪。意大利托尔切洛,阿奎莱亚圣母升天宗主教圣殿主教座堂

13 空王座,镶嵌画,公元7世纪。意大利罗马,城外圣保禄大殿

14 空王座，镶嵌画，公元7世纪。意大利巴勒莫，帕拉提那礼拜堂

15 《圣方济各的传说:王座之像》,壁画,乔托·迪·邦多纳,约1290—1295年。意大利阿西西,圣方济各圣殿,上教堂

16 空王座,东正教圣像画,15世纪初。俄罗斯莫斯科,特列季亚科夫画廊

目　录

001 - 总序

007 - 译序（代导读）　从赤裸生命到荣耀政治

001 - 序言

004 - 第一章　两种范式

033 - 第二章　安济的奥秘

091 - 第三章　存在与行动

116 - 第四章　王国与治理

181 - 第五章　神恩机制

233 - 第六章　天使学与科层制

268 - 第七章　权力与荣耀

316 - 第八章　荣耀考古学

418 - 附录　现代的安济

460 - 参考文献

总序

吴冠军、蓝江

一

奉献在读者面前的，是我们经过漫长筹备的一套丛书：《左翼前沿思想译丛》。在汉语学界，"左翼（派）"这个说法长久以来陷于深度混淆：我们触目可见诸种"老左派""新左派""极左思潮"标签，但归在这些标签下的种种论述真的可以代表"左翼"吗？

什么是"左翼"？在我们看来，"左翼"有两个定义性的特征。一是态度性的，即对当下既有现状（status quo）持一个批判性的态度。这个"态度"（attitude），亦即福柯所说的"启蒙的态度"："可以连接我们与启蒙的绳索不是忠实于某些教条，而是一种态度的永恒的复活——这种态度是一种哲学的气质，它可以被描述为对我们历史时代的一个永恒的批判。"以此态度观之，今天汉语学界的许多"左翼"其实是名不副实的。

与此同时，"左翼"还有一个更实质性的特征：它不仅是一种"态度"，而且是一种"诉求"。这个实质性内核，就是争取更充分的平等。"左翼"的政治思想或话语，无论再怎么呈现出五光十色的多元性，其最根本层面上的底色不会更改——追求一个更为平等主义的社会

(egalitarian society)。这就是"左翼"的两个定义性特征：批判性的态度与平等性的诉求。通过策划这套丛书，我们旨在在汉语学界重新厘清"左翼"思想的根本轮廓，并带领读者进入左翼思想的最前沿地带。

以此为旨归，这套丛书将系统性地向汉语学界引入关于当代左翼思想的最前沿成果。自 20 世纪 90 年代开始，欧陆思想界的政治哲学研究出现了新的状况与新的气象：在政治上，90 年代初福山提出的"历史终结论"，宣告了全球资本主义秩序的到来；而在哲学上，"后结构主义"将西方欧陆思想的发展推到了它自身发展的一个逻辑极致，标识了"哲学的终结"。而恰恰是在这个双重"终结"的状况下，自 90 年代后期开始，一批卓越的欧陆思想家开始走到国际学术舞台之一线前台，其中具超凡影响力的就有齐泽克、巴迪欧、奈格里（及其合作者哈特）、阿甘本、拉克劳（及其合作者穆芙）、朗西埃、巴里巴、瓦蒂莫等。这些思想家在过去近二十年间的著述，已然开辟出了欧陆思想的全新气象，打开了"后结构主义之后"的（诸种）新的开端。

二

如何在欧陆思想史脉络中定位这批新一代欧陆左翼领军人物？

让我们先回到 20 世纪七八十年代。前面已提到，当时，一股后来被概述为"后结构主义"的思想运动，将欧陆思想的发展推向了它自身发展的一个逻辑极致。为什么这样说？

古希腊的古典形而上学以"理性"（logos）应治多神时代的"神话"（mythos），以"自然"（physis）作为人类共同体的基石。随后基督教神学以"上帝"代替"自然"，作为人的世界最终的根基与根据。欧陆思想史上"哥白尼式革命"的启蒙，则瓦解了"上帝"的权威，重新以人的理性作为共同体之维系力量。继之而起的三轮思想浪潮——历史主义、存在主义、阐释学——完成了从启蒙的普遍主义到后启蒙之视角主义(时代精神、个体意志、视域)的转换。随后兴起的结构主义,则借助语言学与精神分析而彻底瓦解"主体"之范畴("主体"被构建论)。最后,在后结构主义思想家们这里,"历史化"与"结构化"相结合,"解构主义""反本质主义""无基础主义""新实用主义",皆指向了欧陆思想自身的逻辑终点——不再有任何形而上学的力量或范畴,可以构成人类共同体的终极支撑。对欧陆思想史深有洞见的利奥·施特劳斯在20世纪50年代便宣布:除了"回归"——回归古典形而上学或神学("雅典或耶路撒冷")——外,别无新的思想突破口。[1]

然而,我们已经能在近二十年欧陆政治哲学家的著作中,捕捉到一股新的思想脉动。自20世纪90年代以降,齐泽克与阿甘本这两位出生于40年代的思想家,与比他们略长半辈的奈格里、拉克劳、巴迪欧等人(皆出生于30年代)一起,围绕"the Political"(政治)形成了一个充满活力的欧陆思想前沿地带——一个新兴的"激进左翼"思想阵营。

但我们仍然面对的重要问题是:是什么使得这股"激进左翼"政治哲学在过去十几年内迅猛崛起?这些学者同前代左翼学者(后结构主义者)的根本学理分歧在哪里?他们是否真正打开了全新的思想格局?

三

在我们看来:这一代欧陆思想家的崛起,始于他们不满于后结

---

[1] 进一步阐述请参见吴冠军:《现时代的群学:从精神分析到政治哲学》,中国法制出版社,2011年,第3—152页。

构主义者在"政治主体"问题上的立场——"消解主体"后,拥抱微观政治、"私密的反抗"(intimate revolt)、拟像游戏、小叙事与歧见的繁荣、多元主义的族群认同,等等。在这些当代激进思想家看来,后结构主义的政治方案在今天已经彻底丧失反抗性,因为它们已经被整合到全球资本主义秩序之中:微观政治、"私密的反抗"、拟像游戏、小叙事繁荣、小共同体认同、开放的多元主义宽容等,都能在被齐泽克称作"后现代数字资本主义"的全球秩序中得到实现。而后结构主义的当代传人,如赛蒙·克里奇利、朱迪丝·巴特勒等人,皆发出如下论调:现状永远会持续下去,我们无法击败整个资本主义系统,我们只能进行日常生活中的"私密的反抗",进而,努力让各种被排斥、被边缘化的声音被听到……这种左翼姿态,在当代激进左翼学者眼中,正是把左翼事业引向一条绝路:从哈贝马斯到克里斯蒂瓦,顶级左翼思想家们明里暗里皆纷纷放弃社会变革的目标(承认资本主义秩序会不断持续下去),放弃激进解放的理想(玩玩"私密的反抗"、搞搞小范围的游戏)……

是故,把理论进路并不一致的这批当代学者们联合成一个"激进左翼"思想阵营,正是他们所分享的这样一种立场:对全球资本主义秩序的激进反抗。而在学理上,不论他们的正面主张为何,这批左翼学者旨在处理的一个核心问题,就是政治的主体问题:传统的工人阶级(working class)之后,什么能成为新的变革既有秩序的主体?

今天"激进左翼"阵营中的成名人物,都在政治主体这个问题上深有建树。若对他们进行细致的理论梳理的话,则可分出四个理论路向。有意思的是,前三个路向正好两两出场:第一对,就是因写作《帝国》三部曲而大名鼎鼎的哈特和奈格里;第二对,是在80年代就已成名的拉克劳和穆芙(他们的成名作《领导权和社会主义策略》是左翼政治哲学的地震式作品);第三对,就是齐泽克和巴迪欧(他们也有一本合著,即收入本丛书的《当下的哲学》)。而第四个路向,则是以阿甘本的《神圣人》(亦收入本丛书)三部曲为代表。这四个路向,实则构成了当代欧陆左翼思想之基本框架。

进一步沿着思想史的线索向上追索,我们就能看到以上四个路向各自背后的理论资源:第一对背后站着的是马克思和德勒兹;第二对背后是马克思和葛兰西;第三对背后是马克思和拉康;第四对背后则是海德格尔与本雅明。进而我们想指出的是,这批激进左翼思想家给我们打开的思想视野不仅仅是"回到马克思",他们更是向上追到了古典德国理念主义(齐泽克),追到了斯宾诺莎(奈格里),追到了古希腊的亚里士多德(阿甘本),追到了柏拉图(巴迪欧)。这就使得我们有必要进一步把激进左翼的政治哲学,放在一个更大的思想史背景下去进行考察——对柏拉图到施特劳斯/巴迪欧、亚里士多德到阿伦特/麦金泰尔/阿甘本、霍布斯到施米特/阿甘本、斯宾诺莎到德勒兹/奈格里、康德到海德格尔/罗尔斯/拉克劳、黑格尔到科耶夫/泰勒/齐泽克等等这些充满"歧路"的思想史线索,去做出一个学理上的内在衡析。[1]

四

汉语学界对当代左翼前沿思想的研究,从 21 世纪初大陆和台湾开始陆续翻译他们的著述以来,已取得了一定的成绩:至少在今天,齐泽克、奈格里、阿甘本、巴迪欧等名字对于中国学者来说已经不再是陌生语词。

然而,其中很多著作之翻译质量,实在不如人意。究其缘由,我们认为问题出在汉语学界的研究者与翻译者们对当代左翼思想尚

---

[1] 以上分析的具体展开,请参见吴冠军:《第十一论纲:介入日常生活的学术》,商务印书馆,2015年,第3—19页。

无系统了解与学术认知。因缺乏实质性的学术储备,很多译者是在为翻译而翻译,乃至在粗劣地"硬译"。这便使得左翼思想在学界的面目更加晦暗不清,遑论对之进行学理上的深入梳理与衡析。正是鉴于这一局面,在三辉图书的鼎力支持下,我们投身筹划了这套大型丛书。

本译丛目前包含两部分:第一部分,我们选取了当代著名的左翼思想家,包括阿甘本、齐泽克、巴迪欧等人(还有一些他们老师辈的,比如加塔利)的代表性著作。我们希望通过翻译的方式——尽力做到优质的翻译——呈现出当代欧陆左翼的思想地貌。第二部分,我们选取分析欧陆左翼思想跟中国思想互动的研究,包括借助左翼理论视角来研究中国思想的著作,以展现左翼思想与中国语境的诸种相关性。

认真负责的学术翻译,在今天诚然是"高投入、低产出、低报酬、高风险"的高压且高危行业,于职业于健康皆无"益处",只有"愚公"才会干。很感谢和我们一起投入这项事业的愚公学友们。我们谨希望通过自己的微薄努力,为汉语学界的左翼思想研究与学术讨论带来一些不同的景观。若能至此,纵疲累,心愿已足。

译序（代导读）

从赤裸生命到荣耀政治
——阿甘本"神圣人"思想的发展谱系

对于阿甘本来说，他所有著述中最为重要的就是"神圣人"（Homo Sacer）系列。1995年，他的"神圣人"系列第一本出版，引起了西方学术界的一次争论，尤其是他在书中提出的赤裸生命（bare life）和生命政治（biopolitics）概念，一时间成了学术界的热门用语。此后，他对奥斯维辛集中营的分析进一步刻画出神圣人在现代社会的形象，他的结论"现代社会是一个大集中营"，几乎是对福柯在《规训与惩罚》中提出的"现代社会是一个大监狱"命题的进一步推进。不过，问题也因此而产生。实际上，无论是神圣人的概念本身，还是他曾大量使用过的赤裸生命、生命政治等词汇，在很大程度上遭到了误读。在当代中国对阿甘本的解读中，这种误读也未能避免。实际上，对阿甘本神圣人和赤裸生命概念误读的源头在于很多人忽视了最初的《神圣人：至高权力与赤裸生命》与近几年阿甘本在这个标题下继续完成的系列¹,尤其是2.4《王国与荣耀:安济与治理的神学谱系》、2.3《语言的圣礼:誓言考古学》与2.5《主业:责任考古学》之间的衔接关系问题。或者说,在神圣人系列1中阿甘本讨论的赤裸生命问题,与后来的系列2中的例外状态、统治、治理与荣耀,誓言、职责等概念之间是否存在关联?阿甘本又是如何从生命政治的主体过渡到后来的基督教仪式研究以及随之而来的治理和责任问题?

一、神圣人的双重含义

与汉娜·阿伦特(Hannah Arendt)不同,阿甘本并没有诉诸一个全新的概念——极权主义——来化解纳粹体制诞生的秘密,同时也不会用"平庸的恶"之类的概念来指责处于纳粹官僚体制中的艾希曼的作为。在阿甘本看来,尽管纳粹体制是一种新型的政治现象,并诞生于现代性的运作机制下,但是,不能说纳粹体制以及集中营式的管理模式是一种在一瞬间出现的新生事物,而这种新生事物缔造了人类历史

---

1 阿甘本现已出版的"神圣人"系列情况是这样:《神圣人:主权权力与赤裸生命》(*Homo sacer: Il potere sovrano e la nuda vita*);2.1《例外状态》(*Stato di Eccezione*, Homo Sacer Ⅱ, 1),2.2《内战》(*Stasis*, Homo Sacer Ⅱ, 2),2.3《语言的圣礼:誓言考古学》(*Il sacramento del linguaggio: Archeologia del giuramento*, Homo Sacer Ⅱ, 3),2.4《王国与荣耀:安济与治理的神学谱系》(*Il regno e la gloria: Per una genealogia teologica dell'economia e del governo*, Homo Sacer Ⅱ, 4),2.5《主业:职责考古学》(*Opus Dei: Archeologia dell'ufficio*, Homo Sacer Ⅱ, 5);3《奥斯维辛的残余:档案与证言》(*Quel che resta di Auschwitz: l'archivio e il testimone*, Homo Sacer. Ⅲ);4.1《最高的贫困:修行规则与生命形式》(*Altissima povertà: Regole monastiche e forma di vita*, Homo Sacer Ⅳ, 1),4.2《身体之用》(*L'uso dei corpi*, Homo Sacer Ⅳ, 2)。

上最大的邪恶。激发阿甘本思考的，与其说是新，不如说是旧。有着古典学功底的阿甘本，不愿意简单地在现代性表皮下做出一种肤浅的解释，而是寻找这种特殊的现代机制是否有着更深刻根源。在这个方面，福柯的谱系学方法为阿甘本指明了一条道路，即通过对历史上文献的梳理和阐释，从中找到一种理解当代政治结构的方式。从20世纪末以来，阿甘本就一直秉承着这种极富涵养的引经据典的写作风格，而这种写作风格，在根本上，与阿甘本自己所要寻求的道路是一致的，也就是说，阿甘本试图在更悠远的历史空间中，找到诞生现代政治（这种现代政治，既包括现代欧美流行的"民主政治"，也包括纳粹体制下的极权政治，在阿甘本看来，实际上"民主政治"和极权政治是一个硬币的两面，两者附着的根基是一致的，而这个根基实际上根植于更悠久的传统，即西方历史上的神学政治体系）的秘密，这个秘密需要在神圣人这个概念的谱系中去寻找。

神圣人是拉丁语词汇，最早出现在罗马法体系中。与现代法律体系不同，神圣人甚至不是一个概念上和意义上明确的用词（或者正是神圣人一词的模棱两可性质，才让阿甘本钟情于此），根本原因在于这个词同时具有两个完全不同的意思。所以，在翻译成现代语言的过程中，面对神圣人这样的词汇一定会遇到麻烦。事实上，正如阿甘本指出的那样，这个词在现代英语中对应于两个意思：一个是被诅咒之人（an accused man），另一个是神圣之人（the sacred man）。前者意味着这样的人的不纯洁性，在法理意义上，被诅咒之人也是任何人都可将其杀死而不受法律制裁的人。另一个意义涉及宗教，即这种人不能作为牺牲献祭于诸神。[1]

从词源学来说，sacer 这个词本义是分隔和分离，那么 homo sacer（神圣人）实际上应当被理解为被区分开来或者被排斥在外的人。这样，我们便可以在古罗马意境中进一步来理解这个词的含义，在罗马共和国时期，存在着平民（plebs）和公民（citizens）之分，当然，既不属于公民，也不属于平民的，就是这种被区隔的人。在罗马城邦法律中，只有公民和平民才适用于法律，对于这种被隔开的人，实际上，既无法律上的适用，更不会受到保护，也正因为如此，杀死他们才不会被法律所制裁。

不过，近代历史学家蒙森（Mommsen）却对神圣人的内涵做出了另外的解释。蒙森等人将 sacer 一词的名词形式 sacratio 看成是远古时代弱化了的或者说世俗化了的宗教法的残余。在古罗马时期，这种带有宗教法残余性质的与普通的刑法，尤其在死刑问题上，难以区分开来。而匈牙利学者卡洛伊·柯雷尼（Károly Kerényi）则给出了更为重要的解释，柯雷尼认为之所以神圣人是神圣的，并不是因为他们的纯洁，相反，他们已经受到了诅咒，因而决不能将他们献祭于诸神。不过，柯雷尼指出的另一个重要事实是："homo sacer 不能作为牺牲的对象，原因十分简单：sacer 意味着它们已经为诸神所拥有，另一个世界

---

[1] 实际上，这个词的中译也比较麻烦，国内对 homo sacer 的译法大致有两种，一种将之翻译为牲人，与阿甘本在书中提到的"赤裸生命"相对应。但实际上，由于阿甘本反复强调，homo sacer 不能作为牺牲献祭于神灵，那么 homo sacer 就不可能是作为献祭用的牲人。华东师范大学的吴冠军教授将这个词翻译为"神圣人"是比较贴近这个词的原意的，但是，从中文角度来说，"神圣人"一词很难与任何人都可将其杀死而不被治罪的形象联系到一起。

的诸神已经以另外的方式占有了它们，因此我们不需要通过一个新的行为将它们献给诸神。"[1] 这样，除了纯粹法律上的意义之外，神圣人还有一个宗教上的意义，即不可能用于宗教献祭，甚至不能参加宗教仪式的人。而神圣人不能献祭，不能参加仪式的原因也十分简单，它们已经是诸神的人了，换句说话，由于被诸神所有，神圣人从诸神那里获得神圣性，犹如诸神的财物一般，它们从一开始就被打上了 sacer 的神圣烙印。不过，柯雷尼的解释并不让人信服，神圣人的神圣性并不在于他早已被诸神所拥有，而是出于另外的原因。在厄尔努·梅伊（Ernout-Meillet）那里，不能献祭的原因在于，"sacer 决定了一个人或事物，人们不可能在触碰它之后不会弄脏自己"。或许，我们看到了另外一种解释的可能性，即神圣人不能献祭的原因不在于神已经拥有了他，而是因为诸神从一开始就不想要他，因为他是污秽，为了避免让之秽乱天国，唯有强调在献祭的时候不能用神圣人。

实际上，问题到这里并没有解决。亦即，两种看起来完全不相干的意思何以在一个词汇中体现，并被阿甘本用于现代情境？换句话说，在这两个截然不同的语义背后存在着某种必然的联系，而这种联系，在现代的政治话语中，出于某种缘故，一直被遮蔽着。我们可以先从法律的情形来思考：为什么杀掉神圣人不会被治罪？为了说明这一点，阿甘本引入了 zoē 与 bios 的区别，前者是纯粹自然状态下的生命，一种与动物生命类似的生命。bios 则是亚里士多德在《政治学》

---

[1] Giorgio Agamben, *Homo Sacer: Sovereign Power and Bare Life*, Daniel Heller-Roazen trans., Stanford: Stanford University Press, 1995, p. 73.

中所界定的一种生命，即一种城邦中的生命。这样，我们每一个人都有两个生命，一种是纯粹自然的 zoē，一种是生活在政治之中，并被政治所架构的 bios。那么，法律框架所面对的对象显然不是前者，而是生活在具体城邦中并被城邦的律法所规定的 bios。这样的逻辑也可以反过来理解，只有受到城邦法律的规定，并适用于城邦法律的人，才是 bios。这种情况下，城邦的法律是一种面对 bios 而非面对 zoē 的法律。只有当我们触犯了具有 bios 架构的人的权益时（如我侵害了他的财产或生命），我们才会受到法律的追究和制裁，而法律也只会保护那些 bios 架构下的人的权益。在古罗马时期，平民和公民虽然等级不同，但是都属于法律架构下的对象，因此，他们都拥有 bios 的生活。相反，神圣人则不同，他们既不属于平民，也不属于公民，甚至不属于外邦人（罗马法中对于外邦人仍然有相关的法律规定），这种人是一个**绝对法律上的例外之物**，他的生活的方方面面，尤其是他的生命，没有任何法律上的保障。那么，我们可以这样来理解，在这一层次上，杀掉神圣人而不被治罪意味着神圣人被排斥在人的律法（ius humanum）之外。阿甘本说："杀人无罪（impune oocidi）采取的是人的法律的例外的形式，因为其悬置了关于杀人的法律适用，而这一点归功于努马·蓬皮利乌斯（Numa Pompilius）的话：'如果某人想杀害自由人，那么他会被治以杀人罪名'（Si quis hominem liberum dolo sciens morti duit, parricidas esto）。"[1] 这样，蓬皮利乌斯的话成了双刃剑，一方面，

---

[1] Giorgio Agamben, *Homo Sacer: Sovereign Power and Bare Life*, Daniel Heller-Roazen trans., Stanford: Stanford University Press, 1995, p. 81.

蓬皮利乌斯强调杀掉自由民（hominem liberum）是杀人罪，但是，这句话也反衬了，如果杀死的不是自由民（如奴隶主杀死属于自己的奴隶）便不会在法律上被追究。这样，homo sacer 构成了一个外在于自由民，在根本上也外在于人法（ius humanum）的范畴。实际上，即便法律规定得再符合公义，那种普世之光也无法照耀到 homo sacer 的头上。正如阿甘本反复关心的监禁在古巴关塔那摩监狱中的囚犯，他们是纯粹的法律上的例外者，不仅是美国法律的例外者，甚至是全世界法律的例外者。这样，homo sacer 被坚决地挡在人的法律和人类公义的门槛之外，他们甚至连在人类之中寻得一个等级的资格都没有，唯一具有的只是他们那纯粹的如同动物、草芥一般的，在这个地球上呼吸的生命。

不过问题到这里还没有结束，homo sacer 不仅仅是人法的例外，更重要的是，它们也不能被献祭。正如厄尔努－梅伊所说，homo sacer 的不纯洁性，是它被排斥出宗教仪式的原因所在。在严格的宗教法律上来说，人对诸神的献祭，在根源上源于人类对诸神的誓约（如《圣经》中亚伯拉罕对上帝的誓约），这种誓约的成立，便构成神与人之间的神法（ius divinum）。这种神圣法涉及神对人的恩泽，以及人对神的赞美与献祭。显然，我们献祭于神的人或物必须是纯洁的，任何不洁的东西都会被排斥在神圣仪式之外。那么，homo sacer 在这里遭到了第二重排斥，也就是说，在被人法所排斥之后，又被神法所排斥，他们不仅构成了人法上的例外，也构成了**神法上的例外**。人法上的例外意味着他们无法享受到世俗法律的保护，神法上的例外则意味着他们永远得不到神恩的眷顾。正如阿甘本所说："同时将其排除于人法和神法的裁决之外，这种强制性暴力开启了一种人类行为的既非神圣行为亦非世俗行为的领域。而这个领域恰恰是我们试图在这里理解的领域。"[1] 的确,这是一个从未被开启过的领域,与之前谈论受压迫阶级和和阶层的理论不同,阿甘本关注的既不是统治阶级也不是被统治阶级,而是在这二者之外,被绝对地排斥在这种划分之外的残余物。当马克思在《共产党宣言》中宣称,世界被划分成资产阶级和无产阶级时,我们忘却了还有一些人(可以将之看成这种划分之下的 homo sacer)连进入这种划分的资格都没有。

而在这个被双重排斥的领域,生命变成了纯粹赤裸的生命,他们没有法律和政治架构的保护和惩罚,也没有神的恩泽与天谴,他们如同蜷蚁一般,蜷缩在这个世界上,在这个世界上,他们唯一留下的就是这个如草芥一般的性命。不仅如此,这个唯一留下的赤裸的性命,仍然面临着朝不保夕的危险,随时可以在主权权力的淫威下,被滥用或被剥夺走。的确,阿甘本的 homo sacer 的指控在深度上超越了前人,超越了包括汉娜·阿伦特和米歇尔·福柯在内的思想家,当赤裸生命连受压迫的资格都不存在的时候,我们何来谈论他们的解放问题?当他们只有以性命行事,并游走于生与死的门槛时,我们一切的怜悯,我们那些酸腐的正义的陈词滥调都会变成最虚伪的假象。

二、例外状态

事实上,阿甘本"神圣人"系列的第一本《神圣人:至高权力与

---

[1] Giorgio Agamben, *Homo Sacer: Sovereign Power and Bare Life*, Daniel Heller-Roazen trans., Stanford: Stanford University Press, 1995, pp. 82–83.

赤裸生命》，仅仅是一个开局。它为我们开启了以往政治学和哲学研究的一个空白地，即对神圣人进行任意处置的主权领域。不过，这个主权领域究竟是怎样形成的？那些在主权权力领域中拥有权力的人又是如何获得主权权力的？对于这些问题，阿甘本并没有在第一本书中给出回答。实际上，我们可以认为这是阿甘本给自己出的一个谜题，而他在之后的十几年中，一直致力于解开这个谜题。当然，这是一个循序渐进的过程，我们需要看到，阿甘本是如何从这个新开辟的领域一步步过渡到对深埋在西方政治制度肌理下最隐秘的制约因素的探讨。

实际上，阿甘本的神圣人研究已经潜在地将批判的矛头指向了西方启蒙理性以来的天赋人权观，而这种人权观最杰出的代表就是洛克。在《政府论》中，洛克从自然法角度论证了人从其降生开始就拥有的一种自由和权利："自然状态有一种为人人所应遵守的自然法对它起着支配作用；而理性，也就是自然法，教导着有意遵从理性的全人类：人们既然都是平等和独立的，任何人就不得侵害他人的生命、健康、自由或财产。"[1] 必须注意的是，洛克意义上的自然法状态并非后来建立起稳固政治秩序的状态，在某种意义上，洛克的自然法与霍布斯的《利维坦》中谈到的一切人对一切人的战争的自然状态是一致的。不过，与霍布斯不同的是，洛克认可了即便在这种战争状态中，人也有一种遵循自然法的状况。在后世的列奥·施特劳斯的绎读中，施特劳斯将洛克的这段话解释为："这样，存在着一种生而有之的自然权利，而不是什么生而有之的自然义务。……它之所以是先于一切义务

---

[1] 洛克：《政府论》（下篇），叶启芳、瞿菊农译，北京：商务印书馆1996年版，第6页。

的权力,乃是出于与霍布斯将自我保全的权力确立为根本性的道德事实同样的理由:必须容许人们保卫他们的生命,避免横死于暴力之下,因为他准备驱使着如此这般的形式,是由于某种自然的必然性,那与驱使一块石头往下掉的自然的必然性如出一辙。"[1]

如果把洛克的学说,以及列奥·施特劳斯的绎读,与阿甘本的神圣人系列放在一起阅读,问题会变得十分有意思。在洛克的自然法理论中,自然法对于人的自然权利的保障是穷尽一切的,也就是说,任何人都必须得到自然法的保障,并享有基本的自然权利。列奥·施特劳斯在十分现代的意义上,将这种声音放大了,亦即,将人具有自然权利的必然性同物理科学中的必然性相提并论,一言以蔽之,任何国家与社会都**毫无例外地**遵循这个法则。在洛克和列奥·施特劳斯谈到毫无例外的时候,阿甘本已经为我们谈到了其中的例外。实际上,在洛克的那段文字中,洛克有一个隐含的自然法前提,在列奥·施特劳斯的转述中被有意识地忽略了,即"有意遵从理性的全人类",这个名称,显然不是人类的全集,而是一种带有倾向性的子集。法国哲学家福柯在《疯癫与文明》中把这个问题讲得很透,在我们的既有的认识和理论体系中,倾向于以意志健全的正常人作为思考的中心点,而无意识地将不正常的人排斥在外。这也是现代意义上的健全的人与精神病病人的隔离制度的开始,也只有建立了这种隔离制度,古典自由主义的天赋的自然权利才能畅行无阻。正如福柯所说:"禁闭、监狱、地牢甚至酷刑,都参与了理性与非理性之间的一种无声对话,一种斗争

---

[1] 列奥·施特劳斯:《自然权利与历史》,彭刚译,北京:生活·读书·新知三联书店 2003 年版,第 232 页。

的对话。……在疯癫和理性之间不再有任何共同语言。"[1]

不过阿甘本的立场并不是在福柯意义上来说的，阿甘本并没有像福柯一样强调理性与非理性、文明与疯癫的对抗，以及前者对后者的禁闭和隔绝。实际上，阿甘本是从完全不同的角度提出了这个问题，即神圣人，一种以赤裸生命生存的个体，实际上并非是疯癫和非理性的。他们的生命成为人法和神法的双重例外，不在于他们的疯癫，而在于他们的**例外**（exceptio）。准确来说，阿甘本的结论比福柯更为恐怖，福柯假定了只有那些不符合标准的非理性的不正常的人才有被隔绝，成为监禁的对象。阿甘本实际上在说，我们每一个人，只要条件符合，都有可能成为社会中的神圣人，其条件并不取决于我们正常与否。那么，福柯的框架在刹那间，被阿甘本的模式所消化。也就是说，理性与非理性、文明与疯癫、正常与病态之间的区分是隔绝和摒弃神圣人的一种现代方式，而这种隔绝与摒弃神圣人的方式自远古时代就存在着，而且一直会在未来一段时间里存在。这样，随着条件的变化，我们实际上无法把握我们是否会变成下一个神圣人，因为人法和神法的光芒并不是从一开始，或者永远照射在我们身上，我们并非永久拥有具体的权利的保障。而一旦在某种情况下，我们的生命在法律与宗教来说变成了一种例外的存在，我们立即变成了只剩下赤裸生命的神圣人。

不过，问题并不仅限于此。对于福柯的研究，阿甘本更感兴趣的

---

[1] 米歇尔·福柯：《疯癫与文明》，刘北成译，北京：生活·读书·新知三联书店1999年版，第242—243页。

是其晚期的生命政治研究[1]。他在《神圣人》一书中引用了福柯《性史》第一卷的一句话："长期以来，主权权力的一个代表性的特权是有权力定人生死。"[2] 阿甘本认为，福柯这句话道出了神圣人存在的根本状态，换句话说，神圣人的生与死并不掌握在自己手中，而是掌握在主权权力那里。一旦成法律与宗教的例外，神圣人就成了任人宰割的对象。这样，任何具有权力去决定他们生死的人都成了主权者。这也是为什么阿甘本很喜欢谈奥斯维辛集中营的原因，并将奥斯维辛集中营的证言与档案作为"神圣人"系列第 3 部的直接内容。因为在集中营里，任何一个营员（无论是犹太人、吉卜赛人、斯拉夫人，甚至是有罪而关押于此的日耳曼人），在守卫面前都变成随时会被宰割的对象，而任何一个有权力杀害他们的都成了主权权力者。于是在这样一种情况下（即例外状态下），每一个营员根本没有最基本的权利，霍布斯和洛克论证过的自我保存的权力都成了讽刺，尤其是面对一群如死人般在集

---

[1] 必须指明的是，阿甘本对福柯的生命政治的研究是建立在对福柯误读的基础上。福柯的生命政治与人口统计学和卫生防疫学的兴起有关，他还与之相伴随地提出了人口安全的概念。阿甘本在自己对赤裸生命和纳粹集中营的理解上提出了自己的生命政治学。实际上，莱姆克清晰地看到了阿甘本对福柯生命政治学问题的误读："阿甘本在他的分析中排除了生命政治学的核心内容。他认为例外状态不仅仅是政治的起源，也是政治的目的。在这种框架下，政治在不断地生产神圣人的过程中耗尽了自身，而这种神圣人必须被看成是非生产性的，因为'赤裸生命'一旦被创造出来，要么被镇压，要么被杀掉。阿甘本消解了这个事实，即生命政治的干预决不会将自己局限于生物性存在和政治生存之间的对立。"参看 Thomas Lemke, *Biopolitics: An Advanced Introduction*, New York: New York University Press, 2011, pp. 59–60。

[2] Giorgio Agamben, *Homo Sacer: Sovereign Power and Bare Life*, Daniel Heller-Roazen trans., Stanford: Stanford University Press, 1995, pp. 82–83. 亦可参看 Michel Foucault, *La Vonlonté de savoir*. Paris: Gallimard, 1976, p. 119。

中营行走的"穆斯林"[1]时，现代西方政治哲学的人道主义最后的遮羞布也会随之消逝。而这种完全暴露在主权权力之下的生命就是阿甘本意义上的赤裸生命。它是一种与动物生命难分彼此的生命状态，在阿甘本看来，这种赤裸生命状态，比起那种天赋人权的状态，更为自然。于是，在推翻了具有天赋权利的自然状态的可能性之后，阿甘本自然也推翻了西方政治哲学的另一个基础命题，即良好的法治与民主的秩序状态乃是正常的社会状况的命题。在演绎出赤裸生命和神圣人的形象之后，阿甘本提出了一个惊世骇俗的结论，现代政治社会的稳定结构是建立在对神圣人的双重排斥基础上的，也就是说，建立起那种良序运行的社会，需要一种排斥性机制。这种排斥不是外来性排斥，如对异乡人的排斥。这是一种包含性排斥（inclusive exclusion）。即在赤裸生命层次上，神圣人是包含在政治体制之中的，而在政治和法治结构上，神圣人是被排斥在体制之外的。包含性排斥是一种现代政治的基本模式，在我们的政治体制中，有意识地对他们的视而不见（用巴迪欧的话说，他们存在，但他们并不实存）。

那么相对于正常的政治秩序及其排斥机制，在阿甘本看来，还存在着另一种更为根本的秩序。这种政治秩序才真正奠基了我们误认

---

1 这个概念并不是真正的伊斯兰教徒，而是在阿甘本的《奥斯维辛的残余》一书中记载的集中营中一种特殊的存在群体，他们已经超过了营养不良的极限，如同行尸走肉般在集中营中行走，没有人关心他们的生与死，甚至那些营员也不愿意同他们讲一句话。在阿甘本看来，他们正处在生与死不分的状态中，他们的生与死已经与整个世界毫无关系。参看 Giorgio Agamben, *Remnants of Auschwitz: The Witness and the Archive*, Daniel Heller-Roazen trans., New York: Zone Books, 1999, pp. 41–87。

为正常秩序的幻象。这种政治秩序就是例外状态。在政治学和法学中，对例外状态谈得最多的是德国的法学家和政治神学家卡尔·施米特（Carl Schmitt），在其《政治的神学》中，施米特提出了他的例外状态的概念。例外状态也可以看成是紧急状态，是在某种特殊事件发生之后，产生的一种有别于平日的社会状态。比如，在"9·11"事件发生后，美国宣布了这种紧急状态。例外状态最大的特征是对日常法律的悬置，我们不能以平日里处理和裁定事物的方式来面对例外状态，在这种状态下，作为日常生活准绳的法律在瞬间被悬置了（不是失效了），对其的法律适用停止了。用阿甘本的话说："例外状态带来了'整个现存法秩序的悬置'，所以它似乎'将自身扣除于任何法的考量'，并因此确实在它事实存在的实体中，也就是说，在它的核心，它无法采取法的形式。"[1]

不过，无论是卡尔·施米特还是阿甘本，与之前的政治理论家不同，他们并不认为例外状态是一个彻底的失控的无序混乱的状况。对日常法律的悬置，并不意味着在例外状态下是没有法律可言的。施米特十分重视是，在例外状态下，其秩序是如何的。事实上，我们看到，在许多例外状态下，并没有像想象中那样产生混乱，而是取而代之以另一种秩序。但是这种秩序在政治上是如何产生的？卡尔·施米特的答案是存在一种最终的裁决，而适用于另一种秩序。在罗马法中，也规定了在日常秩序被悬置之后，由元老院授权于执政官进行全权的裁决。那么事实上，原先的法律裁决，在例外状态下变成了最终权力的裁决，实质上，那种裁决让潜藏在表层法律框架下的隐秩序直接露出

---

[1] 阿甘本：《例外状态》，薛熙平、林淑芬译，台北：麦田出版2010年版，第114页。

来起作用，并形成一种不同于日常的秩序，即阿甘本的"法律"[1]。

这样，在阿甘本的带领下，我们看到了隐藏在那个日常起作用的表层法律之下的奠基性作用的隐藏的"法律"的存在。在罗马共和国时期，这种"法律"表现为前文所述的授予执政官以全权的裁决权力，以便应付例外状态导致的表层法律的真空状态。当正常的政治秩序不再起作用，被悬置，这不意味着政治的终结，而是激活了一种平常不会适用的政治秩序。例如，在国家元首被刺杀的情况下，会诞生一种紧急状态，由副手或某个子嗣临时代行一切权力，直至建立起新的秩序状态为止。这样，**法律奠基在"法律"之上，一种表层秩序奠基在一种带有专断色彩的最终全权权力之上**。阿甘本的例外状态学说，彻底穿透了当代民主体制的幻象，即这种民主体制是一种日常运行机制，在例外状态下，民主机制会让位于另一种隐性的，显然不能称为民主的政治机制。在这种政治机制下，起作用的是专断的裁决权。

然而，即便到这一步，阿甘本的问题仍然没有解决。尽管他的火眼金睛穿透了民主政治背后的真相，即现代民主政治实质上奠基在例外状态下的专断权力之上，但对政治的回溯仍然没有到达他需要的那一步，即那个真正产生神圣人的政治体制最初是在什么情况下出现的？

三、誓言与政治构序

无论是表层的法律秩序，还是隐藏在其下，只在例外状态中表现

---

[1] 阿甘本用这种带删除线的"法律"表达的是不同于法律的潜在秩序。也就是说，在日常法律被悬置之后，仍然有一种不被人们称为法律的"法律"起作用。

出来的全权裁决的主权政治,都是神圣人的结果,而不是原因。事实上,对于例外状态的研究并没有帮助阿甘本找到将人区分为纯粹自然生命性存在的 zoē 和被政治和社会制度所架构的 bios 之间的根源所在。不仅如此,问题反而加深了,因为原本在表层体制下作为被排斥对象的神圣人,或许在例外状态下不再是神圣人(例如,战争爆发时,皇帝的特赦会让一部分囚犯变成具有 bios 的战士)。在临时的专断权力之下,仍然存在着 bios 和 zoē 的区分,而且赤裸生命的问题也不会在例外状态下得到解决。

我们知道,阿甘本的问题在于,导致神圣人和赤裸生命生成的 zoē 与 bios 的二分是如何形成的,这种二分又是如何经过人类历史的发展,并在今天的现代社会中存活下来的。在 2.1《例外状态》的分析中,阿甘本已经发现,无论是表层的民主政治还是专制体制,实际上都不得不依靠一个在例外状态中才能展现出来的,最终归结为最终裁决的主权权力,但是,在例外状态中,并没有指明,这种主权权力是如何从大众那里获得权威并实施其权力的。例外状态的价值仅仅在于,将隐藏于正常政治秩序背后的隐性的"法律"突显出来,但是为什么这种画上横杠的"法律"会最后将最终裁决的权力交予一个主权者手中?主权者何以拥有这种权力而不遭到质疑和反抗?由此可见,例外状态尚不是政治权力结构二分的终极原因,也不是这种二分诞生的源头。

为了溯及这个权力二分源头,阿甘本在大量参阅古代和中世纪文献的基础上,加上近代人类学对原始部落的田野考察,发现了仪式(liturgy)的重要性,这种仪式并不是特指宗教仪式,而是泛指一切涉及部落和城邦重要活动的仪式(如在古希腊时期的雅典,悲剧演出和观看本身就是一种仪式)。与其说阿甘本感兴趣的是仪式本身,不如说，他感兴趣的是仪式上的一个构成性要素，即誓言。正如他在《语言的圣礼》开篇就指出的："誓言的根本作用在于进行政治建构。"[1] 为什么是誓言构成了最初的政治结构？在说明这个问题之前，还必须要澄清一个理论。因为许多理论家习惯于将原初的政治结构回溯到黑格尔主奴辩证法那里，认为是一个强力的主人与一个相对弱小并被主人所征服的对象之间构成了最初的政治关系。在科耶夫（Alexandre Kojeve）的《黑格尔导读》中，的确是这样来描述的：

> 如果人的存在仅仅在导致主人和奴隶关系的斗争中，并通过这种斗争产生，那么这种存在的逐渐实现和显现就只能根据这种基本的社会关系。如果人不是别的，仅仅是其发展过程，如果人在空间的存在是人在时间中或作为时间的存在，如果被揭示的人的实在性不是别的，就是世界的历史，那么这种历史必定是主人身份和奴隶身份之间相互关系的历史：历史的"辩证法"是主人和奴隶的"辩证法"。[2]

这种主人和奴隶的辩证法，一直以来被视为人类社会最基本权力结构的原型。科耶夫解析得也算透彻，即主人的征服与自我意识的圆满，是伴随着奴隶的臣服而实现的。但是，主人和奴隶的关系的确立却是一个比较大的问题。也就是说，即便主人用强力征服奴隶，奴隶

---

[1] Giorgio Agamben, *The Sacrament of Language: An Archaeology of the Oath*, Adam Kotsko trans., Stanford: Stanford University Press, 2011, p. 2.
[2] 科耶夫：《黑格尔导读》，姜志辉译，南京：译林出版社 2005 年版，第 9 页。

也未必心悦诚服。科耶夫在这里所用的词是"承认",即主人之所以为主人,奴隶之所以成为奴隶,关键在于奴隶对主人的承认。"人的实在性只能作为'得到承认的'实在性在存在中产生和维持。一个人只有得到另一个人,另一些人——最终说来——所有其他人的'承认',他才是真正的人。"[1] 由此可见,主人和奴隶之间的权力关系,并不是建立在征服和臣服基础上,而是建立在承认基础上。

问题的关键在于,奴隶如何承认主人?仅仅是主人说一句"你认我做主人",奴隶说一声"好的,主人"就完事了吗?肯定没有这么简单,因为在科耶夫那里,奴隶的承认对于主人来说是至关重要的,奴隶的顺口一说,甚至是口是心非的回答未必是真的对主人的承认,这样,主人势必处在焦虑状态之中,主人必须判断,奴隶是真的臣服,还是一种策略性的回避,一旦有机会,他是否随时会抛弃主人而去。这是主人在世焦虑的根本所在,所以为了排除这种焦虑,奴隶的顺口一说是不会被完全当真的,也就是说,主人需要一种更为郑重其事的"承认",这种"承认",必须让奴隶无法背弃主人,甚至在背弃之后会遭到惩罚。这样,我们可以看到,主奴关系的确立根本不在于主人和奴隶的斗争,而是在于一个至关重要的话语行为中,而这个行为就是**誓言**。

在论证誓言对于政治创建与构序的核心作用时,阿甘本十分详细地解读了西塞罗在《论责任》中的一段话:

> 但是我们起誓时,我们应当考虑的并不是我们若违誓食

---

[1] 科耶夫:《黑格尔导读》,第10页。

言恐怕会遭到什么样的惩罚，而是我们起誓后所负的责任：誓言是一种由宗教神圣性所支持的保证；郑重的诺言，比如在作为见证的神面前所许的诺言，必须神圣地加以履行。[1]

西塞罗本意在于说明，我们有着信守誓言的责任。但是，在阿甘本看来，誓言意味着一种权力关系得以固定下来，也就是说，起誓一方向被起誓一方的保证，确立了一种权力关系的存在。在阿甘本看来，实际上誓言的内容并不重要，重要的是誓言的形式对于一种权力关系的建构，与语言学家关心誓言的语法和语义结构不同。阿甘本关心的实质上是一种起誓者与被起誓者的关系，即起誓者何以认为有必要向被起誓者来保障自己誓言的真实性？也就是说，誓言建立的是一种责任关系。责任，西塞罗所用的是officiis，实际上这是现代意义上的职位（office）一词的词源，这个词源表明，誓言建立起的不仅仅是一种彼此间的负责的责任，而且是一种长此以往的永恒的职责。在基督教仪式中，仪式上的誓言不仅仅代表着一种临时的责任关系，更重要的是"誓言确立了侍奉天主的永恒职责"[2]，从此之后，发过誓言的信徒，都会成为天主众多臣僚中的一员。同样，我们可以联想起官员在就职时的誓言，以及党员在入党时的誓言，都同样具有这种政治上的建构

---

[1] 西塞罗：《论老年论友谊论责任》，徐奕春译，北京：商务印书馆2003年版，第264页。事实上，阿甘本非常欣赏西塞罗的这段话，不仅在2.3《语言的圣礼》中一开始就引用了这段话，而且在2.5《主业：责任考古学》中，基本上是围绕着对这句话的解读而展开的。

[2] Giorgio Agamben, *Opus Dei: An Archaeology of Duty*, Adam Kotsko trans., Stanford: Stanford University Press, 2013, p. 8.

关系。在他们发誓之前,他们没有实际上成为权力关系的一员,唯有在他们起誓之后,这种关系才得以建立。尽管在现代意义上,誓言的性质受到了弱化(阿甘本也注意到了这一点),但是这种逐渐在内容上变得空洞的誓言(如在入党誓言的时候,记不记得入党誓言的实际用词并不重要,关键在于这种起誓行为)。我们可以这样来理解,即便在现代意义上,我们看中的也是这种誓言的形式效果,而不是内容效果,誓言保障了一种关系类型的存在,而内容在这种关系类型中则是可有可无的。

阿甘本谈到的誓言实际上还涉及另一个更为复杂的问题。誓言是由什么东西加以保障的?如果誓言得不到保障,那么誓言就是与信口开河的言辞相差无几。誓言作为誓言,一定有着与日常的话语根本不同的东西。当然,我们可以说,誓言建构起了人们在社会生活中的权力结构关系,但是,如果没有一个确切之物作为保障的话,这种权力结构关系会随时有崩溃的危险。实际上,科耶夫也早已发现了其中的奥秘,在他后来的《法权现象学纲要》中,谈到了在主奴辩证法基础上衍生出来的法权关系是如何得到保障的。科耶夫假定了 A 与 B 发生了某种权力关系,这种权力关系建立在"承认"基础上(科耶夫并没有谈誓言),但是 A 与 B 如果对这种权力结构关系产生异议,如 B 不再服从 A 的命令,这个时候,A 仅仅靠殴打 B 是解决不了问题的。在科耶夫看来,这个时候需要一个"公正无私的第三方"进行干预,也就是说,这个第三方要超越 A 与 B 的立场,来介入两者的纠纷之中,而正是这个第三方的在场,使得 A 与 B 的权力关系得到保存。科耶夫说:"A 的权利不是那个公正无私的第三方进行干预的原因,而是干预后的结果。换句话说，法权应看作公正无私的第三方已进行干预的那些个案的法典化。"[1] 我们可以将科耶夫的这段文字解释为：A 与 B 的权力和权利关系，实际上，需要建立在一个公正无私的第三方的前提下。

回到阿甘本誓言的情形，当 A 向 B 起誓，发誓要信守职责时，只有 A 与 B 的关系是无法真正建立起结构性的关系的。因此，在这种情况下，我们也需要向科耶夫学习，建立一个公正无私的第三方。但是不是随意一个人就可以充当这个第三方，因为科耶夫对这个第三方限定了十分严格的条件：（1）他的地位要超越 A 与 B；（2）他必须是大公无私的。任意的人格性的存在都无法保障这两个条件，因此，我们需要在誓言中设定一个更高级也更为公正的存在物，作为我们誓言的见证，并力图让誓言得到保障实施。在这一刻，我们看到了，誓言不仅仅是人的誓言，不仅仅是 A 与 B 之间的誓言，这里必须要假定一个超越性的高高在上的绝对公正的 C 的存在，由此，誓言不仅生产出 A 与 B 的关系，而且生产出一个绝对性的 C 来凌驾于誓言之上，并保障誓言得到实施。也正是在这一刻，我们看到了诸神的诞生，C 就是那个高高在上、目睹着我们起誓的神灵，而他的存在以及他的非凡的神力，确保这誓言得以实施和进行。

事实上，更确切地说，是违誓的可能性导致了誓言中需要假定一个非凡的神的在场。倘若不存在违誓的可能，直接建立人们之间的权力关系，我们根本不需要诸神的在场。也正是因为我们存在着违誓，而且一个轻易的违誓行为，不仅会摧毁誓言，而且会摧毁整个权力关

---

[1] 科耶夫：《法权现象学纲要》，邱立波译，上海：华东师范大学出版社2011年版，第16—17页。

系的结构,因此,对于违誓行为一定要坚决地杜绝。因此,诸神的在场是出于对违誓行为的诅咒的需要而出现的。作为需要在行为上坚决杜绝的违誓行为,只有建立在恐怖基础上才能实现,这个根本要素就是诸神的诅咒。因此,阿甘本说:"誓言似乎是由三个元素衔接起来的:誓词,让诸神共睹,以及对违誓的诅咒。……而这三个要素在术语上和事实上都是如此紧密地交织在一起。"[1] 其中,在阿甘本看来,最为关键的要素是违誓的诅咒,也正是违誓的诅咒,制造了诸神的愤怒,并将惩罚降罪于违誓者。不过,这里需要注意的是,作为无神论者的阿甘本更关心的不是在基督教结构中,天主如何降罪的问题,更重要的是,我们是如何在誓言中生产出天主共睹以及他们对于违誓的愤怒与惩罚的。显然,只有在假设中设定了诸神的存在,并设定了他们对于可能违誓的诅咒,我们才能在誓言中形成一种对违誓后果的恐惧,才能保障誓言所誓之内容的实施。从逻辑上,我们看到了一个颠倒的关系,不是因为诸神在场,我们的誓言才具有了效力,恰恰相反,在阿甘本看来,只是因为我们要实现誓言的效力,我们才需要生产出具有诅咒效力的诸神。这样,**诸神,乃至上帝,是人类誓言的产物**,是出于对违誓惩罚而诞生的一种想象性关系,以这种恐怖性想象,以及对违誓的恐惧,人们在誓言下结成了共同体(如基督教共同体就是这样形成的)。

这样,阿甘本在《语言的圣礼》之中开创了两个十分惊异的结论,

---

[1] Giorgio Agamben, *The Sacrament of Language: An Archaeology of the Oath*, Adam Kotsko trans., Stanford: Stanford University Press, 2011, p. 31.

人类的誓言，是构筑我们这个世界人与人之间关系，甚至是构筑我们同上苍的诸神之间关系的关节点。在誓言中，我们不仅通过起誓形成、构筑了世俗社会的权力结构关系，同时，为了杜绝违誓行为，我们也生产出诸神，以他们的诅咒作为誓言的保障。这样，位于我们社会中心处的两种关系都是诞生于誓言，誓言创立了我们所生活的整个世界，甚至创立了天国。在前一种意义上，誓言为世俗社会的人与人之间的关系而立法，从而创造了法律和政治秩序；在后一种意义上，誓言设定了超越性的天国，让我们臣服于诸神的神通之下，是以我们的宗教关系得以产生。由此可见，**在我们起誓那一刻，同时创立了法律与宗教，同时创立了人法**（ius humanum）**和神法**（ius divinum），在誓言中，从一种自然的 zoē 走入了同时得到人法和神法保障的 bios 状态。誓言，才是 zoē 与 bios 之分的关键。

我们在这里已经隐约看到了 2.3《语言的圣礼》中誓言考古学同神圣人的联系。在前文的分析中，我们已经指出，神圣人是一个被双重排斥的概念，它既被人法所排斥，也被神法所排斥。那么，回到誓言的场景，什么样的人才是被双重排斥的人呢？很简单：违誓之人。在违背誓言的过程中，违誓者既破坏了人与人之间的权力结构关系，也因为违誓遭到神的诅咒。由于违誓，违誓者不被共同体所承认，因此他的性命变成了赤裸生命；另一方面，神的惩罚不是直接的惩罚，神的惩罚向来是通过人的行为来进行的，也就是说，神的诅咒事实上代表着人可以随意对违誓者的生命加以戕害。

于是，誓言缔造了最原初的排斥与分裂，在原初遵从誓言和违誓者之间做出了区分，前者具有了受到人法和神法眷顾的 bios，而后者由于违誓，其 bios 身份遭到彻底的剥夺，沦为一种赤裸生命状况，他成了原初的神圣人，成为最初的包含性排斥的对象。

四、安济与荣耀政治

不过，阿甘本的溯源工作并不满足于对违誓者这个原初的神圣人的发现，他关心的不仅仅是起誓那一刻誓言对我们生命形式的决定性作用，而且也关心我们的生命状态在起誓之后的发展。而这个内容恰恰是 2.4《王国与荣耀》所要处理的内容。

在誓言中，我们缔造了两个王国，一个是世俗王国，这个王国的结构是由誓言直接缔造出来的，另一个是神圣天国，这个天国是出于对誓言监督以及对违誓的惩罚的必要性而被生产出来的。而两个王国的范式是，天国以及诸神的统治，凌驾于世俗王国之上，因为天国与诸神具有绝对超越世俗王国的权力，因此，天国在誓言的设定中，必然拥有着对世俗王国的统治权力。同时，世俗王国，因为存在着对诸神的恐惧，也必须真心诚意地侍奉着天上的王国。这时誓言形成了两个王国，亦即两个范式之间的对应关系，而这两种方式一直存在于西方的政治与文化中，尤以中世纪为最。

阿甘本为什么要关心神圣天国与世俗王国之间的关系问题？这个关系与之前讨论的神圣人究竟有何联系？要回答这个问题，我们必须再次回到卡尔·施米特那里。在《宪法理论》(*Verfassungslehre*) 中，施米特曾提出过一个著名的命题："上帝统治，但不治理。"[1] 施米特的说法

---

1 转引自 Giorgio Agamben, *The Kingdom and the Glory: For a Theological Genealogy of Economy and Government*, Lorenzo Chiesa trans., Stanford: Stanford University Press, 2011, p. 74。

实际上引出了两种不同的权力,一种是绝对在上的统治权,这是最高的裁决权力;另一种是治理权,因为真正的统治者并不会事无大小地全部关心,他会让他自己的臣僚去处理这一类问题,即上帝委派他在人间的代表来治理俗世。这是两种不同的权力,虽然最终的权柄、最高的权威归之于最高的统治者(上帝,或者对于世俗王国来说,最高的权柄归于国王、皇帝等),但是真正对于俗世起作用的因素不是统治,而是治理。换句话说,在我们的日常生活中,我们更多看到的是代表着最高主权者行事的臣僚和牧师们的治理行为,我们根本看不到那个高高在上的统治者,在许多描述中,统治者从来不向我们露出真身,即便是世俗王国的国王和皇帝,也喜欢将自己封禁在与世隔绝的紫禁城中。

那么,我们应该如何理解统治者或上帝的统治下的治理?由于统治者或上帝不直接实施治理,他们的行为完全由代理性的臣僚来完成(臣僚在俗世中代替统治者或上帝实施治理的结构性关系是由誓言来实现的),但是臣僚是如何对最高权柄者负责的?臣僚的治理如何保障统治者的治理,或者上帝的治理?上帝或统治者是否有足够的能力来控制臣僚的行为?

正如我们前文所说,在阿甘本看来,上帝的形象不过是我们起誓语言的一种产物,这样的上帝不可能真正对俗世产生作用,所有上帝的行为都是通过其代理人来实现的。正如《王国与荣耀》意大利文版封面用的是一个带有十字架的空王座,上帝就如同那个代表着最高权力象征的空王座上空空如也的椅子一样,也就是说,在我们的誓言实际产生的现实秩序中,根本不需要一个具有实际作用的上帝,一个直接对我们产生作为的统治者，那个王座只是作为起誓而生产的一种空能指的代表。正如阿甘本所说："一个空王座，这种出现在早期基督教和拜占庭巴西利卡王廷的拱门和后殿弧顶上的空王座（hetoimasia tou thronou），在某种意义上，或许就是最重要的权力象征。"[1] 不过，如果上面的王座是空的，问题丝毫没有解决，那么处于俗世的上帝的代理人，如何保证他们的行为是上帝的统治意志的体现？

在这个地方，诞生了安济（oikonomia）神学[2]，这种神学表明，上帝不言，但是治理中所有的一切已经在冥冥中体现出他的意志，上帝不需要通过具体的行为来体现他的统治，万物现有的秩序本身就是他自己意志的直接体现。相反，在中世纪的神学家们看来，如果上帝

---

[1] Giorgio Agamben, *The Kingdom and the Glory: For a Theological Genealogy of Economy and Government*, Lorenzo Chiesa trans., Stanford: Stanford University Press, 2011, p. XIII.

[2] 对于 oikonomia 与 economy 的翻译在本书中极为复杂，而且本书的副标题也是关于 economy 与治理的神学谱系。因此，对于 oikonomia 与 economy 的理解和翻译十分关键。oikonomia 与 economy 在西方思想发展史中，所包含的意思非常复杂，例如在亚里士多德那里，甚至在早期基督教那里，oikonomia 是"家政学"，而在中世纪基督教神学那里，突然变成了上帝对俗世的治理，在港台基督教神学研究中，oikonomia 与 economy 常常被翻译为"经世"。在苏格兰启蒙运动和现代政治经济学发展中，例如在亚当·斯密和大卫·李嘉图的政治经济学中，economy 一词才具有了今天的"经济"的意义。比较麻烦的是，阿甘本在本书中对 oikonomia 与 economy 的谱系学考察，同时包含了对"家政""经世""经济"等词意的使用，但在西方语言中，它们都是一个词，这就给中文翻译带来了巨大不便。为了解决这个问题，即避免将 oikonomia 与 economy 的意义还原为"家政""经世""经济"中任何一个单一含义，在本文中，不采用"家政""经世""经济"任何一个译法，避免从过于单一的角度来理解阿甘本在本书中为 oikonomia 与 economy 预设的复杂语境，所以，译者干脆发明了一个新词，一个在汉语中没有太直接意义对应的词"安济"来翻译 oikonomia 与 economy，让这个词可以包含本书中阿甘本所预设的这个单词所具有的所有语境。

事必躬亲地考察他所统治的一切事物,这并不能说明上帝的高贵,相反,会降低上帝的身份。阿甘本用亚里士多德的话来说:"神不断地关注每一个体,每一特殊事物,会显得他自己是比他创造的万物更低阶的东西。"[1] 而另一位早期的基督教思想家阿佛洛狄西亚的亚历山大(Alexander of Aphrodisias)则用更明确的态度表明了这种安济神学存在的模式:

> 王并不是这样来实现他对所统治的万物的恩典:王并不关心一切,无论是普世事物,还是特殊事物,没有任何从属于他的事物会以某种方式——他一生致力于此——逃脱他的心智。王的心灵选择用普世的和一般的方式来实施他的恩典:他如此德高望重,不至于对诸多琐碎之物也事必躬亲。[2]

必须说明一下安济一词的来源。安济一词来自古希腊语,其词根 oikos 意为家,而在亚里士多德一本标题为 Oikonomia 的书中,被翻译为家政学。在亚里士多德那里,家(oikos)与城邦(politcs)是相对照的概念,对家的治理被称为家政学(oikonomia),而对城邦的治理被称为政治学(politics)。家政学和政治学的区别不仅仅在于治理的范围上,在亚里士多德看来,城邦治理是民主制,因此是由许多人通

---

[1] Giorgio Agamben, *The Kingdom and the Glory: For a Theological Genealogy of Economy and Government*, Lorenzo Chiesa trans., Stanford: Stanford University Press, 2011, p. 116.

[2] Giorgio Agamben, *The Kingdom and the Glory: For a Theological Genealogy of Economy and Government*, Lorenzo Chiesa trans., Stanford: Stanford University Press, 2011, p. 116.

过一定的程序来做出决策，这是一种多元统治，相反家庭治理的模式是家长制，以家长的统治为核心的一元统治。在中世纪的时候，由于历史的演变，oikonomia 被转述到上帝同俗世的关系上，显然，对于上帝统治的俗世，其中的关系不是政治性的，而是带有家的性质，是一种一元的父权制模式。这样，上帝与俗世的关系是通过总体上的观照来实现的，在基督教神学中，上帝对俗世的观照也被称为神恩（Providence）。上帝已经**秘密地**将他的安济范式以神恩的方式降临于世间，只是我们这些代替上帝治理俗世的人无法参透其中的奥妙罢了。阿甘本认为中世纪将神恩的安济变成了一种安济的奥秘。上帝的权威在这种安济的奥秘中充分体现出来。在这里我们很容易联想到孔子回答子贡的一句话："天何言哉？四时行焉，百物生焉，天何言哉？"在中世纪神学家们的解释中，上帝对于世界的统治是以奥秘的形式进行的，他不需要向我们言明，而这种不言明的行为一方面证实了他的神恩的眷顾，另一方面也显示出他超越于我们之上的高贵。神恩，以及这种秘密的安济，被中世纪的神父和思想家们以他们自己的方式推行着，也正是因为上帝的绝对在场（以空能指的方式绝对在场），所以这些执行着上帝意旨的神父和臣僚必须小心揣摩着上帝的安济的奥秘，不敢随意地越雷池一步。也就是说，在上帝绝对在场的情况下，我们每一个人的生命是有保障的，因为对于治理者而言，他们必须为那个绝对在上的意志服务，不能偏离于他的恩泽（既不要增加，也不要减少他的恩泽）。简言之，上帝在场，或统治者在场，成了我们的生命不至于沦为赤裸生命的保障。

　　在现代语境中，尽管上帝已经逐渐被请下了神龛，但是这并不代表着最终权柄的退场。在尼采那里，被杀死的是一个叫作上帝的最高权力者，但是不能等于在上帝离去之后（实际上，根本没有存在过，上帝的存在依赖于我们的誓言与赞美），那座"空王座"也随之覆灭。实际上，在《王国与荣耀》一书的最后，阿甘本小心翼翼地研究了亚当·斯密（Adam Smith）《国富论》中的"看不见的手"的形象，在上帝逝去之后，"看不见的手"以及莱布尼茨（G.W. Leibniz）的"隐性的内在秩序"都说明了作为奥秘的安济模式依然健在，只不过，名称不再是上帝而已。相反，我们今天容易以自然规律的名义，代替上帝消逝之后留下的空王座的形象，自然规律体系、看不见的手以及隐性的内在秩序、先定和谐等观念已经成为我们这个时代安济的象征。也正因为如此，现代民主政治在表面上显示出一种更"自然"的色彩，看起来，由选票决定的领导人是"民意"的体现，实际上，其中隐含着一种现代式的安济神学。与神恩的安济模式相对应的是，对于高高在上的权柄者而言，需要我们回报他对我们的恩泽。神恩与安济代表着一个被构想出来的最高权力自上而下的观照与统治，而荣耀神学，或荣耀政治学，体现出我们自下而上地对最高权力者的维护。上帝不仅是至高无上，同样也是荣耀的，他的至高无上和荣耀不仅通过其神恩和安济来体现，实质上，在阿甘本看来，他们的最高地位需要一种更实际的东西来维护，这就是俗世，包括其臣僚和牧师对其的赞美。在教堂仪式中，其中最著名的一个仪式，就是唱赞美上帝的赞歌。在《圣经》中，就有大量的赞美上帝的赞歌集，在漫长的中世纪，也诞生了大量的上帝赞歌。不过，问题也随之而来，如果上帝是绝对者，为什么需要我们唱赞歌来增添他的荣耀？这是因为上帝的荣耀有所欠缺，还是因为他本身是虚荣的？对于正统派基督教思想来说，这两个答案都是不可接受的，唯一可能的解释是，唱赞美我主的赞歌，本身就是我们成为信徒那一刻的使命和责任，当我们起誓的时候，已经包含了对上帝的侍奉的职责，而维系这个上帝的存在，通过我们的赞美，让其永恒地飘荡在天国。阿甘本在这里援引了犹太教卡巴拉主义的解释，实际上，上帝之所以需要我们的赞美，或者统治者需要臣民的赞美，都是说明，这种至上权力的空洞性，只有通过赞美和欢呼，至上权力才能获得圆满。在阿甘本看来，这样的逻辑结构，与其说是上帝眷顾了人，不如说是人在赞美中滋养了神。"这最终意味着人是'造物主的造物主'，或者至少人维系了上帝的存在，不断地去'修复'他——（这样一种激进主题）居然能在这样一种宗教中出现，这种宗教不停地斥责异教由人创造的神祇的空虚。"[1]这样，空洞的上帝的能指，只能在我们不停的赞美下实现其存在，在这里，阿甘本延续了誓言中缔造上帝的一幕，我们不仅在誓言中生产了上帝和诸神，而且在我们的赞美中不断地为诸神的存在提供营养，从而保障了他们的统治。由此可见，不仅神的降生，连同神的持续存在，都与我们的行为有关。

实际上，世俗中的统治者也是如此，在施米特对古罗马共和国的考察中，他发现了欢呼对于统治者的作用，当一个凯旋的执政官从城门走向中央广场时，会得到全体人民的欢呼。在施米特看来，这种欢呼才是最直接的民主的体现，其效力胜过全民公决。在人民的欢呼声中，执政

---

[1] Giorgio Agamben, *The Kingdom and the Glory: For a Theological Genealogy of Economy and Government*, Lorenzo Chiesa trans., Stanford: Stanford University Press, 2011, p. 228.

官被拥戴为合法和正当的统治者，施米特将之视为人民制宪权：

> 对欢呼的科学研究发现是对直接或纯粹民主程序的解释的出发点。我们一定不要忽视这一事实，即存在着作为社会现实的公共意见，这种意见并不纯粹是一种政治上的托词，在所有的关键时刻，人民的政治含义可以得到认可，首先表现出来的赞成或反对的呼声，完全不依赖于投票程序，因为在这种投票程序下，他们的本真性会受到威胁，就人民全体的当下性而言，就是这种当下性界定了这种欢呼，但这种当下性被孤立的单个投票者和秘密的票箱所掏空。[1]

这里涉及古罗马人民（laos）和群众（ochlos）两个概念的区别，在欢呼之前，尚未制宪，他们只是没有统治者结构的群众，在欢呼之后，拥戴了统治者，体现了真正的直接民主，欢呼中的群众立马变成了人民。如果说，起初的欢呼是人民自愿的，那么此后的欢呼则成为一种仪式性的规范，人民的欢呼变成了被统治者所控制的，作为人民责任需要的欢呼。在君士坦丁七世记载的拜占庭帝国的加冕典礼上，会专门设置一种负责掌管人民欢呼的欢呼官（kraktai），这些欢呼官在特定时候会指示民众按照等级秩序依次进行欢呼，让人民喊出"吾皇万寿无疆！""吾皇万岁万岁万万岁！"等口号，在这种欢呼声中，加

---

[1] Giorgio Agamben, *The Kingdom and the Glory: For a Theological Genealogy of Economy and Government*, Lorenzo Chiesa trans., Stanford: Stanford University Press, 2011, p. 171.

冕仪式达到高潮。实际上，不仅是加冕仪式，日常生活中的皇帝出行，也会让臣民喊出"吾皇万岁！"的口号，统治者需要这种口号作为滋养，来维系他的最高权力的存在。在仪式上，或者在特定时刻，没有按照要求去呼喊"吾皇万岁！"的人会被治罪，其罪行要高于一般的刑事犯罪。在古罗马，在执政官行进在城中的时候，前面有扈从拿着扈从法杖开道，这是一个带有斧钺的武器，同时也意味着，任何挡路、犯跸甚至没有行礼叩拜或欢呼的人，会随时被扈从拿执法杖处死，处死是瞬间的，没有具体原因，它体现的就是最高权威的一种象征性需要。

也就是说，在最高权力的象征性存在（空能指）与我们的叩拜、欢呼、赞美等行为之间存在一种直接性的责任关系，在后来的过程中，形成了一种类似于仪式规则的东西，如果不能尊重这些规则，立即会被处死。在神圣人系列 4.1《最高的贫困》中，阿甘本谈到了修道士生活的规则问题，这些规则是在仪式中一代代传承下来的，遵守这些规则成了作为修道士的义务和责任。而一旦违背这种规则，会被修道院和其他机构加以惩罚，其中最重的惩罚不是处死，而是革除教籍（excommunicatio），"在一段时间，被整个地排除在公共生活之外，而革除教籍的时间，由他罪行的轻重而定"[1]。革除教籍既是一种惩罚，也是一种生产 homo sacer 的方式，在一定意义上，这种惩罚对应于是否履行相对于最高权力者的侍奉义务。

---

1 Giorgio Agamben, *The Highest Poverty: Monastic Rules and Form-of-Life*, Adam Kotsko trans., Stanford: Stanford University Press, 2013, p. 30.

这样，我们的生命状态，实际上与诞生于誓言和我们的欢呼中的最高统治的空能指密切相关，这个空能指是我们语言行为的产物，一旦它被生产出来，便凌驾在我们之上，强制性地要求我们不断地为这个空能指注入营养（赞美、欢呼、叩拜等等），一旦我们拒绝为之提供其存在的营养，我们便有被降低为赤裸生命的可能。实际上，在阿甘本后来的结论中，无论是正常的秩序状态，还是临时的例外状态，都需要我们去维护这种张力性的政治结构存在。

最后，阿甘本并不建议以杀死统治者或杀死上帝的方式来终结我们的悲剧性命运，因为这样做只是处决了位于空王座上的主权的幻象，在根本上并没有摧毁这种二元结构。甚至在王座上空无一人的时候，这个作为最高象征的空能指依然可以发挥作用。在现有的作品中，阿甘本并没有提出一个很好的方案来解决这种二元分裂，他最后的方案是安息，即一个特殊日子的来临［弥赛亚的来临，类似于巴迪欧（Alain Badiou）和齐泽克（Slavoj Žižek）所谈的特殊事件的不可能的降临］，在那一刻，一切事物，包括最高权力者，都不再起效果，即安息了。这样，在阿甘本看来，对于最高权力者，那个被创造出来的空能指，我们的任务不是不顾一切地反抗，因为这种反抗不仅不会让统治者降低其统治的效力，相反会进一步强化其统治，显示其统治的在场。实际上，我们的任务是安息，我们安息也意味着最高权力者的安息，即大安息。正如阿甘本所说："荣耀机制在空王座的尊贵中找到了其最完美的解码。荣耀机制目的就是在治理机制中把握那种不可思考的安息——让安息成为荣耀机制的内在动力——而不可思考的安息构成了最终的神之奥秘。展现了神之安息的客观荣耀，与人类休息来庆祝其永恒的大安息日的歌颂,有着同样的荣耀。神圣和世俗的荣耀机制在这里和谐一致了,根据主导我们研究的目的,我们可以将之作为一种认识论范式,这会让我们穿透权力的核心机密。"[1]

  本书从开始翻译到最后出版经历了八九年时间。之前我也翻译过阿甘本的诸多著作,如《语言的圣礼:誓言考古学》《宁芙》《敞开:人与动物》等,但这本《王国与荣耀》是我遇到的最难翻译的一本,其翻译难度一方面来自阿甘本深厚的古典学和基督教神学功底。对于我这样一个才疏学浅,且对基督教神学和历史并没有什么基础的研习者来说,常常感到力有不逮。对于其中的诸多文献和典故,都需要一遍又一遍地查阅各种原始文献,经过多次斟酌,才敢写下自己粗陋的译文,自感在很多地方,自己的译文无法真正穷尽阿甘本那极为深邃的思考。另一方面,本书的难度也在于阿甘本在文本中使用了大量的古希腊文、希伯来文、拉丁文,甚至梵文文献,而在译者参照英文版和法文版翻译的时候,发现英译者和法译者并没有选择翻译,而是直接将这些深奥的文字留在译文中。但是中文版如此处理会给读者留下很大的麻烦,所以,对于这些古希腊文、拉丁文等文字,笔者在请教相关学者之后,加上自己的理解,给出了自己的译文,并注明了该译文的拉丁文、古希腊文、希伯来文原文,以便懂得这些语言和掌故的方家参考。本书稿经过多次校对,反复推翻重来,才勉强具有今天的外貌,即便如此,我仍然感到诚惶诚恐,毕竟,自忖水平有限,无法

---

[1] Giorgio Agamben, *The Kingdom and the Glory: For a Theological Genealogy of Economy and Government*, Lorenzo Chiesa trans., Stanford: Stanford University Press, 2011, p. 245.

真正穷尽书中蕴含的思想光芒。不过，仍然需要对一些学者表示感谢，因为正是他们的帮助，才让本书得到出版。感谢三辉图书的严搏非老师，他多年来对本人翻译的宽容和大度，才能让这本译著可以出版，感谢华东师范大学的朱国华教授、吴冠军教授、姜宇辉教授、王嘉军教授，北京大学艺术学院的李洋教授、中国人民大学的李科林副教授为本书也提出了很多中肯的意见，山东大学的陈家富老师和台湾辅仁大学的曾庆豹教授，他们帮忙阅读了译稿，对于基督教神学和历史方面的问题，给出了很多有益的参考意见。最后还要感谢三辉的编辑，感谢他们为译著的编辑工作所付出的努力。最后，这本译著肯定还存在诸多不足和疏漏，其责任完全在于译者本身，敬请各位方家海涵。

蓝　江

2019 年 8 月于南京仙林

序　言

本研究所探索的是，西方的权力如何以及为什么会采取**安济**（oikonomia）的形式，即对人的治理。基于米歇尔·福柯对治理术谱系学的研究，本研究也旨在弄清福柯的研究无法完成的内在原因。事实上，在本研究中，今天对过去的理论追问已经突破福柯的谱系学所设定的年代界限，即基督教神学的早期岁月，在那个时代里，三位一体教义以**安济**的形式进行最初的尝试性考察。将治理放在三位一体**安济**的神学领域之中，并不意味着用等级结构的因素来解释它，好像神学就必然具有更原初的层级。相反，我们将说明的是，三位一体的**安济**何以成为观察治理机制运作和关联的——既有内在的也有外在的——最理想的场所，因为在其机制之下，组成机制的元素——或对立的诸极——似乎以典型的形式出现。

这样，对西方权力的谱系学，或人们通常所谓的**本质**（nature）的研究，就是我在十多年前在《神圣人》（*Homo Sacer*）中所开始的研究，到达了一个从任何角度看都至关重要的节点。治理机制的双重结构在2003年的《例外状态》（*State of Exception*）中以**权威**（auctoritas）与**权力**（potestas）的关系出现，在本书中，这种双重结构采用了王国和治理的关系形式,并最终要追问**安济**与荣耀的关系,以及作为治理和实际管理的权力与作为典礼和仪式规制的权力之间的关系——我起初并未考察这个问题——奇怪的是,政治哲学家和政治科学家似乎都忽略了这两个方面。即便从厄里希·彼得森(Erich Peterson)到恩斯特·康托洛维茨(Ernst Kantorowicz)、从安德列亚斯·阿尔弗洛迪(Andreas Alföldi)[1]到恩斯特·佩西·施拉姆(Ernst Percy Schramm)[2]的对权力的纹章和仪式的历史研究,也都没有考察这种关系,而他们恰恰忽略了一个非常明显的问题:为什么权力需要荣耀?如果行动和治理在根本上强大而有力,那么为什么它还需要严格、烦琐且"荣耀"的仪式、欢呼、礼仪的形式?安济和荣耀之间的关系是什么?

　　带着这个问题,回到其神学维度——这个问题在政治学和社会学研究中只能找到只言片语的回答——我们似乎可以在安济与荣耀的关系中瞥见西方治理机制的终极结构。相对于那些引导公众意见和政治意愿的关于人民主权、法治或交际程序的伪哲学分析来说,对颂歌和仪式欢呼的分析、对牧师和天使赞歌的分析,可以更好地帮助我们理解权力的结构和功能。在荣耀中发现权力的核心秘密,并质问将它与治理和**安济**联系起来的无法消除的关系,对于某些人来说,似乎有些陈旧。不过,我们研究的一个成果正是让我们明白,在现代公共意见和共识中,欢呼和荣耀仍然在当代民主的政治机制发挥着关键作用。

---

[1] 安德烈亚斯·阿尔弗洛迪(1895—1981),匈牙利神学家、铭文研究家、古币研究家和考古学家。他是20世纪最为多产的研究古代世界的学者之一,也是其所处时代的顶尖学者。——译注
[2] 恩斯特·佩西·施拉姆(1894—1970),德国研究中世纪象征与意识的历史学家,他的研究主要集中在中世纪国家的意识形态上,尤其是中世纪神圣罗马帝国的皇帝通过图像和意识来表达自己权威的方式。——译注

如果在现代民主中传媒极为重要,这不仅是因为传媒让对公共意见的控制与治理成为可能,更为重要的是,传媒管理并分配着荣耀,即权力的欢呼和赞颂层面,表面上看起来这个层面已经在现代社会中消失。从这个角度来看,景观社会——如果我们用这个词来称呼当代民主的话——是这样一种社会,即在其中,权力的"荣耀"层面,与**安济**和治理之间已经难分彼此。具体地说,当代民主及其**一致赞同式治理**(government by consent)的一项具体任务是,通过一致赞同的欢呼形式,将荣耀与**安济**合为一体,而这种治理的原初形式并未写在修昔底德(Thucydides)的古希腊史中,而是写在了中世纪和巴洛克时期关于上帝对俗世治理的那些干巴巴的拉丁文条约之中。

不过,这意味着治理机器的中心是空的。空王座,这种出现在早期基督教和拜占庭巴西利卡王廷的拱门和后殿弧顶上的**空王座**(hetoimasia tou thronou),在这层意义上,或许就是权力最重要的象征。在这里,我们研究的问题达到了极限,与此同时,也得出了临时的结论。如果像我们认为的那样,每一本书都隐藏了一个中心,而书就是为了触及——或避开——这个中心,那么可以在本书第八章最后几个段落中找到这个中心。我反对对生产和劳动的天真强调,很长一段时间里生产和劳动阻碍现代性,让政治无法成为人最固有的维度,在本书中,政治就是要返回其最核心的安息(inoperativity),即回到让所有的人与神的劳作都得到安息的运作(operation)。空王座,即荣耀的象征,就是我们需要去凡俗化(profane)的东西,其目的是要超越它,为某种我们只能称其为**永生**(zoē aiōnios)的东西开辟空间。只有在该研究的第四部分,即对生命形式(form-of-life)及其用(use)的研究完成后,作为人和政治的固有实践的安息才能展露出其最重要的意义。

第一章
两种范式

第一节

我们的研究一开始需要重构出一种范式的谱系学,这种范式对今天的西方社会的发展和全球布局都产生了决定性影响,尽管在严格的神学领域之外,这个范式很少被当成一个问题。我们需要说明的问题之一就是,两种广义的政治范式(这两种范式是二律背反的,但在功能上彼此相关)均源于基督教神学:一个是政治神学,它在唯一上帝基础上奠定了无上主权的超越性;另一个是安济(economic)神学,它则用一种**安济**观念代替了这种超越性,将其看成神与人的生活的内在秩序——这是一种家族(demostic)[1]秩序,但并非严格意义上的政治

---

[1] 需要注意的是,在古希腊时期,家族秩序与政治秩序分别对应于两个不同的对象。家族秩序对应的是家(oikos),即家庭内部的关系与治理,亚里士多德的《家政学》正是在这个意义上来使用的。相反,政治秩序对应的是城邦(polis),这是一种公共秩序,也只有在公共秩序上,才能称之为政治学(politics),这也是亚里士多德的《政治学》不会涉及家内秩序的原因所在。更为重要的是,家族秩序和城邦秩序、家政学与政治学之分也构成了现代政治学范畴中的公共领域与私人领域之分的原型。不过随着时代的变化,oikonomia(即 economics)和 politics 都丧失了在古希腊语境中的原始意义,变成了经济学和政治学。——译注

秩序。政治哲学和现代主权理论出自第一种范式；现代生命政治，远胜于社会生活的所有其他方面的安济与治理，则出自第二种范式。

在研究的过程中，理路会变得清晰起来，2世纪到5世纪取得显著发展的安济神学的历史，不仅仅被观念史学家，而且也被神学家抛进了故纸堆之中，以至于这个词汇最准确的意义已经被人遗忘。在这个方面，我们不仅没有追问过它与亚里士多德的家政（economy）的明显的原生性亲缘关系，也没有讨论过它与18世纪**经济动物**（économie animale）和政治经济学的诞生之间的关联。那么，对探究安济（economy）一词原意逐渐消失的原因和使其产生的事件进行一次考古学研究就变得十分必要。

第一节 余论

尽管对安济问题的研究曾出现在无数关于具体基督教早期教父的著作中 [约瑟夫·穆瓦因（Joseph Moingt）[1] 的《德尔图良的三位一体神学》（Théologie trinitaire de Tertullien）一书就是典型：这本书相对全面地考察了2世纪到3世纪之间该问题的发展]，但在格哈德·里希特（Gerhard Richter）《安济》（Oikonomia）一书出版之前（此时，该研究的历史方面已完成），我们都缺少对这个神学基本问题的一般性

---

[1] 约瑟夫·穆瓦因（1915— ），法国耶稣会教士、神学家，尤其在基督学方面见长。他于1938年加入耶稣会，他的主要著作包括《德尔图良的三位一体神学》、《降临人间的上帝》（Dieu qui vient à l'homme）等。——译注

研究。玛丽-若泽·蒙德赞(Marie-José Mondzain)的《图像,圣像,安济》(Image, icône, économie)一书仅限于分析,对于8世纪到9世纪之间那些毁坏圣像之争,这一概念的影响。即便在里希特全面的研究之后[尽管有一个这样的书名,但其方向是神学的,而不是语言学-语文学(linguistic-philological)的],我们仍然没有足够的词汇分析来补充威廉·加斯(Wilhelm Gass)[1]的有用但有些陈旧的《教父的安济一词》("Das patristische Wort oikonomia", 1874)以及奥托·李尔格(Otto Lillge)的论著《教父的"安济"一词:其历史和意义》(Das patristische Wort "oikonomia": Sein Geschichte und seine Bedeutung, 1955)。

至少对于神学家来说,他们之所以会特别沉默,很有可能是因为当他们面对三位一体教义的某种**卑微起源**(pudenda origo)时会感到尴尬(事实上,基督教信仰的基础**神学**[各种意义上]的最早形式概括——即三位一体,最初是作为一种"安济"机制出现,这至少是令人惊讶的)。正如我们将看到的,特伦廷大公会议[2]的教规的(Tridentine canons)对它的忽视证明了这一概念的消逝(该概念的消逝已经贯穿和分布在诸多不同的领域之中):在"天道与基督的神秘降临"{*De dispensatione* [天道(dispensatione)和天命(dispositio)都是

---

[1] 威廉姆·加斯(1813—1889),诞生于波兰弗罗茨瓦夫市的德国神学家,他的研究主要集中于对新教教义的研究,同时研究希腊化和中世纪时期教会的历史和基督教伦理史。——译注
[2] 特伦托会议是指罗马教廷于1545—1563年间在北意大利的天特城召开的大公会议。此次会议乃罗马教廷的内部觉醒运动之一,也是天主教反宗教改革运动的重要工具,用以抗衡马丁·路德的宗教改革所带来的冲击。——译注

拉丁语中对希腊语 oikonomia 的翻译] *et mysterio adventus Christi*} 的标题之下，只有寥寥数语。在现代新教神学中，**安济**的问题又出现了，但是只是作为**救赎史**（Heilsgeschichte）问题的模糊不定的前身，而其反过来才是正确的：归根结底，"救赎史"神学是一种更广义的范式的一部分和简化版本。结果，1967 年，得以出版一本纪念奥斯卡·库尔曼（Oscar Cullmann）[1] 的《安济》（*Oikonomia*）出版 65 周年的纪念文集（*Festschrift*）。其中《作为神学问题的救赎史》（*Heilsgeschichte als Thema der Theologie*）一文，是 36 篇论文中唯一出现**安济**（oikonomia）一词的文章。

第二节

1922 年，卡尔·施米特[2]在一个精确的论点下概括了这种神学政治范式："现代国家理论所有最重要的概念都是世俗化的神学概念。"[3] 如果我们提出的双重范式的假说是正确的，就可以以某种方式来补充这个说法，让这个说法的正确性不仅仅局限于公法领域，甚至可

---

1 奥斯卡·库尔曼（1902—1999），德国路德宗神学家，他主要致力于普世教会合一工作，并在路德新教和天主教之间建立起一定的对话关系，因此，他也被邀请参加了于 1965 年举行的第二次梵蒂冈大公会议。由于库尔曼致力于普世教会合一工作，他遭到了同为新教神学家的卡尔·巴特的嘲弄。——译注

2 卡尔·施米特（1888—1985），德国著名法学家和政治思想家。他的政治思想对 20 世纪政治哲学、神学思想产生了重大影响，其中以决断论为著；并提出了许多国家法学上的重要概念，例如制度性保障、实质法治国及法律与主权的关系。——译注

3 Schmitt, 2005, p. 36.

以延伸到安济的基本概念以及人类社会的再生产生命的观念上。不过，根据这个论点，安济是一个世俗化的神学范式可以反过来作用于神学本身，因为这意味着，从一开始，神学就把神圣生命和人类历史看成一种**安济**（oikonomia），即神学本身就是"安济"神学，它无须等到后来的世俗化才变为安济。从这个角度来看，任何以上帝形象创造出来的活物最后都显示出来出他们只拥有安济能力，不拥有政治能力，换句话说，最终，历史不是政治问题，而是"行政"和"治理"的问题，这不过是安济神学的逻辑后果。同样，这当然不仅仅是一个纯粹言辞上的花样，通过将一个经典的等级关系颠倒过来，把**永生**（zoē aiōnios）而不是**生活**（bios）[1]置于福音的核心。基督教宣称有的永生最终置于**家**（oikos）的范式，而不是**城邦**（polis）之中。雅各布·陶伯斯（Taubes）[2]有一句反讽性的**趣谈**（boutade），**生命神学**（theologia vitae）总是在将自己变成"神物学"（theozoology）[3]的过程中。

---

1   zoē 和 bios 是阿甘本在《神圣人》（*Homo Sacer*）一书中所使用的一个主要的对偶范畴，前者指的是一种纯粹脱胎于自然的生命力量，而后者是在善的指引下所塑造成的生活，bios 本身就是生命与场境（topos）的综合，在《神圣人》中，阿甘本详尽地分析了亚里士多德在《政治学》中对这两个概念的区分，他认为亚里士多德及其之后的政治学都将 bios 凌驾在 zoē 之上，是一种对赤裸生命的剥夺。基于此，中译的时候，与吴冠军先生在《神圣人》一书中译时一致，将这个词翻译为生活。——译注
2   雅各布·陶伯斯（1923—1987），宗教社会学家，犹太教学者。陶伯斯生于一个拉比家庭，后来在哈佛大学、哥伦比亚大学和普林斯顿大学讲授犹太教。——译注
3   Taubes, p. 41.

第二节 余论

对"世俗化"一词的表层意义和隐含意义的澄清变得十分迫切。众所周知,这个概念在现代文化中起着战略性的作用——亦即,在这层意义上,这是"观念政治"的概念,也就是那些"在观念领域中,总会找到与之争夺权势的敌人"[1]的概念。在严格的司法意义上,世俗化亦是如此——世俗化[它恢复了 saecularisatio(世俗化)一词,决定了宗教之人返回世间]在19世纪的欧洲成为国家与教会之间斗争的集结场地,号召去剥夺教会的既得利益——在观念史中的隐喻式用法意义上也是如此。当马克斯·韦伯在他那本著名的讨论资本主义伦理的著作中概括出清教禁欲世俗化的形式时,他那看似中立化的评判,丝毫也掩盖不住他支持让世界祛魅,同宗教狂徒和谬论百出的先知进行斗争。恩斯特·特勒尔奇(Ernst Troeltsch)[2]也如此思考。在这种情形下,施米特的论点意义何在?

在某种意义上,施米特的策略与韦伯的策略针锋相对。对于韦伯而言,世俗化就是对现代世界祛魅化和去神圣化的渐进发展过程中的一个侧面。对施米特而言,世俗化所展现的是完全不同的东西,在现代社会中,神学继续以一种显著的方式存在,并发挥着作用。这并不必然意味着神学和现代性的实质是一样的,或者说神学概念和政治概

---

[1] Lübbe, p. 20.
[2] 恩斯特·特勒尔奇(1865—1923),德国新教神学家和宗教哲学家。他对马克斯·韦伯的社会学思想和巴登学派的新康德主义都产生了重要影响。——译注

念的意义是完全一样的；实际上，这涉及一种特殊的策略关系，这种关系标明了政治概念，且让其回溯到其神学起源上。

换句话说，世俗化并非一个概念，而是一个福柯和梅兰德里（Enzo Melandri）[1] 意义上的印记（segnatura），也就是说，一个用来表示在其内且溢出了该符号或概念的东西，这个符号或概念会指向一个既定的解释或领域，不是因此让符号（the semiotic）构成新的意义或概念。印记将概念和符号从一个领域转移、替换到另一个领域（这里是从神圣转移到世俗，反之亦然），且不会从符号学上对它们重新界定。在这种情况下，属于哲学传统中的许多伪概念（pseudoconcept）都是印记，这有点像本雅明（Walter Benjamin）所说的"秘押"（secret indexes），它起着明确而重要的战略性作用，为符号解释提供了一个持久的方向。当这些印记将不同的时代和不同的领域衔接起来，它们如同纯粹历史要素般起作用。福柯的考古学和尼采的谱系学〔在一个相当不同的意义上，甚至还有德里达（Jacques Derrida）的解构和本雅明的辩证意像（dialectical-images）理论〕都属于印记的科学，印记科学与观念和概念史平行发展，但我们不能混淆彼此。倘若我们不能理解印记，不能跟随它在观念传统中所起的替代和转移作用，那么纯粹的概念史有时最终会变得非常不充足。

在这个意义上，世俗化是在作为一种指向神学的印记在现代性的概念体系中起作用的。根据教规，还俗的牧师必须佩带代表他曾归属的宗教的符号，因而，世俗化的概念也如同一个印记，它代表着它曾归属的宗教。怎么理解神学印记的指向的方式，是每一次转向的关键

---

[1] Melandri, p. XXXII.

所在。因此，世俗化也可以理解为[正如在戈加登（Gogarten）[1]那里]一种基督教信仰的具体表现，它第一次从世俗性和历史性的角度向人展现了世界。这种神学印记是作为一种错觉（trompe l'oeil），在错觉中，世界的世俗化成为一个标记，这个标记将世俗化归属于神的**安济**（oikonomia）。

第三节

在20世纪60年代后半的德国，在汉斯·布鲁门伯格（Hans Blumenberg）[2]、卡尔·洛维特（Karl Löwith）[3]、奥多·马尔夸特（Odo Marquard）[4]、卡尔·施米特之间爆发了一场关于世俗化问题的争论。这场争论源于1953年洛维特的著作《世界历史和救赎历史》（*Weltgeschichte und Heilsgeschehen*）所提出的一个论点，按照洛维特的说法，所有德国唯心主义历史哲学和启蒙的进步观，都不过是历史神学和基督教末世论的世俗化。尽管布鲁门伯格坚持"现代性的合法性"，坚决宣称世俗化这个范畴本身有不合法的特征——结果，洛维

---

[1] 戈加登（1887—1967），全名为弗里德里希·戈加登（Friedrich Gogarten），他是路德宗神学家，也是20世纪德国辩证神学的奠基人之一。——译注

[2] 汉斯·布鲁门伯格（1920—1996），德国哲学家。他主要研究德语学和古典学，被认为是当时最为重要的哲学家之一。布鲁门伯格创造了被他称为"隐喻学"的学科，他认为语言的陈述处于隐喻之下，他晚年最后一部著作《忧愁顺流而下》（*Die Sorge geht über den Fluss*）正是试图用一个特殊的隐喻来理解人类现实。——译注

[3] 卡尔·洛维特（1897—1973），生于德国慕尼黑，为犹太裔德国人，德国著名哲学家，曾追随胡塞尔与马丁·海德格尔研究哲学。——译注

[4] 奥多·马尔学家，现为德国吉森大学哲学教授，并担任德国哲学学会会长。——译注

特和卡尔·施米特在反对这些人的意愿上,在同一个战壕里——但事实上,正如一些评论家[1]清醒地注意到的,这场争论或多或少是被有意煽动起来的,其目的是掩盖真正的问题所在,即并不是世俗化,而是其前提——历史哲学和基督教神学。所有表面上的敌人都投入力量来反对它们。洛维特所谈及的、德国唯心主义试图有意识地去恢复的救赎的末世论,只不过是宏大的神学范式的一个侧面,这正好就是我们想去研究的神之**安济**(oikonomia),对安济问题的压制则是争论的基础。当黑格尔将世界的理性治理与上帝的神恩计划的神学教义等同起来,并认为他的历史哲学是一种神正论("世界历史就是最终精神的形成……这是真正的神正论,在历史之中对上帝的证成")时,他仍然注意到这一点。谢林在他的《启示哲学》(*Philosophy of Revelation*)的结论部分用更明确的词汇将他的哲学概括为带有神学上**安济**形象的哲学:"古代神学家区分**纯粹神圣**(akratos theologia)和**安济**。这两词是结合在一起的。我们想要谈的是这种内部安济(oikonomia)的过程。"[2] 这样的安济神学在今天已经变得不切实际,以至于我们完全不能理解谢林所说的意义何在,而这正是哲学文化衰落的标志。今天研究的目的之一就是让我们可以重新理解谢林所说的话,而他的这些话长期以来都被置若罔闻。

第三节 余论

我们可以看到,谢林所感兴趣的**神圣**和**安济**之间,上帝的存

---

1 Carchia, p. 20.

2 Schelling, p. 325.

在与其行为之间的区别,在从优西比乌(Eusebius)¹到迦克墩派(Chalcedonians)²的东方神学中,有着举足轻重的意义。我们可以在虔信派的圈子(pietistic circles),尤其是诸如本格尔(Johann Albrecht Bengel)和欧廷格尔(Friedrich Christoph Oetinger)之类的作者(这些作者对谢林的影响如今有详细的文献记载)所使用的安济概念那里,找到谢林思想的直接来源。不过,关键在于,谢林认为他的救赎哲学是一种神之安济理论,它在上帝的存在中导入了人性和行动,因此,这让上帝被称为"存在之主"³。在这个角度上,他从圣保罗那里引述了一段关于"安济的奥秘"的段落(见《新约·以弗所书》3:9),而这就是神学安济的教义的来源:

> 保罗谈到了一个许久以来未被谈及的上帝的规划,如今它在基督那里得到体现:上帝和基督之奥秘已经通过基督的降临而向这个世界展开。在这里,救赎哲学的途径才成为可能。不要将救赎哲学看成一个像神话学一样的必然过程,而是将它看成完全自由的,看成最为自由的意志的决策和行动。通过救赎,新的第二次创世发生了,这是彻底的自由行动。⁴

换句话说,谢林认为他在本体上引入绝对的和无源质(an-achic)

---

1 优西比乌(约260—约339),巴勒斯坦地区的该撒利亚(即该撒利亚Palaestina)的教会监督或主教。由于他对早期基督教历史、教义、护教等的贡献,他被一部分后人认为是基督教历史之父。——译注

2 迦克墩派所指的是一批承认了451年迦克墩大公会议上关于上帝与耶稣之间关系的界定的神学家和教会,而与迦克墩派进行的教义争论导致了东方正教的产生。——译注

3 Schelling, p. 172.

4 Schelling, p. 253.

的自由，是对安济的神学教义的恢复和完善。

第四节

在 1935—1970 年间，厄里希·彼得森和卡尔·施米特——按照不同的方式，这两位作者的思想都被界定为"反革命的天启学"（Apocalypstics）[1]——有一场特别的争论。它之所以特别，不仅仅是因为争论的双方都是天主教徒，有着共同的神学背景，而且也因为，正如上面提到的两个时间点之间那一漫长的沉默期所示，法学家[2]在开启这场争论的神学家逝世 10 年之后才做出回应。此外，正如他在"后记"（"Nachwort"）中得出的结论所显示，他的回应的线索来自新近的关于世俗化的争论。不过，如果按照施米特自己在《政治神学 II》（*Politische Theologie* II）中的话（其中包含了他对彼得森相关问题的回应）来说，彼得森所射出的"帕提亚之箭"（Parthian Arrow）[3]仍然深深地扎入施米特的血肉之中，这本书旨在"将彼得森的利箭从他的伤口中拔出来"[4]。这场争论的关键在于政治神学，这也是彼得森坚决质疑的东西。但正如世俗化的争论一样，这一次争论所表露出来的问题遮掩了另一个显白的（exoteric）、更为可怕的问题，而这个问题恰恰是

1　Taubes, p. 19.
2　这里的法学家指的是施米特，施米特的主要研究领域在法学和政治神学上，而下面的神学家则指的是彼得森。——译注
3　Schmitt, 2008a, p. 32.
4　Schmitt, 2008a, p. 32.

我们需要弄明白的问题。

在所有理论作品中——或所有人类的作品中——都存在某种未被吐露出来的东西。有一些人试图接近这些未被吐露出来的东西，并试图暗地里让人联想到这些东西，而另外一些人则故意不提。施米特和彼得森都属于后一种类型。为了理解他们的争论背后所隐藏的东西，我们需要揭露这些未被吐露出来的东西。争论的双方都认可一个共同的神学概念，即所谓的"Katechontic"[1]。作为天主教徒，他们一定会承认耶稣再临的末世论信仰。然而，在参照了《帖撒罗尼迦后书》(Thessalonians)第二章之后，他们都宣称（施米特比较明显，而彼得森比较含蓄）存在某种东西可以延迟和阻止**末世**（eschaton）的来临，即天国的降临和俗世的终结。对于施米特而言，延迟末世的正是基督教帝国，而对彼得森而言，阻止末世来临的是犹太人拒绝信仰基督。按照法学家和神学家的说法，今天的人类历史是一个过渡，它建立在天国降临的延迟的基础上。不过，在一方看来，天国降临的延迟与基督教帝国的主权是一致的（"这种信仰相信存在着阻止世界终结的东西，这种信仰是唯一的桥梁，架设在让一切人类事件在末世中会陷入停顿的观念，与类似于日平曼诸王的基督教帝国的庞大历史总体之间"[2]）。在另

---

[1] Katechontic 是一个很难翻译成中文的词汇，这个词根是 katechon，源于古希腊语的 κατέχον，这个词是施米特政治神学中的一个核心概念，在施米特谈到帝国的政治时，提到有一个 Katechontic 的主权，施米特自己将这个概念界定为"阻止不断延迟的世界末日的末世论偶然降临到当下的力量"（"Beschleuniger" 436），总而言之，Katechontic 代表一种大全的力量，一种具有神意色彩的意志和主权，其核心意旨正是阻止和延迟末日的来临。——译注

[2] Schmitt, 2003, p. 60.

一方看来,犹太人拒绝皈依导致的天国降临的延迟,建立了大公教会的历史存在。1929 年出版的彼得森关于大公教会的著作让我们对此毫无疑问:之所以存在大公教会,仅仅是因为"犹太人,作为上帝的选民,并不信仰他们的圣主"[1],因此,俗世的终结被无限延迟了。彼得森写道:"只有在这样的假设下,才可能存在一个大公教会,即基督的降临并不会马上来临,换句话说,具体的末世被消除了,替代它的是最后之物的教义。"[2]

因此,争论的真正的问题并不是政治神学是否可以接受,而是那个延迟和消除"具体末世"的 Katechon 的本质和特性。但这意味着对于施米特和彼得森来说,最终最为关键的问题是,走向救赎的历史哲学变得中立化。在这里,神的**安济**计划在基督的降临中达到了至真至善,延迟了末世的事件(犹太人拒绝皈依,基督教帝国)发生了。由于排斥了具体的末世,历史时间变成了被悬置的时间,在这个时间里,所有的辩证法都被抛弃了,那位伟大的圣主看着我们,历史上不会出现基督降临。于是,理解彼得森和施米特之间的争论,意味着对他们或多或少隐秘指涉的历史神学的理解。

第四节 余论

彼得森涉及大公教会存在的两条假设(犹太人拒绝皈依,基督降

---

[1] Peterson, 1994, p. 247.
[2] Peterson, 1994, p. 248.

临的延迟）是紧密相关的：两条假设之间的错综复杂的关系正好界定了彼得森所代表的一种特殊的天主教反犹主义的特征。大公教会存在的根基本身就在于犹太教会的持续存在。不过，我们知道，最终"以色列全家都要得救"（《新约·罗马书》11∶26），大公教会最终必须让位于天国［在彼得森的论著《大公教会》（Die Kirche）中，他用了鲁瓦西（Loisy）的一句反讽格言作为开头："耶稣告诉我们有一个天国，而这就是即将来临的教会"］，以色列人也不得不消失。如果我们不理解这两条假设之间的根本关联，我们就不能理解"末世机构"（eschatological bureau）关闭的根本意义，1925 年，恩斯特·特勒尔奇曾经谈到过这个问题（"'末世机构'在今天基本上都关闭了，因为构成其根基的思想已经失去了其根本"[1]）。因为这里涉及彻底地质疑教会和以色列的关系，所以重新开启末世机构就是一个相当棘手的问题。毋庸置疑，像本雅明这样的思想家，他将自己置身于基督教和犹太教的独特的交集当中，他无须等待莫尔特曼（Moltmann）[2]和多德（C. H. Dodd）毫无保留地去承担起这个问题，不过，本雅明宁可说弥赛亚，而不愿意谈末世论。

---

[1] Troeltsch, p. 36.
[2] 莫尔特曼（1926— ），全名是于尔根·莫尔特曼（Jürgen Moltmann），德国新教神学家，为图宾根大学神学教授，他对基督教神学做出了一系列重要贡献，包括他提出了过程神学、末世学、教会学和政治神学等，他受卡尔·巴特影响很深，同时也带有黑格尔的历史哲学和恩斯特·布洛赫的希望神学的色彩。在这个基础上，莫尔特曼发展出一种旨在让人类根本解放的解放神学，他提出上帝与人一起受苦，并为人类许诺了在基督复活希望上的人类未来的解放。——译注

第五节

彼得森在书的开头引述了荷马史诗（《伊利亚特》）之后，从亚里士多德的《形而上学》L卷——"这个我们通常称为亚里士多德的神学文本"推论出："俗世不能胡乱治理，'多数人的统治并不好，只能让一个人（主权者）来统治。'"[1] 按照彼得森的说法，这段话的核心要点是对柏拉图的二元论的批判，尤其是对斯珀西波斯（Speusippus）[2]的多元论进行批判，亚里士多德与之针锋相对地指出，自然并不是像糟糕的悲剧一样，通过一系列断篇产生，而是在单一原则下形成的。

> 尽管在这种情形下，亚里士多德并没有使用"一主制"[3]（monarch）一词，不过，我们需要强调的是，其意义已经在语义的二重性中准确地体现出来，因此，在神圣的一主制中，唯一的最终**原则**的唯一权力与这一权力的唯一最终承担者的

---

[1] Peterson, 1994, p. 25.

[2] 斯珀西波斯（前408—前339），古希腊哲学家，他是柏拉图的侄儿，在柏拉图死后，他继承了学园，并担任了八年学园领袖。之后他将位置传给了色诺克拉底。尽管他是学园的继承者，但他偏离了柏拉图的教诲，拒绝了柏拉图的理念论，反对至善是与最高原则相一致的东西，相反，他认为至善是次要的。他还提出如果我们不了解将诸事物区分开来的具体差异，那么我们就不可能有对事物有圆满的认识。——译注

[3] 尽管在很多情况下，monarch 被翻译为君主制，不过我们在思考一个词的中文意思时，也必须参照上下文的概念，这里显然彼得森和阿甘本所谈的并非俗世意义的君主制，而是由唯一的上帝来治理人间的一主制，这也符合犹太人在设立王之前由上帝直接治理（通过士师，如撒母耳来沟通）的政治模式，在此也符合阿甘本对安济研究的原意。——译注

权力是一致的。¹

通过这种方式，彼得森提出亚里士多德的神学范式中那个不动的推动者（unmoved mover）²，在某种程度上，就是后来犹太教和基督教为一主权力进行的神学政治辩护的原型。托名亚里士多德的论文《宇宙论》（*De Mundo*）（彼得森随后曾简短地分析了这篇论文）在这个意义上将古典政治与犹太教的一主制贯穿起来。在亚里士多德那里，上帝是所有运动的先验原则，上帝统领着俗世，就如同军事战略家统领着他的军队一样，而在这篇论文中，君主隐藏在它的深宫之中驾驭着俗世，如同一个木偶师一样，用钢线牵引着他的木偶。

> 在这里神的一主制的形象并不是由是否存在一个或更多的原则来决定的，而是由上帝是否参与到那些在宇宙中起作用的诸多力量之中决定。作者想告诉我们：上帝是宇宙间诸力量行动的前提条件，也正因为如此，他并非那个力量。³

彼得森用了一句施米特喜爱的格言，来总结神之一主制的形象：

---

1 Peterson, 1994, p. 25.
2 不动的推动者，其希腊语原文是 οὐκινούμενονκινεῖ，也叫"第一推动者"。在《物理学》的后半部分和《形而上学》第十二卷中，亚里士多德建立了一类宇宙论论证，力图表明必定存在一个不动的推动者。因为时间是永恒的，没有开端和终点，所以变化作为时间的伴随物也一定是永恒的。——译注
3 Peterson, 1994, p. 27.

"主上统治,但并不治理"(Le roi règne, mais il ne gouverne pas)[1]。

唯有借助斐洛(Philo),才能在神权政治的形式中,让某种类似于政治神学的东西清晰地呈现出来。通过分析斐洛的话,彼得森说明了政治神学显然就是一种犹太教的创造。在"作为一个犹太人的具体前提下"[2],神学政治问题摆在了斐洛面前:

> 以色列是一个神权政体,即一个民族通过**一位**圣主来治理。**唯一**的人,**唯一**的上帝……但是,如果**唯一**的上帝不仅是以色列的主,还是宇宙的主,那么,被上帝所统治**唯一**的子民——"上帝最挚爱的子民"——成了所有人类的牧臣和先知。[3]

斐洛之后,基督教护教论者(Apologist)开始使用神之一主制的概念,他们用这个概念来捍卫基督教。在一个简要的研究中,彼得森从这个角度考察了犹斯定(Justin)[4]、他提安(Tatian)[5]、提阿非

1　Peterson, 1994, p. 27.

2　Peterson, 1994, p. 30.

3　Peterson, 1994, p. 28-29.

4　犹斯定(100—165),也被称为殉道者犹斯定,是2世纪基督教的护教士之一,于165年前在罗马殉道。天主教相信他是哲学家的主保圣人,他是第一个尝试将信仰和理性综合的神学家,也为基督教的教义等辩护。——译注

5　他提安(120—180),亚述人,是早期的基督教作家和神学家,为犹斯定的弟子。优西比乌将他和犹斯定称为异端,他在172年建立了诺斯替派。——译注

罗（Theophilus）[1]、爱任纽（Irenaeus）[2]、希波吕托斯（Hippolytus）、德尔图良（Tertullian）[3]和俄利根（Origen）[4]。但只有优西比乌这位宫廷神学家——或者用弗朗茨·奥弗贝克（Franz Overbeck）辛辣的妙语来说，那位为君士坦丁大帝带上神学假发的**美发师**（friseur）——才详细阐释了基督教政治神学。优西比乌认为，在作为万邦的救世主的基督降临与奥古斯都皇帝建立全域性的帝国权力之间存在一种对应关系。在奥古斯都成为皇帝之前，人们往往生活在多头政治之下，处于多个僭主和民主派的对立斗争之中，但是"当天主和救世主出现，与此同时，罗马人的至尊奥古斯都成为万邦之王，那些多元化的多头政治就灰飞烟灭了，和平之光普照着大地"[5]。彼得森根据优西比乌的说法，说明了奥古斯都皇帝开辟的道路是何以在君士坦丁大帝那里达到顶峰的。"在君士坦丁击败了

---

1 提阿非罗（？—183），也被称为安条克的提阿非罗，是安条克的主教，写了护教文给安图尼加斯（Autolycus），文中表明基督教的神观与创世教义。他比任何人都更详尽地发展"道"的教义，并率先使用三位一体的神观。——译注

2 爱任纽（130—202），基督教主教，早期神学家。他的著作开启了早期基督教神学的发展，并且被罗马公教会和正教会封为圣徒和教父。他是早期基督教的护教学家，据信是使徒约翰的弟子坡旅甲的门徒。——译注

3 德尔图良（150—230），北非柏柏尔人，迦太基教会主教，是早期基督教著名的神学家和哲学家。他生于迦太基，也卒于此地，因理论贡献被誉为神学鼻祖之一。德尔图良主要以写作思辨性的基督教神学与反对异端的著作为主。有人称他是"希腊最后一位护教士"，亦有人说他是"第一位拉丁教父"。——译注

4 俄利根（185—251），是基督教著名的神学家和哲学家。俄利根生于亚历山大港，卒于该撒利亚。他是希腊教父，更是亚历山太学派的重要代表人物之一。在神学上，他采用希腊哲学的概念，提出"永恒受生"的概念来解说圣父与圣子关系，对基督教影响至今。他的著作对基督教神学发展有很大的影响力，但是也有许多主张被后世教会定为异端。——译注

5 Eusebius, *Commentary on the Psalms*, 71, in PG, 23.

李锡尼(Licinius)[1]之后,政治上的一主制得到了恢复,与此同时,神之一主制也得到了保障……大地上**唯一**的王与天国中**唯一**的主是对应的,**唯一**的王法和**唯一**的逻各斯也是对应的。"[2]

彼得森依循着优西比乌后人的足迹,从约翰·屈梭多模(John Chrysostom)[3]、普鲁丹提乌(Prudentius)[4]、圣安布罗西(Ambrose)[5]、哲罗姆(Jerome)[6]一直到奥罗修(Orosius)[7],他们都坚持认为在全球性

---

[1] 李锡尼(263—325),罗马帝国东部的皇帝。298年,李锡尼成为东部皇帝伽列里乌斯(Galerius)手下的将领,参加了对波斯的战争,深受他的赏识。306年,西部副帝君士坦提乌斯一世死去,四帝共治局面开始崩溃。伽莱里乌斯任命他的部下塞维鲁(Severus)为西部奥古斯都,与已被拥立为帝的君士坦提乌斯之子君士坦丁一世展开对峙。324年,李锡尼的17万大军在阿德里安堡战败,他被迫躲入拜占庭的城墙,并遭受围困。最后李锡尼逃往老巢尼科米底亚,在那里被迫宣布退位,向君士坦丁投降。在妹妹的求情下,君士坦丁饶了李锡尼一命。——译注

[2] Erik Peterson, Ausgewählte Schriften, Vol.1 Theologische Trakate. Würzburg: Echter, 1994. p. 50.

[3] 屈梭多模(347—407),也被称为约翰一世,或译为圣金口若望,他是第一任君士坦丁堡教宗,因演讲雄辩而被追谥为"屈梭多模"(意思为金口)。屈梭多模是重要的希腊教父,被许多教会封为圣人。他的遗骸曾于1204年被十字军掠至罗马。——译注

[4] 普鲁丹提乌(348—405),罗马基督教诗人,曾担任罗马行省的总督,并在皇帝狄奥多西一世时被召至宫廷。392年,他辞去所有公职,并成为一名禁欲主义者,晚期的普鲁丹提乌致力于收集他所在时代的基督教诗歌,并为之作序。——译注

[5] 圣安布罗西(340—397),米兰主教,4世纪基督教最著名的拉丁教父之一。他也是天主教会的公认四大圣师(Doctor of the Church)之一。——译注

[6] 哲罗姆(240—420),是古代西方教会领导群伦的圣经学者,340年生于意大利东北部一个小镇。哲罗姆有志博览宗教丛书,遍游天下名胜,力行读万卷书、行万里路的理念;足迹走遍大罗马帝国,晚年时(386年—420年)定居于耶稣的出生地伯利恒,过苦修隐居的生活。——译注

[7] 奥罗修(385—420),古罗马后期的基督教神学家和历史学家,出生于葡萄牙。由他所撰写的著作反映了宗教的发展历史,具有极为重要的参考价值,极大地影响了后世的相关学者的研究方法与态度。——译注

帝国的统一性和唯一上帝的圆满的救赎之间存在平行的关系,而这是解释历史的关键所在:

> 同一年,恺撒——上帝出于奥秘所确定的皇帝——下令对帝国所有行省进行人口普查。上帝想让自己作为人而被人们所看到,他希望成为一个人。基督诞生于那个时代:耶稣诞生后不久就在罗马人口普查中得到了登记注册……那个独一无二的上帝,在当他希望显现自己的时候,建立了这样统一的王国,他既被人们所爱戴,也被人们所畏惧:同样的法律统治着所有地方,而这正是臣服于独一无二的上帝的子民们的法律。[1]

在这里,彼得森突然来了个大拐弯,他试图说明,在关于阿里乌教派(Arianism)[2]的争论中,一主制的神学政治体制与三位一体神学的发展发生了冲突。从他们的立场来看,三位一体教义宣称一主制"将一元神论贬低为一个政治问题"。彼得森仅仅用了两页纸,就彻底清算了政治神学,而本书是致力于重构这种政治神学的。

> 一主制教义在面对三位一体教义时的失败,就如同在面

---

[1] Peterson, 1994. p. 55.
[2] 阿里乌教派是由一位亚历山大里亚的基督教牧师所阿里乌(Arius,250—336)提出的。其争论的焦点就是圣三一理论。阿里乌认为耶稣并不是一个完全的神,而是三一中较低的一位。圣父和圣子并不会一直在一起。——译注

对基督教末世论时，**帝国和平**（pax augusta）的解释的失败一样。因此，不仅作为政治神学的一神论在神学上被彻底清算，基督教信仰脱离了其与罗马帝国的关系，而且基督教信仰也与一切"政治神学"决裂。"政治神学"之类的东西只能存在于犹太教和异教的范围中。[1]

彼得森在这段文字的注解中总结这本书道（似乎整篇论文都是依照这个注解来写的）：

> 就我所知，"政治神学"的概念是卡尔·施米特在《政治神学》（*Politsche theologie*，1922）中引入的。他的简略考察并没有系统地展开。在这里，我试图借助具体实例来证明"政治神学"在神学上是不可能的。[2]

第五节 余论

优西比乌关于唯一的全球性帝国的降临，多头政治的终结，以及独一无二真正的上帝的胜利的讨论，非常近似迈克尔·哈特（Michael Hardt）和安东尼奥·奈格里（Antonio Negri）[3]的论题。按照这两位的说法，在全球资本主义帝国中，对民族国家的超越为共产主义的胜利

---

1 Peterson, 1994. p. 58-59.

2 Peterson, 1994. p. 81.

3 哈特和奈格里都是当代著名的左翼思想家，他们合著的《帝国》曾经在21世纪初成为左翼最为重要的著作之一，齐泽克曾宣布这本书是21世纪的《共产党宣言》。——译注

铺平了道路。虽然"为君士坦丁大帝戴上神学假发的美发师"[1]具有明显的策略意义,这显然是君士坦丁大帝的全球性帝国和教会之间联盟而非对立的结果,但是哈特和奈格里的论题的意义显然不能从同样的意思上来理解,这样会让人摸不着头脑。

第六节

4世纪卡帕罗西亚三大教父之一,纳西盎的格里高利(Gregory of Nazianzus)[2]的一段话在彼得森的论证中极为重要。按照彼得森的结论所写,格里高利通过将"三位一体上帝的一主制"同"单个人的君主制"对立起来,赋予三位一体教义"最终的神学深度":

> 基督徒承认他们自己在上帝的一主制之下,当然,并不是神之下的单个人的君主制之下,因为这会带来内在分裂(Zwiespalt)的危险,它只能出在三位一体的上帝的一主制之下。在人类本性中找不到这种统一的概念。随着其发展,作为政治问题的一神论已经在神学上被清除了。[3]

---

[1] 君士坦丁大帝的神学美发师的典故出自巴塞尔神学家奥弗贝克的说法,卡尔·施米特在《政治神学》中曾分析过这个说法,大意是"让教会的庇护者君士坦丁大帝变成基督教王国的未来君主形象"。参见[德]卡尔·施米特,《政治的神学》,刘宗坤、吴增定译,上海:上海人民出版社2015年版,第172—173页。——译注

[2] 纳西盎的格里高利(330—389),也被译为格里高利·纳齐安,4世纪教会教父,是卡帕罗西亚教父的第二号人物。在天主教内与圣巴西尔的纪念日同为1月2日,并且两人都为捍卫三位一体教义做出了卓越贡献。——译注

[3] Peterson, p. 57-58.

然而，奇怪的是，在他后来的回答中，施米特引用了彼得森分析过的一段话，但得出了在某些方面与彼得森完全相反的结论。按照法学家的说法，纳西盎的格里高利在三位一体教义中引入了一种内战理论（一种真正的政治神学的**战术学**）[1]，因而可以说，他仍旧使用了一种神学政治的范式，一种可以回溯到敌友之分的范式。

毕竟，认为三位一体神学的思考本身就足以消除神之一主制的神学政治概念，这种看法完全不是不证自明的。在谈到德尔图良时，彼得森自己试图借用基督教护教士的说法，调和三位一体神学与拥有实际权力的皇帝（他身兼统治者和治理者两职）的形象的关系。不过，就连彼得森引用的纳西盎的格里高利演说的段落，由于很突兀，放入上下文中去看，也不足以证明他的观点。

这段文本出自一组五篇演说，一般来说，我们称之为"神学"演说，因为这些演说是真正关于三位一体的论著。以纳西盎的格里高利、该撒利亚的圣巴西尔（Basil of Caesarea）[2]和尼撒的格里高利（Gregory of Nyssa）[3]为代表的卡帕罗西亚神学，就是为了消灭晚期阿里乌斯教

1　Schmitt 2008a, p. 123.
2　该撒利亚的圣巴西尔（330—379），该撒利亚主教，4世纪教会领袖，与尼撒的格里高利和纳西盎格的格里高利并称卡帕罗西亚三大教父，在罗马天主教会尊为教会圣师。——译注
3　尼撒的格里高利（335—395），与该撒利亚的圣巴西尔和纳西盎格的格里高利并称卡帕罗西亚三大教父。372年，尼撒的贵格利被该撒利亚的圣巴西尔祝圣为尼撒的主教，381年，三位卡帕罗西亚教父在君士坦丁堡会议中拥有重要影响力，也是使阿里乌派失败的主要护教者。其中为首的圣巴西尔对另外两位格里高利有很大的影响；而三位教父们的三一教义，使他们可以同时接纳"尼西亚信经中本体相同（homousios）"和"父、子、圣灵位格区分但本质同一（hypostaseis）"的看法。这些概念也是君士坦丁堡会议中的重要论题。——译注

派和本体同质同体论者（Homoousian）的抵抗，建立起三种不同的格（hypostases）组成的独一无二的实体（substance）的学说。该学说最终于381年由卡帕罗西亚教会创立。问题在于，如何调和对天主的神格一体的理解（这种理解隐含在**本体同质同体论中**）同三个格（圣父、圣子、圣灵）的说法。而这种调和最麻烦也最矛盾的本质体现在格里高利的这篇文本之中，该文的题目是"论圣子"（Peri Yiou）。而彼得森所引述的这个段落需要在下面的上下文中来理解：

> 有三种最古老的关于神的观点，分别为混沌体（Anarchia）、多头体（Polyarchia）、一主体（Monarchia）。前两种犹如古希腊孩童们的戏耍，而且它们仍旧会如此下去。混沌体没有秩序，而多头体如同内战（stasiōdes）一般，因而也是混沌无序的。这两种观点最终都会走向同一个结果，即无序；而这会导致解体，因为无序就是解体的第一步。但一主体是我们光荣捍卫的东西。不过，此一主体不局限于单一的人，因为对于大全之统一（Unity）而言，有可能它会陷入同自己的战争（stasiazon pro heauto），并沦为多元体的前奏；它是一个由自然平等和心灵统一组成的体制，一个所有意向归于一致、让所有元素都汇集为一个统一体的体制——而这对于造物来说是不可能的——这样的体制，尽管数量上有差别，但在本质（Essence）上并无区分。因此，大全之统一，通过运动，走向二元（Duality），并最终休于三位一体（Trinity）之中。这正是我们圣父、圣子、圣灵所指。圣父是

创始者（gennētōr）和源头（proboleus）；当然，没有激情，无须参照时间，也不以肉身的方式……[1]

很明显，格里高利在这里所关心的是如何调和神圣实体的统一体的形而上学术语与三位一体的形而上学术语（更具体也更肉身化）。（尤其在圣子诞生和不具生育性的神之间的关系上，格里高利很快就与阿里乌主义者和一元神论者产生了激烈的争论。）所以，格里高利求助于一种隐喻，与彼得森的说法相反，这个隐喻很容易被界定为政治性的（或神学政治的）：事实上，这关乎如何在三位一体学说内阐述三种格，而毋庸让上帝陷于内战（stasis），带来自相残杀的战争。因此，格里高利自由地使用了斯多葛学派的术语，并不是将三种格看成三个实体，而是看成一个单一实体中的三个存在样态或关系（pros ti, pōs echon）。[2] 不过，他也完全意识到他的说法不充分而且对这一奥秘的所有语言解释都是不够的，因此，他在演说结尾进行了一大通罗列，通过一大堆自相矛盾的形象来引入圣子的形象。不过，在此之前，格里高利给我们提供了理解整个演说的关键，他依循所在时代所建立起来的术语传统指出，唯有那些懂得在上帝那里的"自然话语与安济话语"（tis men physeōs logos, tis de logos oikonomias）[3] 之间区别的人才能正确理解这一切。这意味着，甚至彼得森所引用的段落也只能根据这个区

---

[1] Gregory of Nazianzus, *Select Orations*, XXIX, 2, p. 301.

[2] Gregory of Nazianzus, *Select Orations*, XXIX, 2, p. 307.

[3] Ibid., 18, p. 308.

分来解读。很奇怪的是,彼得森居然对此未做评论。

第六节 余论

换句话说,在格里高利那里,"安济"的**逻辑**是专门为了防止三位一体变成上帝的内战的或政治的分化。因此,既然一主制会导致内斗、内战,只有用"安济"合理性(在这里的意义,我们之后将做解释)替代政治的合理性,这种"安济"合理性才可以避免那种风险。

第七节

在彼得森的神之一主制的神学政治范式的谱系中,我们对他前文所引述的作者进行评述之后可以看出,无论是从文本还是从概念来看,其"安济话语"是严格地与一主制的话语交织在一起的,而这一事实,彼得森完全没有提及,让我们感觉到,他似乎是有意忽略。在这个意义上,德尔图良是一个典型的例子(不过,我们将发现,他所提到的犹斯定、他提安、希波吕托斯、爱任纽等人亦是如此)。让我们来重点看看彼得森所引述的德尔图良的《反普拉克勒亚斯》(*Adversus Praxean*)的文本,借助这个文本,彼得森对护教士调和神之一主制学说和三一学说的尝试展开了分析。

他们说道:"我们坚定捍卫一主制。"拉丁人如此完满地、如此熟练地发出了这个词的音,他们以为能像说出这个词一样理解一主制。[1]

彼得森所引的文本到此为止。但德尔图良接着说道：

> 但是，当拉丁人试图大声喊出"一主制"的时候，希腊人甚至都拒绝理解安济（sed monarchiam sonare student Latini, okionomian intellegere nolunt etiam Graeci）。[2]

就在此段之前，德尔图良提出：

> 纯粹的人，我所说的并不是无思想和无知的人……根本无法理解，当他们信仰唯一的上帝的时候，他们也必须同时信仰上帝的**安济**（unicum quidem sed cum sua oeconomia），他们却对安济闻风丧胆。他们宣称，多元性和三位一体的教义是对统一的分割。[3]

因此，彼得森的论证所基于的对三位一体教义的理解，预先设定了一个关于对"安济语言"的原初理解。对于亦敌亦友的这两人之间关于政治神学的争论的真正问题是什么，我们只有在考察其**言辞**（logos）的所有阐释之后才能理解。

1　*Tertulllian's Treatise Against Praxeas*, 3, 2, pp. 132–133.

2　*Tertulllian's Treatise Against Praxeas*, 3, 2, pp. 133.

3　*Tertulllian's Treatise Against Praxeas*, 3, 2, pp. 132.

阈

施米特和彼得森之间的关系会比二人所表现出来的更为复杂和纠缠。1927 年，在著作文《公民投票与公民创制》(*Volksentscheid und Volksbegehren*) 中，施米特第一次参考彼得森的论文，涉及彼得森关于早期基督教仪式中的欢呼的博士论文，施米特认为这是"根本"所在。但是，我们会看到，即便在这里，两位作者的共识也蕴含着分裂的种子。

1935 年彼得森这本论一元神论的书的简短且不起眼的序言比较公正地总结了两位作者之间的相似之处，以及他们之间分歧的缘由。这本书认为将基督教信仰归结为一元神论是启蒙的结果，与此相对立的是，彼得森回忆说"对于基督徒来说，只有信仰三位一体的上帝，才会有政治行动"，其定位既超越了犹太教和异教，也超越了一神论和多神论。到这里，这篇序言以相当低调的口吻宣布了这本书关于基督教政治神学的"神学的不可能性"的最终论题："我们在这里将通过历史事例来说明，政治神学那引导自己走向一元神论的内部总问题。"[1]

这绝不仅仅是对施米特的范式的批评，在这里，关键的是他宣称三位一体教义是构成基督教政治的唯一可能的基础。两个作者都想建立一种基督教信仰的政治学，但是，对于施米特而言，政治神学在世俗意义上奠基了政治，然而，我们可以看到，对于彼得森来说关键的"政治行动"是仪式（追溯至"公共实践"的词源学意义）。

1　Peterson, p. 24.

按照这个说法,真正的基督教政治是仪式,三位一体教义将政治作为参与天使和圣徒的光荣崇拜——这看起来有些怪异。而这正好是将施米特的"政治神学"同彼得森的"政治行动"区分开来的分水岭所在。对于施米特而言,政治神学既建立了本义上的政治,也建立了**推延末世来临**(katechon)的基督教帝国的世俗权力。另一方面,对于彼得森而言,作为仪式行为的政治拒绝与任何世俗之城等同起来(这里很容易让人想起圣奥古斯丁的名字,"西方每一次精神和政治转向,他都会浮现出来",他的学说确定了这一事实):作为仪式行为的政治正就是对末世荣耀的文化期盼。在这个意义上,对于神学家而言,在末世论层面上,世俗权力是无关紧要的:**推延末世来临**的不是政治权力(potere),而是犹太人的拒绝皈依。对于彼得森(在这里,他的立场与教会最主要的立场是一致的)来说,这意味着,他所目睹的历史事件——从世界大战到极权主义,从技术革命到原子弹——在神学上都是无关紧要的。只有一样东西最为紧要:灭绝犹太人。

如果天国的末世降临只有在犹太人皈依之后才能成为具体事实,那么,消灭犹太人不可能与教会的命运无关。1943 年 10 月 16 日,在教皇庇护十二世(Pius XII)的默许下,一千名罗马犹太人被移交到集中营,当时彼得森很有可能就在罗马。我们完全有理由心生疑问,在那一刻,彼得森是否注意到,在将教会的存在和行动与犹太人的生死结合在一起的神学问题上,那种模糊令人不寒而栗。唯有当 katechon——一种延迟历史终结、开启世俗政治空间的力量(potere)——返回到它同神之**安济**及其荣耀的原初关系之中时,这种模糊才能消除。

第二章

安济的奥秘

第一节

安济（oikonomia）一词意思是"对家的管理"。在亚里士多德（或者说托名亚里士多德）的关于家政的论著中，我们可以读到，**家政技艺**（technē oikonomikē）不同于政治，就如同家（oikia）不同于城邦（polis）一样。《政治学》中再一次提到这个区分，治邦者（politician）与王（他们都属于**城邦**领域）在本质上对立于**治家者**（oikonomos）和**家长**（despoēts）（他们所涉及的是家与家庭的领域）。即便在色诺芬（在他的著作中，他并不像亚里士多德那样明显地将家与城邦对立起来）那里，**家政的劳作**（ergon）也被说成是"对家务的良善管理"（eu oikein ton……oikon）[1]。不过，不要忘记的是，**家**（oikos）并非现代意义上的单户家庭的家，或者只是扩展家庭的家，而是一种由各种异质

---

[1] Xenophon, *Oeconomicus*, 1, 2.

性关系相互缠绕而组成的复杂的有机体，亚里士多德将家划分成三种组织[1]：主奴之间的"专制"（despotic）关系，父母子女之间的"父爱"（paternal）关系，以及夫妻之间的"性爱"（gamic）关系。这三种"家政"关系（亚里士多德在《政治学》1239a—b 中强调了它们之间的不同）通过一个范式衔接起来，我们可以将这个范式界定为"行政"（gestionale）范式，而非认识范式：换句话说，它所涉及的行为无关系统化的规则，它们并不构成真正的科学［亚里士多德写道："'一家之主'——家长（despotēs）——一词并不是指科学（episēt mēn），而是某种存在方式。"[2]］。这种行为实际上意味着处理问题（这些问题每次都是具体的，关系到家的不同部分的功能性秩序）的决定和命令。色诺芬的一段话清晰地界定了这种 oikonomia 的"管理"本质：后者不仅必须处理物的需要和使用，而且，最重要的是，要井然有序地安排（peri……taxeōs skeuōn[3]，skeuos 一词意味着同"某种行为之间的工具性关系"）。在这个方面，家首先是用军队，之后又用船来做比较的：

> 一旦我有机会检视一下腓尼基的大船……我想我从未看到过像这样精到和巧妙配置的器物。我从未看到过如此众多的东西被分开塞装到如此小的容器里……而且，我也注意到，每一种物品都整洁地毫无混杂地被装载着，不会让找东西的人有太大工作量，每件物品都在合适的位置，当紧急需要什

1　Aristotle, *Politics*, 1253b.

2　Aristotle, *Politics*, 1255b.

3　Xenophon, *Oeconomicus*, 8, 23.

么东西的时候，也不会有什么麻烦导致延误。我发现舵手的助手（diakonon）……很精准地知道船的每一个部分，他可以很清楚地知道什么东西在什么地方，以及那样东西还剩多少……我观察到，这个人自然地在他空余时间里检视所有这艘船所需要的库存。[1]

色诺芬将这种行为或有序管理界定为"掌控"（episkepsis）（这个词起源于 epsikopos，即"主管"的意思，后来，这个词也用来指"主教"）：

> 看到他检视库存我感到很奇怪，就向他问道，他在干什么。"先生，"他回答说，"我在查验（epsikcopō），看这艘船的用具库存状况如何。"[2]

随后，色诺芬将"打理"良好的家比作舞蹈：

> 所有的器具如同形成了一个歌队，它们之间的空间看起来如此美丽，每样东西都立在那里，犹如歌队一般，在圆形场地之内的舞蹈本身就是一道美丽的风景，甚至空地看起来也很美丽，没有妨害。[3]

1　Xenophon, *Oeconomicus*, 8, 11-15.

2　Xenophon, *Oeconomicus*, 8, 15.

3　Xenophon, *Oeconomicus*, 8, 21.

Oikonomia 在这里表现为一种功能上的组织,一种仅仅与家的有序打理的规则联系在一起的管理行为。

"管理"范式界定了 oikonomia 一词的语义范围(包括动词 oikonomein 和名词 oikonomos)以及超出其原初限制之外的逐渐发展起来的类比性的外延。早在《希波克拉底文集》(*Corpus Hippocraticum*)[1] 中,hēperi ton noseonta oekonomēi 已经表明了医生处置病人所需要的一系列实践和工具。在哲学领域中,当斯多葛学派试图表达从内部来对整体进行管制和治理的力量的观念时,他们使用了"家政"的隐喻[2]。在"治理和照料某物"的广义上,动词 oikonomein 的意义是"为生活和抚养的需求提供保障"[因此,《多马行传》(*The Acts of Thomas*)此另一种表达重述了《新约·马太福音》6:26 寓言中的一句,"你们的天父养活它们",这里谈的是天空中的鸟,ho theos oikonomei auta,在这里,这个动词的意思就如同意大利语中的"管制野兽"(governare le bestie)]。

马可·奥勒留(Marcus Aurelius)[3] 的《沉思录》写于第一批基督教护教士的时代,在其中的一段话中,这个词的"管理"的意思更加明晰。在谈论到对其他人的行为做出草率判断是不恰当的时,他写道:

---

1 Hippocraty, *On the Epidemics*, 6, 3, 24.

2 例如 tēs tōn holōn oikonomias: Chryippsu, fragment 937, Stoicorum Veterum fragmenta Ⅱ, 269; hē physis epi tōn phytōn kai epi tōn zōōn...oikonomei: Chrysippus, fragment 178, Stoicorum veterum fragment, Ⅲ, 43.

3 马可·奥勒留(121—180)是罗马帝国最伟大的皇帝之一、斯多葛学派学者,其统治时期被认为是罗马黄金时代的标志。他不但是一个很有智慧的君主,同时也是一个很有成就的思想家,有以希腊文写成的关于斯多葛哲学的著作《沉思录》传世。在整个西方文明之中,奥勒留也算是一个少见的贤君。——译注

> 有时，确定一个人的行为的对错是一个很难的问题，因为他们的行为通常涉及一种**安济**（kat'oikonomian ginetai）；我们必须彻底了解摆在他面前的诸多事情，才有资格对该情况给出判断。[1]

在这里，oikonomia 的语义有了点变化，这个变义将与该词形影相随，它界定的是一种实践，一种非知识性的认识，而这种认识只能在其所追求的目标的情境中才能理解，即便这种认识本身或许看起来不太符合善的要求。

在修辞用法上，oikonomia 作为技术手段的用法非常有趣：它指演说和论著中对材料的有序安排["赫马戈拉将判断、部分的划分、顺序和一切措辞润色有关的事都置于安济（oeconomiae）[2]秩序之下，而这个词在古希腊人那里是指对家的打理，在拉丁语中没有对应的词可以转译"（Hermagoras iudicum partitionem ordinem quaeque sunt elocutionis subicit oeconomiae, quae Graece appellata ex cura rerum demesticarum et hic per abusionem posita nomine Latino caret）。[3]西塞罗则把这个词翻译为"布局"（dispositio），即"在布局秩序下的创作"（rerum inventarum in ordinem distributio）[4]]。不过，安济并不是纯粹的布局（disposizione），

---

1 Marcus Aurelius, *The Meditations*, Ⅱ, 18, 5, pp. 188-189.
2 oeconomiae 是 oikonomia 的拉丁语写法。——译注
3 Quintilian, *Institutio oratoria*, 3, 3, 9.
4 Cicero, *De inventione*, 1, 9.

因为它首先意味着是对各个主题的排序（taxis）、选择（diairesis）以及分析（exergasia）。在这个意义上，这个词看起来像是一个托名朗吉努斯（pseudo-Longinus）的词语，正好与朗吉努斯的"崇高"概念相对立：

> 我们看到，创作的技能，即善于对文字布局和安济（oikonomia），不是从一两样东西中，而是在作品的总体脉络里艰难获得的。而崇高如果在恰到好处的地方提出来，就会像闪电的光彩般照彻整个问题，在刹那间显示出它的全部威力。[1]

但是，正如昆体良的评价清楚表明的（这个词在古希腊人那里是指对家的打理，在拉丁语中没有对应的词可以转译），当这个词的词义范围逐渐类推地扩大时，他注意到这个词的原始意义并未丧失。在这方面，西西里的狄奥多罗斯（Diodorus Siculus）[2]有段话非常有启发性，

---

[1] Longinus, *On the Sublime*, I, 4.
[2] 西西里的狄奥多罗斯（生卒年不详），前1世纪的古希腊历史学家。狄奥多罗斯著有世界史《历史丛书》（*Bibliotheca historica*）四十卷，共三部分。首六卷按国别分别介绍古埃及（卷一）、美索不达米亚、印度、塞西亚、阿拉伯（卷二）、北非（卷三）、希腊及欧洲（卷四至卷六）的历史与文化。第二部分（卷七至卷十七）记述自特洛伊战争以来下至亚历山大大帝的世界历史。第三部分（卷十七以后）记述亚历山大以后的继业者至前60年或前45年恺撒发动高卢战争。（狄奥多罗斯在他著作的开篇曾说要写高卢战争，但结尾已散佚，所以他是否谈到高卢战争并不清楚。有迹象表明，前60年后，他因年迈而不再写作。）——译注

在这段话中，同样的语义内涵既展现了这个词的原始涵义，也展现了这个词的修辞涵义：

> 特别要注意历史学家，当他们创作作品时，他们会留意可以加以利用的一切事物，尤其是对诸部分的安排（ēts kata meors oikonomias）。这种对于安排的关注，不仅仅有助于私人事务（en tois idiōtikois）中的财产保护和增值，而且对人们书写历史也是有利的[1]。

在这个基础上，在基督教时代中，oikonomia 一词被转移到神学领域，在神学中，依据通常的信仰，这个词获得了"神的救赎计划"的意思（尤其是涉及基督教的道成肉身）。可以看到，既然我们要开始严格意义上的词源学研究，那么首先需要审视一下 oikonomia 一词的神学意义，而很多人对于这个词的理解过于想当然。

第一节 余论 1

为了理解 oikonomia 一词的语义史，我们需要记住，从语言学上看，我们面对的并不是这个词的内涵（Sinn）真正发生了转换，而是其外延（Bedeutung）类推式的扩展。尽管在这种情况下，词典通常会一个接一个地区别和列举一个词的不同词义，但语言学家们完全清楚，

---

[1] Diodorus Siculus, *The Library of History*, V, 1, 1.

事实上，在一定限度内，在达到某个点之前，语义内涵（Sinn）都不会发生变化，而正是因为其语义内涵的恒定性（permanence）才能让其外延拓展出新的不同意义。oikonomia 一词的情形有点类似于更近的 enterprise（impresa）一词的情况，这个或多或少在相关人那里得到了有意提升的词，已经从其本身扩展到诸多其他领域，如大学，而在传统意义上，大学与这个词没有任何关系。

对于这个词的神学用法，一些学者（如穆瓦因提到了希波吕托斯[1]）谈论 oikonomia 一词在基督教语言（这种语言正是所谓的"上帝设计"的语言）中公认的"传统内涵"，他们最终上升到内涵的层面，殊不知这不过是这个词的外延在神学领域中的拓展。甚至里希特——他否定了这个词只有神学上的意义，这个词可以在诸多不同情境中出现——似乎也没有正确区分内涵和外延。的确，这个词根本没有"神学上"的内涵，不过是其神学领域的外延，不断的误解让这个外延被当成新的意义。

在后面的段落中，我将坚持一个原则，即 oikonomia 一词的神学意义不可以是预先设定的，我们每一次都要对其进行检验。

第一节余论 2

众所周知，柏拉图并没有指出**家**（oikos）与**城邦**（polis）之间的区别，而在亚里士多德那里，这两个词是对立的。在这个意义上，亚

---

[1] Moingt, p. 903; 或 Markus: Markus 1958, p. 99。

里士多德得以批评柏拉图的**城邦**观念,并指责他的老师在城邦一元性上走得太远,由此产生将城邦变为家的风险:

> 这很明显不是吗?一个城邦的统一性到达一定程度后,城邦最终将成为家。城邦的本质就是多元的集合,倘使走向"单一",它会变为一个家(oikia)。[1]

第二节

很多人认为,圣保罗首先赋予了 oikonomia 一词在神学上的意义。不过,对下面这段话的详尽分析并不会佐证这个假设。我们看看《新约·哥林多前书》的 9:16—17:

> 我传福音(euangelizōnmai)原没有可夸的。因为我是不得已的。若不传福音,我便有祸了。我若甘心作这事,就有赏赐。若不甘心,责任(oikonomia)却已托付我了。[oikonomian pepisteumai 的字面意思是"我是 oikonomia 的受信托的人"]。

在这里,oikonomia 的意义非常明晰,与 pisteuō 组成的结构并没有任何疑问:oikonomia 就是上帝委派给保罗的责任(正如在《以

---

[1] Aristotle, *Politics*, 1261a.

赛亚书》七十子本中的 22：21），因此保罗不能像在**日常事务管理**（negotiorum gestio）中那样自由行动，相反，他要按照作为使徒（apostolos）和被任命的治理者（oikonomia）来受托付（pistis）。在这里，oikonomia 是分派的任务，因此，它是一个行动和任务，而不是涉及神的精神和意志的"救赎计划"。我们以同样的方式来理解《新约·提摩太前书》的 1：3—4：

> 我曾劝你仍住在以弗所（Ephesus），好嘱咐那几个人，不可传异教，也不可听从荒渺无凭的话语和无穷的家谱。这等事只生辩论，并不发明神在信上所立的章程［oikonomian theou tēn en pistei，神托付于我的良善的管理行为］。

但是，在该段落中，即便 oikonomia 与 mystērion 一词结合在一起，让很多诠释者假定了这个文本并不必要的神学意义，这个词的意义仍然未变。例如，可以参看《新约·歌罗西书》中的 1：24—25：

> 现在我为你们受苦，倒觉欢乐，并且为基督的身体，就是为教会，要在我的肉身上补满基督患难的缺欠。我照神为你们所赐我的职分（oikonomia），做了教会的执事，要把神的道理传得全备。这道理就是历世历代所隐藏的奥秘，但如今向他的圣徒显明了。

我们已经看到，尽管这里 oikonomia 的意思与《新约·哥林多前书》9：17中一样,都是"被托付的职责",不过在这里,使徒似乎暗示了一个更为深刻的含义,即"救赎的神之决定"。但是在文本中并没有任何东西可容许我们把oikonomia同那种专属于mystērion的意思关联起来。再说一遍,这个词明确无误地带有受托付(didōmi)的结构:保罗接受了托付,宣布弥赛亚来临的福音,而他的宣告完成了上帝的话,上帝那个隐蔽的救赎诺言如今已经十分清晰。我们没有理由把oikonomia与mysētrion联系起来:后一个词在语法上是与**神的道理**(logon tou theou)同位,而不是与oikonomian同位。

在《新约·以弗所书》1：9—10中的解释更为复杂:

> [上帝]都是照他自己所预定的美意,叫我们知道他旨意的奥秘,要照所安排的,在日期满足的时候(oikonomia),使天上地上一切所有的,都在基督里面同归于一。

在这里保罗谈到了上帝按照他的美意(eudokia)而定下的选民和救赎:紧密联系上下文,他写道,上帝将弥赛亚分派于日期满足之时(oikonomia),让救赎的承诺得以兑现。即便在这篇文本中,oikonomia仍然是一种行为("他要求,只有一种活动"[1]),而不是像O. 米歇尔(O. Michel)错误地认为,这是"神的救赎决定"[2]。保罗可以用oikonomia一词(即进行内部管理)表达上帝承诺过的拯救,这一事实

1　Richter, p. 35.

2　Richter, p. 67.

绝非无关紧要（很有可能与这个段落相关，在这个段落中，诺斯替派将耶稣表达为"**家政之人**"）。

我们可以在《以弗所书》3∶9中看到类似的主张：

> 虽然我是众圣徒中最平凡的，然而他还赐我这恩典，叫我把基督那测不透的**丰富**（oikonomia tou mystēriou），传给外邦人。

"测不透的**丰富**"（oikonomia tou mystēriou）显然是《新约·歌罗西书》1∶25［"我照神为你们所赐我的职分（oikonomia），作了教会的执事，要把神的道理传得全备。这道理就是历世历代所隐藏的奥秘，但如今向他的圣徒显明了"］中所使用短语的缩约；即使在这里，我们也无权用"救赎计划"的玄妙意义来替代oikonomia一词的"实现、管理"的意义。

在《新约·哥林多前书》4∶1中，oikonomia一词的用法与前面两个段落完全一致：

> 人应当以我们为基督的执事（hypēretas），为神奥秘事（mystērion）的管家（oikonomous）。所求于管家（oikonomi）的，是要他有忠心（pistos）。

安济（oikonomia）与奥秘（mystērion）之间的关系在这里很明确：即忠实地履行职责——宣布隐藏在上帝意志之中的末世降临的救赎奥秘。

第三节

如果文本分析尚不足以让我们赋予**安济**以直接的神学意义,我们可以通过对保罗用词的考察来获得另一个立足点。保罗不仅仅谈到了上文所提意义的上帝的**安济**,而且在谈到他自己和其他弥赛亚共同体的成员时,使用了一些属于家政管理语言中的特殊用词:如**奴隶**(doulos)、**执事**(hypēretēs)、**仆人**(diakonos)、**管家**(oikonomous)。用于基督本人的词 [即使这个名字与"末世之王"(eschatological king)是同义的] 通常也代表着一家(oikos)之主(如拉丁语的 kyrios, dominus),更为公开政治化的词,如 anax 和 archōn,是从来不用的 [kyrios 这个称呼当然不是中性的:从爱任纽的《反异教徒》(*Against Heresies*, I, 1, 1)中我们可以得知,诺斯替派拒绝将救世主称为 kyrios;他们用富有政治色彩的 archōn 来代表他们的主的神圣形象]。除去少数例外(参看《新约·腓立比书》1∶27 和 3∶20,也可以参看《新约·以弗所书》2∶19,在这些文本中,politeuomai 和 sympolitēs 这些词都是以绝对非政治的意义使用的),保罗口中的 ekkēlsia 就是"家政"的意思,而不是政治的意思,因而基督徒是第一批彻底"家政"之人。词汇的选择极其重要,因为在《启示录》中,基督——他以末世之王的形象出现——是用一个显然具有政治意味的词汇来界定的:archōn(《新约·启示录》1∶5)。

基督教团体的词汇所呈现的强烈家政色彩显然不是保罗的创造;毋宁说,这反映出保罗时代整体政治词汇的语义变化过程。从希腊化时期开始,并在罗马帝国时代达到巅峰,政治词汇与家政词汇彼此间相互侵蚀，这使得亚里士多德所做出的**家**与**城邦**的区分成了明日黄花。因此，那位托名亚里士多德之名撰写《家政学》的匿名作者可以在"家政"的严格意义之外，按照**家政执事**（oikonomia basilikē），甚至**家政政治**（oikonomia politikē）（这个词在亚里士多德那里毫无意义）来使用该词（指私人事务，idiōtikē）。在亚历山大大会（Alexsandrian koinē）和斯多葛学派那里，两种范式之间的相互影响更为明显。斐洛的一篇文章[阿尼姆（Arnim）认为该文章的内容——可能并非批评——源于克吕西波斯（Chrysippus）]将**家**（oikia）界定为"小型的和缩小的城邦"（estalmenē kai bracheia），而家政（economy）则是"缩小（synēgmenē）的**政治**"。反过来，**城邦**则表达为"大家庭"（oikos megas），政治表达为"公共家政"（koinētis oikonomia）[1]（政治共同体的现代隐喻"家"，如"欧洲大家庭"，在这里找到原型）。

保罗将 ekkēlsia 描述为一个家政词汇而非政治词汇，不过是顺应了一个正在发生的过程，不过他加速了这个过程，这牵涉整个基督教词汇的隐喻式逻辑语域。有两个例子非常值得注意：在《新约·提摩太前书》3∶15 中 oikos 的用法——共同体被定义为"上帝的家庭（不是'城邦'）"（oikos theou）——以及 oikonomē 和 oikonomeo 两个词的用法——这两个词都指家的建立，都是在"建造家园"的意思上构成共同体（可以参看《以弗所书》4∶16，《罗马书》14∶19，《哥林多前书》14∶3，《哥林多后书》12∶19）。弥赛亚共同体从一开始就以家政（oikonomia）而非政治一词表示，这一事实对西方政治史的意义还未得到重视。

1　Philo, *On Joseph*, p. 438. 也可以参看 SVF, Ⅲ, 80 = Chrusippus, fragment 323。

第三节 余论

我们对 oikonomia 一词发端的文本分析基本上局限于 2—3 世纪的文本，在这一时期，这个概念以其最初的形式呈现。这个词在卡帕多西亚神学及晚期拜占庭神学家那里的后续发展，我们会在第三章中稍许提及。

第四节

oikonomia 一词在安条克的圣伊格纳提（Ignatius of Antioch）[1] 的《以弗所书》（*Letter to Ephesians*）中使用了三次，其上下文受到保罗用词的影响十分明显。

在 6∶1 中，这个词并不具有任何神学内涵，即便他谈到了一位主教：

> 人们越发现主教谨慎地保持沉默，就越应畏惧他。一家之主（oikodespotēs）让某个人来负责家庭事务（eis idian oikonomian），很明显，我们应以一家之主对待他的态度对待他。

---

1 安条克的圣伊格纳提（67—110），为后使徒时期（Post-Apostolic Age）的基督教会领袖之一，相传曾接受使徒传福音者约翰直接的教导，是第三位安条克牧首，最终被罗马帝国皇帝投入野兽的笼中而殉道，死前深以能为主殉道为荣。他在被押往罗马殉教途中写了七封书信给小亚细亚和罗马的教会。通过这七封信，我们可以看见当时教会的情形，这是现今了解 2 世纪初基督教会的著名重要资料。——译注

在 18：2 中：

> 事实是，圣母玛利亚按照上帝的**安排**（oikonomia）从大卫的种子那里怀上了我们的耶稣基督，的确如此，但也是从圣灵中怀上基督的。

在这里，加斯注意到，**安济**的意思还不是"道成肉身"；但我们也无须像加斯那样假定它是"救赎道义，它与最高的决定一致，必须借助耶稣基督的生与死来实现"[1] 那样复杂的意思。**神的安济**（oikonomia theou）与"上帝所托之人""依神之意旨而行"是完全一致的（正如在保罗那里——这个短语正是源于保罗：圣伊格纳提的书信处处引用保罗的话）。重要的是，在随后的段落中（19：1），圣伊格纳提在**安济**（oikonomia）与**奥秘**（mystērion）之间做出了区分：圣母玛利亚的贞洁、她的分娩、基督之死都是"绝妙的奥秘"，这些东西都是按照神的安排（oikonomia theou）来发生和被揭示的。换句话说，正如保罗所说，有一种"奥秘的安济"，并不像在希波吕托斯和德尔图良那里，是"安济的奥秘"。

即便参照 20：1（"我将会在后面的信中，更深入地解释我在这里所谈及的**安济**，这关系到新人类耶稣基督——安济建立在对他的信与爱之上，建立在他的受难和复活之上"），在这里将**安济**翻译为"神之计划"也是不准确的。如果**安济**这个词在这里不从修辞意义上的"事物的

---

1 Gass, pp. 473–474.

安排"来理解（然而，这只是一种可能，鉴于文本创作的特点），那么"出于目的而托付的行为"的意思就足够了。

第五节

犹斯定，这位在 2 世纪的罗马极其活跃的人物，他在《与崔芬对话》(*Dialogue with Trypho*) 中，试图向犹太人证明，"耶稣就是天主的基督"（即弥赛亚）。其中他使用了安济一词。

在 30—31 章的两段话中，犹斯定写道：

> 即便到今日，当我们以耶稣基督［他被犹太行省的长官本丢·彼拉多（Pontius Pilate）钉死在十字架上］的名义来驱魔，他们［魔鬼］便会被我们所制服。所以，天父显然赋予他巨大的力量，甚至魔鬼都不得不屈服于他之名下，及他受难的安济（tēi tou genomenou pathous oikonomiai）。[1]

> 如果这样的力量（dynamis）起效了，甚至至今伴随着受难的安济（tēi tou pathos autou oikonomiai），那么可以想象一下，在他光辉地降临之时，他的力量是多么之强大呀。[2]

在这里，词组"受难的安济"意味着将受难看成是对神之安排和

---

[1] Justin, *Dialogue with Trypho*, p. 46.
[2] Justin, *Dialogue with Trypho*, p. 47.

意志的履行，其中伴随着某种力量（dynamis）。这对于以下两个段落都成立，在这两段话中（正如在圣伊格纳提的《以弗所书》18：2中），**安济**指通过圣母玛利亚让救世主耶稣降生：

> ［基督］屈尊道成肉身，并被大卫家的圣女所诞生，为的是通过这个行为（dia tēs oikonomias tautēs）可以战胜毒蛇……和效仿他的天使。[1]

> ……基督将会被某些人生下来，这与通过圣母玛利亚来实现（kata tēn oikonomian tēn dia tēs parthenou Marias）的行为一致。[2]

在67：6中，"安排"的意思一目了然："我并不认为基督听从于此，仿佛借此来得到证明，他只是按照他的天父的意旨来完善安济。"[3] 在103：3中也是："通过被钉上十字架，基督践行了天父的**安济**。"[4] 在134：2的一段话中，该词更近似于在保罗给以弗所人的书信中的用法：

> 正如我们已经看到，因为在如此行动中，巨大奥秘的**安济**得到实施。我将会解释，什么样的神之安济和预言，在雅

---

[1] Justin, *Dialogue with Trypho*, p. 69.

[2] Justin, *Dialogue with Trypho*, p. 180.

[3] Justin, *Dialogue with Trypho*, p. 103.

[4] Justin, *Dialogue with Trypho*, p. 156.

各的婚姻中得到实现。¹

我们可以从紧随其后的一段话（"雅各的婚姻就是耶稣基督要做的事情的原型"：124：3）中得出，"奥秘的安济"指的就是保罗的预表教义：正是这个行为实现了《旧约》中所预表的奥秘。在**安济**一词最后一次出现时，它也没有直接的神学含义（107：3）：

> 那么，当约拿因为城并没有在第三天被摧毁而恼怒不已时，如其所说，由于上帝的安排（dia tēs oikonomias），一种葫芦状的植物拔地而起。²

第五节 余论

雅典的亚利斯迪特（Aristides of Athens）³ 的护教论作品或许撰写于124年到140年间，留给我们一个叙利亚文版、一个亚美尼亚文版和一个希腊文版——最后那个版本包含在11世纪的《贝尔拉姆与约瑟伐特》（Barlaam and Iosaphat）中。三个版本之间的不一致，让我们无法证实这里所引述的希腊文版是否与原始版本一致：

1　Justin, *Dialogue with Trypho*, p. 201-203.
2　Justin, *Dialogue with Trypho*, p. 161-162.
3　雅典的亚利斯迪特(生卒年不详)，2世纪的一位雅典哲学家，对神的存在与永恒性加以辩护，强调基督徒的爱是优胜的证据。在124年曾向罗马皇帝哈德良呈述护教文章；但也有人说那是在安多尼努比约王初期呈述的。——译注在完成了他［基督］最壮丽的安排后（telesas tēn thaumastēn autou oikonimian），基督自愿在十字架上死亡，践行了那庄严的安排（kat'oikonomian megalēn）。¹

第六节

170年前后的主教，安条克的提阿非罗，四次使用了**安济**一词，但都没有直接赋予这个词神学意义。第一次涉及上帝委派给皇帝的任务：

［皇帝］不是上帝，而是上帝所任命的一个人（hypo theou tetagemanos），他并不应受膜拜，但要公正地裁决。因为在一定程度上，他接受了上帝的委托（para theou oikonimian pepisteuetai）。²

在另外两个例子中，词义参考了《创世记》中的叙述，同样类似于对"安排事物"的修辞用法：

纵有千口万舌，无人能整全地解释，无人能够有序安排全部事物（tēn exēgēsin kai tēn oikonomian pasan exeipein）。³

1　*The Apology of Aristides the Philosopher*, p. 276.
2　Theophilus of Antioch, *Ad Autolycum*, I, II, p. 15.
3　Theophilus of Antioch, *Ad Autolycum*, 2, 12, p. 45.

关于他们［该隐和亚伯］的叙述要比我安排的行文（tēnoi-konomian tēs exēgēseōs）更宏大。[1]

"有序安排"的一般意思还出现在 2∶15 中：

星辰的布局对应于那个维护神之律法和律令、公正而神圣的人的安排（oikonomian）和命令（taxin）。因为明亮可见、熠熠生辉的星辰存在于对先知的仿效中……[2]

第七节

他提安，他或许是犹斯定在罗马的学生，按照爱任纽的说法，他也是禁戒派（Encratites）中最不妥协的派别的创立者。在《希腊演说》（*Oratio ad Graecos*）的一个段落中，他似乎为**安济**发展出一个神学意义，这个意义涉及**逻各斯**（Logos）与天父的关系。不过，如果小心谨慎考察这个段落的话，会发现他实际上不过是将修辞词汇的专业术语挪用进神学：

逻各斯，成为天父第一件作品，它被分离（chōrēsas）出来不是徒劳无用的。我们知道它［逻各斯］是世界的源质

---

[1] Theophilus of Antioch, *Ad Autolycum*, 2, 29, p. 73.
[2] Theophilus of Antioch, *Ad Autolycum*, 2, 15, p. 53.

（archēn）。但是它是通过有序配置而形成的，而不是源于分割（gegonen de kata merismon, ou kata apokapēn）。因为分离是同原初实体的分离（apotmēthen），但通过内部分有得来的东西（meristhen），得到安济式的配置（oikonomias tēn diairesin），不会因被分离有任何瑕疵。[1]

这里使用的术语是斯多葛学派的修辞：merismos "是各就其位的有序部署（katataxis）"[2]；diairesis 与**命令**（taxis）和**注释**（exergasia）一样，是**安济**的配置之一（我们已经在昆体良那里看到，这个词本身就是荷马戈拉的一个修辞）。在这里，对神圣生命的解释是按照言辞之中事物配置模式来考察的。在以下段落中，这一点得到了证实：

> 例如，我自己说，你们听着，但是，当然，说话的我并不是由于传达逻各斯，而是由于道出我的声音（proballomenos de tēn phōnēn）（或许这里参看了犹斯定的《与崔芬对话》的第61章）变得理屈词穷，我尽力只是安排你们心中那杂乱无章的东西。[3]

在第 21 章中，可以找到了一个类似的说法：

---

1 Tatian, *Address of Tatian to the Greeks*, 5, pp. 9-10.

2 Diogenes, 7, 62, in *SVF*, Ⅲ, 215.

3 Tatian, *Address of Tatian to the Greek*s, 5, p. 10.

赫克托、阿喀琉斯、阿伽门农以及所有的普通希腊人,还有与海伦和帕里斯在一起的蛮族[特洛伊人]本质都是一样的,当然,你们会说,这些人仅仅只是出于话语的安排(charin oikonomias)而出现的,这些人没有一个真实存在过。[1]

在现存的《希腊演说》的残篇中,**安济**指的是人类身体的有序组织:

> 身体的结构(systasis)有着妥善的安排(mias estin oiko-nomias)……眼睛是这样,耳朵是那样,还有头发的布局以及肠道的格局,骨髓和骨头以及肌腱的结合,尽管每一个部分都与其他部分不同,但在安排之下,所有的东西就像一场和谐的音乐会(kat'oikonomian symphōnias estin harmonia)。[2]

或者药材的有序组织:

> 如果有人因相信药材,而被药材治愈,他就更会因求助于上帝的力量而被治愈……为什么他宁可信任药材的有序安排(hylēs oikonomiai),而不相信上帝?[3]

即便在这里,这个词也没有神学上的意义,有趣的是,可以看到,

---

[1] Tatian, *Address of Tatian to the Greeks*, 5, p. 21.

[2] Tatian, *Address of Tatian to the Greeks*, 12, p. 17.

[3] Tatian, *Address of Tatian to the Greeks*, 12, p. 18.

为了描绘天父与逻各斯之间的关系,他提安求助于**安济**一词在修辞上已用过的延伸隐喻。有序安排话语中的事物,将其分成不同的部分,并不会贬损其统一性或削减其力量(potenza),因此神之逻各斯认可"**安济的区分**"。于是,第一种三位一体的诠释,是通过安济-修辞范式而产生的。

第七节余论 1

现代神学史家忽视了**安济**一词的修辞意义在形成三位一体的诠释范式中的重要性。不过,他提安那段话的主题实际上是逻各斯,即上帝的言辞,这暗示着修辞形象的存在。在雅典纳哥拉(Athenagoras)[1]那里,对 diairesis 一词的修辞用法证明了舒瓦茨(Schwartz)在引述上面他提安的那段话时,用 diairesis 替代了 hairesis(出现在原始文稿中)是多么正确。

第七节余论 2

在《坡旅甲殉道记》(Martyrdom of Polycarp)中,我们再一次看

---

[1] 雅典纳哥拉(约130—190),2世纪后半叶的基督教护教者。世人对他了解不多,只知道他是雅典人(虽然其原籍可能不在雅典),哲学家,信奉基督教。有证据表明他在皈依基督教之前是柏拉图主义者,但也并不确定。虽然他的作品广为流传,具有影响,但令人奇怪的是,其他基督教护教者,特别是优西比乌的著作中都没有提到他。这可能是因为他的论作经匿名传抄,有时被认为是其他护教者所作,抑或今日已经失传。——译注

到安济的意思是身体的内部组织。殉道者皮开肉绽，让我们看到"血肉的布局……甚至最细微的静脉和动脉都是如此"[1]。即便在这里，这个词在生理学上的含义延伸都没有从实质上改变这个词的语义内涵。

第八节

雅典纳哥拉恢复了用于表达神的三位一体的修辞性隐喻用法，雅典纳哥拉是与马可·奥勒留和康茂德（Commodus）[2] 同时代的人，他在其《基督使团》（*Embassy for the Christians*）的印章中，将自己介绍为"基督教哲学家"。他是从"有目的地有序行动"的共识意义上来使用**安济**一词的，与道成肉身相关联［"即便一个神按照神之**安排**（oikonomia）将肉身附着在自己身上，为何他同时也苦于受难？"[3]］。不过，在一段重要的话中，他用了另一个修辞性的专业词汇——diairesis，与**安济**密切相关——以调和一元体与三位一体的关系：

> 有人承认圣父、圣子、圣灵，宣称他们的力量寓于一统一体之中，寓于有序的布局之中（tēn en tēi taxei diairesin），当听

---

1 *Martyrdom of Polycarp*, II, 2, p. 35.
2 康茂德，全名为鲁基乌斯·奥雷里乌斯·康茂德·安东尼奴斯（Lucius Aurelius Commodus Antoninus），2世纪末的罗马帝国皇帝，180—192年在位。著名历史学家吉本在《罗马帝国兴衰史》中将康茂德视为罗马帝国衰落时期的第一人。同时，康茂德也是好莱坞电影《角斗士》中那位最后被杀死的罗马皇帝。——译注
3 Athenagoras, *Embassy for the Christians*, 21, 4, p. 55.

到这些人被称为无神论者，有谁不会感到震惊呢？[1]

在后面一段中，雅典纳哥斯将安济延伸至天使的等级上，这是一种让德尔图良印象颇深的独特直觉：

> 我们的神学不会在这里停止，但是我们可以断定宇宙的造物主和创造者（poietēs kai dēmiurgos）上帝的天使与仆从（leitourgōn）团体（plēthos），通过上帝的言辞而各安其位，他们各自被分派去掌管不同的元素、天国、宇宙，以及所有包含之物和其秩序。[2]

第九节

爱任纽的《反异教徒》是对诺斯替教派体系的驳斥，他通过针锋相对的精确辩论诠释了天主教信仰。**安济**一词在他著作中强势出场，若这并非他的专用词汇，那么至少也是他思想中爱用的词汇（Lieblingswort）[3]，需要首先在这一论辩语境中来解读安济的强势出场。不过，这意味着**安济**一词成了教会的教父们语言与思想中的专业词汇，而这个用词与诺斯替教派对这个词的使用息息相关。因此，如果有人完全不考察这些作者（正如里希特那样），就试图界定其意义，会显得

1　Athenagoras, *Embassy for the Christians*, 10, 5, p. 40.
2　Athenagoras, *Embassy for the Christians*, 10, 5, p. 40.
3　Richter, p. 116.

非常奇怪。

达莱斯（D'Alès），为爱任纽在《反异教徒》中出现的**安济**一词及其拉丁语中的同义词 dispositio 和 dispensatio 编了一个目录，其中列举了爱任纽用该词来指涉诺斯替教义的 33 个例子——对于诺斯替教派来说，安济一词指内在圆满（plerome）[1] 的过程，尤其是"与神的永生相熔合，救世主从中而诞生"[2]。按照达莱斯的说法，正是出于反对诺斯替教派的用法，爱任纽在使用该词表明天主教信仰时，"坚决不影射三位一体的内在安济，因为他认为他提安所开拓的道路非常危险"[3]。马库斯（Markus）已经发现，这样的对立与事实不符，因为，在所引用的诺斯替教派的文本中，**安济**并非指内在圆满的过程，而是指与永生的熔合让耶稣在历史上降生。[4] 另外，即便在关于天主教信仰的文本中［尤其是爱任纽《反异教徒》卷四（33.7），达莱斯将之作为证据］，爱任纽不仅谈到了圣子的"各种安济"（economies）（显然，这里的安济是复数），而且也谈到了圣父的"各种安济"（economies）。**安济**一词在那时通常指神的行为及其治理，现代一些神学家却不顾一切地将道成肉

---

1 Plerome 一词起源于古希腊语的 πλήρωμα，表示圆满和完成，也是大一的最健全的形式，在《新约·以弗所书》1：10 中，保罗曾使用过这个词，即"圆满的安济"（oikonomiatou plerōmatos），《圣经》和合本没有翻译出 plerōmatos 的意思，而吕振中译本翻译为"成熟的安排"不太准确，成熟与圆满之间还存在差距。英译本中普遍使用的是 economy of fullness，是"圆满的安排"的意思，因此，这里采用了"圆满的安济"的译法。——译注

2 D'Alès, p. 6.

3 D'Alès, p. 8.

4 Markus, 1958, p. 92.

身的安济与三位一体的安济区分开来,这种迂腐的学问是毫无意义的。

在爱任纽和他口中的"瓦伦廷(Valentinus)[1]学派的托勒密(Ptolemaeus)的学徒"的对峙中,真正的问题并非安济概念的变迁,由内在圆满过程走向圣子道成肉身——抑或从大脑颞叶中的计划变成救赎历史的计划——而是在更一般的意义上,让安济一词脱离诺斯替教派的情境,以让安济成为正在崛起的三位一体范式中心的策略工具。只有依照爱任纽同诺斯替教派的论辩,我们才有可能了解他对这个词的用法。

这个词第一次与基督有关是以形容词"**安济的**"(oikonomos)形式出现的,它出现于爱任纽《反异教徒》的开篇,对诺斯替教派的圆满和救世主学说的长篇阐述的末尾。依据亚历山大的克莱芒(Clement of Alexandria)[2]的《节录》(*Excerpta*)中出现的形式,此处的救世主由精神(spiritual)元素和灵魂(phychic)元素组成,前者源自阿卡密(Achamoth)[3],后者也是"精妙绝伦技艺的安济的(oikonomos)元素":

---

[1] 瓦伦廷(100—150),2世纪时诺斯底教派领导者之一,早年参选教皇失败,受当时罗马基督教正统派的排挤。——译注

[2] 亚历山大的克莱芒(150—215),基督教神学家,基督教早期教父,亚历山大学派的代表人物。为了跟同名的教宗克莱芒一世(即罗马的克莱芒,Clemens Romanus)区分,常被称为亚历山大的克莱芒。克莱芒从小研习希腊哲学思想,耳濡目染柏拉图与斯多葛主义,他在信仰基督之后融合了基督教信仰与希腊哲学思想。比起同时代的基督教思想家,亚历山大的克莱芒更倾向于希腊化时期的哲学,尤其新柏拉图主义和斯多葛学派。此外,他也十分熟悉犹太秘教传统和诺斯替教派的主张。200年因信仰被放逐到该撒利亚,215年殉道。——译注

[3] 全称是苏菲娅-阿卡密(Sophia-Achamoth),这是诺斯替教派中的一种雌雄同体结构,而这个雌雄同体结构是诺斯替教派圆满学说的核心。——译注

受难的基督并不是精神性的,而是灵魂的和"安济的"。在阐述之后,爱任纽接下来进行了批驳,在此过程中,爱任纽又一次使用了"安济"一词,这次是在由教会从使徒们那里承袭而来的基督教信仰的背景下:

> ……上帝,全能的天父,天国、大地、海洋及万物的造物主;……基督耶稣,圣父之圣子,为了拯救我们道成肉身;还有圣灵,其通过先知宣布上帝的"安济"(oikonomies),以及其降临,诞生于一处子腹中,然后受难,死后复活……[1]

几行字之后,争论焦点更明确:他们以不同的方式来揭示唯一的信仰并不意味着

> 在那个全宇宙的构架者、创造者、维持者身边,再设想一个其他的神[仿佛主不足以做那些事],或设想另一个基督,另一位唯一的圣子。以上事实仅仅意味着,一种教义能[比其他教义更为准确地]解释上帝的操作与安济。[2]

关键在于,这里明显保留了让圣子道成肉身的神之"安济"的观念——诺斯替教派由保罗处继承——却又避免了诺斯替教派多元化的神的形象。

1　Irenaeus, *Against Heresies*, Ⅰ, 10, 1, p. 42.
2　Irenaeus, *Against Heresies*, Ⅰ, 10, 1, pp. 43-44.

爱任纽捍卫耶稣的肉身化及其复活，借此来反对那些"完全轻视上帝的安济，拒绝拯救血肉之躯"[1]的人，其中他关注了相似的一点。爱任纽用了一个不同寻常的短语：由于拒绝基督的肉身，诺斯替教派"颠覆了上帝的整个安济（tēn pasan oikonomian anatrepontes）"[2]。诺斯替教派将精神与肉体之间的关系加以彻底的二元化（源于保罗），它颠覆了神之行为的意义，不承认其对立面。为了反对诺斯替教派基于数字30对神之永生的多元化，"一种至高无上的安济形象"[3]，爱任纽写道，通过这种方式，诺斯替教派"借助α和β，及诸多数字的帮助，将神之安济（oikonomia）撕成碎片（diasyrontes）"[4]。以同样的方式，诺斯替教派的许多福音"扰乱了神之安济"[5]。换句话说，对爱任纽来说，这是再一次把安济从诺斯替教派的多元化的神之形象中解救出来。

将保罗的短语"圆满的安济"（oikonomia tou plerōmatos，《以弗所书》1：10）颠倒为"安济的圆满"（ten oikonomian anaplēroun）这一点，我们也要以同样的方式来解读。按照马库斯（他第一个注意到这个颠倒，例如，在《反异教徒》的Ⅲ，17，4与Ⅳ，33，10中）的说法，爱任纽以这种方式将诺斯替教派所谓的宇宙过程变为历史布局（这是一位学者得出的独特结论，他反对达莱斯，认为对于诺斯替教派来说，内在圆满过程不能与历史上的耶稣分离）。马库斯似乎忘记了，尽管

---

[1] Irenaeus, *Against Heresies*, Ⅴ, 2, 2, p. 59.

[2] Irenaeus, *Against Heresies*, Ⅴ, 13, 2, p. 88.

[3] Irenaeus, *Against Heresies*. Ⅰ, 16, Ⅰ, p. 69.

[4] Irenaeus, *Against Heresies*, Ⅰ, 16, 3, p. 71.

[5] Irenaeus, *Against Heresies*, Ⅲ, 11, 9, p. 213.

诺斯替教派使用了"圆满的安济"这个短语，但正如我们知道的那样，这个短语实际上出自保罗。第一段无疑表明爱任纽是在让保罗那个含糊不清的表达脱离诺斯替教派的解释——它让"圆满的安济"成为诸格无限发展的准则——以强有力地肯定，保罗所说的安济已经被耶稣一次性地圆满完成了：

> 天父的**逻各斯**在时间圆满时来临，在人之中道成肉身，出于人的理由，通过我主耶稣来践行人类本质的安济（oikonomia），正如我主自己的明证，正如使徒们的认可，正如先知的宣布，我主耶稣与天主本身是同一的。[1]

可以看到，爱任纽的策略是通过"皈依神之教会"（epistrephein eis tēn ekklēsian tou Theou）的表达，让"皈依"（epistrophē）脱离苏菲娅-阿卡密的受难的灵魂神话学背景，其目的是让"皈依"成为天主正教的支点。[2] 同样，同诺斯替教派的斗争并不涉及救世主形象的历史特征（是诺斯替教派首先提出了宇宙本体论同具体历史进程之间的相似性），也不涉及道成肉身的安济与三位一体的安济之间的对立，在那个时代的神学背景下，这二者并未区分。爱任纽的态度是异教徒与"天主徒"在这个主题上共有的，其目的是让这些主题回归他所认为的使徒传统的正教，并在更为清晰的信仰中重新界定这些主题。不过，

1　Irenaeus, *Against Heresies*, III, 17, 4, p. 336.

2　Aubin, pp. 104-110.

这意味着——正如重新界定不可能完全脱离认可——至少在**安济**的概念上（或许诺斯替教派最早从策略上详细思考了这个概念），他们的共同主题成了一道缺口，从这道缺口中，诺斯替派的元素彻底贯穿了正教教义。

第九节 余论 1

亚历山大的克莱芒的《狄奥多忒斯节录》（The Excerpta ex Theodoto）保留了诺斯替教派的"安济"教义，这等于实质上印证了爱任纽给出的信息。在 33.3 中，智慧被称为"母亲"，在降生了基督之后，产生了一个"安济的统治者"，他摒弃了天父的形象，并认为天父的形象劣于他。[1] 在 58.1 中，基督被定义为"伟大的卫道士"（ho megas Agōnistēs），他降临在大地上，并展现了源自母亲的"气态的"（pneumatic）或精神的元素，及诞生于安济的"灵魂"（psychic）元素。[2] 在这里，安济似乎指一种救赎性的行为，其"源质"（archon）有一个类型学上的先驱，并在基督处实现。

安济一词既属于诺斯替教派，也属于天主教，这一事实在《节录》中所引述的亚历山大的克莱芒与狄奥多忒斯[3]（Theodotus）观点之争

1　The Excerpta ex Theodoto, p. 56.

2　The Excerpta ex Theodoto, p. 78.

3　狄奥多忒斯（生卒年不详），也被称为拜占庭的狄奥多忒斯，生活于 2 世纪后期，居住于拜占庭，是早期基督教作家之一，因为违反三一神论，他的著作被天主教会认定为异端。——译注

那里得到了证实。达莱斯所编辑的包含了**安济**一词的三个段落（5.4；II.4；27.67），被归为亚历山大的克莱芒，但这三个段落也能轻易被归为狄奥多忒斯，这不禁让人生疑。

第九节 余论 2

从词汇上来看，有趣的是，可以看到爱任纽多次将**实施**（pragmateia）作为**安济**的同义词。这就确认了安济包含"实践、管理和行政行为"的一般意义。

第十节

一般认为，在希波吕托斯和德尔图良那里，**安济**一词不再是一个纯粹的家政词汇在宗教领域中的类推延伸，而是成为一个对神之生命的三位一体解释的专业概念。不过，即便在这个例子中，也并没有清晰界定新意义的意图。相反，将**安济**变成一个**专业术语**（terminus technicus）的意愿通过两种明确的方法（device），间接地展露出来：一种是这个词的元语言（metalinguistic）参照，这等于是为其打上引号[于是，在德尔图良那里，我们可以读到"这种安排（dispensation），即所谓的**安济**"：这个词未被由古希腊语翻译过来，直接转写成了拉丁语字母]，另一个是将保罗的短语"奥秘的安济"颠倒为"安济的奥秘"，而后一种方法，虽未界定词义，但让这个词获得了一种新的含义。

与爱任纽处不同的是这一专业化的背景——其争论核心日后将成为三位一体教义。希波吕托斯和德尔图良都直接与对手针锋相对［如奴爱达斯（Noetus）与普拉克勒亚斯（Praxeas）］，这些对手坚持一元神论的形式——因此，也被称为一主制论者（Monarchians）——他们认为，若天父与逻各斯之间存在格的区别，那会有堕入多神论的危险。**安济**一词在这里充当了一种策略工具，即在出现一个专门的哲学词汇（在4—5世纪）之前，需要有一个词来临时地调和三位一体教义和神之一体教义。换句话说，第一次对三位一体问题的阐释使用的是"安济的"词汇，而不是形而上-神学词汇。因此，当尼西亚-君士坦丁信经（The Nicene-Constantinopolitan Creed）教义确定最终形式，**安济**一词也逐渐从三一教义的词汇表中消失了，只在救赎史中有所保留。

希波吕托斯的《反奴爱达斯》（*Contra Noetum*）被称为"恐怕是2世纪三位一体神学最重要的文献"[1]。普累斯提治（Prestige）认为，**安济**在希波吕托斯处与在德尔图良处一样，最终决定了神的内在组织，而不是道成肉身；与之相反，瑙丁（Nautin）——一位编纂了《反奴爱达斯》笺注本的学者——似乎从专业意义上拒斥了神学三位一体的说法，并严格地将该词的意思限定为"依照神的计划，上帝拥有一个在此世上将其词句道成肉身的圣子"[2]。同样，尽管至少一个世纪之后，安济这个意思才得到证实，但马库斯还是认为，对于希波吕托斯来说，

1　Scarpat, p. XXii.

2　Nautin, p. 140.

"安济必须与道成肉身的意思一样"[1]。更令人奇怪的是,马库斯在之后继续说,希波吕托斯——认为基督即"安济的奥秘"——是"基督传统的忠实跟随者",但他没有意识到,希波吕托斯只是从字面上颠倒了保罗的短语"奥秘的安济"[2]。尽管穆瓦因首先认识到"希波吕托斯只是简单地颠倒了保罗在《以弗所书》3∶9 中的短语"[3],但他过于沉浸于论证他的主题,即**安济**的意思涉及人在神的关爱下得到提升的涵义是德尔图良的创见,这样穆瓦因明显地陷入了自相矛盾,他也写道,希波吕托斯"按照他之前的保罗和传统确立的意思来使用这个词"[4](换句话说,希波吕托斯彻底地颠倒了这个词的意义表达)。

在这里,有一个假设,即**安济**一词有两种完全不同且不兼容的意思,一种涉及此时的道成肉身和上帝的救赎,另一种涉及人在神的关爱下提升的过程,而这个假设让此前的争论偃旗息鼓。我们已经说明了(里希特的研究肯定了这个结论),这个假设是后来的一些理论思考映射在这个词的语义上产生的结果,在 2 世纪的时候,这个词的意思仅仅是"神的管理与治理的行为"。这个词两个公开的意思都不过是神"安济"管理这一个活动的两个侧面,从天堂之家延伸到大地上。

我们现在回到希波吕托斯的文本。一开始,"安济"范式在这里正好具有了策略性的功能。为了捍卫神的统一体,奴爱达斯承认,圣子就是天父,结果否定了《圣经》经文所宣扬的基督的真相。

---

[1] Markus, p. 98.
[2] Markus, p. 99.
[3] Moingt, p. 905.
[4] Moingt, p. 907.

这只是奴爱达斯的无知,并不意味着应该遗弃《圣经》的经文。毕竟,难道不是所有人都说只有一个上帝吗?——但我们不应去否定安济(all'ou tēn oikonomian anairēsei)。[1]

在这里,**安济**并不具有特别的意思,可以简单翻译成"有目的的实践或神之行为"。但是,这个词在一体论和三位一体教义的对立关系中被绝对化了(这通常出现在"上帝的安排""安济的奥秘""奥秘的安济"这样的组合短语中),这使它获得了一个新的特殊涵义。在上帝那里,唯一的权柄与**安济**的三个方面之间的区分实际上出自同一个策略:

因此即便最不甘的人也不得不承认,作为全能上帝的天父,作为上帝降临人间的上帝之子耶稣,以及圣灵,这些真的是三。但如果他想知道,上帝如何是一,他就必须要知道〔上帝〕拥有唯一的权柄,就这种权柄而言,上帝即一,但从**安济**的角度而言,上帝又表现为三。[2]

这个区分之所以重要,是因为其可能成为德尔图良的**前提**(status)与**程度**(gradus)之间区分的起源(参见德尔图良的《反普拉克勒亚斯》19.8),及神学和安济之间区别的起源,这个区分肇始于优西比乌。事实上,这并非一个纯粹的对立,而是为了调和一体论与三

---

[1] Hippolytus, *Contra Noetus*, p. 48.
[2] Hippolytus, *Contra Noetus*, p. 64.

位一体教义做出的区分,一旦我们了解这个词完全是斯多葛学派的词语,这一点就清楚了。克吕西波斯在一个著名的段落中,区分了灵魂之中的**活动**(dynamis)的统一体与存在样态的多元性(或者,毋宁说区分了"拥有"样态与"习俗"样态):

> 灵魂的力量是一,因为其存在或拥有的方式,它要么思考,要么震怒,要么欲望。[1]

安济对应的是斯多葛学派的存在样态的学说,在这个意义上而言,**安济**是实施(pragmatics)。

然而,希波吕托斯赋予**安济**一词新的意义的关键策略手段是将保罗的"奥秘的安济"颠倒为"安济的奥秘"。他在两个段落中进行了这个颠倒,每一个段落都涉及天父及其**逻各斯**的关系:

> 除了在基督耶稣那里,在天父自己的**逻各斯**和安济的奥秘(tōi mysēt riōi ēt soikonomias)中之外,上帝还能在谁那里?[2]

> 因此"上帝在你那里"(In thee is God)的表述揭示了安济的奥秘——一旦圣父之言辞采取了肉身的形式,并降临在人之中,圣父就在圣子中,圣子就在圣父中,而圣子生活在

---

[1] Chrysipus, Fragments, 823, SVF, II, 823.
[2] Hippolytus, *Contra Noetus*, p. 52.

人群中。因此，弟兄们，这就是所道明的东西——安济的奥秘真的就是这**逻各斯**，它由圣母和圣灵处来，由圣子为圣父达到圆满（apergasamenos）。[1]

不过，在保罗那里，安济是执行并揭示上帝意志和言辞的奥秘的行为（《歌罗西书》1：24—25，《以弗所书》3：9）。**现在**正是这个在圣子－言辞中被人格化的行为，成为一个奥秘。即便在这里，**安济**一词的主要意思仍然是一样的，正如上面引文第二段话的最后一句（由圣子为圣父达到圆满）。"上帝的隐秘计划"尽管是对**奥秘**（mystērion）一词不太准确的释义，但它如今正好转移到**安济**一词之上，赋予其新的意义。**不存在奥秘的安济，即一种旨在践行和解释神之奥秘的行为；其"实施"（pragmateia）即神之行动本身就是奥秘。**

这样，在其最后一段中——承袭了他提安的文风——希波吕托斯坚持将**安济**一词等同于将神之行为的三重奏化为一个单一的"旋律"：

> 受祝福的圣约翰通过福音将安济转交于我们，他坚称道就是上帝："太初有道，道与上帝同在，道就是上帝。"（《约翰福音》1：1）但如果道即上帝，又与上帝同在，那有人会说："这句话里岂不是有两个神？"我不会说有两个神——仍然是一个神——我会说有两个人，第三个是安济，圣灵之恩泽。尽管圣父是一，但还有两个人格——因为圣子也是人格：

---

[1] Hippolytus, *Contra Noetus*, p. 52.

以及第三格——圣灵。圣父创造了秩序，**逻各斯**执掌工作，而这一切都揭示为圣子，通过圣子，信仰合于圣父。通过和谐的安济（oikonomiai symphōnias），产生唯一的上帝。[1]

通过对"有序安排"的（修辞上的）意思的发展，安济现在是一种行为，一种真正奥秘的行为，它将神之存在以三位一体表达，虽为三位，却又在一个整体中"和谐并存"。

第十节 余论

词组"安济的奥秘"始终被当作对保罗经文的诠释，这证明了将保罗的"奥秘的安济"颠倒为"安济的奥秘"在确立三位一体的安济范式中具有重要价值。所以，在5世纪前半叶的塞勒斯的狄奥多勒（Theodoret of Cyrus）[2]那里，我们依然可以发现他认为保罗在《罗马书》中已经指出"安济的奥秘，并说明了道成肉身的缘由"[3]。

第十一节

一般来说，德尔图良是第一位明确将**安济**作为在神的关爱下人的

---

[1] Hippolytus, *Contra Noetus*, p. 74.
[2] 狄奥多勒（393—457），希腊教父，5世纪著名的基督教神学家之一。423年，他成为赛勒斯地方的主教，之后，除了遭到短时流放外，他在该城度过了自己的余生。——译注
[3] Theodoret of Cyrus, *Commentray on the Letters of Saint Paul*, vol.1, p. 72.

提升的作者。不过，我们不能指望在他的著作中找到关于这点的严格讨论和精确界定——吉尔逊（Gilson）将德尔图良的推理方式界定为"反哲学"甚至是"过分简单化"的方式。

安济——及其拉丁语的同义词 dispensatio 和 dispositio——毋宁说是德尔图良用来与"粗俗的"和"异常固执的"普拉克勒亚斯争论所采用的武器。德尔图良试图承认，不可能从三位一体教义的哲学形式上来解释这个词。因此他对这个词的处理更富技巧——与此同时，也让其更加玄妙——即让这个词留在古希腊形式当中：

> 不过，正如我们所**信仰**的那样，唯有一个**上帝**，但在这种安排（dispensation）[即我们所说的"安济"]下，这个唯一的上帝有一个圣子，及来自他的言辞。[1]

之后不久，为了让"一主制"反对意见变得中性化一些，这种技术处理方式被强化了：

> 当拉丁人大声叫出"一主制"时，希腊人甚至拒绝理解**安济**。[2]

不过，与希波吕托斯一样，德尔图良的关键步骤在于将保罗的短

---

[1] Tertullian, *Treatise Against Praxeas*, 2, 1, p. 131.

[2] Tertullian, *Treatise Against Praxeas*, 2, 4, p. 133.

语"奥秘的安济"变成"**安济的奥秘**"（oikonomias sacreamentum），这个短语使安济一词在语义上变得丰富且含糊，它同时有誓言、献祭、神秘的意思：

> 通过这种方式，似乎一［上帝］并不是全部［所有事物］，但万物为一，亦即实体之一统，而安济之奥秘则将一分化为三，将圣父、圣子、圣灵分化为三，不过，三不是前提（statu）而是程度（gradu），它不是实体（substantia），而是形式（forma），不是力量（potestate），而是种类（specie）……[1]

科尔平（Kolping）指出，德尔图良并没有给出"奥秘"一词在基督教中的新的意思，他必然是在那个时代的《新约》拉丁文译本中找到这个词的［尤其是《以弗所书》的译文（Kolping, p. 97）］。对保罗短语的颠倒导致了**安济的奥秘**这一表达的模糊不清，与此同时，他试图通过一系列的对立——前提/程度，实体/形式，力量/种类［正如希波吕托斯求助于**行动**/**安济**（dynamis/oikonomia）的对立一样］——来澄清这一点，而这种做法意义重大。在这里，反哲学的德尔图良十分精到地使用了他那个时代的哲学词汇：单一本质将自己结合和区分出不同层次，这是斯多葛学派的学说，以及区分绝不是分裂成"诸部分"，而是将各种力量和权力结合起来［德尔图良所指的明显是《灵魂论》（De anima）中的区分[2]］。

---

[1] Tertullian, *Treatise Against Praxeas*, 2, 4, p. 132.
[2] Pohlenz, vol. 1, p. 439.

在德尔图良的《反普拉克勒亚斯》19.8 中，他再一次谈到了实体区分和安济结合之间的不同：

> 圣父和圣子是二，但这并不是实体分裂的结果，而是安济布局的结果（non ex separatione substantiae sed ex dispositione），我们也宣称圣子是同圣父不可分裂和不可分割的，区分并非在前提上，而是在程度上（nec statu sed gradu alium）。[1]

在这里，"实体"需要从马可·奥勒留的意义上（12, 30, 1）来理解：唯一的共同的**本源**（ousia），这个本源以一种独特的方式将自身同无数的个体结合在一起，每一个体都有着其独到的质性规定。无论如何，重要的是，在德尔图良那里，安济不能理解为实质上的异质性，而要理解为——在每一次行政-管理或实用-修辞的转向时——单一实在的结合。换句话说，这种异质性并不涉及存在和本体，而只涉及行动与实践。按照一个代表着基督教神学的范式来解释，三位一体并不是对神之存在，而是对神之实践的一种表达。

第十二节

在《反普拉克勒亚斯》第三章的一个长段中，德尔图良澄清了**安济**范式的策略意义，在这里，安济又回到其"家政管理"的原初

---

[1] Tertullian, *Treatise Against Praxeas*, p. 158.

意义上。对"管理"这个司法－政治概念的界定,一直困扰着法学家和政治学家,他们通常会回溯到12—14世纪的教规,那时,**管理**(administratio)**与司法**(iurisdictio)开始在教规术语中同时出现[1]。从这个角度来看,德尔图良的说法之所以非常有趣,是因为它包含着一种神学的管理范式,天使等级制是其完美的例证:

> 单纯的人们啊——我说的不是无思和无知的人(他们通常是信徒中的绝大多数人),因为信仰规则本身(ipsa regula fidei)让我们从世界上的诸神上升到唯一真实的上帝——不懂得他们必须信仰唯一的上帝的同时,也必须信仰上帝的**安济**,于是畏惧安济。他们宣称,三的多元性和安排是对一的分有——尽管一源于自身,但一并非消灭三,而是来管理三(non destruatur ab illa sed administretur)。[2]

在这个阶段,德尔图良的论证中最为关键的是,他用管理将安济与一主制结合起来:

> 当拉丁人大声叫出"一主制"时,希腊人甚至拒绝理解安济。但如果积聚了这两种语言的全部琐细知识,我就会明白一主制所指的恰恰正是那唯一的君王统治(singulare et

---

[1] Napoli, pp. 145-146.
[2] Tertullian, *Treatise Against Praxeas*, 3, 1, p. 132.

unicum imperium），不过并不因为一主制属于一个人，而得出一个法则，要么那个君王无嗣，要么君王必须以自己为后嗣，要么没有他所希冀的代言人来管理其王国。不仅如此，如果王国不因自身为其他相关人士提供官职（officiales）[1]，不由其来打理，王国就不会成为这个意义上的一人之国，达到这个意义上的单一，形成这个意义上的一主制；此外，如果他的一主制拥有一个子嗣，这并不**事实上**（ipso facto）让一主制分裂了，及不再是一主制，如果其子嗣仍然被认定在其模式之中，那么在前一种情况下，其仍然归属于一个人，即他将一主制传承给他的子嗣；只要王国是他的，那么王国仍然是一主制的，权力交接的两个人紧密地结合在一起。因此，如果神的一主制也由不计其数的天使代理来管理（正如其写道：**成千上万的人站在他面前，成千上万的人向他卑躬为臣**），天国并不因此不再是一，也不因成千上万的圣贤参与治理而不成为一主制，那么如何在居于第二位的圣子、居于第三位的圣灵中思考上帝？圣子与圣灵在某种程度上都分有了圣父之实体，他体验到圣子圣灵分有它的分配与配置，这不同于他对诸多完全异于圣父实体的天使们的体验。你是否计算过一主制背后要多少人、多少子嗣、多少工具、多少理论、多少财富（membra et pignora et instrumenta et ipsam vim ac totum censum

---

[1] 阿甘本于 2012 年底出版的神圣人系列 2.5 的标题就是 Opus Dei，即"主业"，其副标题是"公职或官职考古学"。——译注

monarchiae eversionem deputas eius）？[1]

让我们来好好品读一下这个特别的段落。首先，天使学在这里充当了一种神学的管理范式，因此这确立了——类似于卡夫卡式的动作——天使与官员的对应关系。德尔图良复苏了雅典纳戈拉的景象（尽管没有引述雅典纳戈拉，但在德尔图良那里，他频繁出现）；不过那位雅典的护教论者和哲学家所强调的是宇宙的秩序和安排，而德尔图良用这个形象证明了一主制与安济必然是彼此相容的。同样重要的是，这确定了一主制与安济是同质的，他激活了一个亚里士多德式的主题，尽管他没有提及亚里士多德。事实上，亚里士多德论述家政（economy）的论著，肯定了一主制和家政的一致性："城邦政治是多头制，而家政是一主制（hēoikonomikē de monarchia）。"[2] 反哲学的德尔图良用他自己独特的方式，借用了哲学传统中的家政与一主制之间的关系学说，发展并加以颠覆：如今，神的一主制在构成上实现了安济，即一种治理机制，这种机制阐明并揭示了其奥秘。

亚里士多德将一主制和家政等同起来的观念（它也影响了斯多葛学派）或多或少促使教父们有意为之地用家政的，而不是政治的术语来思考德尔图良的范式。德尔图良写到，在任何情况下，安济都不意味着**颠覆**（eversio），这是因为在亚里士多德的范式中，**家**（oikos）在任何情况下都在本质上保持了"一主制"的结构。不过，关键在

---

1 Tertullian, *Treatise Against Praxeas*, 3.2–5, p. 133.
2 亚里士多德，《家政学》Ⅰ，1343a。

于，三位一体的模式在这里被看成了一种家政治理的活动，而在这种模式下，无须任何存在层次上的分裂，它就可以解决自身的问题。在这个视角下，圣灵可以被定义为"一主制的传道士"，即"按照基督教义的奥秘，全部真理的宣扬者"（oeconomiae interpretatorem……et deductorem omnis veritatis……secundum Christianum sacramentum）[1]。解说"安济的奥秘"的人正是那些履行和实施它的人，在这里，奥秘依然不是本体上的奥秘，而是实践上的奥秘。

第十二节 余论

到此为止，我们首先已经强调了安济一词的基督教方面，这是因为三位一体的第三格的神之本质及其同其他两个格的关系，直到4世纪才成为问题。生动的一例是，纳西盎的格里高利在演讲辞29—30中讨论了圣子问题后，感到还需要继续深入，处理神之形象的问题。《圣经》几乎未曾提及神之形象，这"非常棘手"（dyscheres）[2]。从三位一体的安济的角度来看，其第三格从前两个格演化而来的"过程"（ekporeusis）问题是最重要的，但在这里不能讨论。

第十三节

经常会有人注意到，时间和历史在基督教中有着十分特别且重要

---

[1] Tertullian, *Treatise Against Praxeas*, 30, 5, p. 179.

[2] Gregory of Nazianzus, *Select Orations*, XXXI, 1-2, p. 318.

的意义。有人说，基督教是一种"历史性宗教"，不仅因为其建立在历史人物（耶稣）和在历史上所发生的事件（耶稣的受难与复活）之上，而且也因为其赋予了时间一种救赎神学的价值与意义。因此——既然其从历史视角来解释自己——基督教从一开始就谈到"哲学——或者最好叫作——历史的神学"[1]。

然而，同样重要的是，基督教的历史观是在安济范式的标志下产生和发展的，它与这种范式不可分离。因此，对基督教的历史神学的理解不要像寻常一样，局限于将**安济**观念看作按照末世论设计而展开的神恩历史的同义语；而应分析"安济的奥秘"几乎是彻底塑造和决定了我们今日仍然在很大程度上所依赖的历史经验的具体模式。

在俄利根那里——在他的著作中，**安济**一词扩展了外延——**安济**与历史的本质关系可以用一种特别清楚的方式来理解。某种类似于现代意义上的历史观的东西——即赋予历史进程意义，尽管是隐含的意义——第一次出现时，它正是在"奥秘的安济"的外表的掩饰下，人们坚持像这样来解释和理解它。俄利根在《论第一原理》（*De principiis*）中，提及犹太人历史上的神秘时代（如罗得与其女儿的乱伦，及雅各的双重婚姻）时写道：

> 所有人都相信存在着某些由《圣经》而为人所知的奥秘的安济（oikonomiai tines [...] mystikai），甚至是那些对词句有着忠实信念的信徒中最单纯的人；但是至于安济是什么，公

---

1 Puech, p. 35.

正而谦逊的人会承认他们不知道。例如,如果一个研究者在罗得与其女儿乱伦、亚伯拉罕有两个妻子、雅各的两个妹妹嫁给了雅各、雅各的两个女仆替他生了孩子等问题上陷入困境,那么他能做的只有承认这些事情非常神秘,我们无法参透。[1]

基督教的历史概念源于将"奥秘的安济"的教义 [在其他地方,俄利根谈到了"安济的隐秘性和启示性"(tēs de oikonomias autou to lelēthos kai apokryphon)] 与圣经诠释实践结合的策略。

在《论第一原理》中,俄利根也写道:"通过战争和征服者与被征服者的故事,某种隐秘的奥秘向那些有能力考察这些说辞的人揭示出来。"[2] 因此,基督教学者的职责就是"解释历史"(historian allegoresaz)[3],让对圣经中所叙述的事件的思考不成为"那些未经教化的灵魂犯错误的原因"[4]。

如果对我们来说,历史不像古典历史编纂学那样,而是需要历史学家去捕捉一种意义或一个方向,如果历史并不仅仅是一个**时间序列**(series temporum),而是意图或命运为其关键,那么这首先是因为我们的历史概念是按照"奥秘"的救赎的神学范式来塑造的,这个"奥秘",同时是神和人的生命"安济"、组织和"布局"。阅读历史就等于揭开与我们有根本关联的奥秘;不过,这种奥秘并不涉及异教徒所

---

1 Origen, *On First Principles*, Ⅳ, Ⅱ, 2, p. 272.

2 Origen, *On First Principles*, Ⅳ, Ⅱ, 8, pp. 284-285.

3 Origen, *On First Principles*, Ⅳ, Ⅱ, 8, pp. 284-285.

4 Origen, *Philocalie*, Ⅰ, 29, p. 214.

谓的命运或斯多葛学派所说之必然性等，它是自由对待生物和事件的"安济"，让它们保留偶然性特征，甚至是自由和倾向：

> 上帝，万物之父，通过他的言辞和智慧中未曾言及的计划，向他的全部造物提供 [dispenssasse，这个拉丁语是对**安济**的动词形式的翻译] 救赎，我们认为他由此命令万物不得强迫每一灵魂或精神（或理性存在任意的名字）违背自由意愿去做任何事，除非那是他们心之所向……与此同时，他们心之所向恰如其分地结合在一起，产生了这个唯一的世界的和谐。[1]

基督教的历史自认区别于异教的命运，是自由实践；不过，因为它对应于并实现了神之设计，这种自由本身就是一个奥秘："自由的奥秘"；而这不过是"安济的奥秘"的另一副面孔罢了。

第十三节 余论

基督教神学确立的**安济**与历史的关联是理解西方历史哲学的关键所在。尤其是，自黑格尔到谢林乃至费尔巴哈的德国唯心主义的历史概念，就是对神之救赎与历史之间的"安济"关系的思考 [用我们早前曾引述过的谢林的话来说，这是神学和**安济**的"共同归属"（co-belongings）]。奇怪的是，左翼黑格尔主义得以切断同这个神学概念的关

---

1 Origen, *On First Principles*, II, I, 2, p. 77.

联,是因为将现代意义上的经济(economy),即人在历史中的自我生产放置在了历史过程的中心。在这个意义上,左翼黑格尔主义用纯粹人的经济(economy)取代了神的安济(economy)。

第十四节

将**安济**同神恩问题关联起来的处理方式对中世纪和现代文化产生了至关重要的影响。这样的处理方式肇始于亚历山大的克莱芒,这或许是他对于神学-安济范式思考的最初的贡献。我们已经看到,在《狄奥多忒斯节录》中,克莱芒以瓦伦延主义的词义反复提到了**安济**;但是这个词甚至在他最重要的著作《基质》(*Stromata*)中也以全部可能的意义出现[其意义的数量是斯塔林(Stählin)索引中的近六十倍之多]。克莱芒小心翼翼地说明,**安济**并不仅仅意味着对家的治理,而且也涉及灵魂本身[1],除了灵魂之外,整个宇宙都依赖一种"安济"[2],甚至存在一种"奶水的安济"(oikonomia tou galaktos),它帮助奶水流入刚刚分娩的女人的乳房之中[3]。但是,首先,存在一种"救世主的安济"(这是一种典型的克莱芒的组合词,如"hē peri ton sōtēra oikonomia"[4]以及"oikonomia sōteriou"[5]),它先是被预言,并最终由圣子的受难来

---

1 Clement of Alexandria, *The Stromata*, Ⅰ, Ⅵ, p. 307.
2 Clement of Alexandria, *The Stromata*, Ⅲ, Ⅸ, p. 392.
3 Clement of Alexandria, *The Stromata*, Ⅱ, ⅩⅧ, p. 368.
4 Clement of Alexandria, *The Stromata*, Ⅰ, Ⅺ.
5 Clement of Alexandria, *The Stromata*, Ⅵ, Ⅵ.

完成。正是从"救世主的安济"（注意，这里是救世主的安济，不是救赎的安济；安济的原初的"行动，任务"的意思仍在）这个起点出发，克莱芒将安济与神恩（pronoia）紧紧地绑在一起。在《劝勉希腊人》(*Protrepticus*; *An Exhortation to the Greeks*) 中，他将异教徒的历史看成"空洞的神话"[1]（mythoi kenoi）；如今，他写道："与神之传统一致的哲学确立并承认了神恩，若神恩被废除（tēs pronoias anairetheisēs），救世主的安济就成为神话（mythos [...] phainetai）。"[2]

克莱芒始终想去阻止"救世主的安济"变成一个神话或一个寓言。他写道，如果某人说上帝的圣子，世界造物主的圣子，在血肉中道成肉身，并在圣女的子宫中孕育，如果他说明"他的肉身如何形成"，他如何经历受难和复活，所有这些"对于那些不明白真理的人来说，就的确像是一个寓言"[3]。唯有神恩的观念可以让看似一个神话或一个寓言的东西变得真实而连贯："那么存在着神恩，认为有关救世主的全部预言和安济不会按照神恩来发生，是不虔诚的。"[4]

如果我们不理解**安济**与神恩的紧密联系，就不可能理解基督教相对于异教神话和"伪神学"而言，新意何在。基督教神学并不是"关于诸神的故事"；它**直接**就是上帝的安济和恩泽，即一种世界的自我拯救、治理和关怀的活动。神将自己同三位一体结合起来，但这既非"神谱"，亦非"神话"；毋宁说，它是一种**安济**，既是对神之生命的阐

---

1 Clement of Alexandria, *Exhortation*, 1, 2, 1, p. 171.
2 Clement of Alexandria, *The Stromata*, I, XI, p. 312.
3 Clement of Alexandria, *The Stromata*, VI, XV, p. 509.
4 Clement of Alexandria, *The Stromata*, V, I, p. 445.

释与管理，也是对诸造物的治理。

由此，基督教神恩概念的独特性出现。由于斯多葛学派哲学的影响，**神恩**（pronoia）的观念已经在异教世界中传播开来；他写道："创世的安济是善的（ktisthesia [...] oikonomia），万物都得到很好的治理，没有事物可以在没有缘由的情形下发生。"[1] 克莱芒不断重复的是他所在时代亚历山大文化中流行的观念。不过，由于在斯多葛学派和犹太传统中的神恩问题关系到神之生命的安济，因此神恩具有了人格性和自愿性。不过，与斯多葛学派和阿佛洛狄西亚的亚历山大（Alexander of Aphrodisias）[2]（他主张"诸神的本质在于神恩，正如火的本质在于热一样"）不同，克莱芒消除了神恩中所有的自然主义式的非意志的色彩：

> 上帝并非不自愿的善，正如火是温暖的，但是在上帝那里，给予善的事物是自愿的……上帝并不通过必然性，而是通过他的自由选择来行善。[3]

接下来我们会看到，围绕神恩究竟是自由的还是命定的，是间接的还是直接的，是一般的还是特殊的而进行的争论，区分了13—17世纪的中世纪神学家和哲学家，而他们的争论肇始于此。

---

1 Clement of Alexandria, *The Stromata*, IV, XXIV, p. 437.
2 阿佛洛狄西亚的亚历山大（生活在3世纪前后，生卒年不详），一位教父哲学家，也是希腊的亚里士多德作品阐释者。他出生于阿佛洛狄西亚，但后来去了雅典，并在那里开了一所学校。他撰写了大量对亚里士多德作品的评述，其中一些评述被保存至今，在这些作品中，他明确反对斯葛主义的必然性观念。——译注
3 Clement of Alexandria, *The Stromata*, VII, VII, p. 534.

通过将安济同神恩相联系，克莱芒不仅将救赎在时间上的安济嵌入永恒之中（在"永恒事实与理由"中[1]）——正如我们已经看到的[2]——而且开创了一个进程，这个进程逐渐建构了神学和安济、上帝及其历史活动的二元论。神恩意味着这种二元框架实际上非常显著；在基督教神学中，这个二元论对应于诺斯替教派的无为之神（idle god）同积极的造物神 [德穆革神（demiurge）] 的二元论。安济－管理与神恩范式在这里表现出它们根本的共同归属。

第十四节 余论

安济与神恩策略上的结合，十分清晰地表明，在克莱芒那里，按照那些让这个结合变成了同义重复的一般翻译，安济一词仍然不是"神之计划"之意。唯有当希波吕托斯和德尔图良颠倒了保罗的"奥秘的安济"，且克莱芒将安济同神恩结合在一起时，这两个词的意义才开始变得难分彼此。

一个世纪之后，在屈梭多模那里，安济与神恩才有了十分稳固的关系，但是这并没有消除其"奥秘"性质。如今，安济变得"不可言喻"，而其与神恩之"深渊"（abyss）的关系正是"惊愕"的对象：

见过无边无际的海洋，由此希望探索上帝的神恩之深渊，在他无法言表的安济的本质前感到惊愕，在那种不可言喻的

---

1 Clement of Alexandria, *The Stromata*, VI, XV, p. 508.
2 Torrance, p. 227.

东西前震惊不已。[1]

第十五节

6—7世纪，尤其在拜占庭东正教的教规中，安济一词有了"例外"(exception)的意义，而这个意义与其语义史尤其相关。在这里，为了拯救人类的神的奥秘实践的神学意义结合了起源于罗马法的平等概念（拉丁语的 aequitas，希腊语的 epieikeia），逐渐代表将人们从严格执行教规下解放出来的豁免体系。在圣佛提（Photius）[2] 那里，它明显有两个既相互区别又极为相近的意思：

> **安济**正意味着**逻各斯**的一种特殊的且我们无法参透的道成肉身，其次，也意味着依具体情形便宜行事，或悬置严格教规的效力而引入一种稍微宽松的环境，在那些必须接受教规的弱者看来，这就是教规律令的豁免（dioikonomountos）。[3]

在这个方面，神学中已经出现了神学与安济的对立，因此在律法中也出现了"教规"同"安济"的对立，例外被界定成不严格执行律法、"使用安济"的行为。在这个意义上，692年，这个词被写入了教会法之中，又由帝国皇帝利昂六世（Leon Ⅵ，886—912）写进了帝国

---

[1] John Chrysostom, *Sur la providence de dieu*, p. 62.
[2] 圣佛提（810—893），拜占庭帝国的君士坦丁堡普世牧首，被东正教会视为圣人。——译注
[3] Photius, pp. 13-14.

法律。

一个指称世界的救赎行为的词获得了"例外"的涵义,这说明了**安济**与法律之间的关系有多么复杂。不过在这里,这个词的两个意思尽管有明显的区别,却基本是一致的——这与在拉丁教会中,**豁免**(dispensatio)一词具有两个意思一样,这个词最初就是对**安济**的翻译,后来逐渐有了"豁免"(dispensa)的意思。治理体系和例外状态在**安济**观念中达成一致,这是管理的实践,在其救赎的意图下,在每一个重大转折的关头,依据具体情况来治理万物,而它也不得不依据具体情况来衡量自身。

第十五节 余论

安济一词的"例外"意义的起源可以追溯到卡帕多西亚神学家圣巴西尔写给安美奇(Amphilochius)的一封信。当被问到分裂派(schismatics)所掌管的洗礼的价值时,圣巴西尔回答说,由于"绝大多数人的安济"(oikonomias heneka tōn pollōn),洗礼一开始就被认为是正确的,这与认为其不正确的教规不同。[1]

阈

现在我们可以更准确地理解将保罗的"奥秘的安济"颠倒为"安

1　Basil, *Letter CLXXXVIII*, I, in *Letters and Select Works*, p. 224.

济的奥秘"的关键意义所在。在保罗那里,奥秘之物并非神的救赎计划,一个需要得到实现和启示的计划——这的确也是一种**安济**——不是这么一目了然的。如今,安济本身变成了奥秘,通过奥秘的实践,上帝安排了神之生命,并将其与三位一体结合起来,诸造物的世界为每一个事件赋予隐秘的意义。但是,根据一种类型学的解释,这种隐蔽意义不仅是其他救赎事件(由此,组织自身创造历史)的寓言和预言;它实际上与"奥秘的安济"相谐调,与神之生命的布局及其对神恩式的世界治理相谐调。神之奥秘与治理的奥秘,对神的生活的三位一体式的解释与人的救赎历史,既有区别,亦不可分离。

换句话说,一场非常重要的博弈正在**安济**领域中登场,在古代世界末期逐渐产生的神的概念及其所有创造之间的关系成为主要问题。在主张一元神论的一主制和犹太教与提出多元化神格的诺斯替教派之间,在诺斯替教派和伊壁鸠鲁主义的神不涉足俗世与斯多葛主义的为世俗世界提供支持的积极的神(deus actuosus)之间,**安济**让彼此和谐成为可能,其中,同时是一和三的超越的上帝可以——保持超越性——掌管俗世,并建立内在的治理实践,其中的非现世的奥秘与人类历史发展谐调一致。

只有将安济范式的所有的意义均加以恢复,才有可能消除解释上的矛盾和分裂,现代学者和神学家们才能将这个问题放置在正确的背景下。我们已经看到,让争论不断分化为两大阵营的是**安济**一词两个有着明显不同的意思之间的差距(caesura),第一个意思指的是单一的神之实体与他的三个格之间的结合,第二个意思指的是拯救在历史中的展开[1]。这样，按照范霍文（Vohoreven）、伊万斯（Evans）、马库斯（Markus）的说法，德尔图良那里的安济并未在时间中产生任何事物，而仅仅指的是"神之实体在三个格中的内部展开"[2]。另一方面，按照穆瓦因的说法，安济并没有"决定存在中的关系"[3]，仅仅是神的救赎计划在历史中的表达。换句话说，这是建立在错误假设之上的不同解释者之间的争论，这个假设认为**安济**一词，就像阿贝尔（Abel）的未完成的字（Urworte）[4]一样，有两个相互矛盾的意思，使用这个词的教父们或多或少有意识地在这两个意思之间来回摇摆。如果更细致地分析会发现我们所面对的并不是一个词的两个不同意思，而是在同一个语义范围内——即**安济**一词——将不同层次结合起来的尝试，而这些不同层次的彼此和谐乃是问题所在，即不涉俗世与治理俗世、一元存在与多元行动、本体与历史之间的和谐。

该词的两个公开的意思——一方面指的是神之生命的内在组织，另一方面涉及救赎的历史——不仅不是相互矛盾的，而且是相互关联的，只有在它们的功能关系中，我们才能完全理解它们。即它们是同一个神之**安济**的两个侧面，本体的一面和实施的一面，三位一体结合的一面和俗世治理的一面，若想要解开这个难题，它们彼此都要回溯到对方那里。无论如何，最为重要的是，最早的三位一体教义的阐释

---

1 Prestige, p. III；也可以参看 Markus in Richter, p. 79。

2 Vohoeven, p. 110.

3 Moingt, p. 922.

4 这个德语词有两个意思，一个是未完成的字，另一个是原本之字，两个意思彼此不同且相互矛盾，阿甘本在这里与 oikonomia 的同一个词的两个不同意思做比较。——译注

并不是用本体-形而上学的词汇来表达的,而是作为神之一主制既是内在又是世俗的"安济"工具和治理行为["三位一体并不是破坏,而是唯一的起源本身对其治理"(unitas ex semetipsa derivans trinitatem non destruatur ab illa sed administratur)[1]]。只有在后面的阶段中,当问题似乎被尼西亚大公会议教义所解决之后——无论其正确与否——神学和安济才分裂开来,这个词不再指向神之生命的组织,更多地指向了救赎的历史意义;不过,即便在这个时期,两个意思也不是完全分离的,它们会继续在一个功能统一体中相互作用。

---

[1] Tertullian, *Treatise Against Praxeas*, 3, 1.

第三章

存在与行动

第一节

那些创立**安济**教义的教父们关注的是，在任何情况下都要避免一元神论中的一种偏向，即重新引入多元神灵形象，用之重新导入多神论。为了避免三位一体问题的这一极端后果，希波吕托斯十分谨慎地反复说道，依照**力量**（dynamis）而言上帝是一[1]［斯多葛学派使用这个词的用法，即按照其**本质**（ousia）而成其所是[2]］，而依照安济而言上帝是三。德尔图良出于同样的理由，坚定地反对普拉克勒亚斯，认为

---

[1] dynamis 也可以写成 dunamis，其古希腊语是 δύναμις，亚里士多德在他的多部著作如《形而下学》《形而上学》《论动物》《尼各马可伦理学》中均使用了这个词，这个词涉及亚里士多德意义的潜质和实质的二分，而潜质代表着一种可能性。——译注

[2] ousia 一词的古希腊语是 οὐσία，它是 εἶναι 一词的阴性的现在分词，相当于英语中的 being，在拉丁语中，这个词被翻译成 substantia 和 essentia，意指让某物成其为某物的实质。——译注

安济的"布局"（disposizione）并不完全意味着与实体相分离。神之存在并不是分裂的，因为教父们所言之三，是在**安济**层面上的三，而并非本体论上的三。

不过，这个必须不惜一切代价极力避免的断裂（cesura），重新在存在层次上出现了，那是上帝与其行为、本体论与实践之间的断裂。事实上，将实体或者神之本质同其安济区分开来，等于在上帝之中设定了一个存在与行动、实体与实践的分裂。**安济**教义在基督教中引入了一个隐蔽的二元论，仿佛最初诺斯替教派所产生的二元论一样，他们并不关心两种神之形象之间的分裂，而更关心上帝与其俗世治理之间的断裂。

让我们来看看亚里士多德在其《形而上学》卷 L 结尾处所提出的神学。在这里，亚里士多德描述的上帝之中的存在与行动简直是难以区分的。如果亚里士多德的神，作为一个不动的推动者移动着星辰苍穹，那么这是依循其本质的，就不需要去假定一种特殊的意志，或旨在关怀自我和关怀俗世的特殊行为。古代的宇宙——及其"命运"（fato）——都建立在存在与行动的完美的统一之上。

安济教义彻底地废除了这种统一。上帝通过安济治理俗世，而安济作为一种事实，完全不同于上帝的存在，且不能从存在之中推导得出。我们可以在本体论层次上分析上帝的观念，——列举其属性或否定——如同在否定神学（apophatic theology）[1] 中一样——所有上帝的谓

---

[1] 否定神学是神学体系中的重要支脉，这一派神学旨在通过描述上帝不是什么而得到上帝存在的本质。——译注

称（predicate）以达到纯存在的观念，其本质与其实存相一致。但是这种意志在严格意义上并没有涉及上帝同俗世的关系，或没有说明上帝是通过何种方式治理人类历史进程的。正如帕斯卡清醒地意识到，对于几个世纪之后的世俗治理，安济根本没有本体论上的基础，唯一可以发现它的途径隐藏在其起源之中[1]。因此，上帝俗世治理的自由决断，如今就如同其本质一样不可言喻，或者更甚；真正的奥秘，"在上帝那里已经被隐藏了数个世纪"，由基督耶稣向人们揭示，这个奥秘并不是上帝的存在，而是上帝的救赎行为：即"**安济的奥秘**"，这是对保罗词组的策略性颠倒。从那一刻开始，这个奥秘不停地让神学家和哲学家感到惊愕，不停地引起他们的关注，而这个奥秘不是一个本体论上的问题，而是一个实践上的问题。

在他们的神学起源中，安济范式和本体论范式是完全不同的：神恩教义和道德思考只是非常缓慢地建立起两者之间的桥梁，迄今为止，这些尝试从未完全成功过。三位一体教义和基督学，在成为一种教义-思辨形式之前，是从"安济"一词来思考的，而这一事实，不断地预示着其后续发展。在这个意义上，现代意义上的伦理学，及其无法解决的难题，出现于古代世界末期产生的存在与实践的分裂中，且在基督教神学中占据重要位置。

如果说自由意志的观念（总的看来，它在古代思想中处于边缘地位）成了基督教神学以及后来的现代性伦理学和本体论的中心范畴，这是因为在上述的断裂中，它们发现了其原初场所和意志，且不得不

1　Pascal, 1962, p. 51.

一直面对这个断裂。如果古代宇宙的秩序"并不是诸神的意志,而是他们自己的本质,也就是说,一种无情且冷酷的本质,它是所有善恶的本质的载体,祈祷无法企及的东西……它几乎没有怜悯"[1],那么上帝意志的观念(上帝意志自由而精明地决定着自己的行为,这种意志甚至强于其全能),既是古代命运的崩溃的最无法辩驳的证据,也是一种为神之实践的随意而行(anarchic)范围寻求一个基础的迫切企图。可悲的是由于这种意志只能让实践变得毫无根基,存在中的行为是无根基的。

第一节 余论

在诺斯替教派中,外在于俗世的上帝与统治世界的德穆革神之间的对立,比善神和恶神之间的对立更为重要。爱任纽和德尔图良都清楚地理解了马克安(Marcion)[2]与塞耳多(Cerdo)[3]的善神的"空洞性"

---

1 Santillana, Giorgio De. 1963. "Faro antico e faro moderno." In Tempo presente, VIII, no. 9-10.
2 马克安(110—160),早期基督教神学家,第一位《新约》编辑者,自立马克安派,亦是第一个被基督教会判为异端的派别。他创建了一个与罗马教会平行的教会组织,并且自封主教。马克安是位严格的"唯神主义"者,他宣称耶稣就是上帝,上帝借着耶稣启示他自己。马克安还解释耶稣为拯救的灵,并非旧约所指的弥赛亚,耶稣的身体只是外表的,他未曾道成肉身,耶稣只是在提比留皇帝在位第15年的时候,忽然在犹太地出现。——译注
3 塞耳多(生卒年不详),叙利亚的一位诺斯替派教徒,138年,他的教义被大公教会指认为异端。他应是瓦伦廷的同时代人,比马克安略早,按照爱任纽的说法,他是罗马教宗伊琪(Hygius)的同时代人。他认为存在两个神,一个神需要顺从,而另一个神是善良和仁慈的神。前一个神是旧约中创世的神,而后一个神是更高级的神,他只有通过他的子嗣耶稣而为人所知。与后来的诺斯替教派一样,他否定了死者复活的教义。——译注

和"伊壁鸠鲁"色彩,对于马克安和塞耳多来说,他们反对神在至善的同时,又在创世行为中极其活跃。爱任纽写道:"他们发现了伊壁鸠鲁式的神,这种神不会考虑除自己之外的任何东西。"[1]而按照德尔图良的说法,马克安将"耶稣基督之名"归于一个"出自伊壁鸠鲁学派的神"[2]。

将外在于俗世的无为之神,同创世和统治的**活动**(actuosus)的神调和起来,这正是德尔图良的安济教义的一个核心任务:**安济**概念以及界定安济无比艰难的难题,都依赖于此。

第二节

当古代传统中的俗世形象与基督教俗世概念相冲突的时候,创世形象让古典传统消弭于无形。在这里,与古代的俗世概念不兼容的并不是神的活动的概念,而是这一事实:这种实践活动并不一定依赖于其存在,也不奠基于其存在,而是基于神的意志上的自由和慷慨行为的结果。如果不起任何作用的神的观念真的根植于亚里士多德主义传统,那么,古代思想,尤其是肇始于斯多葛学派的古代思想,就并没有于构想神的行为前退缩,并且在这个意义上,护教论者也成功唤起了柏拉图式的德穆革神。另一方面,新鲜的是,存在与意志、本质与行动之间的分裂被引入基督教神学之中。当一个作者殚精竭虑地思考

---

1 Irenaeus, *Against Heresies*, 3, 24, 2, p. 371.
2 Tertullian, *Adversus Marcionem*, I, 25, 3, p. 71.

安济范式时，他也会强调上帝本质及其意志之间有着根本不同。在这个方面，俄利根的一段话很具代表性，在这段话中，意志代表着上帝与创世行为之间的断裂：

> 无论是存在于天国与大地，无论是可见还是不可见，只要它涉及上帝的本质，它就并非所是（quantum ad naturam Dei pertinet, non sunt）；只要它涉及造物主的意愿，它就是想要创造它们的造物主的意愿之物（quantum ad voluntatem creatoris, sunt hoc, quod ea esse voluit ille qui fecit）[1]。

托名犹斯定（Pseudo Giustino）坚持认为，在上帝那里，本质（ousia）和意愿（boulē）必须分开来考察。如果在上帝那里，存在与意愿是一回事——而我们知道，他想要许多东西——那么他在某一刻是某物，在另一刻是另一物，而这是不可能的。如果他缔造万物是通过其存在，鉴于他的存在就是必然的，那么他就不得不做他必须做的事情，那么他的创世就不是自由的。[2]

有人已经指出[3]，无中生有的创造问题重视的是神之实践的自主性和自由性。上帝不是按照其本质和存在，而是按照其意愿进行创造。对于"上帝为什么要创造出天与地"的问题，圣奥古斯丁回答说："他

---

[1] Origen, *Homily on 1 Kings* 28, Ⅰ, Ⅱ. 亦参看 Benz, pp. 330-331。

[2] Justin, *Opera Iustini subditicia*, pp. 286-291.

[3] Coccia, p. 46

愿意如此（quia voluit）。"¹ 几个世纪以后，在经院哲学盛行的年代里，托马斯·阿奎那在他的《反异教大全》(*Summa Contra Gentiles*) 中重述了上帝在存在中创世是不可能的："上帝并不是**按照其必然本质**（per necessitatem naturae），而是**按照其意愿属性**（per arbitrium voluntatis）而行动。"² 换句话说，意愿是将存在和行动结合在一起的工具，在上帝那里，二者是分开的。按照海德格尔的说法，意愿的优先性主宰着西方形而上学的历史，并在谢林和尼采那里达到顶峰，而这个优先性根植于上帝之中的存在与行动的断裂之中，因此，这个优先性从一开始就与神学上的**安济**是一致的。

第二节 余论

在意愿基础上重构神学工具，是本茨（Benz）的《马吕斯·维克托里努与西方意愿形而上学的发展》(*Marius Victorinus und die Entwicklung der abendländischen Willenmetaphysik*) 一书的主题，这本书可以看作现代哲学中对意愿优先性的谱系学研究的起点。本茨说明了新柏拉图主义的主题［普罗提诺的意愿概念等同于力量（potenza），并被看成"意愿本身"的善］与诺斯替教派的主题［在瓦伦廷和马库斯（Marcus）那里，意愿是一种对意愿本身的意愿（autobouletos boulē）］是如何在

1　Augustine, *A Refutation of the Manichees*, I, 2, 4.
2　St. Thomas Aquinas, *Summa Contra Gentile*, Book 2, Chapter 23, n.1.

西方哲学的"意愿形而上学"的结构中结合在一起的。通过维克托里努,这些新柏拉图主义和古代晚期的问题进入圣奥古斯丁的思想之中,并影响了他的三位一体的概念。

当托马斯·阿奎那认为上帝之中的存在与意愿是等同的时候["上帝的意愿就是他自己的本质"(Est igitur voltuntas Dei ipsa eius essentia)[1]],他实际上只是将意愿的优先性彻底化了。我们知道,上帝的意愿需要的是他自己的本质["神的主要意愿就是他的本质"(principale devinae voluntatis est eius essentia)[2]],这意味着上帝意愿总是需要自身,它总是意愿之意愿。

让·皮耶尔·韦尔南(Jean Pierre Vernant)[3]在他的老师伊尼亚斯·迈耶松(Ignace Meyerson)[4]的启发下,在他的一项重要研究中重新指出了,现代的意愿观念对于古希腊思想传统来说本质上是个陌生的概念,这个概念的形成经历了一个漫长的过程,这个过程与自我(Ego)概念诞生的过程同时发生。

1　St.Thomas Aquinas, *Summa Contra Gentile*, Book 1, Chapter 73, n.2.
2　St.Thomas Aquinas, *Summa Contra Gentile*, Book 1, Chapter 74, n.1.
3　让-皮耶尔·韦尔南(1917—2007),法国历史学家和人类学家,尤其擅长古希腊领域的研究,其思想深受列维-施特劳斯的影响。韦尔南用结构主义方法来研究古希腊神话、悲剧和社会。他主要作品《希腊思想的起源》《古希腊的神话与宗教》《古希腊的神话与思想》《神话与政治之间》等,对当代古希腊研究产生了极其重要的影响。——译注
4　伊尼亚斯·迈耶松(1888—1983),他是最早把心理学的研究方法引入历史研究的专家,也是让-皮耶尔·韦尔南的老师。——译注

第三节

只有从存在和行动之间的断裂这个起点出发,才能完全理解反阿里乌派之争的意义,这场争论导致了教会在4世纪与6世纪间的分裂。这场争论似乎是围绕着一些极其细小、微不足道的差异展开的,现代读者难以理解,这场甚至让皇帝和整个东正教会都卷入的激烈冲突究竟问题何在。众所周知,这场争论涉及圣子的**源质**(archē)[1],但是源质在这里不只是年代学上的意思,它不只是时间上的"开始"。事实上,阿里乌(Arius)[2]及其争论对手都承认圣子是圣父所创造的,而这个创造发生在"永恒时间之前"[3]。阿里乌甚至十分谨慎地阐明,圣子是**被非时间**(achronos)地创造出来的,圣子的创造外在于时间。换句话说,这里真正的问题并不在于时间顺序(那时,时间尚不存在),或是等级(许多反阿里乌派都认为圣父比圣子更"伟大");这毋宁说是一个决定问题,即决定圣子——即神的言辞与实践——是否是圣父

---

1 这个词的古希腊语是ἀρχή,在古希腊语中,这个词的意义十分广泛,其原始意思是起源,正如阿甘本解释说,这种原始的起源并不是在时间上的起源,而是本体上的起源。故而,该词后来衍生出"第一动因"(亚里士多德)、"权力""统治""主宰"等意思。一般来说,在古希腊哲学中,ἀρχή主要指事物、世界、宇宙诞生的源生的质,在这里,译为源质。——译注

2 阿里乌(Arius,或译亚略),是领导阿里乌主义的早期基督教教士。阿里乌及阿里乌主义认为耶稣基督次于圣父,并反对教会占有大量财富。阿里乌认为,上帝是永恒而独一的存在,在他以外没有能与他平等的,因为一切在他以外的个体,都是他所创造的,并且都在他以下,连圣子耶稣也不例外。因此,阿里乌认为耶稣比上帝低一等,是受造的,他认为圣子不是永恒的,但是有开始的,因为他是从父而出的受造之物。——译注

3 Arius, *Letter to Alexander*, in Athanasius, p. 458; Eusebius of Caesarea, *Letter of Eusebius*, in Athanasius, p. 75.

创造的，或者说圣子是否如圣父一样，没有任何原则限制，**随意而行**（anarchos）¹，也就是说，他是否是无根基的。

通过对阿里乌的信件，以及他对手的作品的文本分析，可以看出事实上，争论中最关键的词是 anarchos［一种没有**源质**（archē）的状态，这个词在古希腊语中有双重意义：基础和原则］。阿里乌在其《致亚历山大的信》(*Letter to Alexander*) 中写道："我承认只有一个上帝，他是自生的、永恒的，也是**随意而行的**。"²圣父在时间之前和之外创造出来的圣子，是拥有**源质**的（archē），他是有基始的，这个基始寓于圣父之中，他从圣父那里获得其存在：

> 这样，存在着三个格：上帝为万物之因，他是随意而行且唯一的，但是圣子是由圣父在时间之外创造的，他是在年代之前被创造出来的［但阿里乌之前曾简洁地说明："他不像其他一切被造生物"］和建基的［themeliōtheis，来自 themelios，指建筑学意义上的基始］……他仅源自其圣父。³

1　Anarchos 是阿甘本在这里分析的一个关键词汇，这个词的古希腊语是 ἄναρχος，原意指没有任何秩序主宰的混沌状态。而在阿里乌派与反阿里乌派那里，ἄναρχος 显然已经变成了一种没有任何必然性的随意状态，于是，这个词就与前文提到的自由意志相关。在现代社会中，这个词变成麦克斯·施蒂纳、蒲鲁东、巴枯宁、克鲁泡特金等人所宣扬的一种主义，在现代语境中，这个词被翻译为"无政府主义"，但在词源上它意指一种不受任何约束的无拘无束的状态，在这里的翻译采用其在古希腊语中的原意，即一种随意而行的无拘束状态。——译注

2　Arius, *Letter to Alexander*, in Athanasius, p. 458.

3　Arius, *Letter to Alexander*, in Athanasius, p. 458.

在同样的意义上，犹诺米（Eunomius）[1]认为唯一的上帝，即圣父是"无基始的、永恒的和无限的"（anarchōs, aidiōs, ateleutētōs）[2]，而圣子"存在于基始中，因而也不能脱离基始"[3]。

为了反对这一论题，343年，皇帝君士坦丁在塞尔迪卡（Serdica）[4]召集主教们开会，在圣父那里为逻各斯找到一个稳固的根基，这些主教们也承认，他们的反对意见并不涉及圣子的受造性或者非受造性（他们说："我们中没有人否认圣子是受造的，但是圣子是在万物创造之前被创造出来的"），他们所反对的是圣子的**源质**："如果他拥有**源质**，那么他不能绝对地存在，因为绝对地存在的**逻各斯**，并不拥有**源质**。"[5] 圣子"与圣父一起绝对地、随意而行地、无限地主宰着一切"（pantote, anarchōs kai ateleutētōs）[6]。

尼西亚信经（la tesi Nicena）[7]最终获得了胜利，在这点上，它展现了与**安济**教义之间的一致性。正如安济教义并非建立在上帝的本

---

1 犹诺米是一位更为激进的阿里乌主义者，他不仅否定耶稣基督与圣父具有同一本质，甚至认为他们二者之间的本质一点也不类似。——译注

2 Eunomius, *Expositio Fidei*, 2, p. 151.

3 Eunomius, *Expositio Fidei*, 3, p. 153.

4 现今保加利亚首都索非亚在君士坦丁大帝时期的旧称。——译注

5 Eunomius, *Expositio Fider*, 3, p. 134.

6 Eunomius, *Expositio Fider*, 3, p. 136.

7 尼西亚信经是传统基督教三大信经之一，是尼西亚大公会议有关基督宗教信仰的一项基本议决。325年，尼西亚第一次大公会议正式提出了这一信经，该议决主张圣子是"出于真天主而为真天主，被生而非受造，与天主父本质相同"，确定了圣父、圣子、圣神为三位一体的天主，本质相同。在尼西亚大公会议上，阿里乌派的优西比乌曾提出异议，但随后阿里乌派被指责为异端。尼西亚信经奠定了三位一体学说的经典地位。——译注

质和存在之上，而是自身构成一个"奥秘"，圣子——即承担救赎安济之人——不是在圣父那里建基的，和圣父一样，圣子是**随意而行的**，没有任何基始和原则的约束。**安济**教义和基督学不仅在历史年代上，也在起源上一致且不可分离：如实践在俗世中的情形一样，**逻各斯**——上帝的语词，在基督学中也是从存在中建立起来的，并随意而行（在君士坦丁大帝的恩威下，许多反阿里乌派的道统支持者保留了对 homousios[1] 一词的反对意见）。若我们无法理解基督学最初的"随意而行"的神召，那么，我们甚至不可能理解后来基督教神学的历史发展过程，及其潜在的反神学（atheological）的趋势，也无法理解西方哲学史及其在本体论和实践上的断裂。事实上，基督是"随意而行的"意味着语言与实践最终都无法在存在中获得根基。围绕着存在的"诸神之战"（gigantomachy）首先是存在与行动之间、本体与安济之间、无法行动的自在与无存在的行动之间的冲突；这些冲突的关键是自由的观念。

第三节 余论 1

纳西盎的格里高利的一段文字表明他在思考上帝之中的根基问题，实际上其根基是绝对地无根基的：

---

[1] 这个词来自古希腊语的 ὀμοιούσιος，意为同质的。这个词是针对阿里乌主义，尤其是针对犹米诺的圣父和圣子的完全异质性（Heterousios）而提出的，他们主张圣子和圣父是类似的，但其源质有所不同。但这个学说与主张圣子、圣父完全同一的圣三位一体学说也是对立的。——译注

随意（无基始的）、**源质**以及那些带有**源质**的东西，在于一个上帝。随意之物的本质并不在于其无拘无束，而在于它是非受造的。所有东西的本质并不在于它所不是，而在于它所是。这是其所是的主旨（thesis），而不是其所不是的败坏（anairesis）。由于其是**源质**，因而**源质**并不与那些随意之物相分离：**源质**是它们的本质，就如随意之物并不是其本质一样。这些事物涉及本质，但它们并非本质本身。同样，与随意之物、与源质共存的东西，不会是任何超出它们所是的东西。那么，随意之物的名字就是圣父，而**源质**之名就是圣子，而与**源质**共存的东西，就是圣灵。[1]

　　黑格尔的辩证法在这个过程中获得了其神学范式：为了理解黑格尔主义对根基的观点，将这种否定的力量置于黑格尔的三段运动的中心就足够了（乃其所不是之物）。

　　三位一体的安济的悖论，即有区分之物的结合，在另一位卡帕罗西亚神学家尼撒的格里高利那里明显地表达出来。在他的《教义问答》（*Catechetical Oration*）中，他承认古希腊人和犹太人都认为只有一种**逻各斯**，只有一个上帝的**精神**（pneuma）；不过，"所有派别都或许会拒绝"依照上帝言辞的人的安济"（tēn de kata anthropōn oikonomian tou theou logou），因为那令人难以置信，也不适于用来言说上帝。之后不久，格里高利又说，后者实质上意味着真正的问题并不在于一种

1　Gregory of Nazianzus, *Select Orations*, XLII, XV, p. 390.

能力（exis），如上帝的言辞和知识，而在于"一种本质上和实质上实存的力量"（kat'ousian […] yphestōsa dynamis）[1]。换句话说，三位一体安济的作用是赋格（hypostasize），即赋予上帝的**言辞**和实践以真正的实在，并同时肯定这些给出的格并不会分裂统一体，而是将其"安济化"（economizes）［卡帕罗西亚神学家首先以这一意义使用了格（hypostasis）这个新柏拉图主义的词，此处他所使用的是其动词形式hyphistamai］。

安居拉的马塞路（Marcellus of Ancyra）[2] 是一位4世纪的作者，他的"安济神学"尤其引起了现代学者的注意，在他那里，我们可以清晰地看到安济与实体之间的关系是如何被想象为一种活动（energeia）与自然本质（physis）的对立。如果说神之自然本质是一元的、不可分的，那是因为**逻各斯**（神之语词）只在活动（energeia monē）上得到区分。因此，肉身的安排（按照马塞路的说法，这是第二层次的安排）是临时的区分：当基督（按照《哥多林前书》15∶25中的说法）要让他的敌人臣服在他的脚下时，他就第二次降临（parousia）。同样，马塞路会写道：通过基督的道成肉身，**逻各斯**成为亚当之子的**安济**（kat'oikonomian），而我们都是其**自然本性上**（kata physin）的子孙。

---

1 Gregory of Nyssa, Great Catechism, p. 478.
2 安居拉的马塞路（？—374），尼西亚地区安居拉教会的主教，他是阿里乌主义的强烈反对者，但是有人指控他走向了另一个极端——形态论（Sabellianism）。形态论又称为形态神格唯一论，认为天父、圣子和圣灵是一位上帝的不同的"形态"或"方面"，在不同时期被信徒所察知，与一主论者的差异之处在于，形态论者认为耶稣完全等同于上帝。——译注

第三节 余论 2

存在与实践在神学上的分裂仍然是 14 世纪拜占庭神学争论的中心,一方是格里高利·帕拉马斯(Gregory Plamas),另一方是巴拉安(Barlaam)和普罗克鲁斯(Prochorus)。阿索斯人(Athoniti)的信念源于上帝的本源(ousia)和活动(energeia)之间纯粹的对立:"我革除那些说神之本源及其活动没有分别、是同一回事的人的教籍。此外,我相信这种活动以及上帝的本源都是非受造的(aktiston)。"[1]

第四节

存在与实践之间的断裂在教父那里以神学与**安济**的术语对立来表达。这个对立还未出现在希波吕托斯、德尔图良、亚历山大的克莱芒那里,但我们已经看到,他们对**动力**(dymamis)与**安济**(oikonomia)的区分预示了神学与安济的对立(这样,在亚历山大的克莱芒的《狄奥多忒斯节录》中,每一个天使"都有自己的**动力**及其自身的**安济**"[2])。在该撒利亚的优西比乌(Eusebius of Caesarea)那里,其反题已经得到了充分阐释,即便这并非是一个真正的对立,甚至他可以在他的《教会史》(*Ecclesiastical History*)中用这两个**论题**(topoi)作为开篇,包含这两个论题的段落如下:

---

1 Rigo, p. 144.

2 Clement of Alexandria, *Excerpta*, Ⅰ, Ⅱ, 4, p. 51.

当我以基督的安济和神学开始**言说**,我所说的,高于那些以人为根基的东西。对于那些写作包含教会叙事的历史的人来说,必须从基督本人的**安济**的开端写起(因为我们注定要将我们有价值的东西,甚至我们的名字都归于基督),那是一种比人类的想象更为神圣的安济。[1]

在优西比乌那里,有两个不同的专业词汇分别对应于基督的神性和人性,而他将此区别比作头(kephalē)与脚的区别:

> 既然在基督那里有两种存在的样态,一个类似于身体上的头颅,这个部分可以看成上帝,而另一个部分可以比作足,相对于我们的救赎,基督设定了人类本质。[2]

从卡帕多西亚神学家开始,尤其是在纳西盎的格里高利那里,神学与**安济**的对立成为专业术语上的对立:这个对立不仅涉及两个领域(一个是上帝的自然本质,另一个是上帝的拯救行为;即存在与实践的对立),而且也涉及两种话语和两种理性,每一种话语和理性都包含自己的概念体系和特殊性。换句话说,对于基督而言,存在两种**逻各斯**,一种事关他的神性,一种事关道成肉身和救赎安济。每一种逻各斯,每一种理性,都有自己的术语体系,倘若我们想正确解释它们的

---

1 Eusebius, *Ecclesiastical History*, I, 1, 7-8, p. 4.
2 Eusebius, *Ecclesiastical History*, I, 2, 1, p. 4.

话,两种术语体系彼此不能混淆:

> 用一句话向你做出解释,你要将高贵的名字用于神性,用于他的神圣本质,因为他超越一切情感和肉身;而用所有谦卑之名来称呼他的构成条件,为了你们,他掏空自己,并道成肉身——以委婉的方式说,他成了人——之后,他得到提升。因此,摒弃你们教义中的肉欲与凡俗之物,你们也能学会升华,触及神性,你们不会永远停留在俗物之中,你们会在上帝之下升华,到达思之世界,并知道哪一种**语言**才是神之本性,哪一种**语言**只是他的安济[1]。

在圣诞节祭神演说中,格里高利重释了两种理性的区别。在这篇演说中,在谈上帝的无限性和不可知性的时候,写道:

> 不过,这就是关于上帝我现在要说的所有东西,眼下并不是一个适宜的时机,因为我此时此刻的主题并非神学,而是安济。[2]

与此相似,50年后,塞勒斯的狄奥多勒也表达了他自己已完全注意到两种理性的区别,与此同时,他也注意到两者之间的关系。他写

---

[1] Gregory of Nazianzus, *Select Orations*, XXIX, XVII, pp. 307–308.
[2] Gregory of Nazianzus, *Select Orations*, XXXVIII, VIII, p. 347.

道:"因此,对我们来说,必须要意识到一些名称适用于神,一些名称适用于安济。"[1] 如果我们弄混了两种语言,甚至道成肉身的安济都会遭到威胁,我们将会堕入基督一性派[2](monophysite)的异端中。一方面,需要避免过度地将一种理性范畴转化为另一种理性范畴 [大马士革的圣约翰(Iohannes Damascenus)[3] 写道:"将指向神圣的事物转成安济的东西是不对的"[4]],但另一方面,两种理性仍然保持着联系,两者之间的区别不能变成实质上的断裂。教父既费尽心思避免混淆二者,又避免将两种**语言**截然分开,这表明他们已经注意到二者异质性中所隐含的风险。狄奥多勒在他的《破布缝衣》(*Eranistēs*)中对基督一性派的代表性论断进行反驳,由此他断定,教父的"目的在于同时给予我们神学和安济的教导,以防有人认为在神人与俗人之间不存在区别"[5]。

教父们在神学与安济之间做出的区分是如此难以磨灭,以至于现代神学可以用内在的三位一体与安济的三位一体之对立的名义来复活这种区分。第一种三位体指的是作为上帝本身的上帝,因此,这种三位一体也被称作"实质的三位一体";另一种三位一体涉及上帝的拯救

---

1 *Commentary on the Letters of Saint Paul*, vol. 2, *The Letters to the Hebrews*, 4.14; Gass, p. 490.

2 基督一性派是提出三位一体的统一之后,认为神与俗世拥有同一本质的学派,这种学说与坚持神人二分的基督二性派(Dyophysite)是对立的。——译注

3 大马士革的圣约翰(约 676—749),生于叙利亚的神学家,在耶路撒冷附近逝世。他的主要贡献涵盖法学、神学、哲学和音乐领域。据说他在接受圣职之前曾效忠于大马士革的穆斯林哈里发。他撰写了数篇解释基督教信仰的书籍,并写了一些圣歌,这些圣歌后来依然在东正教会的仪式上传唱。——译注

4 *Exposition of the Orthodox Faith*, III, XV, p. 62.

5 Theodoret, *Dialogues*, p. 233.

行为,通过拯救,他向人们揭示自己(因此,也可以将之称为"救赎三位一体")。这两种三位一体既有区分亦不可分割,它们之间的关联是三位一体的**安济**遗留给基督神学——尤其是世俗世界的神恩式治理学说——的难题,因此,它展现为一种两极的机制,其统一随时可能崩溃,之后须再次统一。

第五节

神学与安济之间既是截然分离的,又是必然结合的,这一观点在 7 世纪关于单志论(monotheletismo)[1]的争论中清晰地表达出来,这场争论导致了教父们的分裂。由忏悔者马克西姆(Maximus the Confessor)[2]的《反皮浪》(*Dispute with Pyrrhus*),我们可以理解这二者间的艰难结合的策略性意义。按照单志论者的说法〔他们的宣言书是 638 年希拉克略的《信题》(*Ekthesis*)[3],其中皇帝希拉克略与皮浪进行

---

1 单志论(monotheletism)一词来自希腊文,包括两部分:monos(一、独一)和thelema(意志)。单志论是 7 世纪的一种基督论学说,主张在基督内有神性与人性两种属性,但只有一个意志,只有一个行动方式。单志论认为在基督内只有一个位格(hypostasis),因而只有一个(神性)意志,且由此唯一意志只能产生一个(神性的)行动方式,其人性只是个工具而已,故单志论否认了基督内有人的意志。——译注

2 忏悔者马克西姆(580—662),原是拜占庭帝国服侍希拉克略皇帝的臣僚,后因皇帝希拉克略支持单志论而放弃自己的政治生涯,开始修道士生活。之后他离开拜占庭,来到迦太基,并坚决反对单志论。——译注

3 《信题》是拜占庭帝国皇帝希拉克略的一封信函,在这封信函中,希拉克略将单志论作为正式的基督教皇家形式。这封信同时也是为了弥合基督教会围绕基督耶稣的性质展开的争论产生的分裂。——译注

了对话]，基督存在两种属性，但只有一种意愿（thelēsis）和一种活动（energeia），"这个意愿和活动同时展现出神和人的劳作"[1]。基督二性派发展到极致会以在安济中的分裂为终结——即神的实践中的分裂——这在基督那里是："两种意愿彼此对立，仿佛上帝的**语言**试图实现其救赎的受难，但上帝中人性的部分阻碍、对立于其意愿。"[2] 单志论试图避免这种分裂。马克西姆认为存在两种意愿和两种不同的活动，与之相对应的必然是基督存在两种不同的本质，而皮浪宣扬："教父们所说的是神学，而不是安济。将爱真理变成安济的思想是不对的，安济对立于神学，将二者放在一起十分荒唐。"[3]

马克西姆的回答非常明确，展现出两种话语的结合与那个在任何地方都至关重要的问题完全一致。他写道，如果教父关于神学的观点，对于安济来说并不正确，"那么，在道成肉身之后，圣子就不能以神圣的方式与圣父结合（syntheologeitai）。如果他不能结合，那么在接受洗礼的时候，就不能与圣父并列，于是信仰和论断就是徒劳无益的"[4]。在另一部著作中，马克西姆强调了神学与安济的不可分割性，他这样写道："上帝道成肉身的**语言**（即俗世安济的表达）教谕着神学。"[5]

我们并不会奇怪，一种彻底的"安济论"（economism）——在圣子那里区分两种意愿，威胁到基督教主题的统一——需要承认神学与

1　Simonetti, p. 516.

2　Simonetti, p. 518.

3　*PG*, 91, 348.

4　*PG*, 91, 348.

5　*PG*, 90, 876.

安济的统一性，而在"神圣论"（theolegism）——不惜一切代价捍卫二者的统一——那里，毋庸置疑，两种话语是彼此对立的。两种理性的差别不断地被引入神学层次的争论中，正如三位一体的俗世安济和基督教义是结合在一起的，不能以任何形式分开，神学和俗世安济也彼此不能分离。正如在基督那里，两种属性是依照一种原型构成而共存的，"两者没有分裂和混淆"（adiairetos kai asynchytos），两种话语也必须和谐一致而不至于混淆，彼此分化而不至于分裂。二者关系的关键不仅在于圣子神性和人性的分裂，更在于基督的存在与实践之间的分裂。安济的理性与神学理性必须按照"有分歧的一致"（in divergent agreement）而运行，故而圣子的安济并没有遭到否定，也不会导致上帝有实质分裂。

不过，安济理性（基督学由它认识到其最初的不确定的形式）持续对神学产生影响。当**同质性**（homoousia）的词语和**同形异质**（homoiousia）的词语、诸格的词语和本质的词语，已经取代了最早的三位一体表述时，安济理性——它的实施－管理的范式，而不是本体－认识论范式——将持续地作为一种隐形的基础性力量，去摧毁和破坏本体与实践、神性与人性的统一体。

第五节 余论

存在与实践的分裂，以及神之**安济**的随意的性质，构成了一种逻辑立场，从这个立场可以理解我们文化中最根本的关系，即将政府与无政府（anarchy）（治理和随意而行）统一起来的关系。神恩式的世俗世界治理是可能的，仅因为实践在存在中并不具有任何根基，不仅如此，这种治理——我们将会看到，这就是圣子及其安济的范式——本身就是随意的。治理必须将随意而行作为其诞生的原点，与此同时，也要将其看成其指向的命运。（在这个意义上，当本雅明写道，没有比资产阶级秩序更无政府的东西时，他是对的。同样，帕索里尼的电影《索多玛120天》中一个法西斯权贵的评论"唯一真正无政府的东西就是权力"也是相当严肃的。）

之后，雷纳·舒尔曼（Reiner Schürmann）[1]在他著名的著作《无根原则》（*Principe d'anarchie*）中，试图从克服形而上学和存在史的角度来思考一种"无根的安济"，但他并没有实现这个目的。在海德格尔之后的哲学家中，舒尔曼是唯一一位理解了**安济**神学的观念（不过，他并没有去质疑它）同存在论问题，尤其是同海德格尔所读解的存在论差异和存在史的"时代"结构之间的关系的哲学家。在这一点上，舒尔曼试图思考一种在存在中无根的实践和历史［即以一种完全无-根（an-archico）的方式］。但存在-神学总是将神之实践看成在存在中无根基的东西，并且确实试图在已分裂的东西之间寻找关联。换句话说，**安济**向来随意而行，没有任何根基，只要我们注意到治理和神恩之间的隐秘的神学关联，我们就有可能在我们的政治传统中重新去思考无政府的问题。治理的范式（我们在这里已经重构了其谱系），实际上一

---

[1] 雷纳·舒尔曼（1941—1993），纽约新社会研究所的哲学教授，1941年生于阿姆斯特丹。他的作品几乎全部由法文写成，主要作品有《埃克哈特大师》《无根原则》《被打破的霸权》等。因为舒尔曼的《无根原则》已经在汉语中成为约定俗成的译法，在本段中anarchie均译为"无根"。——译注

直是"无根治理的"(anarchico-governamentale)。

这并不意味着，在治理和随意而行之外，就不能思考一种不可治的状态（un ingovernabile），即一种永远不可能设定其**安济**形式的状态。

阈

在古典文明的终结处，当古代的苍穹被打破时，存在与行动、本体论与实践似乎被不可逆转地分开，我们看到在基督教神学中发展出来的一种复杂的教义，犹太人与异教徒合而为一。这个教义试图通过一种管理式的和非认识论式的范式来解释——同时也是重构——这个分裂：**安济**。根据这个范式，神之活动，从创世到救赎，在其存在那里不存在任何根基，在某种程度上，这与上帝的存在有所不同，即他是由另一个分立的人格——**逻各斯**或圣子来实现自身的。不过，这种随意而行和无根基的实践必须与实质的统一体相一致。通过自由和自愿的行为——它将创世（自由）与救赎（自愿）联系起来——这个范式必须克服诺斯替教派的反题，即外在于俗世的上帝与创造了这个世界、作为这个世界造物主和主人的德穆革神之间的分裂，也要克服异教中存在与行动的同一，这种等同让创世的观念变得令人难以信服。由此，基督教神学给诺斯替教派带来一个挑战；他们须调和上帝的超越性和创世之间的关系，尤其是使用斯多葛派和犹太教的那种神的观念，即上帝不涉足俗世但依然照料着世界，并以神恩的方式来统治世界。在这个艰难的任务面前，**安济**——它有着管理和行政的根源——提供了一种灵活的工具，这个工具将自身既展现为一种**语言**，一种远离任何外在限制的理性，也展现为一种不依赖于任何本体必然性或者先天标准的实践。安济既是一种话语，也是一种实在，既是一种非认识论的知识，也是一种随意而行的实践。它让神学家们可以界定几个世纪以来的基督教信仰的新颖性，也让晚期古代思想、斯多葛主义、新毕达哥拉斯主义里已经往安济发展的成果与安济融合。在这种范式下，原初的三位一体教义和基督学的核心要义成形了：它们从未完全远离这个脉络，始终与之保持着荣辱与共的关系。

那么现在我们可以理解，在何种意义上可以说，基督教神学从一开始就是安济治理的范式，而非政治－国家（politico-statual）的范式——这是我们反卡尔·施米特的最重要的问题。基督教神学最初实施的是一种安济而非政治，这并不意味着它与西方政治观念和实践毫无关系。相反，神学－安济范式迫使我们从一个全新的视角重新思考这段历史，回溯到严格意义上的政治传统与"俗世治理"传统之间的衔接——此外，我们将会看到，在中世纪的讨论"俗世管理"（de gubernatione mundi）的论著中，它获得了一种精确的形式。两种范式共存并互相影响，这构成了中世纪的两极系统，而对这个两极系统的理解，是解释西方政治史的前提条件。

穆瓦因在其关于德尔图良的名著中曾正确地指出，对 unicus dues cum sua oikonomia 最准确的翻译——唯一可以将 oikonomia 一词的不同意思结合在一起的翻译——或许是"有着治理的唯一的上帝，在这个意义上，'治理'一词指国王的臣僚，臣僚的权力是国王权力的辐射，不能与国王权力同列，但对于权力的实施必不可少"；以这样的方式来理解,"安济意味着通过多种多样的神之力量进行管理的模式"[1]。在这一真正的"治理"意义中,安济的非政治的范式也展现出其政治含义。神学与安济、存在与行动之间的断裂让实践变得自由和"随意而行",但也因此开启了治理的可能性和必要性。

在那个历史时期,我们看到了古典概念体系(包括本体论和政治概念)遭遇根本危机,超越性与永恒原则同宇宙的内在秩序的和谐被打破,对俗世的"治理"问题及其合法化,成为一个从各种意义来说都至关重要的政治问题。

---

1 Moingt, p. 923.

第四章

王国与治理

第一节

在《圣杯传说》(*Grail Legend*)的诗文中,有一个令人记忆深刻的人物,他是一个**残疾国王**(roi mehaignié),一个受伤致残的国王(mehaignié 对应于意大利语 magagnato),统治着一片**荒凉的土地**(terre gaste),"那里的作物不生长,树上也不结果实"。按照克雷蒂安·德·特罗瓦(Chrétien de Troyes)[1]的说法,在一次战役中这个国王两腿之间严重受伤,因为这个伤,他不能站立,也不能骑马。因此,当他想要娱乐时,他会让人把他放在一艘船上去打鱼[他的绰号就是"渔人王"(Fisher King)],他的那些鹰狩者(falconer)、弓箭手和猎人们则在森林中狩猎。不过,这必然是一种非常另类的打鱼方式,鉴于

---

[1] 克雷蒂安·德·特罗瓦,12 世纪的诗人,他的诗歌吸收了凯尔特民间传说,改写了亚瑟王及其圆桌武士的形象,尤其是兰斯洛(Lancelot)的形象。他的史诗作品常常被视为中世纪文学的代表,他的叙事结构对现代小说有一定的影响。——译注

克雷蒂安接下来补充道国王上次离开他的房间已经是15年前的事了，此间，他依靠圣杯为他提供的圣餐面包过活。按照另一份不太权威的资料——这份资料让我们想起卡夫卡的猎人格拉胡斯（Gracchus）——当国王进入森林打猎的时候，他失去了他的猎狗和猎人。当他来到海边，他发现船上有一把闪光的剑，当他试图从剑鞘中拔出剑时，突然间一只长矛神奇地刺伤了他双腿之间的部位。

不管怎样，这个伤残的国王只有等到最后，当英雄加拉哈德（Galahad）[1]将刺伤耶稣基督身体的矛尖上的血涂抹在国王的伤口上时，他的伤才能治愈。

受伤残疾的国王的形象，得到最为多样的解释。在杰西·韦斯顿（Jessie Weston）的一本著作里——该书不仅对亚瑟王研究，也对20世纪诗学研究颇具影响力——他将渔人王的形象同"生命和丰饶的原则"，即"万物生长的精神"并置在一起，他沿用了弗雷泽和盎格鲁－撒克逊的民俗学家们的研究，（以相当剂量的折中主义）恢复了来自巴比伦的坦木兹（Tammutz）、古希腊的阿多尼斯（Adonis）等的不同文化的仪式和神话形象。

这些解释忽略了一个事实，即这则传说显然带有真实的政治性神话主题，可以毫不牵强地读解为一个权力分裂和无能的国王。即便这

---

[1] 加拉哈德是亚瑟王传说中的一名剑士，也是这里所说的渔人王佩莱斯（Pelles）的外孙，他在亚瑟王朝中的地位是独一无二的，因为只有他才能最终寻得圣杯。他捧着圣杯，"双手间犹如捧着基督的圣体"，随即死去。寻得圣杯是所有圆桌骑士最大的心愿，在圆桌骑士中有一个专门为寻得圣杯的骑士而留的王位，在加拉哈德出现之前，这个位置一直是空着的。——译注

个国王没有丧失任何合法性和神圣性,但他出于某些理由远离了他的权力和活动,被当作一个无能之人。他不仅不会打猎和骑马(在这里,这些活动象征着世俗权力),而且必须待在他的房间里,而他的臣僚(鹰狩者、弓箭手、猎人)以他的名义和地位进行统治。在这个意义上,渔人王的形象将主权的分裂进行了夸张表现,让人联想到本维尼斯特(Benveniste)印欧王权研究中的二元性,即基本巫术宗教性的功能与真正更政治的功能之间的二元性。但是,在《圣杯传说》中,其重点毋宁说是一个残障的国王无法活动和孤立的性质,这个国王被排斥在任何治理活动之外,直到他能弄到那支有魔力的矛,得到治愈。因此,残疾国王包含了一种预示,即对现代主权"统治但不治理"的预示,在这个意义上,《圣杯传说》非常值得我们认真关注。

第二节

在《作为政治问题的一神论》(*Monotheism as a Political Problem*)一书的开头,在谈神之一主制之前,彼得森简要地分析了托名亚里士多德的著作《论世界》(*On the World*),对彼得森来说,这代表了亚里士多德的政治与犹太教的神之一主制之间的弥合。不过,在亚里士多德那里,神是所有运动的超越原理,是神引领了这个世界,犹如一个元帅率领他的军队一般;但在《论世界》中——彼得森看到——上帝仿佛一个看不见的用线提着傀儡的操纵者,或者是隐于深宫之中的波斯大王,他借助无数的臣僚和官员来治理这个世界。

在这里,神之一主制的关键问题并不在于那里是否有一个或更多的权力（Gewalten），而是上帝是否直接使用了在宇宙中采取行动的职权（Mächten）。作者想说的是：上帝是宇宙中行动职权的先决条件（这里，他用的词是 dynamis，沿用的是斯多葛学派的术语，但在这里这个词的意思更像是亚里士多德的 kynesis），不过，正因为如此，他自己不是职权本身：**他统治，但他不治理**。[1]

按照彼得森的说法，在这篇托名亚里士多德的论著中，形上神学和政治范式是缠绕在一起的。世界最终的形而上学形象——彼得森写作时几乎是在重复施米特的论题——通常是由政治决策决定的。在这个意义上，"作者在这篇文章中，从上帝那里，提出了**职权**（Macht）[**活动**（dynamis）] 与**权力**（Gewalt）[**源质**（archē）] 之间的区别，并提出这个区别是一个形而上的政治问题。"我们可以给出不同的形式和意义，可以在区分**主权**（auctoritas）与**职权**（potestas）的方向上，以及诺斯替教派区分上帝和德穆革神的方向上前进。

对于这一王国与治理之对立的神学意义的特别说法，在分析其策略性理由之前，最好更详细地考察一下其基于的文本，以检查该说法是否理据充足。那个未知的作者——按照绝大多数学者的说法，他可能属于希腊化时期斯多葛派犹太人 [斐洛和亚里士托布鲁斯（Aristobulus）[2]] 的圈子——并没有真正区分神的**源质**和**活动**，相反，他

1　Peterson, 1994, p. 27.
2　亚里士托布鲁斯(？—160)，希腊化时期的犹太历史学家和哲学家，他坚持延续斐洛的传统，并使用了新柏图主义和新毕达哥拉斯主义的概念。——译注

区分了实质（ousia）和力量（dynamis），他的态度更接近思考基督教**安济**范式的教父们。他写道，古代哲学家们宣称，可感世界的总体有各种各样的神灵，这个说法不能用在上帝的存在上，而只能用在其力量上[1]。上帝实际上位于天国中的最高区域，但他的力量"延伸到整个宇宙……这就是整个大地上所有人得到救赎（sōtērias）的原因所在"[2]。上帝同时是宇宙中发生的一切的救世主（sōtēr）和造物主（gennetōr）。不过，他"所实施的并不是其臣僚和仆役们所做的烦琐纷杂的工作，他实施着一种永不倦怠的权力，借此他甚至凌驾在似乎与他相隔甚远的事物上"[3]。上帝的权力——似乎必然是自动地来自他的本质——由此被与战役中军队的统帅做比较，这里显然参照的是亚里士多德《形而上学》的 L 卷第十章（"所有急行军和调动部署都遵从统帅将令的一句话，去执行高于一切的统帅的军令"[4]）；或者与波斯王那壮观的行政机制相比较，这种形象几乎可以等同于德尔图良所使用的教父们的**安济**（oikonomia）：

> 故事是这么说的，波斯王将自己安置在苏萨（Susa）[5]和埃克巴塔纳（Ecbatana）[6]，居住在闪耀着黄金、琥珀、象牙光辉

1　Aristotle, *De mundo*, 397b.

2　Aristotle, *De mundo*, 398b.

3　Aristotle, *De mundo*, 397b.

4　Aristotle, *De mundo*, 399b.

5　苏萨是位于伊朗西部的一座古代遗址，曾是古埃兰王国的首都。——译注

6　埃克巴塔纳也位于伊朗西部，是古米地亚王国的首都。——译注

的深宫大院之中，让所有人都看不到自己。他的宫殿有着一个接着一个的入口，而各入口之间隔着幽长的走廊，每个入口都有黄铜大门和坚厚的城墙作保护。除了这些，最中心位置的显要之人被分至各自职位，有的是波斯王的仆役、武士、侍从，另一些是保卫着封闭之城的护卫，也就是所谓的守卫和"耳目"，那个被尊为主上和圣君的国王，由此看到和听到一切。除此之外，一些人被任命去管理国家的税赋，担当战争与狩猎的统帅，接收外邦的朝贡，一些人担负着国家其他的必要职能……还有信使（aggeliaforoi）和警卫，以及烽火系统的主管。其组织，尤其是烽火系统，非常高效，它们可以用烽火台将信息从帝国最遥远的边疆传递到苏萨和埃克巴塔纳的深宫大内，国王可以一天内就知晓亚洲大陆的新闻。如今，我们必须认为，这位尊贵的国王陛下如波斯王治下的最羸弱的生物一样，远逊于掌控宇宙的上帝的威严。因此，即使薛西斯（Xerxes）大帝在其尊贵无比的威严之下亲自管理一切事务，实施其意愿，并监管着整个国家的治理，他的职能仍然比神逊色很多。[1]

世俗统治者用来维系其王国的行政工具成了神对俗世治理的范式，这很典型。不过，在这个阶段，文章作者尤为强调，上帝权力与官僚体制之间的类比，不能发展到将上帝同其权力彻底分开的地步（例如，

1　Aristotle, *De mundo*, 398a–398b.

按照教父们的说法，**安济**并不会导致神之实体的分裂）。与世俗的统治者不同的是，上帝事实上并不需要"诸多手腕"（polyhcerias），而是"通过一个最接近他的事物的活动，将他的力量传到与之相邻的东西，依次传递下去，直至其延伸到所有事物之上"[1]。如果国王真的只是统治而不治理，他的治理——他的权力——就不可能与他完全分离。在这个意义上，犹太-斯多葛主义的神对俗世的治理的观念，同基督教的神恩的安济是完全对应的。该文第六章的一大段话证明了这一事实，而这一大段话正是从宇宙的神恩组织角度来描述治理的：

> 所有天国的圣体的吟唱和舞蹈所产生的和谐都来自一个源泉，并最终为了达到一个目的，这种和谐赋予整体的名字不是"混沌的宇宙"，而是"有序的宇宙"。在合唱中，当领唱做出一个手势表示开始时，整个合唱团的男人，或许还有女人，都一起歌唱，他们融合在由多种不同的声音（一些人音高，一些人音低）构成的和谐之中；上帝也是这样主宰着整个世界。高高在上的他给出一个开始的标志（我们可以称它为合唱的领唱），星辰和天空便不停地变动，太阳便照耀着万物，按照其双重轨迹而向前运动，太阳的日出日落区分了昼夜，它的南北运动，又为大地带来了四季的变化。在各自合适的季节中，风、雨、露，以及与包围大地的区域内发生

---

[1] Aristotle, *De mundo*, 398b.

的其他现象，都是那个第一、最原初的动因所产生的……[1]

在将《论世界》中的形象与那些**安济**的理论家所使用的形象做类比时，我们并不奇怪 oikonomeō 一词用来表示神的俗世治理，可以与城邦中的法律行为相比 ["城邦之法，亘古不变，行于城邦，宰治万物（panta oikonomei）"[2]]。但依然奇怪的是，即便在这种情况下，彼得森都不愿对安济神学做出一丁点评价；安济神学显然可让我们将这个文本同犹太－基督教传统下的政治神学联系起来。

第三节

卡尔·施米特后来对彼得森做出了颇为义愤的回应，即在 1935 年的一篇论著中，他很详细地分析了神学家们的"**国王统治，但不治理**"（le roi règne, mais il ne gouverne pas）这个"臭名昭著的表达"。施米特带着些许讽刺地写道："我认为，或许在这种情形下，这种篡改就是彼得森——也许是无意识的——对于政治神学最滑稽的贡献。"[3] 施米特将这个表述追溯到阿道夫·梯也尔（Adolphe Thiers）那里，梯也尔将其作为代议君主制的关键词，而梯也尔之前在 17 世纪的一场争论中，曾用这个表述的拉丁语版本（rex regnat, sed non gubernat）来反对波兰国王齐格蒙特三世（Sigismund Ⅲ）。对于施米特而言，彼得森坚持

1　Aristotle, *De mundo*, 399a.

2　Aristotle, *De mundo*, 400b.

3　Carl Schmitt, 2008a, p. 67.

从时间上回溯这个表达,将其置于基督教神学的黎明,这是最令人吃惊的事情。"这说明了要形成一条有用的政治神学或者政治形而上学的表述,须进行多少反思和思考。"[1] 故而,彼得森真正的政治神学的贡献并不在于他可以证明基督教政治神学是不可能的,而是在于他理解了将王国同治理分离开来的自由的政治范式,同将上帝的**源质**(archē)与**活动**(dynamis)区分开来的神学范式之间的类比。

不过,即便在这里,彼得森与施米特之间的异议也隐含着他们本质上的同谋关系。事实上,两位作者都是这个表述最主要的敌人:对彼得森而言,它界定了希腊化-犹太神学模式,其根源就是他试图批评的政治神学;对施米特而言,它是他所极力反对的自由民主的标志和关键词。即便在这种情况下,也要注意,为了把握彼得森这个论断的策略意义,不仅要考察他们说了什么,也要考察他们没说的东西。到此为止,明显可以看到,王国和治理之间的区分事实上并不只在希腊化犹太教中有其神学范式——彼得森想当然地这样认为——它也存在于 3 世纪到 5 世纪间的基督教神学家们对存在与**安济**、神圣理性与俗世理性所做的区分。换句话说,彼得森兴致勃勃地将王国/治理范式囿于犹太教和异教政治神学的理由,正好与他对三位一体教义的最初的安济表述保持缄默的原因是一样的。消除了政治神学范式——与施米特相反——之后,关键就在于要不惜一切代价去避免——在这里他与施米特是一致的——用神学-安济范式取而代之。那么对于王国/

---

1 Carl Schmitt, 2008a, p. 68.

治理的神学假设和含义的全新且更为详细的研究也就变得更为迫切。

第三节 余论

按照彼得森的说法，在严格的意义上，这种"安济"范式是犹太的现代性遗产的一个内在部分，其中，银行取代了圣殿。只有基督在哥耳哥达（Golgotha）[1] 上的牺牲才标志着犹太圣殿中牺牲的终结。事实上，按照彼得森的说法，从圣殿中驱逐商人说明了在哥耳哥达牺牲的背后存在"金钱与牺牲之间的辩证法"。在圣殿被摧毁后，犹太人用金币取代了圣殿。

> 金币是用来奉给上帝的，在圣殿中聚集金币，就是将圣殿变成了银行……犹太人拒绝政治秩序，当他们宣称他们没有王时……便去谴责耶稣，因为他的言辞是反圣殿的，试图挽救安济秩序。[2]

正是这种用安济取代政治的想法，被耶稣的牺牲变得不可能。

> 我们的银行变成了圣殿，但他们自己却在所谓的安济秩序里强调哥耳哥达的血腥牺牲的优越性，并证明挽救历史是

---

1 即耶稣被钉死在十字架上之地，哥耳哥达也被译为骷髅地，在现今的耶路撒冷附近。——译注
2 Peterson, 1995, p. 145.

不可能的……正如大地人民的世俗国王在末世论的牺牲之后不可能继续在政治秩序中"得救",即便是犹太人的"安济秩序",也不可能以圣殿与金钱之关联的名义保留下来。[1]

在这里,作为纯粹犹太遗产的基督教既排斥了政治神学,也排斥了安济神学。

第四节

施米特憎恶任何将王国与治理分开的企图,他的著作中多次出现对自由民主的分权学说的关注——这一学说与王国和治理的分离密切相关。在1927年的《宪政理论》一书中,他将"**国王统治,但不治理**"的表述同"比利时风格的代议君主制"联系起来,在这种代议君主制中,大小事务的决定权掌握在首相手中,而国王犹如"中立权力"。施米特肯定的王国与治理的分离的优点或许是,这个区分回溯地指向了**主权**(auctoritas)与**职权**(postestas)的**区分**。

德国伟大的公法学家马克斯·冯·塞德尔(Max von Seydel)提出的问题是,倘若我们拿掉了"治理","统治"还会留下什么?若我们区分了主权与职权,且从政治权力角度弄清楚权威的明确意义,这个问题是可以回答的。[2]

---

[1] Peterson, 1995, p. 145.
[2] Schmitt, 2008b, p. 315.

1933 年，施米特在他的《国家、运动、人民》(State, Movement, People) 一文中说明了这个意义。其中，为了概括出国家社会主义**帝国**（Reich）的新体制，施米特从一个新的视角重新审视了王国与治理的区分。尽管在魏玛共和国时期，政治 - 社会中存在着激烈的冲突，但他仍然有力地支持权力的扩张，让帝国总统成为"宪政守护者"，施米特在此时肯定了总统"已经回归到作为'**统治而不治理**'的国家首脑的'宪政'的权威地位上"[1]。在这样的主权者不治理的观念下，如今有了阿道夫·希特勒这样的人物，这位总理不仅具备治理（Regierung）功能，还具有施米特命名为"**领袖**"（Führung）的新政治权力形象，事实上，这是一种与传统治理不同的治理。在这种情形下，施米特粗浅且令人困惑地描绘了一种"对人治理"的谱系，这一谱系将在 20 世纪 70 年代下半叶成为米歇尔·福柯的法兰西学院课程的重点内容。和福柯一样，施米特在天主大公教会的牧师会中，看到了治理的现代概念范式：

> **领导**（führen）不是命令……因为对于他们与信徒之间的关系，天主教会已经在一种神学教义的观念中，将其转变并完善为一种牧羊人与羊群之间的关系形象。[2]

同样，在《政治家》(The Statesman) 中一个众所周知的段落中，柏拉图

---

1 Schmitt 1933, p. 10.
2 Schmitt 2008b, p. 41.

认为在各种各样与政治家类比的形象中，如医生、牧羊人、引航员（pilot），引航员的形象最为重要。借由拉丁语的影响，依托 gubernator 一词，引航员被转译到各种语言中，成为表示治理（Regierung）的词汇，如法语中的 gouvernement、意大利语中的 governo、英语中的 government，或者像古哈布斯堡王朝时期的 gubernium 一词。Gubernator 一词的历史是一个很好的例子，展现出一个想象出来的类比何以变成一个司法专业概念。[1]

第四节 余论

在这一治理背景下，施米特概括了国家社会主义的**领导**概念的最基本德语意义，即"它并不源于巴罗克式的寓言或者表述［这里暗指本雅明在其《启迪》（*Ursprung*）一书中提到的主权理论］，或者笛卡尔式的一般观念"，而是"一种直接当下和实际出场（presence）的概念"。不过，这种区分绝不简单，因为根本不存在这个词的"基本的德语意义"，**领导**（Führung）一词，以及这个词的动词形式**领导**（führen）和名词形式**领袖**（Führer）——与意大利语的**领导**（duce）不同，duce 一词已经具有了政治斗争意义上的专门含义，例如，在威尼斯**总督**那里——指涉一个极为宽泛的语义范围，这个词可以包括任何引导和带领活物存在、媒介或对象的人物（很明显，这里包括

---

[1] Schmitt 2008b, pp. 41-42.

了 gubernator，即一个大海上的领航员）。毕竟，在他这篇文章的前面，他分析三种新的解释时，即将新的物质性国家社会主义宪法与"国家""运动""人民"结合起来时，施米特将人民界定为"非政治性的侧面（unpolitische Seite），人民在政治决策层的保护与荫蔽之下成长"[1]，这样，他赋予党与**领袖**一种永远不会犯错的牧领和治理能力。不过，按照施米特的说法，领导与牧领－治理范式的区别在于，后者"让牧羊人绝对地超越于羊群之上"[2]，而前者的**领袖**与其追随者属于绝对平等的同一种类（Artgleichheit）[3]。在这里，**领导**概念是一种世俗化的牧领范式，一种消除了牧领超越性的范式。不过，为了将**领导**与治理模式分开，施米特不得不赋予种族概念以宪法地位，通过种族概念，非政治性的人民得到了政治化。对于施米特而言，这种政治化只有一种可能性，即将这种平等关系变成有标准的平等，区分出哪些是外在于这种平等关系的人，在每一时期都要决定谁是朋友，谁是敌人。在《必须保卫社会》（*Il faut defender la société*）中，福柯进一步分析道，种族主义已经成为一种工具，权力（于福柯而言，这种权力与凌驾于生与死之上的权力相一致，于施米特而言，它对应于例外状态的决定权）通过种族主义被重新注入生命权力当中。在这种情况下，治理－安济范式被带回到一种真正的政治领域之中，在政治领域中，权力的区分失去了意义，治理行为（Regierungakt）让位于唯一行为，"**领袖**

1　Schmitt 2008b, p. 12.

2　Schmitt 2008b, p. 41.

3　Schmitt 2008b, p. 42.

借此肯定了他自己的**最高领导**（Führertum）地位"。

第五节

在努曼涅斯（Numenius）那里，也可以找到对王国与治理进行区分的神学范式。这位活跃于 2 世纪下半叶，并对优西比乌产生了决定性影响的新柏拉图主义哲学家，事实上在基督教神学中区分了两种神。第一种可以界定为王，是外在于这个世界的、超越性的，完全不用做什么；而另一种神是活动的，对世俗事务进行治理。

优西比乌[1]的断片 12 全篇都是围绕着关于第一类神是否操劳这一问题展开的：

> 因为第一类神完全不应当成为德穆革神（dēmiourgein），要把第一类神看成创造这个世界的德穆革神的父神。如果我们探讨创世原则，那么肯定先于其劳作而存在的主父绝对适于其工作，是讨论的恰当出发点。如果我们不讨论创世原则，而是去研究第一动因，我会收回我所说的，希望摒弃那种说法……即相对于所有的造物，第一种神是不劳作的（argon），他成为一个王（basilea），但德穆革神（dēmiourgikon）进行治理（hēgemonein），在天国中来来回回。[2]

---

[1] Preparation for the Gospel, II, 18, 8.

[2] Eusebius, *Preparation for the Gospel*, II, 18, 8, p. 536.

彼得森已经清楚地看到，这里的关键问题不是有一个还是多个神，而是那个至高无上的神是否参与到了治理俗世的活动当中："从统治但不治理的原则来看，人们将会得出诺斯替教派的结论，即上帝的国度是善的，但是德穆革神的治理——德穆革神的活动，可以将之放在职能范畴下来思考——是邪恶的，换句话说，治理通常是错误的。"[1] 在这个意义上，诺斯替教派的政治概念并不仅仅是善的上帝与邪恶的德穆革神之间的对立，而是将一种空洞的且无涉于俗世的神，与一种实际上介入俗世中并治理着俗世的神区分开来，即王国与治理的对立是诺斯替教派留给现代政治的遗产。

这种区分的意义是什么？为什么将第一种神界定为"王"？在一个有启发性的研究中，海因里希·多利（Heinrich Dörrie）重新提出，将神当作王的隐喻源于柏拉图主义（更准确地说，这个隐喻肇始于古代学园学派）。他回溯到柏拉图（或伪托柏拉图之名）的《书简二》公开的附录，区分了"万物之王"（pantōn basilea）与第二位、第三位的神，"万物之王"是万物的肇因和目的，而第二位、第三位的神只能处理第二位、第三位的事物[2]。多利依循着阿普列乌斯（Apuleius）、努曼涅斯、俄利根、亚历山大的克莱芒到普罗提诺描绘出的形象的历史；在普罗提诺的《九章集》（Enneads）中，这种形象出现了四次。在《九章集》的策问部分，神-王的隐喻（对应于天国权力与大地权力），让我们可以"阐明普罗提诺反诺斯替教派的神学"[3]：

1　Peterson, 1994, pp. 27-28.

2　Plato, *Letters*, II, 312e.

3　Dörrie, p. 233.

普罗提诺看重它，是因为他将其看成其神学的基本点。另一方面，我们必须在这里参照神的表述，这种表述已经先于我们存在了一段时间，它并未区分大地与天国的权力：神必然为其廷臣所簇拥，这些廷臣有着良好的等级秩序，就如同大地上的等级一样。[1]

这样，努曼涅斯的神学发展出的范式，不仅仅是诺斯替教派的范式，也是中早期柏拉图主义的范式，这种范式假定，有两到三种神的形象，既彼此区别，亦彼此联合，这引发了基督教**安济**理论家们的兴趣。不过，努曼涅斯神学的特殊作用在于，其将神－王与造物神的关系同劳作与不劳作的对立、超越性与内在性的对立联系在一起。也就是说，在彻底将王国同治理区分开，从世俗事务的内在治理中分离出一个完全不同于宇宙万物的君主的趋势中，它代表着一种临界情形。在这里，有一个发现十分有趣，在断片 12 中，**王**（basileus）（指的是第一种神）在用词上对立于**治理者**（hēgemon）（指的是德穆革神），他代表着一种特殊而活跃的引导和命令的功能：**治理者**（hēgemon）（如同拉丁语的 dux）可以是引导羊群的人、马车的车夫、军队的长官，从专门角度来说，是行省的总督。不过，即使王国与治理之间的区分十分明显，这两个词就算在努曼涅斯那里也绝非毫无关联，第二种神有时会被表达为对第一种神的必要的补充。在这个意义上，德穆革神好比一艘船上的舵手：如果说后者可以查看天空，并引导自己，那么

---

1 Dörrie, p. 232.

前者"看着最高阶的神,而不是看着天空",其目的是为了在治理功能中引导自己(断片18)。另一个断片将第一种神和德穆革神之间的关系比喻为播种人和农夫的关系:大地上的神灵移植、照料第一种神的种子,将它们撒播在人们的灵魂之中(断片13)。事实上,统治的神必须是一种不劳作的神,并假定他需要德穆革神的劳作。换句话说,一切似乎都说明,第一种神的王国中形成了一个带有德穆革神的治理的职能体系,正如在基督教的**安济**教义那里,神是按照主父的意志来实行拯救活动的,即便他是一个随意而行的源质。

第五节 余论1

在早期的教会史中,在诺斯替教派的外在于俗世的上帝和大地的德穆革神的区分上,最激进的支持者是马克安["上帝是一个生人"(Gott ist der Fremde),这是哈尔纳克(Harnack)总结的马克安福音的座右铭[1]]。从这个层面来看,基督教的安济教义可以看成对马克安主义的超越,因为马克安主义在神之中插入了诺斯替式的分裂,因而马克安调和了那种神的不谙世事与其俗世治理之间的关系。创世之神如今面对一种自然,这是一种被罪恶玷污的自然,一种不同于神之本质的自然;主托付救世之神治理俗世,他们需要救赎以实现一个不属于这个俗世的王国。

---

1 Harnack, p. 4.

第五节 余论 2

在阿普列乌斯的《辩辞》(*Apologia*) 中，我们找到了一种**空洞的神**（Deus otiosus）的形象，不过这个神也是一个造物主。在这里，**至高之主**（summus genitor）和**永恒的世界本身的造物主**（assiduus mundi sui opifex）被界定为"不劳作的造物主"（sine opera opifex）、"不生产的主父"（sine propagatione genitor）[1]。

第六节

亚里士多德的《形而上学》L 卷的最后一章包含了王国与治理相区分的哲学范式，彼得森引述了这篇文本，由此开启他那篇与政治神学争辩的论著。亚里士多德解释了他所谓的"神学"是什么，其中上帝被表述为永恒不动的第一驱动，他运转着天宇苍穹，而他的生命形式（diagōgē）在本质上就是思之思。随后的一章讨论——这一章明显与前面的章节没有逻辑上的连续性——善与世界的关系问题（或者"以某种方式，宇宙的本质中包含了善"），在传统上，这个范式可以被解释为超越性优先于内在性。托马斯·阿奎那在对亚里士多德的《形而上学》第十二卷的评注中这样写道："与宇宙相分离的善是第一动力，是比建立在宇宙中的秩序之善更伟大的善。"[2] 在新近的亚里士多德的《形而上学》（评笺本）中，评述者威廉·D. 罗斯（William D.

---

[1] *Apologia*, 64.

[2] Thomas Aquinas, *Commentary on the Metaphysics of Aristotle*, Book XII, Lesson XII, n.2631.

Ross）同样肯定了"这里所述之原理是，善不仅仅存在于世界内部，也存在于超越于世界的上帝那里，甚至在他那里更具基础性，因为他就是世界上善的源泉所在"[1]。

这个段落实际上是整篇论著中最为复杂的段落，它也带有诸多隐含意义：不管怎样，它无法简化为这样一些词语。在这里，超越性与内在性并不是简单地被分为高阶与低阶，毋宁说它们是关联的，它们几乎形成了一种单一系统，在这个系统中，独立的善与内在的秩序构成了一种机制，这个机制既是宇宙论的机制，也是政治的（或者是安济-政治的）机制。我们将会看到，其中最为关键的部分，即《形而上学》的第十章，通常被中世纪的评论家解释为一种神的俗世治理的理论。

不过现在我们来看看那段有趣的文字吧。亚里士多德在二分选项的名义下开始了他对这个问题的解释：

> 如今，我们必须思考两种宇宙包含善或者至善的方式：要么是作为独立于万物之上（kechōrimenon）自因存在（kath'hauto），要么是作为诸部分的秩序（taxin）。[2]

如果超越性在这里是通过传统意义上的独立与自治来界定的，那么在另一方面，值得注意的是，内在性就是秩序，即所有事物同其他事物之间的有序关联。善的内在性意味着**有序**（taxis）。不过这种模式

---

[1] William D. Ross, p. 401.

[2] Aristotle, *Metaphysics*, 10, 1075a.

马上变得复杂起来，通过与军事学比较（可以说是《论世界》中形象的前身），其中一个选项变成了妥协选项：

> 或许两种方式都会如此，以一支军队（strateuma）为例：军队之善中，秩序和将领（stratēgos）都是善的，后者尤为重要，因为秩序依赖于将领，而不是将领依赖于秩序。[1]

接下来的段落说明了，如果内在秩序与超越性的善是一致的，那么我们必须从何种意义上来理解内在秩序的观念。为了达到这个目的，亚里士多德摒弃了军队的隐喻，求助于自然世界的范式，首先是家庭管理的范式：

> 万物被有秩序地整合（synteteaktai）在一起，但彼此并不类似——草木鱼虫皆是如此。世界上的万物并不是与其他东西毫无关联，而是与其他事物有着某种关联，因为他们有序地整合起来，指向一个目的。如同在一个家里（en oikiai），自由人在此随意行动的自由最少，一切事情或者大部分事情已经被安排妥当，奴隶与兽类基本上不参与共同善，他们在很大程度上是随意的。这种原则构成了他们的本质。例如，我认为，所有这类东西都至少可以消解为要素，同样地，也有其他功能，所有都共享着总体的善。[2]

---

[1] Aristotle, *Metaphysics*, 10, 1075a.

[2] Aristotle, *Metaphysics*, 10, 1075a.

有趣的是，在万物之间相互的秩序之下，这种超越性和内在性之间的和谐被认为是"安济"（economic）本质的意象。世界的统一体被比作家的秩序（不是城邦的秩序），不过，这种家政（economic）范式——对亚里士多德来说，其必然是一主制范式——最终会重新引入一种政治本质的意象："实体不希望有一种败坏的政治体制（politeuesthai kakōs）。'多人的统治并非善政，需要让统治归于一个王。'"[1] 事实上，在家政管理中，治家的统一原则有着不同的样态和程度，它们分别对应于构成它的个体的不同本质（这一表达有着漫长的神学上和政治上的传承，亚里士多德将主权原则和自然原则结合在一起，即 archē 与 physis 的结合）。自由人，作为理性的生物，与一元原则直接相关，其行为并不随意，而奴隶与家畜并不能依照其本质行事，他们的本质，虽然程度不同，但都包含了对一元原则的思考，这种本质让他们可以认可按照共同目标而行动。最终，那个不动的第一推动是一个超越性的**源质**（archē）和自然（physis），这构成了一个两极系统，尽管不同存在物的本质多变而有差别，但家－天下（house-world）是由一元原则主宰的。权力——所有的权力，包括人的权力和神的权力——都必须有两极，即它必须既是王国，也是治理，既是超越性的规范，也是内在性的秩序。

第七节

《形而上学》L 卷第十章的所有诠释都从对**秩序**（taxis）一词的分

---

[1] Aristotle, *Metaphysics*, 10, 1076a.

析开始,这个文本并未从主题上界定该词,而是通过军队与家的范式来举例说明。毕竟,虽然这个词在亚里士多德的著作中多次出现,但亚里士多德从未真正界定它。例如,在《形而上学》的 985b 中,为了比较差异,亚里士多德将它与**规划**(schēma)、**主题**(thesis)相提并论,按照原子论者的说法,这些区别损害了实体的多样性:**秩序**(taxis)意味着**相互触及**(diathigē),这是一种相互关系,通过举出 AN 和 NA 的例子来说明这一点。同样,在《形而上学》的 1022b 中,安排(diathesis)被界定为"对由诸多部分合成的事物,根据部分的位置、能力、种类而加以安排"[1]。在《政治学》的 1298a 中,政体(politeia)是由权力(archai)的**秩序**(taxis)构成的,"各个部分有多少种的相互关系**秩序**(taxeis),就有多少种政体"。因此,在这一段中,我们感兴趣的是,"秩序"一词的普通意义被本体论与政治的结合策略所取代,而这让它成为西方政治学和形而上学的基本**专业术语**(terminus technicus),即便很少有人如此看待。

我们已经看到,亚里士多德一开始就提出,秩序概念同自主(kechōrismenos)和自为(kath'hauto)是对立的。也就是说,在结构上,秩序意味着内在的相互关系:"万物都有序地共在……世界上一物同另一物并非毫无关联。"[2] 关键在于,亚里士多德使用的词组(thaterōi pros thateron mēden)是在关系(pros ti)范畴中来描述秩序概念的:这样,秩序就是一种关系,而非实体。但只有当我们注意到亚里士多德

---

1 Aristotle, *Metaphysics*, 1022a.

2 Aristotle, *Metaphysics*, 10, 1075a.

在《形而上学》第 L 卷结尾给出的秩序一词的定位，我们才能理解这个概念的意义。

第 L 卷事实上只讨论了一个本体论的问题。那些熟稔亚里士多德哲学的人都知道，对一个问题的基本解释仍然将诠释者们分成不同阵营，他们认为形而上学的对象有两个方向，即自因存在和存在之所为存在。海德格尔写道："**本源哲学**的两个特征，并不是完全不同的两条思想轨迹，我们不能因为喜欢一个方面就弱化或彻底拒绝另一方面。"[1] 事实上，第 L 卷包含着亚里士多德所谓的神学，亦即不动的第一推动的自因实体学说，尽管存在独立于万物，但这个实体却运转着天地苍穹。在这里，亚里士多德引入了秩序概念，它是一种阻止形而上学对象分裂的方式。秩序是一种理论工具，它可以帮助我们思考两种对象的关系，在我前面引用的段落中，这两种对象被表述为关于宇宙的本质以何种方式包容着善："我们必须思考宇宙的本质包容其善或至善的两种方式：要么作为独立于万物之上的自因存在，要么是诸部分的秩序（taxin）。"[2] 超越性、内在性及其相互关系，在这里对应的是形而上学分裂的对象，以及将两种存在形象衔接起来的企图。不过，问题在于，秩序（相互关系）成了独立实体在俗世中出现和行动的方式。在这个方面，本体论地位从实体范畴走向关系范畴，成为一种显著的实践关系。善的超越性和内在性的关系问题成了本体论和实践、上帝存

1　Heidegger, 1962, p. 12.

2　*Metaphysics*, 1075a.

在和其行为的关系问题。很明显,这个变化过程中有一些困难,亚里士多德并没有直接处理这些问题,而是简单地使用了两种范式,即军队范式和真正的家政范式。正如在军队中,士兵的有序部署必然与战略家的命令相关,在家中,家里的所有东西——每一个都遵循其本质属性——实际上都遵循一个唯一原则,因此独立存在同宇宙内在秩序保持着关系(反之亦然)。无论如何,**秩序**是一种可以让独立实体同存在,让上帝同俗世关联起来的工具。**秩序**命名了它们之间的神秘关系。

尽管在亚里士多德那里没有神恩的观念,他也不可能思考不动的第一推动与所操持(pronoia)的宇宙之间的关系,但不难理解,后来的哲学家——从阿佛洛狄西亚的亚历山大开始——何以在《形而上学》中发现了神恩理论的根基。换句话说,亚里士多德将西方政治范式,转变为一种世界神圣体制的双重体系,一方面是超越性的**源质**(archē),另一方面是第二位的行为和原因的内在一致性。

第七节余论 1

威尔·杜兰特(Will Durant)是最早谈到亚里士多德的神与王国/治理范式之间关联的学者之一:"亚里士多德的神……是一位无所事事的王,'他统治,但并不治理'。"[1]

---

[1] Durant, p. 80.

第七节余论 2

在对《形而上学》L 卷评述的时候,阿韦罗约(Averroes)敏锐地观察到,我们可以从亚里士多德的两种样态的学说(善以两种方式存在于宇宙中,"借助秩序,或借助因秩序而存在的东西")中推出诺斯替教派的双神论的激进后果:

> 有人会说,没有什么东西是上帝不关心的,因为他们宣称先贤必定不会留下不带有神恩的东西,必定不会作恶……其他人需要通过如下事实来驳斥这个理论,即许多事物偶尔是邪恶的,先贤不应去生产邪恶……另一些人在这一问题中加入了自己的思考,他们认为有两个不同的神,一个神生产恶,另一个神创造善。[1]

按照阿韦罗约的说法,我们可以在从亚里士多德神学流传至现代社会的超越性和内在性的断裂中,找到诺斯替教派的双神论的范式。

第八节

将秩序概念变成为一种基本的形而上学和政治范式,这是中世纪神学的成就之一。既然基督教神学已经采纳了亚里士多德主义的超越

1　Ibn Rushed, *Metaphysics*, p. 201.

存在的学说，那么上帝与俗世的关系，无论在何种情形下，都会成为最重要的问题。不过，上帝与俗世的关系必然导致一个本体论问题，因为这并非两种实体的关系，而是关于存在本身的先在形式的问题。在这方面，第 L 卷中的那段话提供了一个有价值的但也有些令人困惑的模式。这样一来，这成为参照系上的固定支点（onstant point），诸如《论善》（*De bono*）和《论俗世治理》（*De gubenatione mundi*）的汗牛充栋的论著都是以此为导向的。

为了分析这种范式，我们在这里选择了托马斯·阿奎那的著作［而不是选择波埃修斯（Boethius）[1]、圣奥古斯丁、大阿尔伯特等人的著作——这些人和亚里士多德一样，都是圣托马斯在这个问题上的主要源头］，这不仅因为秩序概念是他的一个"中心原则"[2]，"贯穿他思想整体的流向"[3]，而且也因为其中隐含的不相称和矛盾都格外明显。带着深入评价中世纪世界观的目的，圣托马斯让秩序成为最基本的本体论概念，这个概念决定并限制着存在的概念，正因为如此，亚里士多德之谜在圣托马斯这里形成了其最彻底的形式。

研究圣托马斯思想中的秩序概念的学者都会注意到，有两个特性定义着秩序（和存在一样，秩序可由多种表述表达）。拉丁语的秩序（Ordo）一词一方面表达了上帝与造物之间的关系（ordo ad

---

[1] 波埃修斯（480—524），欧洲中世纪开始时一位罕见的百科全书式思想家，在逻辑学、哲学、神学、数学、文学和音乐等方面都做出了卓越的贡献，有"最后一位罗马哲学家""经院哲学第一人""奥古斯丁之后最伟大的拉丁教父"之称。——译注

[2] Silva Tarouca, p. 342.

[3] Krings, 1941, p. 13.

unum principium），另一方面，也表达诸物之间的关系秩序（ordo ad invicem）。圣托马斯经常十分清楚地断言，秩序在结构上具有二元性："如今，在对秩序的思考上有两个方面，一方面是引导诸造物互相联系的秩序，另一方面是由上帝裁定的造物的秩序。"[1] "任何来自上帝的东西，上帝本身也拥有它们之间的秩序关系。"[2] 托马斯所举的军队的例子["如同军队的部署"（sicut in exercitu apparet）[3]]，以及他直截了当地反复引述我们之前讨论过的亚里士多德《形而上学》L 卷中的段落（"事实上，宇宙的存在，亦即宇宙本身的秩序，包含着善。后者是一种至善，而不是目的，但它依照一种外来的善，直至始终，如同在军队的部署上遵照将军的命令，如同他在《形而上学》第十二章所说的那样"[4]），证明了这种二重性与亚里士多德难题的密切关系。但在圣托马斯对《形而上学》的评论中，秩序的两个不同方面被毫无保留地回溯到亚里士多德的善（或存在）的范式的二元性。在这里，不仅**秩序的二重性**（duplex ordo）完全对应于亚里士多德文本中的**善的二重性**（duplex bonum），而且这个问题立即作为两种秩序（或两种善的形象）之间关系的问题得到了强调。圣托马斯述评道，亚里士多德

说，首先，宇宙间有自因之善和秩序之善（bonum ordinis）。因为有自因之善，即天国和整个自然界所依赖的作为它们目

---

1 *Summa Theologiae*, Ⅰ, q.21, a.1, ad 3; see also Krings 1941, p. 10.

2 *Summa Theologiae*, Ⅰ, q.47, a.3.

3 *Contra Gentiles*, Book Ⅲ, Chapter 64.

4 *Summa Theologiae*, Ⅰ, q.103. a.2. ad 3.

的和所欲之善的第一推动之善……因为所有事物都有一个目的，这些事物都必须以它们自己的秩序来达到整个目的，这些秩序可以在宇宙的诸部分中找到，因此宇宙既有自因之善，也有秩序之善。如我们在军队的例子中看到的那样……[1]

尽管两种善和两种秩序是密切相关的，但它们并非完全对称的："宇宙的自因之善，即第一推动之善，是高于宇宙间秩序之善的至善（melius bonum）。"[2] 两种秩序的不平衡性，在造物同上帝的关系与造物同造物之间的关系［亚里士多德用家的治理的家政（economic）范式来表达这种关系］之间显露出来。每一种造物——圣托马斯评述道——都因自己的本性与上帝关联，尤其在家的例子中：

在一个井然有序的家中，可以找到不同等级的成员。例如，家长是首领，他的子嗣是第一等级，奴隶是第二等级，狗之类的家畜是第三等级。不同等级与家之秩序有着不同的关系……正如家长的律法和规诫贯穿在整个家的秩序之中——它是家中每一事物的原则，它们在家之中被有秩序地整合起来，家长以符合家之秩序的观点展开活动——形下事物的本质以类似的方式拥有一个原则，每一事物都承载着适于宇宙秩序的活动。在家长的训示下，家中任何成员都被安

---

[1] Thomas Aquinas, *Commentary on the Metaphysics of Aristotle*, Book XII, Lesson XII, 2629-2630.

[2] Thomas Aquinas, *Commentary on the Metaphysics of Aristotle*, Book XII, Lesson XII, 2631.

排了工作，宇宙间的自然事物也以类似的方式，被其自然本性所驱使。[1]

这个难题犹如中世纪宇宙美妙秩序中的细细裂痕，如今，这道裂痕已经变得更加清晰可见。诸事物是有序的，因为它们与其他事物有着特殊的关系，但这种关系不过是它们同神之目的之间关系的表现。反过来，事物是有序的，因为它们同上帝有着某种关系，而这种关系需要通过事物之间的相互关系来展现自身。超越性秩序的唯一内涵就是内在秩序，而内在性秩序的意义不过是它同超越性目的的关系。"**最高秩序**"（ordo ad finem）与"**内在秩序**"（ordo ad invicem）**相辅相成，互相包容**。中世纪完全以神为中心的本体论大厦就是建立在这个循环之上，绝无例外。基督教的上帝就是这样一个循环，在这个循环中，两种秩序不断地相互渗透。因为秩序必须保持统一的东西，实际上是无法纠正地分裂的，**秩序**——类似亚里士多德的存在——不仅仅**以多种方式来言说**（dicitur multipliciter）[这正是库特·弗拉什（Kurt Flasch）关于圣托马斯的论文的题目]，而且秩序也在自身的结构中再生产出它必须面对的多义性。学者们注意到，这样会出现一个矛盾，即圣托马斯一会儿认为世界秩序在上帝统一性之下，一会儿又认为上帝的统一性体现在万物的内在秩序之中。[2] 这个十分明显的矛盾不过是超越性和内在性之间在本体论上的分裂的表现，基督教神学从亚里士

---

[1] Thomas Aquinas, *Commentary on the Metaphysics of Aristotle*, Book XII, Lesson XII, 2633-2634.
[2] Silva Tarouca, p. 350.

多德主义那里承袭和推进了这个矛盾。如果我们将自因实体的范式推到极限,我们就获得诺斯替式的灵智(Gnosis),即一个外在于俗世和诸造物的上帝;如果我们按照内在性范式的路径走到底,就获得泛神论。在这两个极端之间,秩序观念试图建立一种艰难的平衡,基督教神学总不停地失去和重获这种平衡。

第八节 余论

秩序是一个空洞的概念,或者更准确地说,它不是一个概念,而是一个**印记**(segnatura),亦即我们之前所说的,它是某种在符号或概念之下的东西,它超出这个符号或概念,反过来指向一种特殊的解释,或者将这个符号或概念转换进另一种情境,但没有超出语义范围以构成一个新的意义。

具有标记功能的秩序概念是一个真正的本体论的概念,亦即"秩序"这个标记导致了一个转变,本体论上的优先性从实体范畴转向关系或实践范畴;这个转变或许是中世纪思想最为重要的本体论贡献。因此,当柯林斯(Krings)在自己的中世纪思想本体论研究中提醒我们"存在是一种**秩序**,且**秩序**是一种存在;**秩序**并不设定任何存在,而存在将**秩序**作为其可能性的前提"[1]时,这并不意味着,通过秩序这个谓词,存在获得了一种新的定义,它意味着由于"秩序"这个标记,实体和关

---

1 Krings, 1940, p. 233.

系、本体论和实践进入一个星丛（constellation）中，它再现出中世纪神学留给现代哲学的特殊遗产。

第九节

在圣托马斯之前，讨论秩序之谜的最重要一篇文本是圣奥古斯丁的《论灵意与字句》（*De genesi ad litteram*）。在这里，当讨论创世六日以及数字 6 的含义时，圣奥古斯丁突然引用了《智慧书》（*Wisdom*）11∶12："主在尺度、数、重量上安排了万物的秩序。"（Omnia mensura et numero et pondere disposuisti.）这是神学传统认为可以在其中找到创世秩序的文本之一［大阿尔伯特，即圣托马斯的师傅，将这些词作为"秩序"（ordo）的同义词："依秩序或分量而创造"（creata per pondus sive ordinem）[1]］。这段引文，是哲学上对上帝和秩序关系的消化，秩序问题也是圣奥古斯丁神学巅峰之一。圣奥古斯丁一开始就提出了一个问题："正如《智慧书》中写道，有三样东西，尺寸、数、重量，上帝用这些东西来安排万物，而在自然的穹宇被创造之前，这三样东西或者存在着，或者它们也是被创造的。如果它们存在于创世之前，它们居于何处？"[2] 秩序地位的问题很快变成了上帝与秩序关系的问题：

> 毕竟，在创世之前，除了造物主，别无他物。因此，它

1　*Summa Theologiae*, q, 3, 3, a.4, I.
2　Augustine, *The Literal Meaning of Genesis*, 4, 3, 7, p. 246.

们寓于主之内。但如何寓于其内？我的意思是，我们知道，其他事物也寓于主之内；那么这三者是等同于主，还是寓于主宰和引导它（a quo reguntur et gubernantur）的主？这三者又如何等同于主？毕竟，主神既非尺寸，亦非数、重量，更不是它们三者的一体。又或者是我们测量事物时的尺度、计数时的数、称重时的重量？不，主不是这些东西；他仿佛尺度一样，衡量（modum praefigit）万物，又像数一样，排列（speciem praebet）万物，又如重量一样，稳住（trahit）万物，让万物坚如磐石，岿然不动，他是原初的、真正的、独一无二的尺度，衡量万物；他是独一无二的数，排列了万物；他是独一无二的重量，稳住万物；因此，我们应将"**主在尺度、数、重量上安排了万物的秩序**"理解为"你在你自身中安置了万物"吗？这是一个伟大之物，只有极少数人获得允许，上升到超越于被尺度衡量的万物的位置，看到没有尺度的尺度；上升到超越于被计数的万物的位置，看到没有计数的数；上升到超越于被称重的万物的位置，看到没有重量的重量。[1]

重要的是，这个特别的段落以最为彻底的形式谈及了上帝与秩序的矛盾，同时也展现了其与安济问题的关联。尺度、数、重量，即秩序，通过这些东西，上帝安排着所有造物，而它们自身不是造物。因此，尽管它们当然也在事物中显现——因为上帝"如此妥善安排事

---

[1] Augustine, *The Literal Meaning of Genesis*, 4, 3, 7-8, p. 246.

物，以至于事物也拥有了尺度、数和重量"[1]——但这三者外在于事物；他们寓于上帝之中，并与上帝保持一致。上帝，在其自身的存在中，他就是**秩序**（ordo）。不过，他不能被衡量、被计数、被称重，在这个意义上，这些词只能用来限定被创造出来的事物。上帝本身是**超凡的**（extra ordinem），或者毋宁说，他仅仅是在建制和安排上的秩序，活动上的秩序，不是实体上的秩序。"他不是绝对程度上的尺度、数、重量，而是一个全新方式的是其所是（ille ista est）……在这个意义上，秩序不再是**尺度**、**数**、**重量**，而是作为**衡量**（praefigere）、**计数**（praebere）、**称重**（trahere），就像钓鱼、塑形、建制一样。"[2] 上帝之存在，如同秩序，是在结构上的**创序**（ordinatio），即按照尺度、数、重量来安置万物的治理实践与活动。正是在这个意义上，万物的在秩序中的**布局**（dispositio）[我们不应忘记这个词是对**安济**（oikonomia）的拉丁语翻译] 仅仅是上帝自己对万物的**布局**。内在性秩序和超越性秩序再一次在矛盾的对立统一中互为表里，而这种矛盾的对立统一只能理解为永恒**安济**，一种连续不断的对俗世的治理活动，这意味着存在与实践的分裂，与此同时，它也试图弥合这个分裂。

在随后的一段话中，圣奥古斯丁清晰地指出了这一点。其中，他解释了《创世记》中的一句话："到第七日，神造物的工已经完毕。"按照圣奥古斯丁的说法，这句话不能这样来理解，即在某一时刻，神停止了工作。

---

[1] Augustine, *The Literal Meaning of Genesis*, 4, 3, 7, p. 248.

[2] Krings, 1940, p. 245.

> 你们看到，并不像泥瓦匠砌房子一般，当他完成了工作，他就走掉了；并不是他停止工作并走掉后，他的造物静静地矗立在那里。不，如果上帝不再进行治理的话（si ei Deus regimen sui subtraxerit），世界也不可能在某一刻静静地矗立在那里。[1]

相反，所有的造物都不寓于上帝之中，如同存在的诸部分一样，造物不过是他不停劳作的结果：

> 我们不在他之中，我的意思是说有如他之实体（tamquam substantia eius）……但是很明显，因为我们是某种不同于他的东西，我们在他之中，仅仅是因为他劳作于此，这是他的造物，借此，他的智慧**达到一个至高的终点，并和谐地治理着万物**。通过这种安排，"在他之中，我们生活着、行动着、存在着"。从这里，我们可以得出结论，如果他不再创造事物，我们将活不下去，也无法行动和存在。因此，很明显，上帝一天也不会停止他的治理活动（ab opera regendi）。[2]

在基督教神学中隐含的古典本体论的转变，在圣奥古斯丁这一段落中得到最清晰的表达。不仅诸造物的实体只是神**安排部署**的行为，

---

1 Augustine, *The Literal Meaning of Genesis*, 4, 12, 22, p. 253.
2 Augustine, *The Literal Meaning of Genesis*, 4, 12, 23, p. 254.

万物的存在最终依赖于治理实践——**在其本质意义上，其是实践与治理**——而且上帝的存在——因为在某种特殊的意义上，他是尺度、数、重量，也就是秩序——它不再仅仅是实体或思想，也同样是尺度上的**安排部署**和实践。**秩序**命名了这种不停歇的治理活动，这治理活动决定了超越性与内在性、上帝与俗世的分裂，与此同时也不断地去弥合这个分裂。

圣奥古斯丁将存在与**安排**、实体与**安济**之间的混合——如果不是回路（short-circuit）的话——导入上帝之中，而经院哲学家更为清晰地从理论上思考了这个混合，尤其是大阿尔伯特和圣托马斯，他们特别关注了上帝之秩序（ordo in divinis）问题。为此，这些作者区分了此时此地的秩序（这是不可能在上帝之中发生的秩序）与**原初秩序**（ordo originis）和**自然秩序**（ordo naturae），这对应于神人的三位一体的过程。[1] **秩序**问题与**安济**问题之间的连续一致性在这里清晰可见。上帝是秩序，不仅仅是因为他安排和建立了造物世界，也尤其因为这种**安排**的原型就在从圣父降临为圣子、从圣子变为圣灵的过程之中。上帝的**安济**与俗世治理完美地彼此对应。"神人的相互汇流中的自然秩序，"大阿尔伯特写道，"就是诸造物从第一推动那里获得动力，并普世性地行使其智力的原因所在。"[2] 在这个立场上，托马斯·阿奎那写道：

> 自然秩序是使某物分离于他物（quo aliquis est ex alio）的东

---

1 Krings, 1941, pp. 65-67.
2 *Summa Theologiae*, I, 46.

西；这样，出现了源头的差异，这并不是时间上的先后顺序，而且种类的差异被排除掉了。因此，我们不能认为，在上帝之中有一种单纯秩序，而是只有一种自然秩序。[1]

安济（oikonomia）、**秩序**（ordo）和**治理**（gubeinatio）的三位一体构成了不可分割的三角，这些词语互相渗透，因为它们命名了中世纪基督教神学留给现代性的一种新本体论形式。

第九节余论1

当马克思从《1844年经济学哲学手稿》开始，将人之存在视为一种实践的存在，将实践当作一种人的自我生产的时候，他不过是将作为神之劳作下的诸多造物的存在的神学观念世俗化。在思考了作为实践的存在之后，如果我们拿掉上帝，并把人放在这个位置上，我们最终会得出结论，人的本质就是实践，通过实践，人不断地生产自身。

第九节余论2

在《论秩序》（De ordine）中，圣奥古斯丁解释了秩序概念无所不在的性质，甚至在最微不足道和最偶然事件中也包含它。夜晚老鼠的叫声吵醒利坎提乌斯（Licentius）——他是对话的主角之———于是奥

---

[1] Thomas Aquinas, *Commentary on the Metaphysics of Aristotle*, Book I, d.20, q.1, a.3, qc.1.

古斯丁同他对话,这件事与有朝一日他们的对话变成的书(即奥古斯丁实际上写作的这本书)中的文字出于同样的秩序。两种秩序都包含在一个神对俗世治理的秩序之中。

> 伟大的神呀,谁会否定你有秩序地治理着万物?……对我而言,小老鼠跑出来是为了吵醒我……如果有朝一日,我们彼此谈的话,变成文字,并被人众所周知……当然,树叶飘落到地上,以及不值一提的小动物在房子里的活动,都与这些万物秩序中的文字一样具有必然性。

第十节

王国与治理相区分的神学范式在对神的创世(creatio)和持守(conservatio)的活动双重关系中得到了体现。圣托马斯在他对《论原因》(*Liber de Causis*)的评论里写道:"我们应当记住,第一推动的行动是二重的:一是他创造了万物,这个行动可以叫作创世;另一个是对已经创建的事物的统治(res iam institutas regit)。"[1] 第一推动的两个工作是相互关联的,在这个意义上,通过创世,上帝被视为所有造物存在和生成的原因,因此,为了保持它们自身的存在,它们需要神的治理。圣托马斯恢复了奥古斯丁的反复强调的俗世治理的主题,他写道:"所有造物存在(esse)的本因依赖于上帝,如果没有神的德性来维系,

---

1 Thomas Aquinas, *Commentary on the Book of Causes*, p. 137.

它们甚至一刻也不能存在,立刻灰飞烟灭。"[1] 神的工作的双重性构成了世俗君王行为的样板:

> 看看作为整体的世界吧,这涉及上帝的两种工作:一是创世,二是上帝对所造之物的治理。灵魂以同样的方式在我们的身体中进行着,因为首先,身体借助灵魂才得以成形,灵魂支配和驱动着身体。在两种工作中,第二种工作更近于王的权责。因此治理(gubernatio)属于诸王 [王之名起源于他们引导着治理(a gubernationis regimine regis nomen accipitur)],而第一种工作不会让诸王来承担,因为并不是所有的王都建立了他们所统治的国家或城邦,当有的王登上王位时,王国和城邦早已建立。不过,我们必须要记住,如果没有人建立一个王国或城邦,就没有统治王国(gubernatio regni)的问题了。那么,王之权责的观念包含了建立城邦和王国,事实上,一些王的确建立了他们统治的城市,例如宁录(Ninus)[2]建立了尼尼微(Nineveh),而罗穆卢斯(Romulus)[3]建立了罗马。保存受统治的万物也属于统治的权责,万物因某一目的被创造出来,王也因同一目的去使用它们。因此,如果某人不知道

---

1 *Summa Theologiae*, I. q.104, a.1.
2 《圣经》中挪亚的曾孙,传说他建立了亚述王国的重要城市尼尼微。——译注
3 罗穆卢斯与雷穆斯(Remus)是罗马神话中罗马城的建城者。在罗马神话中他们是一对双生子。他们的母亲是女祭司雷亚·西尔维亚,他们的父亲是战神玛尔斯。按照普鲁塔克和李维等的传统罗马历史记载,罗穆卢斯是罗马王政时代的首位国王。——译注

王国是如何建立起来的，他就不可能完全理解他治理的任务。那么，从世界创世的例子来看，我们必须了解一个王国是如何建立的。在创世中，我们可以了解：首先，万物如何产生，其次，俗世各个部分如何有序分类。[1]

王国与治理，创世与保存，**神圣秩序**（ordo ad deum）与**关系秩序**（ordo ad invicem）在功能上都是彼此相关的，即第一种工作意味着、决定了第二种工作，另一方面，第二种工作与第一种工作区分开来，至少在世俗治理的例子中，它与第一种工作是分开的。

第十节 余论

在《大地法》（*Der Nomos der Erde*）中，施米特参照了保存权力和建构权力之间的区分，在 1928 年的《宪政理论》中，他将斯宾诺莎的"**能动自然**"（natura naturans）与"**被动自然**"（natura naturata）之间的区分，同**创世秩序**（ordo ordinans）与**管制秩序**（ordo ordinatus）的区分并置在一起。事实上，圣托马斯宁可谈**创序**（ordinatio）和**有序实施**（ordinis executio），将创世理解为一种"创序"过程["因此，很明显，上帝让万物存在，赋予其秩序"（sic patet quod Deus res in esse produxit eas ordinando）[2]]，在这个过程中，两种秩序形象是接合在一起

---

[1] Thomas Aquinas, *On Kingship*, Book 2, Chapter Ⅱ, pp. 55-56.
[2] Thomas Aquinas, *Contra Gentiles*, Book 2, Chapter 24, n.4.

的［"俗世间人与人之间的秩序对应于最高秩序"（ordo enim aliquorum ad invicem est propter ordinem eorum ad finem）[1]］有趣的是，从这一点可以去研究西耶斯[2]（Sieyès）提出的**立宪权**（pouvoir constituent）和**宪政权**（pouvoir constitué）的区分的神学根源，对西耶斯来说，人民取代了上帝成了制宪主体。

第十一节

拉丁语论著《论原因》或《论亚里士多德的纯粹善的展现》（Liber Aristotelis de expositione bonitatis purae）的策略作用在于建立了王国－治理范式。普罗克鲁斯（Proclus）有一段不太清楚的阿拉伯语的评述，这段评述在12世纪时被翻译为拉丁文，如果我们不能理解这段评述包含的神对世俗世界治理的神恩机制的本体模式，那么我们就不能理解它对12—14世纪之间的神学的决定性价值和地位。这种机制遭遇的第一个认识论上的困难在于，超越性原则以何种方式对造物世界施加影响，并让其"体制"实际有效——这正是亚里士多德《形而上学》L卷第十章留给中世纪文化的遗产。在新柏拉图主义的等级化的原因体系之下，这本假借铭文之名的论著处理了这个问题。亦即亚里士多德

---

[1] Thomas Aquinas, *Contra Gentiles*, Book 2, Chapter 24, n.4.
[2] 西耶斯是法国天主教会神父，法国大革命、法国执政府和法兰西第一帝国时期的主要理论家之一，法国督政府督政官、法国执政府执政官。他的《什么是第三等级？》成为大革命的宣言并促使三级会议成立国民议会。1799年，西耶斯煽动雾月政变，将拿破仑·波拿巴带上权力顶峰。——译注

的超越之善与内在秩序之间的关系问题——这个问题对于中世纪神学而言是至关重要的——通过诸原因等级体系的学说得到了解决:《论亚里士多德的纯粹善的展现》实际上就是"论原因"。

让我们通过圣托马斯的评述,继续探究这个隐含在这本书的神学影响之中的策略。从一开始,它就要建立一个等级秩序,正如匿名作者在新柏拉图主义基础上所做的那样,与此同时,它要将第一动因和第二动因结合起来。论文用下面的话作为开篇:"任何第一动因都会比普世性的第二动因产生更为强有力的影响(plus est influens super sum causatum)。"虽然在文中所区分的动因的等级,重点每一次都在于第一动因的崇高与独立,它不仅先于且支配着其他次要动因,而且也驱使着那些"借助外在的、更高的、更崇高的动因"(per modum alium et altiorem et sublimiorem)来运动的物,但圣托马斯一贯强调两个层次的融合和结合。按照他的说法,"第一动因在活动中为第二动因提供帮助,因为在纯粹功能意义上,第一动因也影响到第二动因影响的行动"[1],这说明了两个动因相辅相成,其目的是让它们的行为更加有效:

> 第一动因通过一个行为产生某一结果,而这个行为也受到第一动因的影响,因为第一动因帮助了第二动因,让其起效。因此,同行为的第二动因相比,第一动因更是其动因所在,通过第一动因,第二动因才产生某种结果……第二动因是通过其潜能和力量来产生结果的。因此,第二动因是其结果的

---

[1] Thomas Aquinas, *Commentary on the Book of Causes*, p. 6.

动因，正是因为第一动因的缘故。故而作为结果的动因，原初起因在于第一动因，而次要起因才在第二动因那里。[1]

圣托马斯这段评论的新意在于他特别强调了第二动因是一种特殊动因，这里包含了一种隐含的参照，即在策略上指向一般神恩和特殊神恩的区分（我们将会看到正是这个区分界定了神对世俗世界的治理的结构）：

很明显，一些更为有效的动因具有优先地位，在这个层次上，其力量拓展到更多事物当中……但第二动因的固有结果只能在更少的事物中发现。因此，第二动因更特殊（unde et particularior est）。[2]

托马斯·阿奎那将两个动因结合起来的兴趣，很明显体现在他的一个关注点上，即他十分在意各种动因怎样衔接起来产生某种实质性或偶然性的后果：

本质上（per se）秩序就是这样，当第一动因试图通过所有的间接动因来达到最终结果时，那就如同一个工匠的技艺挪动双手，进而双手拿着铁锤，铁锤猛击烙铁，最终技艺的目的得以达成一样。不过，**偶然**（per accidens）的秩

---

[1] Thomas Aquinas, *Commentary on the Book of Causes*, pp. 8–9.
[2] Thomas Aquinas, *Commentary on the Book of Causes*, p. 10.

序是这样，当动因的目的仅仅只是产生差不多的结果。但由那个结果带来的其他东西则外在于起初行为的目的（praeter intentionem），这就如同一个人点燃了一支蜡烛，外在于他的目的的是，那只点燃的蜡烛照亮了其他东西，另外的东西。[1]

但在对命题20—24的评论中，诸动因的等级关系与神对世俗世界的治理之间的策略性关联体现得更为明显。这里的问题是，第一动因统治（regit）诸造物的方式，对于他们来说仍然是超越性的（praeter quod commisceatur cum eis）。这样，命题20强调了这一事实，即第一动因统治着世界，但不危及其统一或超越性（regimen non debilitate unitatem eius exaltatam super omnem rem），甚至不会去阻碍其治理的有效性（neque prohibet eam essentia unitatis seiuncta a rebus quin regat eas），亦即我们看到了一种用新柏拉图主义来解决亚里士多德的超越之善难题的方式。另一方面，圣托马斯的评论让文本解读走向一种神恩理论，而这一点在他确立文本表达形式与神对俗世治理的安济－神恩范式的直接关联中得到明证。他不仅以引自普罗克鲁斯的引文清晰地导入了这一问题（"每一位神主……都为次等事物提供恩泽"[2]），而且从一个匿名作者那里引述了一个段落，用来反对那些否认神恩的人的传统论断：

> 我们应当注意到，在对人的治理中，我们偶尔看到一个

---

1 Thomas Aquinas, *Commentary on the Book of Causes*, p. 11.
2 Thomas Aquinas, *Commentary on the Book of Causes*, p. 121.

掌管若干事物的人必须从自己的管理中抽身出来致力于众多事物。但那些不去统治其他东西的人更有可能保持自己的单纯。于是，伊壁鸠鲁派哲学家断言，为了保持神之安宁和单纯，诸神不会去治理。相反，他们自己完全是闲情逸致，不问世事，也在这个意义上，可以看到他们十分幸福。于是，为了反对这一点，[作者]从这一命题开始指出这两个事物在第一动因那里并不对立，对事物的普世治理与最高的统一……并不会彼此妨害。[1]

在同样的意义上，命题 23（该命题区分并合并了科学与治理）被解释为"第二动因的统治"（de regimine secundae causae），亦即第二动因用两种方式实施其在俗世治理上的行为，一种是按照其本性来治理[即**关系秩序**（ordo ad invicem）]，另一种是按照其分有的第一动因来治理[**神之秩序**（ordo ad deum）]。因此，第二动因的行为好比一把被加热的刀，按照其本性，它用来切东西，但按照其对火的分有，它又在燃烧（sicut cultellus ignitus, secundum propria formam incidit, in quantum vero eat ignitus urit）。我们再一次看到，亚里士多德的超越性之善的难题被超越性和内在性的结合所解决：

这样，每一种被称作"神"的至高理智拥有双重行为：一方面，它充分地分有着神之至善，另一方面，它又恪守其

1　Thomas Aquinas, *Commentary on the Book of Causes*, pp. 121–122.

自有的本性。[1]

但是，这也意味着，按照一般与特殊的区分，神恩行为得到了阐明，即俗世治理将自身重新双重化：一是**神之统治**（regimen Dei）或者**第一动因**（causae primae），它拓展到所有的造物之上；以及**理智统治**（regimen intelligentiae）或**第二动因**（causae secundae），它只关心它们之中的某些东西：

> 因此，这是第一动因的治理，其按照至善的本质，拓展到万物之上……但一种理智的统治，只做适于它的事情，不会延伸到万物之上。[2]

如果我们转向《神学大全》中的《论俗世治理》（De gubernatione mundi）一文，我们会看到，正是第一动因和第二动因的等级关系为我们提供了一种将一般神恩与特殊的神恩结合起来的模式，通过这种模式，神对俗世的治理可以得到实施。

神作为第一动因（"ad modum primi agentis"[3]）统治着俗世，赋予了诸造物以形式和各自的本性，在存在中让它们持存。但这并不妨碍神的工作也让第二动因的功能起作用 ["没有什么能够阻止第一动因和第二动因产生相同的效果，引发相同的行为"（nihil prohibit quin una et

---

[1] Thomas Aquinas, *Commentary on the Book of Causes*, p. 132.

[2] Thomas Aquinas, *Commentary on the Book of Causes*, p. 133.

[3] *Summa Theologiae*. I, q.105. a.5. ad 1.

eadem action procedat a primo et secundo agente) [1]。因此，俗世的治理源自动因和秩序的等级体系的结合，源自王国和特殊治理的结合：

> 所有的动因都会导致作为其结果的某种秩序，因为动因是一般性原则。最终，如同存在诸多秩序一样，也存在着诸多动因，与一种秩序包含在另一种秩序之下一样，一个原因也从属于另一个动因，以这样的方式，高阶的动因不会从属于低阶的动因，而是相反的。在人类事务方面，有一个清晰的例子：家庭秩序（ordo domus）依赖于家庭中的父亲，而家庭秩序反过来从属于城市统治者制定的市政秩序（sub ordine civitatis），市政秩序又处于国王的统治之下，国王才是整个国度秩序的来源所在。[2]

由于其同第一原因的关联，俗世的秩序是永恒不变的，它与神之预见和至善一致。另一方面，由于其实施了与第二动因的结合，它为"外在于俗世秩序"（praeter ordinem rerum）的神对俗世的干预留下了空间。

《论原因》一书对于中世纪神学来说至关重要，因为其将第一动因同第二动因区分开来，从而发现了超越性与内在性、一般与特殊的关联，在此基础上，我们可以发现神对俗世治理的机制。

---

1 *Summa Theologiae*. I, q.105. a.5. ad 2.

2 *Summa Theologiae*. I, q.105. a.6.

第十二节

一场讨论引起了 12—13 世纪间的宗规学家（canonist）对**无能之王**（rex inutilis）的"政治形态"的思考，在这里，王国与治理的区分第一次在司法领域中找到了专业性的表达。讨论的基础在于教皇是否有权力去废黜世俗君主，而教皇格里高利七世（Gregory Ⅶ）写给梅斯的赫尔曼（Hermann of Metz）的一封信中谈到了这一点。格里高利七世在这里提到了教皇圣匝加（Pope Zachary）因怒其无能而废黜了法兰克王国墨洛温王朝（Merovingian）的最后一位国王希尔德里克三世（Childeric Ⅲ）[1]，并以查理曼大帝的父亲丕平（Pippin）[2]取而代之一事。这个文本之所以重要，是因为它被包含在格拉提安教令（Gratian's decretum）之中，并被后世的宗规学家所参考。格里高利七世肯定了**教士**（sacerdotium）相对于**王室**（imperium）的优先地位，他写道："另一位罗马教皇废黜了法兰克的国王，并不是因为那个国王行为不端，而是因其不够英伟。司其王位之职（tantae potestati non erat utilis），去其而代之的丕平，查理曼大帝之父，让所有法兰克人从效忠于（国

---

[1] 希尔德里克三世是墨洛温王朝的最后一个国王，被创建卡洛林王朝的丕平所废黜。墨洛温王朝后期大权落入宫相（宫廷宰相）之手，丕平及其后人更以宫相一职相传，法兰克国王被宫相当作傀儡。自国王提奥德里克四世驾崩后，墨洛温王朝七年不立新王。743 年，宫相卡洛曼和矮子丕平立希尔德里克三世为王，不过希尔德里克三世并无实权。747 年，丕平决心自立为王，把希尔德里克三世送到修道院隐居，并得到教宗圣匝加的支持。751 年，希尔德里克三世被废，教宗以丕平继位，开始了加洛林王朝。——译注

[2] 丕平（714—768），是 751 年至 768 年在位的法兰克国王，是查理曼大帝的父亲，加洛林王朝的创建者。——译注

王）的誓言中解放出来。"¹ 12 世纪的编年史家已经将希尔德里克三世作为**懦弱和无能的国王**（rex ignabus et inutilis）的原型，而他成了名义上的王位与真实中的权力践行之间鸿沟的具体体现［"站在国王之名的阴影下，很明显，丕平实际上掌权并且享受着尊贵荣耀。而国王希尔德里克太过懦弱和无能"（Stabat enim in rege sola nominis umbra；in Pippino vero potestas et dignitas efficaciter apparebat. Erat tunc Hidericus rex ignavus er inutilis）²］。不过，正是由于这些宗规学家，尤其是比萨的休格（Hugh of Pisa），**无能国王**才转变成**国王尊严**（dignitas）与**王国管理**（administratio）、职位与行为相区分的范式。按此说法，国王或高阶教士老迈昏庸、病病歪歪，并不必然导致他们被废黜，而毋宁说是将其分成**尊严**（他个人还保留的东西）和践行［托付给助手（coadiutor）或管理者（curator）］。问题不仅仅在于某种践行，也在于一种主权可分性的学说，而这一事实也被《〈民法大全〉注解》（*Glossa ordinaria*）至格拉提安教令所提到的罗马双帝的例子所证实，两位罗马皇帝，一位享受着**尊严**，而另一位进行着**治理**，这样就证明了在主权统一的同时，主权也是可分的［"据说有两个人在那个位置上……一个拥有尊严，一个进行管理"（Dic quod erant duae personae, sed tamen erant loco unius……Sed forte unus habuit dignitatem, alter dministrationem）³］。

1245 年，正是在宗规学家们的思考之上，葡萄牙主教以及尊贵的

---

1 *Decretum*, c.15, q.6, c.3; see Peters, p. 281.

2 Geoffrey of Viterbo, *Pantheon*, in *PL*, 198, 924d–925a.

3 Peters, p. 295.

教皇英诺森四世（Innocent Ⅳ）发布了格兰迪教令（decretal Grandi），委派布洛涅的阿方索（Afonso of Boulogne），国王桑乔二世（Sancho Ⅱ）——这位国王无法进行统治——的兄弟对王国行使**一般性和自由地照料和管理国家的权力**（cura et adminsitratio generalis et libera），但仍然将国王的**尊严**留给桑乔二世。

换句话说，**无能之王**的最极端的例子，揭示了西方治理机制的双重结构。主权在结构上是按照两个不同的水平、方面和极结合在一起的：它同时是**尊严**与**管理**、**王国**与**治理**。主权者在结构上是**无能的**（mehaignié），在这个意义上，他的尊严抵消了他无能和无力的可能性，在这二者的关系中，**无能之王**将实际的管理权合法化了，而这管理权已从他自身分离出去，不过，在形式上，这个权力仍然归属于他。

这样，对冯·塞德尔的问题"倘若我们拿掉了'治理'，'统治'还会留下什么？"的回答就是，王国就是那个残余，它将自身作为一个整体，一个可以将自己同自己分开的整体。例如，在神对俗世的**治理**（gubeinatio）中，超越性与内在性，**神之秩序**与**关系秩序**，它们必须不停地相互区分，而神恩行为重新将它们结合起来。因此王国与治理构成了一种双重机制，这是一个不停地分离又不停地结合的机制。**权力**只有在可分的情况下才是**完全的权力**。

第十二节 余论

在中世纪法学家提出**纯粹统治**（merum imperium）和**混合统治**（mistum imperium）的区别时，他们不是没有对此存疑。按照伊纳留

(Irenerius)[1] 的注解，他们所谓的**统治**（imperium）乃是：若无之，则司法无法裁决（sine quo nulla esset iurisdictio）。"纯粹"**统治**就是如此。另一方面，所谓的"混合"**统治**包含了一种实际的**司法裁决**。[2] 在图尔奈的斯德望（Stephen of Tournai）的《大全》（*Summa*）中，这个区分被发展成司法与行政的分离，亦即权力同其实践的分离：

> 如果皇帝任用某人司法，赋予其权力审判（potestas iudicandi），但并没有让他裁决一个行省或一位人民，那么他只有一种名衔，一个名义，而不拥有实权（habet quidem titulum, idest nomen, sed non administrationem）。[3]

第十三节

对宗规主义的**完全权力**（plentitudo potestatis）观念的分析可以得出一些有意义的思考。按照教皇的精神权力凌驾于君主的世俗权力之上的教义［我们可以在教皇卜尼法斯八世（Boniface Ⅷ）的《一圣教谕》（*Unam sanctam*）极富争议的表达中，以及在罗马的圣吉里（Giles

---

[1] 伊纳留，意大利法学家，前期注释法学派的创始人和主要代表，生于波仑亚，1088年于家乡创设法学院，传授罗马法。他在传授时以优士丁尼安法为课本，于原文后或原文中的空白处加以注释说明，并纠正其矛盾，使之前后一贯。他被称为注释法学家，由此形成的学派称为"注释法学派"。——译注

[2] Costa, pp. 112–113.

[3] Stefan von Doornick, p. 222.

of Roma)的《论教会权力》(*De ecclecsiastica potestate*)中找到该教义的表达],完全的权力在教皇那里,对于教皇来说,这属于《路加福音》讨论过的两把刀("主呀,请看,这里有两把刀,耶稣说:够了"[1]),这两把刀分别被解释为精神权力与物质权力。关于一种权力凌驾于另一种权力之上的争论是十分激烈的,而且在帝国派和教会派之间形成了血腥暴力且十分持久的斗争,以至于历史学家最终忽略了一个应为最初问题的问题:为什么权力起初分裂了?为什么权力将自己展现为已经结合在一起的两把刀?事实上,即便那些教皇的**完全权力**的支持者也承认,权力在结构上是分裂的,而对人的治理[**人的治理**(gubernatio hominum)是圣吉里反复使用的专业词汇]必然将两种(只有两种)权力(potestà)或两把刀结合在一起:

> 在对人的治理、对人类种族的统治或者对信徒的统治中,只有两种权力和两把刀(due potestates et duo gladii):牧师的权力和皇室或者帝国的权力——亦即精神之刀与物质之刀。[2]

在他的论文中,圣吉里不禁问道:"为什么教会中只有两把刀,而不是更多或更少的刀呢?"[3] 如果精神权力高于所有其他权力,并很自然地将其治理延伸到物质事物上,犹如灵魂对身体的统治,"那么,为什么还需要有另一种权力或另一把刀(aliam potestatem et alium

---

[1] Luke, 22: 38.

[2] Giles of Rome, *On Ecclesiastical Power*, p. 108.

[3] Giles of Rome, *On Ecclesiastical Power*, p. 107.

gladium）呢？"[1] 圣吉里对《路加福音》22：38的解释证明了教会中分裂的两种权力实际上有着共同实体和共同起源：

> 如果能对福音书上的言辞给予恰当的思考的话，那么教会拥有两把刀的方式，为两把刀［上面提到的刀］所明示。正如比德（Bede）所说，一把刀被拔出，而另一把刀还留在剑鞘里。因此，尽管有两把刀，我们注意到，只有一把刀被拔出，圣彼得用这把刀打了大祭司的仆人，并砍下他的右耳。[2] 因此，这意味着什么——一把刀被拔出，而另一把刀留在剑鞘里？答案大概是：精神之刀就是被使用的刀（quantum ad usum），这是一把拔出的刀，另一把物质之刀，不是拿来用的，而是作为一个命令（quantum ad nutum）。[3]

此外，两把刀

> 至今尚存于神圣法之下；他们存在于成文法之下，存在于自然法之下……那么，这两把刀通常是不相同的东西。[4]

如果权力在结构上的分裂已经到了如此程度，其原因何在？圣吉

---

1 Giles of Rome, *On Ecclesiastical Power*, p. 108.
2 Luke, 22: 50.
3 Giles of Rome, *On Ecclesiastical Power*, pp. 51–52.
4 Giles of Rome, *On Ecclesiastical Power*, pp. 20–21.

里给出了大量的回答,这数量就说明它们通常不够充分,或许最重要的回答可以在引述文字之中读到。这种二元性的最初原因在于"精神事物的臻善臻美(nimia excellencia et nimia perfectio)"[1]。事实上,精神事物如此高贵,以至于为了避免可能导致的缺陷与不足,必须要建立另一种权力,这种权力专门来处理肉身性事物,而全部精神权力专心致志于精神事物。与此同时,这种区分的理由就是它们紧密结合的基础:

> 正如我们已经看到的,当这样两种权力中一种是普遍的且处延的(generalis et extensa),而另一种是特殊的和受限的(particulairis et contracta)时,必然一者处于另一者之下,一者需要另一者来构建,唯有通过另一者的命令来行动。[2]

圣吉里将这二者的关系同另一种关系进行了比较,即按照中世纪的生成学说,在天上的德性(作为第一动因)与动物身上的种子(作为第二动因)之间的关系。"如果没有来自天的力量的话,就不会有让小马仔变成骏马的力量。"[3] 两种权力之间关系的神秘性质,在这里清晰可见。两把刀是明显分开的,不过,第二把刀,也就是物质之刀,包含在第一把刀之内。教皇提出的**完全权力**,事实上被圣吉里界定为"寓居于一些行为中的权力的丰满性,在没有第二动因的情况下,这些

---

1 Giles of Rome, *On Ecclesiastical Power*, p. 108.

2 Giles of Rome, *On Ecclesiastical Power*, p. 109.

3 Giles of Rome, *On Ecclesiastical Power*, p. 109.

行为可行,或者有没有第二动因,它都可行"[1]。由此,由于教皇拥有一个"包含所有权力的权力"(posse in quo reservatur omne posse)[2],他的权力才是完全的。

> 因此,我们可以通过自然现象(我们从中可以看到神对俗世的治理)来过渡到人的治理,我们会说,权力的完全性并不寓居于天,或者寓居于任何次等的行为者,因为天如若没有第二动因就无法做出与第二动因有关的事情。例如,尽管天和狮子都是小狮子降生的原因,但如果没有狮子的话,天也不可能降生小狮子,当然,如果没有马的话,天也不可能生产出小马。[3]

另一方面,精神权力可以在没有第二动因的情况下产生其结果,不过,它需要将自身同物质之刀分离开来。精神权力尽管完美无瑕,但仍然缺乏某种东西,这种东西就是实施的结果。圣吉里转向职位头衔(titularity)与施行之间区分的学说,他说道:

> 由于其权力和统治,教会具有了对俗世事物最高和首要的统治,但教会不具有直接的司法裁决和施行(权)……不过,恺撒与俗世领主拥有司法裁决和施行(权);因此,我

---

1 Giles of Rome, *On Ecclesiastical Power*, p. 187.

2 Giles of Rome, *On Ecclesiastical Power*, p. 109.

3 Giles of Rome, *On Ecclesiastical Power*, pp. 187–188.

们看到，存在着不同的权力，也存在着不同的权利，不同的刀。但这种不同不意味着一种权力不屈于另一权力之下，一种权利隶属于另一权力，一把刀包藏于另一把刀之中。[1]

首要权力与次要权力、头衔与施行的区分的实际原因在于，为治理机制的恰当功能所必然设定的限制：

> 但如果在教会中只有一把刀，即所谓的精神之刀，那么只能在对人的治理中展现出来的任务就不能很好完成；那么精神之刀会忽略许多在精神领域内表现出来的任务，因为它自己也不得不参与到物质事务当中……因此，第二把刀的出现并不是由于在精神层面上缺乏权力；相反，它是为了寻求良善秩序和正直（ex bona ordinacione et ex decencia）……并不是由于精神之刀缺乏力量，才让第二把刀，即物质之刀，被制造出来。相反，它是为了保障施行权可以得到正确履行（propter benificium execucionis）。如果精神之刀不去帮助物质之刀，它就不能实施精神上的任务或者将自身很好地投入精神问题中。[2]

我们暂且不管学者们关于一把刀凌驾于另一把刀之上的优先性的争论，这必然得出在两种权力分裂之中最重要的问题就是如何保

---

[1] Giles of Rome, *On Ecclesiastical Power*, pp. 199-200.
[2] Giles of Rome, *On Ecclesiastical Power*, pp. 110-111.

障对人治理的可能性。这种可能性需要**完全权力**,不过它必然直接将自己同所有在实际中的施行权力(executio)区分开来,而这就是物质之刀。从理论的视角来看,这一争论并不是认为牧师具有首要性的人和认为帝国具有首要性的人之间的争论,而是"治理论者"(governamentalisti)[认为权力总是按照双重结构始终结合在一起:即权力(potestà)与施行,王国与治理]与世俗主权者的支持者[在他们那里,权力不可能与施行分离,**统治**(ordinatio)不可能与**行政**(executio)分离]之间的争论。教皇格拉修一世(Gelasius I)有一句名言:"duo quipped sunt [...] quibus principaliter mundus hic regitur: auctoritas sacra pontificum, et regalis postestas。"[1] 这是他在 494 年对皇帝安纳斯塔修斯(Anastasius)说的话,也就是说这句话远远早于两把刀之争——这句话必须翻译为(毕竟这是字面意思):这个世界是通过两个原则的结合来统治的,一个是**主权**(auctoritas;即一种没有实际施行的权力),另一个是**权责**(potestas;即一种可以实施的权力);一个是王国,一个是治理。

第十三节余论 1

通过这一角度,就有可能阐明诸如巴黎的约翰·奎道(John Quidort of Paris)坚决拒绝接受教皇**完全权力**的立场,因为这意味着一种权力与行动、权力与实施的不自然的分离。与圣吉里针锋相对,约

---

[1] *Epistolae et decreta*, 8, in *PL*, 59, 42a.

翰写下了《论王权与教权》(*De potestate regia et papali*),他说道:

> 一些人认为世俗权力直接属于教皇,并按照教宗的权威行事,但是教皇并不直接去行使这个权力,他将之赋予君王……当然,偶然会有人有权力去做某事,但他不去行动,因为有某种障碍,就好比,如果有人拥有建造房子的权力,但他没有建造,因为他缺少某种东西,或者因为他身体上的残障,就像一个哑巴不会说话一样。有这些障碍,就会导致权力的移交。如果有人知道某人在这个方面不行,还将神职交付于他,那他就是蠢货。因此,说教皇从上帝那里直接获得了俗世之刀的力量是毫无意义的,不过,施行通常不是他的职责。倘若如此,上帝的行为将直接对立于自然,如同后者从未赋予任何人以一种脱离于行为的德性,因为那些拥有权力的人也在行动(cuius potential, eius est actus)。[1]

在这里,争论冲突的焦点不仅仅在于,或者说不特别在于一种权力优先于另一种权力,而在于名衔与实施的分离、王国与治理的分离。

第十三节 余论 2

彼得斯按照中世纪的**无能之王**的形象得出了 16—17 世纪之间的无

---

[1] Quidort, p. 120.

事之王（roi fainéant）的结果。这个词出现在 14 世纪的《法国编年史》（*Grandes chroniques de France*）中，是对中世纪编年史中的**不干事的王**（rex nihil faciens）的翻译。后来按照这个词不干事（qui fit nule chose）及沉溺于淫乱、空虚和邪恶（adonné à la paillardise, oisiveté et vices）的双重意义，它被用于加洛林王朝最后一位君主的身上。1643 年，法国历史学家梅士雷（Mezeray）在其《法国史》（*Histoire de France*）中，将这个词用到墨洛温王朝最后几任国王身上："他们都无所事事，迟钝愚笨，沉浸在邪恶的统治之中。"[1] 我们也可以看到，这个词被用在法国的路易六世、查理六世、亨利六世身上，甚至在一些小说中，这个词也被用到亚瑟王身上。[2]

第十四节

权力同其实施相互分离的神学模式，也可以在上帝的绝对权力和秩序权力之间的区分中找到——即这是一种上帝无能的学说，尽管上帝是全知全能的，但他不能做某些事（或不能不做某些事）。按照这个复杂的学说［在《论自然与神圣》（*De natura et gratia*）的一段话中（Ⅰ，7，8）圣奥古斯丁回答了耶稣基督是否可能阻止犹大的背叛这个问题，圣奥古斯丁说道，耶稣基督当然能够阻止，但他不愿如此（Potuit ergo, sed noluit）］，上帝就其绝对权力来说，可以做一切事情，这并不会引发矛盾（例如，让他自己道成肉身为一个妇人，而不是耶稣，去拯救

---

1 Peters, p. 543.

2 Peters, p. 547.

世人；或者诅咒圣彼得，救下犹大，甚或摧毁他的全部造物）。但**统治能力**（de potential ordinata），关乎他的意愿与智慧，他只能做他打算做的事情。换句话说，他想构造这种工具，将权力分成绝对权力和秩序权力，允许去包容神的万能的难以接受的后果（从更一般的层面上说，这是权力学说的后果），但不会让其废除。圣托马斯这样写道：

> 在神的权力中，不会存在那种不依照其心灵和意愿之中的智慧和正义的东西。尽管如此，由于他的意愿并不必然走向这个或那个客观目标……在神的权力之下，神不想做的东西就不会存在，就不会是他所建立的现存秩序的一部分，这一点不需理由。我们将理解和智慧看成导向，将意愿看成命令，而权力则是施行；就像在绝对权力之内的东西，神可以通过他的绝对权力去做一切事情……就如同在他的权力之内，他所意愿的东西就是需要贯彻的命令，他通过他的统治权力可以做这些事情。相应的，我们应当说，通过绝对权力，上帝所做之事，胜于他预见他会做的事情，以及预先所做的事情。但他没有预见过和预先做的东西并不会出现。[1]

有趣的是，与那些拒绝任何在绝对权力和秩序权力之间做出区分的人相对立，这个神学解释使得上帝的万能与对世界井然有序、不专断、毫不混乱的治理的和谐一致成为可能。但这事实上等于在上帝那

---

1 *Summa Theologiae*. I, q.25, a.5, ad 1.

里让绝对权力与有效实施、形式主权与行政主权截然分开。在绝对权力的限制下，秩序权力构成了神对俗世治理的根基。这个神学问题，与主权同其实施之间分离的司法-政治问题之间的关系十分清晰，这一点很快就被宗规学家们所理解。鉴于英诺森四世的教令否定了修道院院长有权力去悬搁僧侣甘于贫穷的誓言，奥斯蒂恩西斯（Hostiensis）和其他宗规学家将绝对权力与秩序权力之分应用到教皇的**完全权力**上以说明：**依照统治的权力**（de potential ordinata），教皇必须遵守法令；**依照绝对权力**（de poetentia absoluta），教皇并不受此限制。[1]

我们再一次看到，**完全权力**被用来说明在结构上分裂的东西之间的内在结合，而上帝不干事的教义成了权力与实施、王国与治理之间区分的范式。

在阿夸斯巴达的马修（Matthew of Acquasparta）对神恩的质疑中，上帝在对万物的治理中清晰地展现出他的无能。对于上帝是否能创造一个不负罪的理性造物这一问题，马修给出了否定的回答，他解释道，之所以不可能并不是因为上帝之无能，而是因为这可能让神对俗世的治理变得毫无意义。作为一个事实问题，创造一个完全无罪的理性造物势必意味着一方面否定了他的自由意志，另一方面创造了一种神力，这种神力会让上帝保护和统治造物变得毫无用处。

> 所有的理性造物，因为其是造物，必须得到上帝的保护，需要造物主持续不断地维系（manutenentia），因为如果他不

---

[1] Courtenay, pp. 107-108.

再去统治他所创造的万物,这些东西将会灰飞烟灭……神的维持工作的一般性影响并不是保留造物的道德上的善;后者也需要神的力量。为此,正如上帝不能让造物自己保存自己一样,他不能这样做,即创造一个在本性和自身不负罪的造物。[1]

神的无能让对俗世的良善治理成为可能。

阈

我们现在可以很好地理解亚瑟王传奇故事中的那个**残障无能的国王**了。在文学领域中对主权概念的转换和分裂的思考,必然已经深深地触动了当代人的内心。尽管我们已经看到,在诺斯替教派的空洞的神和罗马法传统中的平行论中就有这种转变的前兆,但从专业角度来看,这种转变在本质上发生在宗规领域。神学上的分离模式就是神之无能的学说,即**绝对权力**与**统治权力**的二分。比萨的休格与格兰迪教令——通过这个教令,英诺森四世在面对桑乔二世这个无能国王时,从其王权中分离出其施行权——产生了这种分离的司法形式,而对于这种分离的一般意义和政治含义,休格与英诺森四世等人未必完全了解。不过,我们已经看到,可以肯定的是,"格兰迪教令包含了欧洲自君士坦丁大帝时代以来最清晰的法学传统的影响,但在1245年,很少有大地上的君王可以受惠于这个传统"[2]。不过在这里,真正的冲突并不

---

1 Matthew of Acquasparta, p. 292.

2 Peters, p. 304.

在于"法律权威"（按教令授予布洛涅伯爵的权威）和"人格上的尊严"（这仍然归属于君主桑乔二世），而在于与其施行不可分离的主权，与在结构上分裂的和可以与治理分开的王权之间的争论（用福柯的话说，是领土主权与治理权力之间的争论）。

正是从这个方面，我们可以解释这场发生在 14 世纪的前几十年的争论，它导致了教皇约翰二十二世（John XXII）与奥卡姆的威廉之间的对立。按照约翰的说法，上帝建立的律法等同于上帝的本质，所以也是永恒不变的。因此，他不能超出他所选定的行为去行动。绝对权力与秩序权力是一回事，它们的区分只是名义上的区分。

> 按照绝对权力，上帝不可能去拯救一个没有接受洗礼仪式的人，因为按照秩序权力，这是从永恒之法中决定的，这种永恒之法就等同于上帝，而不可能被改变……一些人说，上帝可以依据其绝对权力做许多事，而按照秩序权力，他有许多事不能去做，但这是虚假和错误的，因为上帝的绝对权力和秩序权力都是同一回事，只是名义上的区分而已，就像圣西蒙与圣彼得一样，这个名字指的是同一个人。就像一个人打了圣西蒙而不打圣彼得，圣彼得做某事而圣西蒙没有做是不可能的一样，因为他们就是同一个人。因此，上帝据其绝对权力做某事与据其秩序权力做某事有所不同是不可能的，因为它们就是同一回事，它们之间的区别仅仅是名义上的。[1]

1　Courtenay, p. 162.

而奥卡姆反对该问题的意见在于，绝对权力不能还原为秩序权力：并不是两种权力，而是上帝可以做或者不可以做某事的两种方式，或者说两种上帝权力同其行为的两种内在关联的方式：

> 如果我们进一步看一下这个问题，就是说上帝据其绝对权力可以做某事，而据其秩序权力不能做此事，这意味着上帝不能做任何超越于上帝不打算做的事情（quae tamen minime ordinaret se facturum）。但如果他想要做这些事，他会据其秩序权力去做，因为如果他做了这些事，他就已经打算做这些事了。[1]

作为相对现代的思想家，奥卡姆认为关键在于保护一种决定的偶然性，来反对一种对行为的理解，这是穆斯林和"老妇人"（vetulae）的理解，即将之还原为一种纯粹的必然性（"由此得出，任何造物都不能做神实际上不做的事情，那么所有发生的事情都是依必然性而发生的，没有事情是偶然发生的，就像异教徒和古代异端邪说，以及东方异教、外行和老妇人说的那样"[2]）。

在这场争论的最后分析中，问题的关键在于治理工具所起的作用。对教皇约翰二十二世而言，两个层次、两种工具的差异纯粹是名义上的差异，王国完全等同于治理；对于奥卡姆的威廉而言，王国（绝对权力）超越并在一定程度上先于治理（秩序权力）而存在，秩序权力

---

[1] Courtenay, p. 164.

[2] Courtenay, p. 164.

只在其**实施**的时候才有效,但不会完全将之耗尽。换句话说,两种不同的对人治理的概念针锋相对:首先,其仍然受到传统的领土主权模式的支配,即将治理模式的双重意义还原为一种纯粹形式要素;其次,其更近似于新的安济-神恩范式,在这种范式中,两种元素保持它们的同一性(尽管它们彼此相关),治理行为的偶然性对应于主权决定的自由。不过,由于一种特殊的倒置,这种方式,也就是说,更为"民主"的范式,也近似于宗规主义和神学家[如邓斯·司各脱(Duns Scotus)]的立场,他们差不多同时思考了作为例外权力(poteri eccezionali)的**绝对权力**(potentia absoluta)问题。因为在结构上,其超越了秩序权力(potenza ordinata),绝对权力——不仅在上帝那里,而且在其所有的行动代言人(尤其是教皇)那里——就是让人们合法地"超越法律,并反抗法律"的行为:

> 它可以与法权保持一致而行动,是就第二位的秩序权力而言的(它之所以是秩序的,是因为其与做什么是正确的原则和正义法是一致的),那么法律,或反抗法律,在其绝对权力上而言,就是超越其秩序权力。[Potest agere conformiter illi legi rectae, et tunc secundum potentiam ordinatam (ordinata enim est in quantum est principium exsequendi aliqua conformiter legi rectae) et potest agere praeter illam legem vel contra eam, et in hoc est potentia absoulta, excedens potentiam ordinatam.][1]

1　Courtenay, p. 112.

第五章

神恩机制

第一节

米歇尔·福柯在1977年至1978年的法兰西学院的讲座题为"安全、领土、人口"（Sécurité，territoire，population），旨在梳理出现代"治理"的谱系。福柯区分了权力关系史上的三种不同的模式：法律体系对应于领土主权国家的制度模式，而这个体系通过将允许做什么和禁止做什么对立起来的规范法律条文来自我定义，最终这种体系建立起惩罚体系；规训装置对应于规训的现代社会，其按照法律要求，将一系列的监控、医学和监狱技术付诸实践，其旨在规制、纠正和塑造主体的身体；最后，安全机制对应于当代的人口国家及其新型实践，这种实践，福柯称之为"人的治理"。福柯小心翼翼地强调说，三种模式并不是年代上的承接关系，或者在一个时代中彼此排斥，它们是共存的，以某种方式铰接在一起；不过，在每一个阶段上，其中一个成为该阶段的支配性政治技术。人口国家的诞生与安全机制成为首要机制，对应于主权功能的相对衰落，也对应于治理技术的出现，这个治理技术界定了我们时代最主要的政治问题，福柯所概括的特征，我们已在施米特和彼得森那里看过了：

> 当我谈到人口时，一个词被反复提及，这个词就是世界的"治理"。我谈人口越多，我就越少谈"主权"。我被引导或者指向一种我们认为相对较新的东西，并不是这个词很新，也不是现实中的某种层面上的新，而是一种技艺上的新。或者毋宁说，现代政治问题——政府实施统治的权力，在某种程度上，限制了国王的权力，有朝一日我们会说："国王统治，但不治理"，这是治理与统治的倒置，政府的治理在根本上先于主权，先于统治，先于**绝对统治**（imperium），我认为，这一事实绝对与人口有关。[1]

福柯认识到，治理技术起源于基督教的牧师团体，即"灵魂的治理"（regimen animarum），这是一种"技艺之技艺"，这个界定了直到 18 世纪的教会活动，那个时期，教会成为政治治理的"样板"和"框架"。牧师团体的一个显著特征是，它既参照个人，也参照人类总体，它照料着人类**总体与个体**（omnes et singulatim），正是这个双重意义，改变了现代国家中的治理行为。因此，治理行为既是个人化的，也是总体化的。按照福柯的说法，牧师团体和人的治理的另一个

---

1 Foucault, p. 76.

共同特征是"安济"的观念，即按照家政模式，对个人、事物、财富秩序的管理。如果牧师团体将自己作为一种**精神上的安济**（oikonomia psychōn），那么"治理的首要问题就会是将安济导入政治实践中"[1]。实际上，治理不过是"在安济形式下……实施权力的技艺"[2]，而教会的牧师团体和政治治理都定位在基本的安济范式之中。

尽管福柯在对牧师团体的"安济"式定义中，引用纳西盎的格里高利[3]——我们看到，这位作者在对三位一体的安济的思考上扮演了十分重要的角色——但他似乎完全忽略了**安济**一词在神学上的含义，而这正是我们要研究的东西。事实上，在这个方面，福柯的治理谱系学可以在时间上进行延伸和回溯，正好可以回溯到某一个点。在这个点上，我们可以通过对三位一体的范式的思考，认识到在上帝那里，对人和俗世的安济治理的概念起源，但这并不会让福柯的假设失效，而毋宁说，这事实上认可了福柯的理论内核，并在某种程度上，细化并纠正了其历史年代上的说法。1978年3月8日的讲座讲的是圣托马斯·阿奎那的《论统治》（De regno），并旨在说明在中世纪思想中，尤其在经院哲学中，主权和治理之间存在一种实质上的联系："如果统治者可以也必须在其主权的延伸和不中断的连续体中实施统治，这是因为他是从上帝延伸到家庭中父亲的庞大连续体中的一部分……从主权到治理的连续体不过是上帝到人的连续体在'政治'秩序中的变形。"[4]

---

1 Foucault, p. 95.

2 Foucault, p. 95.

3 Foucault, p. 192.

4 Foucault, p. 234.

按照福柯的说法,这种连续体在16世纪时第一次被打破,那时一系列新的范式,从哥白尼和开普勒的天文学到伽利略的物理学,从约翰·雷(John Ray)的自然史到波尔-罗亚尔(Port-Royal)的语法,"通过一般性、不变性、普世性、简单性以及可认识的规律来统治整个世界",也就是说,上帝"并不在牧师的意义上治理这一切,但他以主权的方式,通过一系列原则,统治着世界"[1]。

相反,我们已经说明了王国和治理分裂的最早萌芽是在三位一体的**安济**之中,这种安济模式引入了神自己的存在与实践的分裂。中世纪的**秩序**观念——尤其在圣托马斯那里——只能通过在它自己之中[作为超越性与内在性(及统治与行政)之间的分裂]再生产出自身来缝合这个分裂。但更令人感到惊奇的是,福柯的治理谱系虽然提到了圣托马斯的小书《论统治》,却忽略了圣托马斯的另一本书《论俗世治理》(*De gubernatio mundi*),在这本书里,他会发现不同于王国的治理理论的基本要素。除此之外,**治理**(gubernatio)一词——肇始于萨维安(Salvian)的《论神的治理》(*De gubernatio Dei*)一书——是神恩一词的同义词,而论对俗世的治理的论文不过是论述上帝同其神恩行为的关系和实施的论文。**神恩就是"安济"一词的名字,因为后者将自己表达为对俗世的治理。**如果**安济**教义——神恩教义依赖于这个教义——可以在这个意义上被理解为一种用来发现和解释俗世治理的机制(也只能用这种方式来理解该机制),那么反过来说也是一样,唯有它反对神恩的"安济-神学"的背景时,治理范式的诞生才

---

1 Foucault, p. 235.

是可以理解的。

令人感到奇怪的是，在 1977—1978 年的课堂上，福柯没有提到神恩观念。而在福柯提到的开普勒、伽利略、雷、波尔－罗亚尔学派的理论，我们可以看到他不过是将一般神恩和特殊神恩的区分彻底化了。在这个区分中，神学家不过是以他们自己的方式将王国与治理的对立转化了而已。福柯试图通过一系列的抵制牧师团体的反抗来解释——事实上不太令人信服——从教会牧师团体到政治治理的过渡，如果将其看成第一原因与第二原因、近因与远因、偶然原因与有效原因、一般意志与特殊意愿、间接群体与直接群体、统治与施行的各种具体现象的世俗化，这个过程就容易理解得多，谈神恩的理论家们试图借此让神对俗世的治理变得可以理解。

第一节 余论

我们开始考古学研究的时候，必须考虑到，一个可以从中发现政治概念或制度的谱系学的领域，并非我们最初认为可以找到这些东西的领域（例如，可以在神学中发现某个概念，但在政治科学中却没有）。如果我们让分析严格局限在中世纪的"政治"著作中，如圣托马斯的《论统治》或者维泰博的若望（John of Viterbo）的《论共和国的治理》(De regimine civitatum)，我们将会面临在现代人看来理路上不连贯的东西，将会面临术语上的混淆不清，这种混淆不清有时会致使在现代政治范畴和中世纪政治概念之间建立起令人信服的联系变得几乎不可能。然而，如果我们考察一下这些我们已经研究过的前提，那么现代政治概念的谱系可以在《论神的治理》(*De gubernatione Dei*)和论及神恩的著作中找到,那么前面所提及的现代政治范畴和中世纪政治概念的关系就变得清晰可见了。再说一次,考古学是一种标记(segnature)科学,我们需要依循着这些标记。这些标记取代了概念,并引导解释走向不同的领域。

福柯没有听取这种方法论上的警告,这不仅让福柯没能从头到尾以令人信服的方式阐明他的治理谱系学,而且也不符合米歇尔·塞内拉(Michel Senellar)[1]的关于《论统治的技艺》(*Arts de gouverner*)的有价值的研究,即《论中世纪治理概念的"政体"》(*Du "regimen" medieval au concept de gouvernment*)。现代治理概念并不是中世纪**政体**(regimen)的延续,中世纪体制代表着一盘死局,也就是西方中世纪思想的死局,不过从更广泛和更清晰的层面上看,现代治理概念是诸多讨论神恩的论文的延续,这反而起源于三位一体的**安济**问题。

第二节

我们几乎不可能从头到尾地重构异教徒、基督徒、犹太文化之间关于神恩问题的巨大争论,这场争论起始于斯多葛学派,并一直无中断地延续到现代性的门槛上。相反,让我们感兴趣的东西只是这场争论在何种程度上成为一个场所,其中,神学-安济范式以及这种范式导致的存在与实践的断裂,采取了俗世治理的形式,反之亦然。唯有

---

[1] 米歇尔·塞内拉是福柯法兰西学院讲座集的编辑者。——译注

当本体与实践彼此分离,且仅仅在"安济"上合在一起的时候,治理才能表现为一种可以被思考的行为。在这个意义上,我们可以说,神恩学说是一个最佳领域,在这个领域中,古代的世界观,以及存在凌驾于实践之上的优先性,开始出现裂痕,**无所事事的神**(deus otiosus)开始让位于**活动的神**(deus actuosus)。在这里,我们需要分析神在治理活动上的意义与含义。

通常我们可以看到,关于神恩之争一开始的关键问题就是一般神恩和特殊神恩的区分。在根本上,斯多葛学派在神恩计划中以最初的方式(proēgoumenōs)建立的东西与作为衍生和次等结果所产生的东西(kat'epakolouthēsin 或 parakoulouthēsin)之间做了区分。

神恩概念的历史与一场漫长而残酷的争论是一致的,这场争论发生在那些认为上帝仅仅为俗世提供了一般原则或普世原则(providentia generalis),与那些认为神之恩泽会延伸到特殊事物上的人之间——按照《马太福音》10∶29,他们认为恩泽甚至会延伸到最低贱的麻雀身上(providentia specialis 或 specialissima)。如果我们接受一般神恩,部分或完全拒绝特殊神恩,我们得出的就是亚里士多德主义或晚期古典哲学的立场,这最终将走向自然神论(用伍尔夫的话说:"承认上帝存在,但否认它关怀人类"[1])。另一方面,倘若我们同时接受两种神恩形式,我们得出的就是斯多葛主义的立场,也是基督教神学的主流立场,对于他们来说,问题在于如何调节特殊神恩与人的自由意志的关系。

然而,争论的真正的问题不是人的自由(第二个问题的支持者试

---

1 Wolff, II, 2, p. 191.

图通过远因和近因的区分来保障人的自由),而是神对俗世治理的可能性。如果在上帝那里,王国与治理是分开的,且是明显对立的,那么俗世治理实际上是不可能的:我们所拥有的,一方面是一个无能的君王,另一方面则是神恩的特殊(暴力的)行为的无限性和无序性。唯有当王国与治理在两极机制中联合起来,俗世治理才是可能的:治理正是源于特殊神恩与一般神恩的联合与结合——或者,用福柯的话说,是**整体**(omnes)与**个体**(singulatim)的结合。

第三节

神恩机制第一次出现,是在克吕西波斯的《论神恩》(*Peri Pronoias*)的段落中,在那里,已经展现了神恩的本质特性,它界定了直至现代性门槛上的神恩的功能,即这是两个不同问题在策略上的结合:一是恶的起源与证成,二是俗世治理。克吕西波斯建立起来的这两个问题之间的关联影响力十分强大,以至于这种关系仍然可以在莱布尼茨《神正论》(*Theodicy*)一书中复活,莱布尼茨在拜耳(Bayle)死后仍然吹毛求疵地与之争论,其核心论点复活了克吕西波斯的这个关联。为了证明他的理论,即现存的世界是**最好的国度**(la meilleure des républiques),莱布尼茨宣称恶可以在这个世界上出现,但这并不是直接来自上帝的意志,而是一个不可避免的结果,即上帝选择创造可能的最好世界时的副产品:

于是,理性造物中的恶,只是作为偶然的伴生物而发生的，它不是逻辑前提，而是结果上的意志，如可能的最好计划中所蕴含的那样，形而上学的善包含一切，这让它必然有时候要承认形下之恶和道德之恶，正如我们不止一次地解释过这个问题。碰巧的是，古代的斯多葛主义者并没有太远离这个体系。[1]

在这个阶段上，为了证明他的理论，并让对手陷入矛盾，莱布尼茨回到了——事实上他也非常坦诚——拜耳对克吕西波斯的段落的解释：

> "克吕西波斯"，他说道，"在他的论神恩的著作中，在众多问题中，重点考察了这个问题：**疾病是否依照自然本性而发生**（ei ai tōn anthrō nosoi kata physin gignontai）。事物的本性，即塑造世界和人类的神恩，也创造了让人不得不承受的疾病吗？他回答说，自然本性的设定，并不是让人生病，那不符合全善之理由；但自然本性（它让诸多事物处于良好有序之状态，让它们得其所用）在这个过程中发现结果出现了一些瑕疵，而这些瑕疵与原来的设计和目的是不一致的，它们成了这项工作的后果，它们的存在仅仅是作为一种结果，这个结果只有某种程度上的必然性，克吕西波斯将之界定为**伴生物**（kata parakoulouthēsin）。对于人类身体的形态，克吕西波斯说道，最完美的观念以及最有用的工作需要脑袋由薄

---

[1] Leibniz, p. 258.

而坚实的颅骨组成，但又因如此，其注定具有一个缺陷，即它无法承受殴打。自然本性塑造了健康，与此同时，它必然在伴生物的影响下产生疾病的后果。"[1]

克吕西波斯对基督教哲学和神学的直接影响，正在于恶的问题与神恩问题的关系，我们不能想当然地理解这一关系。

第四节

阿佛洛狄西亚的亚历山大是2世纪前后亚里士多德的评注者，他也为神恩问题的讨论做出了贡献，这是一个非常不错的例子，正是在这篇颇富争议的论著中，不同的哲学学派按照各自的固定方向，彼此间分化整合。亚历山大的对手斯多葛学派提出"世界上没有什么东西是没有神恩干预的，是纯粹偶然的"，而诸神——类似于一位严谨的主人，控制着家中偶然发生的一切——照料着这个世界上的一般事物和特殊事物。[2] 为了反对这种神恩观念，亚里士多德不停地重复说，神不断地关注每一个体，每一个特殊事物，会显得他自己是比他创造的万物更低阶的东西。因此，他将王国范式对立于牧师范式（再说一遍，即王国与治理）：牧师低于其所服侍、照料的万物，因为他的完善注定是万物的福祉，

---

[1] Leibniz, p. 258.
[2] Alexander of Aphrodisias, *La provvidenza*, pp. 102-103.

> 王并不是这样来实现他对所统治的万物的恩典：王并不关心一切，无论是普世事物，还是特殊事物，没有任何从属于他的事物会以某种方式——他一生致力于此——逃脱他的心智。王的心灵选择用普世、一般的方式来实施他的恩典：他德高望重，不至于对诸多琐碎之物事必躬亲。[1]

当然，神是一切恩典的源泉，但这并不意味着他凝视着并了解所有的琐碎之物：

> 一个人并不可能去料理家里的一切事物，不至于去照料家里的老鼠、蚂蚁，以及家里的其他一切东西。因此我们可以说，一个德高望重之人将家里所有事物打理得井井有条，尽一切便利来管理万物，这并非其行为中最完美、最有价值的东西。相反，他需要思考最有价值的东西，而那些行为和关注都与之无关。如果这些行为对于一个精明的人来说不值如此而为，那么对于神而言，亦是不足如此：事实上，他对于我们来说太过高山仰止，以至于我们不能说他关照所有人、老鼠、蚂蚁……不能说他的恩典会泽被大地的所有事物。[2]

我们看到，这里已经包含了对神恩的双重解释，后来在基督教

---

1 Alexander of Aphrodisias, *La provvidenza*, p. 117.
2 Alexander of Aphrodisias, *La provvidenza*, p. 119.

神学中，这种解释被表达为**一般神恩**（providentia generalis）和**特殊神恩**（providentia specilais）；在这里，亚历山大的说法是自为神恩（kat'hauto）和偶然神恩（kata symbebēkos）。但在亚历山大这里，关键在于，他试图思考第三种中间模式，它在二者的对立中保持中立，对他而言，这种模式似乎构成了神恩行为的真正范式。

亚历山大写道，诸神对地上万物的恩典并不是第一位的行为，并非在意图上因物而行事，因为在这种情况下，因物而行事的事物都低于物本身，这样神就低于地上世界的总体。[1] 但说神恩是以纯粹偶然的方式产生的同样十分荒谬，因为这等于说神绝不会关注世界，而那样，他不过是万物之中最智慧的存在物而已。在这里，亚历山大概括了神的行为的范式，既避免了有意而为的模式，也避免了一种不知不觉的偶然模式，也就是说，亚历山大的范式将自身表达为矛盾的形式，即有意识的偶然或无目的的意识。亚历山大所谓之"自然本性"，乃是对应于这种神恩教义，不断地将自然本性界定为"神之技艺"[2]：

> 神的权力，我们亦称之为"自然本性"，维系着万物。在这种本性中，神建立并赋予万物一种形式，一种按照某种有序关联建立的形式，但这并不依靠某些决定来发生。自然本性并不是对决定的实施，也不是依照万物来对其进行理性反思，因为自然本性就是一种非理性的权力。[3]

1　Alexander of Aphrodisias, *La provvidenza*, p. 143.

2　Alexander of Aphrodisias, *La provvidenza*, p. 149.

3　Alexander of Aphrodisias, *La provvidenza*, p. 151.

正是出于这个原因，亚历山大可以将自然运动等同于机械自动运动所产生的东西，"似乎跳舞、打斗、运动带有秩序和韵律，这是因为它们的造物主安排它们以这样的方式运动"[1]。但在艺术作品的情形中，工匠赋予自己一个目的，而自然本性作为一种神之技艺，以一种非自愿的方式——但并不是偶然的——完善了这个作品，"这仅仅是因为生成万物的连续不断的过程"[2]。

第五节

我们如何理解神恩行为的这种特殊中间性质——非自愿，但并非偶然？亚历山大在他的问题2.21中强调并提炼炼了他的模式。他写道，如果可以找到位于"自为"和"偶然"之间的中间模式，那么神恩行为玄妙莫测的情形就会消失。后者并不是作为行动的目的，这是神提供给他的东西（自为神恩），也不是纯粹的偶然：

> 我们说，当某人设定其目的，并惠及某个对象时，他提供了某种东西。从恩惠角度来看，他认为通过他的行为，自己可以达到他所设定的目标，将他提供东西的恩惠作为其行为的客观方面。
>
> 我们说，当某人并不打算惠及人而提供某种东西，而碰

---

[1] Alexander of Aphrodisias, *La provvidenza*, p. 151.

[2] Alexander of Aphrodisias, *La provvidenza*, p. 153.

巧后者从这些东西中受惠,那么他提供给其他人的是一种偶然恩惠。以这种方式提供恩惠的人完全没有意识到其行为的偶然结果,就好比某人偶然发现了一批财宝,而他挖坑是出于其他目的,并没有预期挖到这些。再比如某人偶然被闪电劈中死掉了,因为闪电劈下来并不打算劈死人,创造了这个闪电的造物主也没有意识。[1]

按照亚历山大的说法,神恩行为的本质——其特殊价值在于此处——既不是"自为的",也不是"偶然的",既不是首要的,也不是附属的,是所谓的"算计中的伴生效果"。

> 对出于一些其他目的而发生的一些后果的认识,消除了其纯偶然性,因为当某物发生似乎与预期相背离时,它才是偶然的,而预言似乎指向了诸多事实之间的合理关联……存在并不是因物而行事,而是知道它会惠及什么,会需要什么,可以说,他为物供给,但既不是为他自己,也不是纯粹偶然。[2]

在亚历山大那里,神恩理论——对应于肇始于亚里士多德的亚里士多德主义的神学——并不打算建立俗世治理,但俗世治理——即一般事物与特殊事物的关联——以一种偶然但有意的方式,源于普世性

---

[1] Alexander of Aphrodisias, *La provvidenza*, p. 236.

[2] Alexander of Aphrodisias, *La provvidenza*, pp. 236-240.

的神恩。神统治，但不治理，因而让治理成为可能。换句话说，治理是神恩（或王国）的附带现象。

亚历山大以这种方式界定了神恩行为的本质，这留传给基督教神学的是一种神对俗世治理的可能标准。无论神恩是仅自身展现在普世原则中，还是降临到世间，甚至照料最低等的事物，它都需要穿越诸事物的自然本性，遵循其内在性的"安济"。对俗世的治理，既不是通过把外在的一般意愿以暴君式的命令来实施，也不是通过纯偶然来实施，而是通过了解在万物本性之中产生的可以预期的伴生效果，以及它们特性中的绝对偶然性来实施的。这样，看起来像是边缘现象或次要后果的东西，正好成了治理行为的范式。

因此，毫不奇怪9世纪的一位阿拉伯作家，查比尔·伊本·赫扬（Jabir ibn Hayyan）[1] 解释亚历山大论神恩的神学的方式，将其变成了自由主义的原始范式，仿佛主人为了自己的兴趣和家中之物，提供了恩惠，而这个恩惠对那些藏于其中的小动物们产生了好处——在多大程度上是有意的，并无所谓：

> 阿佛洛狄西亚的亚历山大的作品特征鲜明，按照他的说法，九霄之上的神灵并不会悉心将其神恩惠于俗世：在这个世界上没有任何东西会避过其恩泽，但恩泽是偶然的。为了

---

[1] 查比尔·伊本·赫扬是阿拉伯炼金术士、医生，在拉丁文文献中他被称为格伯。约721年生于图斯（今在伊朗），约815年卒于库法（今在伊朗）。他的学术思想渊源于亚里士多德的元素学说，他的大量著作（包括许多冒名的拉丁文著作）传入欧洲，对中世纪欧洲的发展有着较大影响。——译注

证明这一点，他给出了下面的例子：一家之主或王官之主并不需要像他对他自己和他的家人一样，照料、喂养家中或官中的老鼠、蜥蜴、蟑螂和蚂蚁，或者让这些东西维持生命。不过，他给这个家的东西，偶然也会惠及这些小动物。[1]

第五节 余论 1

在斯多葛学派那里，斐洛全面阐释了神恩的伴生的消极后果。创造之中有害的和"恶意"的元素（从闪电到冰雹，从毒蛇到蝎子）都被看成一种伴生后果，或是一种神恩的在宇宙中带有污点的伴生后果：

> 冰雹与风暴，以及其他此类的事物，都是空气变冷的伴生后果（epakolouthei）。此外，雷电源自云层的碰撞和摩擦反弹……地震和瘟疫，震撼的雷霆，以及诸如此类的事物……（都不是自然原本的工作，而是伴随着必然事物而生的衍生后果）……至于爬行类动物，那些分泌毒液的爬虫走兽，并不是直接出于神恩而是出于（伴生后果）而存在的，我之前已经说过，当湿气变成更暴躁的热时，它们就降生了。[2]

现代治理的理性正好复苏了这种神恩的双重结构。所有治理行为旨在一个首要目的，不过正是由于这个目的，治理行为会导致"伴

---

1 Alexander of Aphrodisias, *La provvidenza*, p. 167.
2 Philo, *On Providence*, Fragment II, pp. 753-754.

生性破坏",其在特殊层面上可以是意料之中或意料之外的,但在任何情形下都被看成理所当然的。对"伴生后果"的估算——其后果甚至是相当可观的(例如在战争中,会导致人的死亡和城市的破坏)——在这个意义上,是治理逻辑的一个内在成分。

第五节余论 2

会产生极其荒谬的伴生后果的特殊神恩的观念,也可以在基督教神学家的著作中找到,下面这一选自哲罗姆的段落就十分有意思:

> 将上帝的尊严延伸到让其关心在某一刻有多少蚊子出生和死亡,跳蚤和苍蝇的数量,或者多少鱼在海里降生,以及诸多类似问题的程度,都是十分荒谬的。我们不应愚蠢地吹嘘上帝可以将神恩降临到那种层面的问题上。[1]

第六节

在斯多葛学派的思想中(斯多葛学派是神恩概念滥觞之处),神恩与命运问题严格地交织在一起。在这个意义上,普罗塔克的《论命运》提供了一个有启发性的例子,即一位异教哲学家如何在 1 世纪到 2 世

---

[1] Jerome, *Commentarium in Abacuc Prophetam*, I, I; PL, 25, 1286 a–b.

纪间的基督教时代，在不经意间贡献了他对治理范式的思考。

普罗塔克首先定义了命运（heimarmenē）的概念：按照斯多葛学派的模式，其清晰地说明了本体论在那时如何在语用（prammatica）上将自身双重化，即他区分了作为本体（ousia）的命运和作为活动（energeia）的命运。作为本体，命运等于世界的灵魂，在空间上，它被分成三个部分：不动星辰的天空，包含着"斗转星移"的行星的部分，天空之下的大地区域。而作为活动——这个方面似乎是令普罗塔克最感兴趣的东西——命运等同于法（nomos），"决定了所发生的万物的过程"[1]。

不过，关键在于普罗塔克使用了法的范式来阐释一般命运与特殊命运（kata meros 或 kath' ekastha）[2] 的关系。正如城邦法（politikos nomos）[3] 并不指向这个或那个个体，而是按照一个普遍前提（hypothesis）来打理城邦中发生的一切，因此命运建立了一般性前提，按照这个前提，特殊事实之间的关系出现了。[4] 换句话说，从命运的角度来看，所发生的一切都可以看作之前的前提的后果。这样，普罗塔克认识到命运是有后果或有前提的（to ex hypotheseōs）：

> 让我们下一步来决定"前提的结果"的性质，这说明了命运就是这种性质。通过"前提的结果"，我们的意思是，这

---

[1] Plutach, *On Fate*, 568d, p. 313.

[2] Plutach, *On Fate*, 569d, p. 321.

[3] Plutach, *On Fate*, 569d, p. 321.

[4] Plutach, *On Fate*, 570a, pp. 321-323.

个东西不是独立创造的,而是以某种方式与其他东西有一种真正的"衔接关系",无论在什么地方,都会有一种表达暗示着如果一个东西是真的,那么后面的东西也是真的。[1]

唯有当"与命运一致"指的不是前项,而是后果和结果的秩序时,"万物与命运一致"(panta kath' heimarmenēn)[2]才有意义。"我们只能将在神对万物的安排下,作为首先确立起来的事物(proēgēsamenois)之结果的东西,称为'命定的'或'与命运一致'。"[3]即命运将实在之物分成两个层次:一般前项(proēgoumena)和特殊后果。在某种程度上,前者在命运中,而不是**依**命运而发生,而实质上,命运是两个层次之间结合所产生的东西。

在这个阶段上,普罗塔克引入了他自己的神恩学说,这种神恩学说不过是对他的命运理论的更为严格的表达。像命运‒实体(fate-substance)一样,神恩也有三重形象,这呼应了托名柏拉图的《书简二》中的三种神之秩序的规划。第一种神恩或最高神恩是智慧或至善的意愿,"它恩泽万物",每一种存在物都有序地作为"其最好和最优秀"的存在。[4]它"产生了命运,在某种意义上,它包含着命运"[5]。第二种神恩,这是与命运一起被创造出来的神恩,和命运一样,被包含在

---

[1] Plutach, *On Fate*, 570a, p. 323.

[2] Plutach, *On Fate*, 570c, p. 325.

[3] Plutach, *On Fate*, 570e, p. 325.

[4] Plutach, *On Fate*, 572f, p. 343.

[5] Plutach, *On Fate*, 574b, p. 351.

第一种神恩之中,是漫步在天国中的次等神的结果,平凡之物得到打理,并让其与天道一致。第三种神恩,它是在"命运之后"被创造出来的,并包含于其中,取决于那些被委托去预见和安排人的个体行为的精灵。按照普罗塔克的说法,只有第一种神恩才配得上神恩之名。它是"所有存在物中最古老的东西",他优先于命运,因为"一切都臣服于命运,都臣服于神恩"而不是相反。[1] 而拿命运与法律作比,第一种神恩好比"依照人之灵魂的政治立法"[2]。

对于普罗塔克而言,神恩和命运既相区别,又彼此紧密结合。如果第一种神恩对应于最高的和普世的层次,那么命运,这一包含在神恩之内并部分地等同于神恩的东西,对应起源于神恩的特殊结果的层次。但没有比"伴生性"和"实效性"(akolouthia)更模棱两可的词汇了。必须考察一下,将这个概念引入经典本体论中的新意所在。它颠覆了亚里士多德对最终动因及其至高地位的界定,它将在亚里士多德那里作为目的的东西转变为"结果"。当普罗塔克看到"或许坚持精确性的人在这个问题上可能会反过来坚持特殊之物才具有优先性,普世之物因自己的理由而存在——终极目的优先于臣服于它的东西"[3]时,他或许注意到了这一点。换句话说,神恩-命运机制最特别的地方在于其作为一种两极系统,最终产生了在什么是首要的、什么是次要的,什么是一般的、什么是特殊的,什么是终极动因、什么是后果之间模

---

1 Plutach, *On Fate*, 573b, pp. 343–345.

2 Plutach, *On Fate*, 573d, p. 347.

3 Plutach, *On Fate*, 569f, pp. 322–323.

糊不清的区域。尽管普罗塔克与亚历山大一样，并不打算进行治理范式的研究，但他的著作中所得出的"实际的"本体论，在某种程度上，包含了让治理成为可能的前提条件，可以理解为一种活动，在最后的例子中，其目的不是为了区分一般与特殊、首要性与结果、目标与手段，而是去思考它们在功能上的相互关系。

第六节 余论

现代世界的科学形象通常与俗世的神恩治理的神学概念相对立。不过，在它们的概念结构中，它们比我们通常所想象的更为接近。首先，一般神恩的模式基于永恒法，这个永恒法完全可以同现代科学中的永恒规律类比。尤其是第一原因和第二原因的关系明显类似于现代科学中的世界形象。迪迪耶·德鲁勒（Didier Deleule）已经说明，在现代思想中，从休谟到亚当·斯密，一个可以与神恩理论相媲美的概念出现了，它打破了第一原因的优先性，并用内在性后果中的纯偶然博弈所产生的秩序取而代之。世界的秩序无须回溯到一个源初计划，它源自一系列连续的近因的影响，因此，其运作也不似大脑，而是如同一个子宫。[1] 事实上，尽管神之**统治**的观念、神恩秩序的双重结构可以完美地与第二原因的偶然性博弈及其后果协调一致，但俗世的治理并不源于完美无缺的一般性规律的律令，而是源于一般规律和第二原因层面偶然性的互相结合。

1　Deleule, pp. 259–267.

第七节

因此，当看到亚历山大在论命运的论著中，直接站在了斯多葛学派的神恩-命运工具的对立面时，我们不应惊奇。

他一开始说明了，亚里士多德澄清了四因（动力、质料、形式、目的），命运不可能在这四者中找到一个位置而不产生矛盾，或者在自身中包含所有偶然事件的总体。按照这个说法，他倾向于一种偶然事件的秩序，偶然抽搐或无意义的姿态的秩序，古代人似乎忽视了，"与摸头发和拔头发一样，许多行为都与此类似"[1]。那些残余之物、被排斥的东西与异常之物不会在任何终极或者任何命定的关联上留下痕迹。

> 会有人说，身体某个部位所生长的多余之物是何种原因，那些怪胎和不自然的造物，甚至起初就不能生活的东西是因何缘由？……不，让某些人告诉我们腐烂和枯萎的水果是何原因的结果？而一些树叶成双又是出于何原因？……每一种生长的事物，从开始存在的那一刻，就有某种东西成为它的原因。[2]

亚历山大充分注意到这个事实，即他的对手宣称调和了命运与人的行为能力，通过命运找到治理俗世的可能性。他引用了一篇论著中

---

[1] Alexander of Aphrodisias, *On Destiny*, p. 21.
[2] Alexander of Aphrodisias, *On Destiny*, p. 101.

的一段话，这段话很清晰地肯定了命运－治理之间的关联："那么，一切事物并不依照命运而发生，宇宙的管理（dioikesis）并不能摆脱阻碍或干预！好吧，那么就不存在有序的世界（kosmos），犹如不存在宇宙，不存在诸神一样。"[1] 另一位对手的命运学说认为，如果我们在世界中引入一个运动，而没有原因，"宇宙就会破碎，化为碎片……不再保持统一和永恒，或者按照一种秩序和一种**安济**来统治"[2]。为了反对这种观念，亚历山大坚决肯定了人类行为的偶然性（即打开了通向非自我生产的可能性的大门）。在论著的结论部分，我们读到："任何人都是那些事物的主人，我们知道，这好比他自己同样有权力不去做某事。"[3]["权力"（potere）是对"exousian"一词的正确翻译，而不是"自由"，而绝大多数翻译会将它译为"自由"。] 在论神恩的论著中，他企图将神恩包含在一般领域中，这让亚历山大思考了伴生后果的本体论，这不再是亚里士多德主义的学说，而更近似于现代治理理论。在这里，相似地，拒绝命运让他在所有领域中都支持偶然性理论，而这种偶然性理论与现代治理技术是相一致的。事实上，对于后者而言，真正的关键并不在于一种先定秩序的观念，而是混沌治理的可能性，这种治理并不束缚在命运必然性之上，而是坚定不移地对混沌无序进行计算，它并非丝毫不触及因果关系的链条，而是维持与引导纯粹偶然性的结果的前提条件。

---

1 Alexander of Aphrodisias, *On Destiny*, p. 155.

2 Alexander of Aphrodisias, *On Destiny*, p. 97.

3 Alexander of Aphrodisias, *On Destiny*, p. 163.

第八节

在中世纪用拉丁文版保存下来的普罗克鲁斯的《神恩问题》（*Questions on Providence*），并没有提出俗世治理问题。神恩直接就是本体－灵知论（Ontologico-gnoseological）问题，这个问题与神之知识的自然对象是一致的，普罗克鲁斯的任务恰恰在于十分肯定地确定在太一和存在中的神恩（pronia）。这样，第一个问题就是神的知识对象是否是普世的实在，或者毋宁说，一种个体实体。回答是，神恩与最高层次的神的知识的一样——按照一种我们现在十分熟悉的范式——在把握整体的同时也把握着个体（omnes et singlatim）。但是，在本质上，这个问题仍然是一个知识问题，而不是一个实践和治理问题。在同样意义上，第二个问题考察了神恩理解偶然性事物的方式。尽管这些事物本身不是被决定的，或具有多种可能，但神恩仍然对这些事物了如指掌，仿佛它们是必然的一样。事实上，知识的本质是由认识的人的本质决定的，而不是由被认识的对象的本质来决定的，因此，神恩"并不会分派到各个部分，与每一作为知识对象的事物在一起，也不会围绕它们运动……而是神恩之**太一**驻留在**太一**之中，同时它是不可变也不可分的，它了解万物，而其认识事物的方式永恒一致"[1]。

第三个问题研究了将神恩与偶然事物联系起来的本质关系，神恩的本质等于太一的本质；在这种情况下，治理问题开始突显。事实上，在大地上的偶然事物与最高真实之间若不存在任何关联（colligatio

---

1　Proclus, *Two Trearies*, p. 8

的话，那里就不会存在一个总体，也不存在按照其理智实施的治理（gubernatio secundum intelligentiam）。普罗克鲁斯将这种关联交给了恶魔与次等诸神。

> 只有诸神拥有这些知识，即将它们的神恩关怀延伸到万物之上；但恶魔，将最高本质的启示分成诸多部分，正如柏拉图所说的那样，他们从中接受了这种启示，而这些被分割的启示散落到不同区域，降临在不同的动物群之上，直到最偏僻的部分。因此，它们其中的一些降临在人身上，一些降临在狮子身上，一些降临在其他动物身上，有一些部分甚至降临在植物之上。还有一些更细微的部分，一些成为眼睛的守护者，一些成为肝脏的守护者，其他成为心脏的守护者。而所有这些部分全都属于诸神……[1]

但在这里，正如在下一个问题中——下一个问题处理的是诸神参与到世界之中的方式——神恩在本质上仍然处于一个本体论范畴，其回溯地指向神之存在的持续不断的照耀，在其照耀下，各个个体依照其特有的本质力量，不同程度地分有着神之存在。

让我们回到那封写给狄奥多雷（Theodore）的书信，那封信直接向我们谈了对《神恩问题》的看法，在信中，普罗克鲁斯考察了命运及其与神恩关系的问题。狄奥多雷是一个"机械论者"，也就是说，他

---

[1] Proclus, *Two Trearies*, pp. 23–24.

是一种工程师的类型，认为世界是巨大的机器组成的，而主宰世界的是那些无法避免的必然性，每一个领域与其他领域都是由齿轮衔接的，而它们都起源于单一的运动原则，这个原则决定了所有活物和非活物的运动。按照狄奥多雷的说法，这个原则运作着，并将机械－世界（mundiale opus）统一为一种超级机器（machanicus quidam），这个原则就是命运或者神恩。

这种一元的机械－世界模式排斥了所有自由（这个短语的拉丁文译法 autexusion, id est liberi arbitrii，是一个空洞的名称[1]），也排斥了神对俗世治理的所有可能性。为了反对这种模式，普罗克鲁斯指出神恩和命运实际上是构成了一个在等级上将两个不同层面结合起来的体系。后者并不排斥自由，实现了两种元素或两个层面的实质区别。在宇宙中的任何地方，实际的首要动因与其结果有所不同（ubique qutem factivae causes ab effectibus distinctae sunt）[2]，而行动原则不可能与其结果处在同一层面上（faciens non est tale, quale factum）[3]。换句话说，这个教义假定了一种二元本体论，其将实在一分为二，一个是超越性的层次，一个是内在性的层次：神恩对应于超越性的第一动因的秩序，而命运对应于作为结果或内在性的第二动因的秩序。神恩，即第一动因，是善之根源，而命运是第二动因，产生了结果的内在性关联（providentiam quidem causam esse bonorum his quibus providetur, fatum

---

1 Proclus, *Tria Opusclua*, p. 334.

2 Proclus, *Tria Opusclua*, p. 346.

3 Proclus, *Tria Opusclua*, p. 346.

autem causam quidem esse et ipsum, sed connexionis cuiusdam et consequentiae his quae generantur）[1]。两个层面在一起成为一种双桨机器，在其中，诸结果之间的命定关联［命运作为一**种关联之因**（causa connexionis）］承载着并实现超越性的善的神恩观照。

尽管神对俗世治理的观念在这里仍然不明朗，不过将存在分成两个不同且互相关联的层次，是后来基督教神学得以建构出其治理机制的前提条件。

第八节 余论

将此贡献归于穆尔贝克的威廉（William of Moerbeke）所翻译的普罗克鲁斯的小册子不是太合适。应将贡献归于《神恩问题》的拉丁文版与11世纪的拜占庭学者伊萨克·塞巴斯托卡莱托（Isaac Sebastocrator；他被人指控剽窃了普罗克鲁斯的原著），他所写的三篇论文与拉丁文版的《神恩问题》有吻合的部分。不过，可以肯定的是，这本小册子中所描述的本体论与其说是新柏拉图主义的本体论，而毋宁说是斯多葛学派或基督教的本体论。世界的造物主的观念在后来被多次重复。有可能这本小册子的作者并非普罗克鲁斯，而是一个代表着犹太－基督世界观的作者（无论如何，绝非古代的作者），我们已经多次遇到了这种世界观。

1　Proclus, *Tria Opusclua*, p. 342.

第九节

第一个将神恩-命运机制转嫁到基督教神学之中的文本是波埃修斯的《哲学的慰藉》(De consolatione philosophae)。孤独的波埃修斯与哲学女王(她驱逐诗之缪斯,将她们视为"戏剧娼妇")的全篇对话,围绕着神治理俗世的方式(quibus……gubenaculis regatur)以及恶胜于善、运气胜于正义的理由进行讨论。对波埃修斯沉溺于其中的混乱和健忘状态的唯一真正的药方是"俗世治理的真正教义"(veram de mundi gubenatione sentential)[1]。因此,在消除了波埃修斯最初的疑虑之后,这位甜美而严厉的教师教他如何"在我们都有闲工夫的时候,转学一下我从你那里学到的公共管理术"[2]。如今,她微笑着向他解释道,神恩和命运的教义艰涩难学,她自己将之比作许德拉(Hydra)[3]的头:一旦砍去它一个头,无数的其他蛇头会扑过来吞掉你。[4]

神恩与命运、超越性与内在性——在普罗塔克和普罗克鲁斯那里已经形成了一个双重体系——如今清晰地结合在一起,构成了治理俗世的完美机制。哲学女王向她的学生解释说,宇宙的生成与运动需要来自神的动因、秩序、形式。但神已经确立了统治事物(rebus gerendis)双重方式:

当这种方式是上帝纯粹理解的思想,即所谓的神恩,当他

---

1 Boethius, *De consolatione philosophae*, 1, 6, p. 19.
2 Boethius, *De consolatione philosophae*, 1, 4, p. 10.
3 许德拉是古希腊神话中在沼泽中生存的九头蛇怪。——译注
4 Boethius, *De consolatione philosophae*, 4, 6.

指向万物，指向上帝掌控万物的运动与秩序而思时，我们应按照古代人命名的名字来称呼它：命运。如果有人思考它们的力量，他很快就会明白，这两个方面是不同的。神恩是神之理由本身。他凌驾在万物之上并支配着万物。另一方面，命运是神做出的内在于事物之中的安排［dispositio：这个词是拉丁语对 oikonomia 一词的翻译］，神恩在其指派的位置上将万物结合在一起。神恩同时包括了所有事物，无论这些事物多么不同，多么无限，而命运在不同地方、不同时间中掌控着不同个体事物的运动。因此，在上帝的先见中，将所有一切合并为一个统一整体时，这个计划所展现的就是神恩；同样是这个统一整体，当在时间中分解并展开时，它就是命运。二者有所不同，但相辅相成。命运的秩序源自神恩的单纯性。[1]

对于俗世治理的双重性——同时将两个方面统一起来的关联——或许没有比这一段话更确凿无疑的说明。在世界上运作的权力，源自两个原则的相互作用，一个是超越性原则，它是单纯的和永恒的，一个是内在性（inhaerens rebus）安济，其在时空中结合在一起，两个原则有所不同，但是相互依赖（alterum……pendet ex alrtero），这不仅因为命运源自神恩，而且因为——正如在该章节的结论中的颂歌所解释的那样——如果命运并不在运动中限制事物，"那些今天由稳固秩序所保护的事物，会远离其真正的根源而分崩离析"。

---

1 Boethius, *De consolatione philosophae*, p. 104.

哲学女王在下面一段话中清楚地指出,这是治理的完全成熟范式,在这段话中,作者用图像和词汇来描绘出宇宙的安济,借此来谈对王国或帝国的复杂管理:

> 神恩中的神构建了一个纯粹而稳定的关于万物的规划,通过命运的方式,他所创造的万物在时间之中管理(amminsitrat)着万物的个体细节。因此,无论命运的运作是否得到了神恩精神的帮助,或者无论命运之链是由宇宙的灵魂,还是万物的顺从,还是星辰的斗转星移,还是天使们的力量,还是各种各样其他精神,还是它们其中一些或者它们的全部所造就,有一样东西是清楚无疑的:以单纯而不变的形式管理万物的就是神恩,命运是一个总在变化的网络,是通过时间对所有发生的事件的安排,而上帝将其单纯的原则交付于命运让其进行管理。因此,受命运支配的万物,臣服于神恩,而命运本身也臣服于神恩,但某种处于神恩之下的事物就会凌驾在命运的链条之上。那些事物通过它们与至高无上的神的稳固联系,上升并超越由命运支配的变化秩序。[1]

在这里,神恩和命运是看似有着等级之分的两种权力,在这种等级秩序中,神所决定的是宇宙组织的一般性原则,并将管理和施行的权力交付于一个次等的但自主的权力(gestio 是一个司法词汇,在

1　Boethius, *De consolatione philosophae*, p. 105.

这里表示由一个主体所承载但代表另一个主体而行为的决定自由的特征）。存在着由神恩直接决定的事物，这些事物有别于命运的安排，这并不背离这个体系所依赖的权力的二分。**哲学大师**（magistra）解释说，她的令人迷惑的俗世治理的原则是所有中最好的原则（res optime reguntur）[1]，如果神心中所保有的单纯性让诸动因的命运关联运转变化，即如果主上的恩典（王国——波埃修斯清楚地谈到了 regnum providentiae 一词[2]）就是让命运（即政府）来管理和约束人们的行为（命运支配着人的行动和运气[3]）。

由此可见，治理行为似乎带有命定性质和奇迹色彩。因为超越性的君主知道并决定了，在内在性诸多动因的关联中，命运后来制约着什么，命运（即治理）表现为尊贵而玄妙的奇迹（Hic iam fit illud fatalis tes）[4]。尽管事物看起来有些不公义和稀里糊涂，邪恶获胜而善人受难，但所发生的一切并不是马上记入神恩秩序之中的。事实上，即使是邪恶的人实际上也渴望善，但他们用错误的方式来追求他们的欲望；没有任何事情是作为邪恶的结果而发生的，神恩的治理并没有改变其过程（Nihil est quod mali causa ne ab ipsis quidem improbis fiat, quos……bonum quaerentes pravus error avertit, nedum ordo de summi boni cardine proficiens a suo quoquam deflectat exordio）[5]。

1　Boethius, *De consolatione philosophae*, p. 105.

2　Boethius, *De consolatione philosophae*, p. 105.

3　Boethius, *De consolatione philosophae*, p. 105.

4　Boethius, *De consolatione philosophae*, p. 105.

5　Boethius, *De consolatione philosophae*, p. 105

现在，让我们去分析一下神恩同命运在治理机制中的有趣关联。尽管它们有着明显差别，但它们并不是神的行为中两个彼此孤立的方面，**二者结合**（duplex modus）在一个俗世治理行为之中。由于术语上的含混性，有时表达为神恩与命运，有时表达为理智与**安排**，有时表达为超越性与内在性，有时表达为神心中的布局与时空中的布局。治理行为既是神恩（思考并规定着所有人的善的秩序），也是命运（将善分配到个体，将它纳入因果链条当中）。这样，在一个层面上——即在命运和个体的层面上——看似难以理解和不公正的事情，在另一个层面上成为可理解的和公正的事情。换句话说，治理机制的作用如同一个永不停歇的神正论，其中，神恩王国建立了命运治理的合法性和根基，而后者保障了前者业已建立的秩序，并让之运行。

第九节 余论

5 世纪的马赛主教萨维安在他的《论神的治理》中开始分析神恩教义的异教起源。首先是毕达哥拉斯，之后是柏拉图以及"所有的柏拉图学派"，他们都将"神看成所有造物的统治者"，之后是斯多葛学派，他们"目睹了神占据着统治者的位置，在他所开创的国度中存在"。最后是维吉尔和西塞罗，所用的他们的引文——像之前的作者一样——全部是第二手资料[1]。事实上，萨维安只了解护教论者所引述的古典作者的思想，他对神恩教义的概括完全没有考察我们到此为止在

1　Salvian, 1, 1, p. 27.

晚期古典哲学中重构的神恩范式（尤其是古代哲学没有将神恩区分为一般神恩与特殊神恩）。他所举的例子仅限于《圣经》，在那里，神恩尤其在公正与惩罚中得到体现。

不过重要的是，即使在这样的文本中，神恩范式都明显是以治理的外衣来建构的。治理者（gubernator）的隐喻与其在航海上的起源十分近似，但其意义仍然不断拓展，对于萨维安来说，其包括了治理行为的三个方面：

> 还有什么能比把上帝同舵手（gubernatori）联系起来，更恰当也更虔诚地表达出上帝的关怀和关注呢？和一艘船的舵手一样，舵手不会手离舵盘（gubernaculo），上帝也不会在内心中离弃世界。正如舵手的操舵，完全在其身心中完成此任务，借助风向，避开礁石，仰望星辰，上帝也决不会对其最挚爱的和他所守护的世界置之不理。他决不会放弃用其恩典来指引世界，也不会失却其仁慈的关切（indulgentiam）。[1]

论著的第二卷试图通过《圣经》中的例子（per testimonia sacra）来界定神恩的三种形象，萨维安界定为**存在**（praesentia）、**统治**（gubernatio）、**判断**（iudicium），这构成了现代三分权力的前身，不过在这里，它们也被重新统一到单一的执掌者手中。存在，对应于主权，其象征是眼睛，其作用是监视和观看；统治的象征是手，其作用是指

---

1 Salvian, 1, 1, p. 28.

导和纠偏;判断(司法权力)的象征是言辞,其作用是判断与诅咒。不过三种权力彼此紧密地交织在一起,并彼此包含:

> 首先证明神的存在。因为毫无疑问统治和判断的神首先必须要存在,其目的是为了统治和判断。神的言辞,通过神之经文来言说:"主之眼,在任何地方,看到善恶。"上帝此时是在看,观照着我们,通过他的眼界来观看我们,无论我们身处何处……守护善是为了保存善,而邪恶,必须要将之摧毁……如今我们看到观看我们的上帝统治着我们,尽管他观看的理由在其自身之中,并是他统治的原因所在。他并不会以此为目的观看我们:他看着,但他可能忽略我们。他屈尊来照料俗世的事实,可以理解为一种不容忽视的东西,这尤其是因为,正如经文所明证的那样,他会让邪恶之人覆灭,让慈善之人获救。正因为如此,神的治理的安排(dispensatio divini gubernaculi)得到展现;正是这种治理的作用,按照个体各自的品行,统治并处置着个体。[1]

第十节

托马斯·阿奎那的论著《论俗世治理》中包含了治理的神学范式。在这里,治理并不是作为主题来界定的,而是通过一系列**提**

---

[1] Salvian, 1, 1, pp. 55–57.

问（quaestiones）的回答来定义的，而这些提问循序渐进地决定了治理的特殊性。首先，治理对立于机遇，正如秩序对立于偶然发生的事情：

> 一些最早期的哲学家，主张一切都是偶然发生的，排斥了对世界的一切治理。但有两个理由证明这种意见是不可能的。第一个证据是世界本身。因为我们在自然存在物中看到，所发生的最好的东西要么是永恒的，要么是在时间中持存最久的。那么就绝不可能是这样，即没有神恩会引导这些存在物达到其终极目的，至其至善。这样的引导就是治理的意义所在。因此，这些事物中的常规模式清晰地表明世界是被治理着的。另一个例子来自西塞罗，他引用了亚里士多德的话：如果你们走进一个被管理得井井有条的家，从这里面你就会看出管理者有着良好的规划。[1]

第二个理由更近似于对治理的定义，其涉及上帝所创造的万物以适当方式到达至善："任何存在物的至善在于实现其终极目的。这是适于上帝之善的，正如上帝让事物存在，他也引导它们走向终极目的。这就是统治它们的意义。"[2] 这样，统治的一般意义就是"引导事物走向终极目的。"圣托马斯强调说，造物需要被统治，因为如果它们不是被

---

1 *Summa Theologiae,* 1, q.103, a.1.
2 *Summa Theologiae,* 1, q.103, a.1.

统治者的手腕(manus gubernatoris)所保护,它们会堕到它们诞生之前的虚无之中。但是,神对于世界的治理是通过何种方式来运行的?这绝不像平常人表述的那样,是一个来自外部的力量来引导造物,如同一个牧羊人引导他的羊群。界定神之治理的正是(回应了亚里士多德的**源质**与**自然**之间的同一性)神之治理与他所引导的事物的自然本性的完全一致。按照一个完全对立于秩序结构的悖论,神对于造物的治理不过是内在于事物的自然必然性:

> 固定在整个过程中的事物的内在自然必然性本身是一个印记(imprint),它来自上帝从始至终的引导,如同箭飞向靶子的真实性是由弓箭手促动的,而不是由箭本身促动的。不过,注意这个差异,造物从上帝中获得的东西成为其本质,而人为地加载在自然事物之上的东西是一种暴力强制。那么,这个对比是这样:箭飞翔中的推力的必然性是弓箭手瞄准靶子的标志;而造物本性中的必然性是统治它们的上帝恩典的标志。[1]

因此,治理将自身界定为一种特殊的行为方式,这种行为必然不是暴力的[在中世纪思想中,暴力的意思是"反自然",人们认为这个词对立于自发性(qui sponte fit)],并通过被统治万物的本性来解释自己。神的治理和造物的自我治理和谐一致;统治只能意味

---

1 *Summa Theologiae*, 1, q.103, a.1, ad 3.

着——从勒特罗纳（Le Trosne）到拉里维埃的梅西耶（Mercier de la Rivière），重农主义者和"秩序科学"（sicence de l'ordre）理论家在五个世纪之后重新发现了这一点——他知道事物的本性，并让其运行。

不过，若自然秩序与治理之间是完全一样的，且毫无偏差，那么治理就会变成一种毫无意义的行为，既然在创世之初，已经给定了事物本性，这种行为就仅仅是一种消极的、放任的行为。但事实并非如此。在这两个问题——"上帝是否在每一个行动原因中起作用"和"上帝是否有权力做创世秩序之外的事情"——的回答中，治理概念获得了其特殊的规定。圣托马斯面对（或在修辞上装作面对）两个相互对立的问题：一是"伊斯兰的命运"，按照他们的说法，上帝直接在所有连续性奇迹的自然行为中起作用（solus Deus immidiate omnia operatur）[1]；另一方面，根据另外一种说法，上帝的干预仅仅局限在原始的自然禀赋上，在创世那一刻的**劳作的德性**（virtus operandi）上。

圣托马斯认为伊斯兰教的观点有待商榷，因为这相当于消除了创世时的因果关系的秩序。事实上，如果火让我们感到温暖，不是因为其本性的安排，而是因为每次在我们燃起火堆时，上帝都会直接介入生产热量之中，那么所有的造物，一旦被剥夺了上帝的劳作的德性，就会变得毫无意义："如果所有造物最后被剥夺了它们自己的所有行为，那么它们自己将会变成一种毫无意义的存在，因为一切事物都是由于上帝的劳作而存在。"[2] 另一方面，与之对立的另一个论题为了捍卫

---

[1] *Summa Theologiae*, 1, q.105, a.5.

[2] *Summa Theologiae*, 1, q.105, a.5.

造物的自由，彻底地将它们与上帝分离开，并有可能让它们堕入那个诞生它们的虚无之中。那么我们如何协调神的治理和造物们的自我治理？治理如何与万物之本性相和谐，并用之进行干预？

正如我们看到，解开这个难题的方式是在第一动因和第二动因、**第一推动**（primum agnes）和**第二推动**（secundi agentes）之间做出区分。如果我们认为俗世和万物的秩序依赖于第一动因，那么上帝就不可能干预俗世，或在俗世之外干反对俗世的事情，"因为他将会做出对立于其先见、意志或善的东西"[1]。因此，对俗世治理的最合适的地方并非**神圣秩序**（ordo ad Deum）或第一动因的必然性，而是**关系秩序**（ordo ad invicem）或第二动因的偶然性。

> 如果我们认为事物的秩序依赖于某些第二动因，那么上帝可以超越它而行动；他并非臣服于那个秩序，而是秩序臣服于他，犹如出自他的事物并非出自自然的必然性，而是出自其意志的裁决。事实上，他可以建立另一种俗世模式，那么，当他想这样做的时候，他就可以超越于既定秩序（praeter hunc ordinem institutum）而行动，例如去生产不需要第二动因的结果，或者生产某种超越于第二动因力量之外的结果。[2]

其中**超越于事物秩序之外的**最典型的神的行为就是奇迹（Unde illa

---

[1] *Summa Theologiae*, 1, q.105, a.6.
[2] *Summa Theologiae*, 1, q.105, a.6.

quae a Deo fiunt prater causas nobis notas, miracula dicuntur)[1]。

不过，唯有当作为第一动因的上帝，赋予他的造物以形式并维系其存在（dat formam creaturis agentibus et eas tenet in esse）[2] 时，治理行为才是可能的（正如我们已经在圣奥古斯丁那里看到的）。因此，他在万物之中游刃有余 ["上帝本身是万物之中普遍存在的原因，而这是万物之中最深处的东西，亦即上帝在万物中游刃有余地劳作"（ipse Deus est proprie causa ipsius esse universalis in rebus omnibus, quod inter omnia est magis intimum rebus; sequitur quod Deus in omnibus intime operetur）[3]]。

在这里，**秩序**在结构上的分裂，以及它与王国 / 治理、本体 / 安济的二极体系之间的关系，逐渐变得越来越明显。王国涉及的是**神圣秩序**，它是诸造物关系的第一动因。在这个范围中，上帝是默默无闻的，或者说，他仅仅在这样的层次上起作用，即他的行为业已与事物的自然本性相一致了。另一方面，治理涉及的是**关系秩序**，它们之间的偶然性的事物关系。在这个范围里，上帝可以干预、悬搁、替代或者拓展第二动因的行为。不过，这两个秩序在功能上是彼此关联的，在这个意义上，正是上帝同其造物的本体关系——在这种关系中，上帝既谙熟这种关系，同时也对这种关系默不作声——建立起从实践上统治世俗事物的治理关系，并使之合法化，在这种关系中（即在第二动因

---

[1] *Summa Theologiae*, 1, q.105, a.7.

[2] *Summa Theologiae*, 1, q.105, a.5.

[3] *Summa Theologiae*, 1, q.105, a.5.

的范围内），他的权力是无限制的。安济在上帝之中导入的存在与实践的分裂，实际上的作用类似于治理机制。

第十一节

从上帝凌驾于俗世的最基本二元关系还会导出神的治理行为的另一个根本特性，即理性思考的权力与施行权力的分裂，而这必然会产生诸多中介和"臣僚"。在回答"万物是否直接由上帝统治"这个问题时，圣托马斯这样说："对于治理，必须思考两个要素：统治规划（ratio gubernations），即神恩，以及对这个规划的实施。对于前者，上帝直接主宰着万物，而对于后者，他借助一些其他中介来实施统治。"[1] 治理的合理性，事实上是"一种带有实践目的的知识，它在于对诸特殊事物的认识，以及对行动范围的认识"[2]。但"由于统治形式会更好地将更高阶圆满同被统治者关联起来……上帝会以这样的方式来统治，他将某些造物作为治理其他造物的动因"[3]。即这些造物作为其**统治规划**的实施者。神对俗世的治理，与对大地上城邦的世俗治理之间严格的类似关系被如下事实所证明（即圣托马斯借助真正政治范式来说明其假说）：**俗世国王**（rex terrenus）用其臣僚来治理并不会削弱其尊严，相反，通过这种方式，治理会更为非凡（ex ordine ministrorum potestas

---

[1] *Summa Theologiae*, 1, q.103, a.6.

[2] *Summa Theologiae*, 1, q.103, a.6.

[3] *Summa Theologiae*, 1, q.103, a.6.

regia praeclarior redditur)[1]；同样，上帝让他人来实施其治理计划，让他的治理变得更为完美。

在《反异教大全》（第三卷，第 77 章）中，圣托马斯再一次重述了神对俗世治理的两个层面之间的区分。**治理计划**与**实施**之间的关系对应于**世俗治理**与**对治理的实施**之间的关系，前者是通过**认知能力**（virtus cognoscitiva）来实行的，后者是通过**操作能力**（virtus operativa）来进行的。不过，在理论层次上，有必要将秩序延伸到最细微的细节上，在施行实践的层面上，神的治理需要使用稍低一等的代理人（agentes inferiores），这些代理人是神恩的实施者。"这是属于拥有诸多臣僚、诸多实施者来实现其统治的君王的尊严，因为他拥有的臣民越多，在不同层次上所展现出来的他的统治就越伟大。不过世俗统治者的尊严无法与神的尊严相提并论。因此，说要通过不同层次的代理人来实施神恩是十分恰当的。"[2]

第十一节 余论

一般秩序（ratio gubernandi, ordinatio）与实施权力之间的区别，在出现在政治中之前，先在神学领域中出现了。现代分权学说的范式与神恩机制有着某种联系。但即便出现在复辟时期的君主制法国中的现代的立法权与法制之间的区分，其原型都可以追溯到神恩的双重结

1　*Summa Theologiae*, 1, q.103, I.6. ad.3.
2　*Summa Theologiae*, 1, q.103, n.4.

构上。施米特所谓的"法治国家"(legislative state)——即现代法律的统治,在其中,所有的治理行为都自视为非人格化的法律的应用和实施——从这个方面看是神恩机制的极端后果,在这里,王国与治理、立法与法治和谐一致了。

第十二节

在关于俗世治理的问题 116 中,圣托马斯分析了神恩-命运机制,其措辞非常近似于波埃修斯的描述。对于"在诸造物中,有命运存在吗?"这个问题,圣托马斯回答道,神之恩典"用中介性的原因来达到其结果的完善"(per causas medias suos effectus exequitur)[1],按照神恩的双重结构(我们现在已经很熟悉这个结构了):

> 因此我们可以通过两种方式来看看结果的秩序。首先,对于上帝本身来说,在这个角度上的结果秩序被称为神恩;其次,从上帝所赋予的某种中介性动因所导致后果的角度来看,它具有了命运的性质(rationem fati)。[2]

在这个意义上,命运依赖于上帝,它就是"神之安济本身,或者诸序列,这是第二动因的秩序"[3]。对于**神之安济**,圣托马斯强调道,它

---

[1] *Summa Theologiae*, 1, q.116, a.2.

[2] *Summa Theologiae*, 1, q.116, a.2.

[3] *Summa Theologiae*, 1, q.116, a.2.ad.1.

在这里并不意味着某种类似于实体的质性或属性的东西，应当从秩序的安济中来理解它，它与实体无关，而是涉及关系（secundum quod disposition designat ordinem, qui non est substantia, sed relatio）[1]。如果考虑到其同神圣原则的关系，秩序是唯一的且不可变更的，但其在第二动因中则是多重的，且可以变更。不过不是所有的造物都臣服于同一层次上的命运的主宰。在这里，神恩问题展现了其同体面（grace）问题的本质关联。

圣托马斯写道，神恩并不像对待其他造物一样，来对待理性的造物[2]。理性造物事实上被赋予了才智和理性，这让他们可以去寻求真理。此外，通过语言，他们可以彼此交流，并形成一个团体（society）。不过，理性造物的最终目的超越了其本性，这样，对他们的治理，不同（diversus gubernationis modus）[3]于对那些低级造物的治理。对他们特别且更高阶的治理（altior gubernationis modus）[4]就是体面。"如果人们被赋予了一个超越了其自然本性的目的，那么神就必须以超自然的方式给予他们一些帮助，借助神的帮助，他们可以通向他们的目的。"[5]

因此，神对人的治理有两种模式：自然的模式和体面的模式。故而自 16 世纪末开始，俗世的治理的问题越来越与体面的模式和效果相重合：关于神恩的论文和争论都需要采取某种分析的形式，即将各种

---

1 *Summa Theologiae*, 1, q.116, a.2.ad.3.
2 Thomas Aquinas, *Contra Gentiles*, Book 3, Chapter 147.
3 Thomas Aquinas, *Contra Gentiles*, Book 3, Chapter 147.
4 Thomas Aquinas, *Contra Gentiles*, Book 3, Chapter 147.
5 Thomas Aquinas, *Contra Gentiles*, Book 3, Chapter 147. n.3.

体面的形象分别定义为预防之体面、伴生之体面、无故之体面、习俗之体面、充足之体面、效用之体面等。不仅仅治理形式直接对应于体面的形象，而且上帝无私帮助的必然性（没有上帝的无私帮助，人就不可能达到其目的）也对应于治理的必然性（没有治理的必然性，本性就无法在其存在中保留）。无论如何，自然模式之中，体面模式支持一个原则，按照这个原则，神恩治理无论在何种情况下都不会束缚自由人的意志。相似地，不能将作为一种治理形象的体面看成"神所强迫的善"（coactio homini ad bene egendum）[1]。

  神给人的帮助，让其行为更加完美，可以用这样的方式来理解：它在我们之中完成了我们所做之事，如同在第二动因中第一动因所起到的作用一样，如同在工具性的行为之中第一推动所起到的作用一样。于是，《以赛亚书》说："我主呀！我们所做的事，都是你给我们的成就。"（《以赛亚书》26：12）既然第一动因依照第二动因的标准，推动了第二动因的运行。因此，上帝也按照我们的尺度，推动了我们所做之事，这意味着我们自愿地而不是被迫去行动。因此，没有人是被迫在神的帮助下去选择正确的行为。[2]

  对俗世的治理是体面与我们自由的共生之所，如苏亚雷兹（Suárez）

---

[1] Thomas Aquinas, *Contra Gentiles*, Book 3, Chapter 148.

[2] Thomas Aquinas, *Contra Gentiles*, Book 3, Chapter 148. n.3.

在反对"路德的错误"时指出的:"体面的必然性与自由的真正用法是结合在一起的,自由的用法……不能与体面的运作和共存相背离。"[1] 对人治理的神恩范式并不是僭政式的,而是民主式的。

第十三节

如果我们不能意识到王国与治理两极之间的关系是代理性的关系,我们就无法理解治理机制如何起作用。皇帝和教皇都将自己界定为**替基督牧领**(vicarius Christi)或**替神牧领**(vicarius Dei)。众所周知,正是这个独一无二的宣言,导致了神权和世俗王权长期的冲突。马卡罗内(Maccarrone)和康托洛维茨重构了这些宣言的历史,在东方教会里,通过这些宣言,罗马皇帝最初获得了这个独一无二的称谓,而在5世纪之后,至少在西方教会中,罗马教宗才获得了这个独一无二的称谓。但从三位一体的安济教义来看,权力——所有权力——的牧领是在一种特殊光照下出现的,也就是说,这个光照构成了至高权力的本质结构,构成了与**源质**(archē)最紧密的多样性关联。

教皇对基督权力的牧领,在神学上是建立在**基督降临**(parousia)延迟的基础上的。

> 既然基督必须让肉身存在脱离教会[praesentiam suam carnalem erat Ecclesiae subtraturus],他就必须建立起臣像系

---

[1] Suárez, p. 384.

> 统,让臣僚们将其神恩泽被世人。这些臣僚被称为牧师……在基督肉身存在消逝之后,圣彼得以及他的后代告诉我们,这里产生了信仰的问题,而这将教会(他们的整体要求的是统一信仰)与那些拥有这些权力的人分离开来。[1]

不过,按照圣保罗的范式中的一个原则,基督耶稣的权力反过来是对圣父权力的牧领。在《哥林多前书》24:28 中,圣保罗实际上十分清楚地承认,在终结到来之刻,在移交了他自己所有的权力之后(这些权力无一例外都是圣父的权力,都源于其圣父),基督耶稣将会上升到上帝之国,那个上帝将一切交付于他的国度。换句话说,基督耶稣的权力,在同圣父的关系中,本质上是对圣父权力的牧领,在牧领中,他行动,他统治,也就是说,他以圣父的名义行动和统治。在更一般的意义上,圣父圣子的内在的三位一体的关系,可以通过**牧领权力**(potestas vicaria)的神学范式来思考,在这种范式中,所有的牧领行为都可以被看成他所代表的存在的意志的体现。不过,我们已经看到,圣子的随意而行的性质,在本体上并不是由圣父所创造的,在本质上属于三位一体的安济。**即三位一体的安济就是随意而行的权力的表现,按照一种基本的牧领范式,它在三种格之间循环。**

毋庸置疑,人们可以在俗世权力中建立相同的牧领结构。在《论统治者的治理》(卷三,第 13 章)中,圣托马斯写道,奥古斯都皇帝牧领了基督耶稣的权力,它是世俗世界的真正的君主和领主(verus

---

[1] Quidort, p. Ⅲ.

erat mundi Dominus et Monarcha, cuius vices gerbat Augustus)。奥古斯都皇帝统治王国的整个期间都是如此,仿佛他是"基督耶稣君王的代理"(quas quidem vices monarchiae post Christi veri domini nativitatem gessit Augusto)[1]诺曼的一位匿名作者也以相同的意思写道:"王国就是上帝和基督,但按照体面模式……即便在本质上是上帝和基督耶稣的人,也必须通过其牧领者(vicar)而行动,后者以他的名义而行动(per quem vices suas exequitur)。"但基督耶稣(其本质即上帝),在一定程度上也是以体面模式行动,"因为依照其人的本质,他是由圣父来神化和圣化的"[2]。在4世纪时,《圣安布罗西注经》(*Ambrosiaster*)中已经明确表明,国王作为牧领获得了上帝赋予的**统治**(imperium),因为国王代表着其形象[3]。

换句话说,权力有一个**代理**(gerere vices)的结构,在其本质上,这就是**牧领**(vices),亦即**牧领**一词命名了对主权权力的原初牧领,或者可以说,其绝对的无实质性和"安济"性。治理结构(王国与治理,**主权**与**职权**,**秩序**与**施行**,同样也包括现代民主制中的分权)的两个方面(或三个方面)在这个方面获得了其恰当的意义。对于王国来说,治理当然是牧领行为,但它只有在安济的环境中才具有意义,而在这个环境中,两个方面彼此共存。

换句话说,牧领实现了一种本体论——或者更恰当地说,用安济

---

[1] Thomas Aquinas, *On the Government of Rulers*, Book 3, Chapter 13.
[2] Kantorowicz, 2005, pp. 101-102.
[3] Kantorowicz, 2005, p. 114.

范式替代了古典本体论——在这种本体论中,没有任何存在物的形象出现在**源质**位置上,而其起源就是三位一体的关系,每一个人物都是牧领,代表着其他东西(fa le veci dell'altra)。存在和神的神秘与其安济的神秘完全一致了。那里没有权力实体,只有"安济",只有"治理"。

阈

现在,我们可以在如下命题中列举出一些根本特征,我们对神恩范式的分析已经说明了这些特征。这些特征界定了一种**治理行为本体论**。

一

神恩(治理):通过神恩,神学和哲学试图将古典的本体论的分裂变成两个彼此分离的现实:存在与实践,超越之善与内在之善,神学与**安济**。神恩将自身表现为一种旨在**神的治理**(gubernatio dei)中将分裂的两个部分结合起来的机制。

二

在同样的意义上,在同一层次上,神恩企图调和诺斯替教派的外在于俗世的神与统治俗世的神之间的分裂,基督教神学通过圣父和圣子的安济关系承袭了这个分裂。在基督教的**安济**中,作为造物主的上帝面临着堕落的和异于他的本质,即上帝作为救世主——被委托治理俗世——需要去再造和拯救一个"不属于这个世界"的王国。三位一体教义克服诺斯替教派的双神分离的代价是，上帝基本上完全外在于这个世界。基督对俗世的治理最终假定了对世界内在治理必须保持外在性的矛盾形象。

余论

这种"诺斯替"的结构，即神学上的**安济**被转化为现代的治理，在俗世治理的范式中达到其巅峰，西方强权（尤其是美国的强权）在今天试图同时在区域范围和全球范围里对其加以施行。不管是打破之前存在的政体形式，还是通过军事占领强迫人民接受民主政体，对于人民来说，这些政体模式将是行不通的，其关键在于，一个国家——甚至全世界——是被完全外在于它的东西所统治的。

游人（tourist）是基督再次道成肉身降临大地的外乡人（peregrinus in terra），其俗世形象相对于这个世界而言有着不可化约的外在性。在这个意义上，他是这样一副形象，即其形象的"政治"意义与时下流行的治理范式是同质的，正如**外乡人**（peregrinus）是一种对应于神恩范式的形象。换句话说，外乡人和游人都是同一种安济（在其神学和世俗的版本中）的附属结果。

三

尽管神恩机制是一元的，但正因为如此，它将自身表达为两个不同的平面或层面：超越性/内在性，一般神恩/特殊神恩（或命运），第一动因/第二动因，永恒/此时此地，理智知识/实践。两个层面是严格地交织在一起的，于是第一个层面奠基、立法，让第二个层面成为可能，而第二个层面在因果链条中对神之理智的规划加以具体的实施。对俗世的治理就是源自这种功能上的相互作用。

四

在其最纯粹的形式中，治理行为的范式最终是一种相互作用的结果。因为治理行为并不旨在实现某个特殊目的，而是作为一种伴生性的后果，源自一般规律和安济，所以其代表着一个在什么是一般、什么是特殊，什么是经过精打细算、什么是意料之外之间的悬而未决的区域。而这个区域就是安济。

五

在神恩机制中，超越性本身从来就不是与俗世分离的，如同在诺斯替教派中一样，而且它总是与内在性有着密切关系。另一方面，内在性从来不是真实如此，因为内在性总是被看作超越性秩序的影像或反射。相应的，第二层次将自己表现为对第一层面秩序和安排的实施。分权与这个机制是同质的。

六

治理行为的本体论是一种牧领本体论,在这个意义上,在安济范式中,所有权力都具有牧领性,代表着他者(fa le veci di un altro)。这意味着不存在权力的"实体",只有权力的"安济"。

七

两个层面之间、第一动因与第二动因之间、一般与特殊安济之间的区分和互相作用,确保了治理不是一种对所有造物施暴的专制权力。相反,它预设了它统治的所有造物的自由,而这种自由是通过第二动因的运作而实现的。

现在,在何种意义上我们可以说神恩工具(这个工具只是对神学上的**安济**的重新阐释和发展)包含了一系列现代治理的认识论范式,是显而易见的。众所周知,法律史、政府学说以及公共管理是后来才出现的(更不用说行政法,这纯粹是一种现代创造)。但在法学家开始阐述其第一原则很久之前,哲学家和神学家就已经精心思考了对俗世的神恩治理的教义条规。神恩与命运,通过一系列的观念和概念(**秩序/施行**、王国/治理、直接治理/间接治理、**第一推动/次等推动**、原初行为/伴生后果等)来解释自身,在这个意义上,这些观念和概念不仅仅是神学-哲学的观念和概念,而且是法律和政治的范畴。

事实上,现代国家承袭了俗世治理的神学机制两个方面,现代国家将自己同时表现为神恩-国家和命运-国家。通过立法或主权与行政或治理权的区分,现代国家获得了治理机制的双重结构。在每个阶段,它都披上了由超越性和普遍的方式所合法化的神恩的华丽外衣,让其所照料的造物获得自由。它也披上了命运的臣僚的官服,这具体施行着神恩的决定,将那些不愿服从的个体限定在不可变革的内在性的因果关联之中,而这种内在性因果的本性是注定要毁灭的。在这个意义上,神恩-安济范式就是民主范式,就如同神学-政治范式就是专制范式一样。

在这个意义上,我们不用奇怪,这种相互作用的后果本身经常表现为与所有的治理行为相一致。治理的目标,由于其本性,只能作为一种相互作用的结果(其中,一般和特殊、积极与消极、精打细算与意料之外都互相重叠)而获得。治理意味着允许一般安济可以产生特殊的伴生后果,而一般安济在其自身中可以是完全无效的,但没有它,治理就是不可能的。这并不是说结果(治理)依赖于存在(王国),而毋宁说是治理是由其结果所构成的:这就是牧领和实施效力的本体论,它界定着治理行为。当神恩范式开始衰退时——至少是超越性方面的衰退,神恩-国家和命运-国家逐渐倾向于将它们本身等同于现代法治的形象,在法治中,法律决定着管理,而管理体制是对法律的应用和实施。但即便在这种情况下,决定因素仍然是唯一的,从一开始,这个唯一的决定因素就注定是一个整体机制:**安济**,即对人与物的治理。当代民主制的安济-治理的使命绝非偶然产生的东西,而是一种经过积淀而承袭下来的神学遗产的一部分。

第六章

天使学与科层制

第一节

1935年，彼得森毅然否定其专著《作为政治问题的一元论》中存在基督教政治神学的可能性，这一年他也承认了天上之城和教会——教会通过仪式参与——的"政治性"和"公共性"。不过，他是在一篇论及天使的短文《天使之书：在宗教中的圣天使的地位与作用》(*Das Buch von den Engeln.Stellung und Bedeutung der heiligen Engel im Kultus*, 1935) 中谈到了这一点，尽管这本小书在这位神学家的书目中常常不受重视，但其应当与那些名声显赫的书籍并列在一起，如此才完整。

"教会的发展，"彼得森写道，"从大地的耶路撒冷走向天空中的耶路撒冷，从犹太人的城市走向天使和圣贤的城市。"[1] 在这个方面，他在文章中不断地用"政治"形象来描绘教会：与世俗的政治团体一

---

1 Peterson 1994, p. 197.

样，基督**教会**（ekklēsia）也可以被定义为"天上之城中具有全部权利（Vollbürger）的国民团体，他们聚集起来实现对神的崇拜"[1]。即便是解读圣保罗的文本，他也强词夺理地从政治上进行解释：《腓立比书》3：20中所使用的**国民**（politeuma）一词，武加大译本（Vulgate）将其看成是一种生活方式、一种行为，翻译为"国民"，一个注释表明——尽管还有些犹豫不决——《希伯来书》12：23中的动词apographesthai（在其全部可能性上，它具有"在生命之书中写下的"末世论的含义）的实际意思是"在天上之城的国民名录中记录下来"[2]。无论如何，彼得森的论题是，正是由于教会保持了通向天空的道路，其"必然通过崇拜，形成与天上之城的国民的关系"，即与天使、与"天国的国民"的关系，与那些被祝福者的关系。换句话说，这说明了教会所有的文化表达都应当"要么理解为在大地崇拜中加入天使的行列，要么相反……理解为把天使加入天国中对上帝的崇拜之中"[3]。

在随后的几页中，彼得森阐明了教会与天上之城之间现有的文化关联的战略性意义。分析了《启示录》中所谓的仪式性"间距"之后（按照彼得森的说法，这是起源于对帝国崇拜典礼式的拥戴），他说道："天国教会的崇拜，因而也包括世俗教会的意识，而世俗教会注定是天国性的，这与政治世界有着原初的关联（ursprüng Beziehung）。"[4] 乍一看，这个说法有些不可思议。

1　Peterson 1994, p. 198.

2　Peterson 1994, p. 231.

3　Peterson 1994, p. 199.

4　Peterson 1994, p. 202.

按照经典的圣奥古斯丁学说，天上之城是由天使和被祝福者们所建造的，他们取代了堕落天使，为的是恢复天国的至善，在彼得森那里，这具有强烈的政治味道。圣奥古斯丁借用其所在时代的政治词汇，来描述天国中的耶路撒冷["天使们的团体和队伍，位于一个城之中，一个王的统治之下，唯一的统治者领导的区辖下，这个王乐于永世和平和安全"[1](adiunctis etiam legionibus et exercitibus angelorum, ut fiat illa una civitas sub uno rege, et una quaedam provincia sub uno imperatore, felix in perpetua pace et salute)]，彼得森从字面上解释为，这是天上之城的"政治－宗教"(religiös-politische) 性质的根基，因此也是教会的"政治－宗教"性质的根基，通过崇拜，教会与之相关联："这是一个政治－宗教概念，或者换句话说，这是一个涉及教会崇拜问题的天空等级秩序的概念(Ordnungsbegriff)。这进一步证明了我们的论题，即基督教崇拜与政治领域有着原初关联。"[2]

与卡尔·施米特不同，在《作为政治问题的一元论》一书中，彼得森坚决认为基督教信仰的政治神学解释不具有合法性，不过他同时承认，这同样决定了教会的政治神学的性质。显然，出于这个理由，他继续将其同世俗政治空间对比："皇帝以同样的方式，在其卫队的陪同下，表达了其政治统治的公共性(Öffentlichkeit)，因此基督在大众面前出现的时候有天使作为其卫队陪同，表达出他的政治－宗教权威的公共性。"[3] 但是这种"公共性"，"国家并未授予教会，从一开始，它

---

1 Augustine, *Expostions on the Book of Psalms*, 36, 3-4.
2 Peterson 1994, p. 214.
3 Peterson 1994, p. 223.

就属于国家，因为它有一个主人，同样，如果他拥有一个天上之国，他也拥有一种天上公共性"。[1] 换句话说，彼得森所谈的政治本质就在于崇拜通过天使的参与，建立的与"天国公共性"之间的关系："**教会**（Ekklēsia）同天上之**城**之间的关系……是一种政治关系，因此天使必须一直参与到教会的崇拜行为之中。"[2]

这里表明了彼得森排斥政治神学的理由：如果从基督教的观点来看，政治仅仅是一种教会同天国的天使学－文化关系，那么所有从俗世范围外推出的"政治－宗教"性质都是不合法的。

在基督教的末世论中，俗世政治所有的神学含义都一次性地得到了彻底说明："在《启示录》中，天国崇拜与政治世界有着一种原初的关联，这在使徒放弃大地上的耶路撒冷（作为政治与崇拜的中心）而转向天上的耶路撒冷（不仅作为城邦和王廷，而且作为崇拜的庙宇和殿堂）的事实中得到揭示。另一个事实也与此有关，亦即教会的颂歌超越了一切国家的颂歌，同样，教会的语言超越了一切国家的语言。总之，应当注意的是，这样一种末世论的超越性会有一个终极结果，即全宇宙将会在颂歌的伴随下降生。"[3]

第二节

概括一下，这篇短文的神学要旨是，天使是教会和政治领域之间

1　Peterson 1994, p. 214.

2　Peterson 1994, p. 214.

3　Peterson 1994, p. 206.

原初关系的守护者,也是崇拜的"公共性"与"政治-宗教"性的守护者,这种崇拜在**教会**和天上之城中都很盛行。但如果我们问到,这种"政治性"在于何处,我们会惊奇地看到,"公共性"(可以在天使们那里找到其标志和原初现实)只能通过颂歌来界定。只有在"将教会崇拜转变为类似于天使团体的服侍的东西,教会崇拜才能与政治领域具有真正的关系,但只有将崇拜变成颂歌才是可能的,这在其本质上类似于天使们的颂歌"[1]。因此,按照彼得森的说法,仪式在《圣哉》("Sanctus")赞歌(通过三重强调的"圣哉!圣哉!圣哉!"对上帝颂扬的赞歌)中达到巅峰,就如同"天使用他们不倦的双唇不停地唱着'圣哉!',我们以此可以不停地加入天使的白天黑夜的服侍仪式之中"[2]。

颂歌与荣耀并不仅仅是天使与其他人相比的独特性所在,它也界定了天使的本质和他们的"政治性",彼得森在其论文的结论部分毫无保留地肯定了这一点:

> 在这个现象中,词句和歌曲的流露的神态(exuding),构成了天使的本质……天使先抽象地讲——"一般天使"(angels in general),并非闲来去唱唱歌,恰恰相反,当天使们以我们已经描绘过的方式,传唱着"圣哉!圣哉!圣哉!"的歌颂时,他们才是天使。这种引吭高歌(Ruf)正好构成了他们的本质,在歌声的流露中,他们成为他们,即成为智天

---

[1] Peterson 1994, p. 214.

[2] Peterson 1994, p. 215.

使基路伯（Cherubims）和炽天使撒拉弗（Seraphims）。[1]

如果教会的政治性与真理是由天使的参与来界定的，那么人只有通过模仿天使，并在赞歌和歌颂中加入他们，才有可能成为完全的天国的国民。人的政治使命是一个天使的使命，天使的使命就是唱颂歌的使命。这个循环是封闭的：

> 天上的歌曲对应于教会的歌曲，教会的内在生活需要加入天国歌颂的关系之中。天使表达崇拜上帝（教会亦需崇拜上帝）的公共性：由天使与天国中的政治－宗教世界密切相关，可以得出，教会的崇拜也必然与政治领域有关。最后，如果说通过天使的歌声，天使们在教会中区分了"天使密友"（Engel-Ähnliche）和"普通民众"（Volk），那么天使也带来了教会的奥秘生活。当人们加入天使的歌队中，开始从其造物存在的深处来歌颂上帝时，他们就获得了圆满。因此，我们也唱着《感恩曲》（Te Deum）的赞歌：

> 赞美上帝，颂扬我主，
> 永恒的圣父，大地万物向你敬拜，
> 所有天使，天国的普世力量，
> 智天使和炽天使，不停地欢呼：

---

[1] Peterson 1994, p. 226.

圣哉！圣哉！圣哉！万能的我主，
你的荣耀，充满天地。[1]

彼得森用对《感恩曲》歌词的简短评注结束了全文，此评注如同封印，在最后概括出政治就是这种崇拜：

> 需要注意的是，《感恩曲》中将上帝界定为**无比尊贵的圣父**（Pater immensae majestatis），将圣子界定为**荣耀的国王**（Rex gloriae）。甚至《感恩曲》也承认基督教崇拜的政治－宗教性。[2]

第三节

当然，彼得森不会没有注意到颂歌的属性，通过这个属性，他定义天使的结构，在基督教天使学的传统中，这只是天使存在的一个方面。大格里高利——彼得森不止在一个场合告诉我们，大格里高利的《福音讲道集》（*Homelia in Evangelium*）是基督教天使学最早的版本——清楚地指出天使的两个职能。在对《但以理书》7：10 的"事奉他的有千千，侍立在他面前的有万万"（Milla millium ministrabant ei et decies milies centena millia assistebant ei）进行评注时，他写道："事奉（ministrare）不同于侍立（assitere）[侍立（assitere）意思是"站在

---

[1] Peterson 1994, p. 230.

[2] Peterson 1994, p. 243.

某人出现的前面"]，因为天使作为上帝的臣僚，向我们传话，然而天使们帮助圣主进行最秘密的思索，因此他们不能被遣送到外面工作。"[1] 事奉者的数量远远多于主要的侍立者[2]，侍立者的数量是有限的（millia millium 被认为用来表达一般化的数字）。哈尔斯的亚历山大（Alexander of Hales）和巴黎大教长腓力（Philip the Chancellor）将这种天使的两个条件定义为两种"美德"["精灵，我们称之为天使，具有两种美德：管理的美德（virtus administrandi）和侍立的美德（virtus assitendi Deo），即帮助上帝思考的美德"[3]] 或两种"能力"["天使具有两种能力（duplicem vim），思考能力，用来帮助上帝，及管理能力，用来关照我们；思考的能力，或者说侍立的能力，比关照我们的能力更为高贵"[4]]。圣文德（Bonaventure）用雅各的梯子来总结了天使的本质的区分：

> 天使的行为可以简单分为两种：思考行为与管理行为……通过这两种行为，天使之灵和天使之行可以区分开来，思考

1　*Homelia in Evangelium*, II, 34, 11-12, in *PL*, 76, 1254c.
2　《圣经》所有中译本都将事奉的天使数量译为千千，而侍立的天使的数量是万万，大多数英译本在数量对比上也是如此，但是这个问题是中世纪神学的一个争议比较大的问题，即是事奉的天使多，还是侍立的天使多，长期以来困扰着基督教神学，后来提到的圣托马斯·阿奎那就对这个观念持保留态度。在文中也可以发现，阿甘本本人也是认为事奉或臣僚的天使，要比侍立或沉思的天使数量多，也正因为如此，阿甘本才会在这里强调 millia millium 是用来表达一个一般化的数字，在第六章第三节的余论中，阿甘本也引述圣托马斯的文字，对这个问题进行了详细的分析。——译注
3　Alexander of Hales, *Glossa in quatuor libros sententiarum Petri Lombardi*, II , d.10, p. 98.
4　Philip the Chancellor, *Summa de bono*, vol.1, Chapter "De bono gratie", "De bono gratie in angelis", q.2, p. 384.

在于上升，直至最高的事物当中，而管理下降到芸芸众生之中。这二者在一个梯子上相遇，在梯子上，爬上与爬下的天使相遇了。[1]

在《飨宴》(*The Banquet*)第二卷第四章中，但丁以同样的方式区分了天使本质中的两种"祝福"：思考的祝福，天使以此可以目睹并赞美上帝的面庞；"统治俗世"的"祝福"，对应于人类的"积极生活"（即市民生活）。

在天使的两种职位中，第二种职位——管理职位，天使借此参与了与神对俗世的治理［因此，圣文德称之为**治理工作**（opus gubernationis）］——引起了中世纪大多数神学家的注意。该职位界定了天使的使命，在这个意义上，圣安布罗西写道，"用上帝的形象创造了人，而天使们是作为**臣僚**（ministerium）被创造出来的"[2]。

依照这些前提，圣托马斯从其《论俗世治理》的**问题 106** 开始，将此书变成了论天使学的论著，这占据了整本书一大半的篇幅，让该书成了"天使学博士"研究该问题使用最多的参考。在对世界是否在一般意义上被统治的问题给出肯定回答之后，如果是上帝来统治，阿奎那就会面临一个天使的神职的问题，即"上帝是否直接统治所有事物"[3]。与那些宣称上帝可以不需任何中介单独统治所有事物，以及认为上帝不会要**地上君王**作为其臣僚来治理的人不同，阿奎那坚持认为如

---

1 Bonaventure, *De div.* II, *De sanctis angelis*, I, coll.2.
2 Ambrose, *Explanatio super Psalmos*, 17, 13.
3 *Summa Theologiae*, 1, q.103, a.6, ad.3, p. 25.

果用臣僚来实施治理，治理将会更加完美。

> 由于实施治理是为了让被统治之物达致完善，统治形式若与被统治之物的更高完善联系起来会更好。那么，比起纯粹自在之善，同时能达到自在之善和成为其他事物的善因将更为优秀。最终，上帝以这样的方式来统治，即他将一些存在物作为动因凌驾于另一些存在物之上……国王用臣僚来实施其统治，并不仅仅是对其限制，而且也象征其尊严，因为臣僚队伍展现了国王的权力。[1]

圣文德在这个方面更为清楚：如果上帝，和其他所有的君主一样，可以独自做他让天使去做的事情，事实上，他需要天使，"以便在其侍奉和行为中，保留一种适当和合适的秩序"（ut salvetur in ministerio et actionibus decens et congruus ordo）[2]。

这样，在确立了天使的必要性和臣僚属性之后，在随后七个问题中，阿奎那不厌其烦地分析和描述了他们之间相互启迪的模式，他们之间复杂的等级关系，他们语言的本质，下凡的天使的秩序和等级，天使对于肉体存在物的统治，以及他们相对于人的行为模式，天使的神职和使命，最后是守护天使的本质。

所有这些分析的核心是等级、神职以及秩序的概念。甚至我们在仔细研读了托名狄奥尼索斯的《天国等级制》（*The Celestial Hierarchy*）

---

[1] *Summa Theologiae*, 1, q.103, a.6, ad.3, p. 27.
[2] Bonaventure, *In quatuor libros sententiarum*, Book 2, Commentarius 10, art.1, q.1, ad.1.

之后，就会在主题上面对这个问题，阿奎那只是间接地谈论这些概念，在每一个问题中讨论了这个问题，这个问题展现了天使和人类官僚的等级序列。这样，对于启迪问题，他排除低阶天使可以启迪等级制上阶位更高的天使的可能性（然而，不同于以往的平行论，阿奎那的天国等级制和大地等级制并不完全平行，在教会的等级制中，低阶教士可以教育高阶教士）。在涉及天使语言的部分中，阿奎那探讨了这样一个问题，即低阶天使是否可以用极端严肃的方式来与等级制中的高阶天使对话（答案是肯定的，但并不是毫无保留）。在讨论天使对肉体造物的治理时，天使官职和神职的等级制在原则上被上升为普世法律，其中也包括了国民的等级制：

> 通常在人类事务以及自然中可以发现，特殊权力被一种普世权力控制和主宰，例如，地方行政官（bailiff）的权力是由国王的权力所控制的。在天使中亦如国家中一样，高阶天使……凌驾于低阶天使之上……[1]

当阿奎那将天国同王廷相比较时，他再次承认了天使分成两大阶层或两大范畴，这看起来有点像卡夫卡风格的城堡，在那里，公职人员是按照他们的等级来安排他们与君王或近或远的距离：

> 天使可以分为侍卫和臣僚，类似于那些服侍（famulantur）

---

[1] *Summa Theologiae*, 1, q.110, a.1, p. 5.

君王的侍卫和臣僚。一些人始终出现在君王面前，直接聆听其旨意。而另一些人（例如，那些掌管行省事务的人），对他们来说，王室的命令是由那些君王的近臣来宣旨的。而那些人只是臣僚，而不是侍卫。[1]

侍卫和臣僚之间（亦即思考与治理之间）的鸿沟贯穿了所有天使，天使被分成两极，而这两极构成了天使的神职区分，这些神职是管理性和神秘性的职位：

因此我们必须注意到，所有天使都可以直接看到神之真身，在这个方面，所有管理的天使也都可以说成**"侍立于神"**。因此，格里高利说，**那些委派到外地的去拯救我们的臣僚也可以侍立于神，看到圣父之面庞**。不过，不是所有天使都可以理解在同一束清朗的光芒下的神的真身下，神的奥秘所隐含的秘密，只有那些高阶天使能够理解，通过他们，这些奥秘才能传达给低阶天使。[2]

第三节 余论

在更一般的意义上来说，负责管理的天使与负责侍立的天使在数

1　*Summa Theologiae*, 1, q.112, a.3, p. 43.
2　*Summa Theologiae*, 1, q.112, a.3, p. 43.

量上孰多孰少的问题,以及天使的具体数量问题,是仁者见仁、智者见智。阿奎那这样总结道:

> 格里高利说,臣僚的天使比侍立的天使数量更多,因为他理解的文本"**事奉他的有千千**(millia millium)","千千"(thousands of thousands)在这里不是乘法,而是表示部分的含义,仿佛是"千中之千"(thousand out of thousands)。这样臣僚的天使的数量是无限的,这意味着其会超越于一个有限的数量。然而,那些侍立者的数量是有限的,因为那是加法,"**侍立在他面前的有万万**"(milies centena millia)。这个观点考察了天使的数量,即六个臣僚、三个侍卫。不过,托名狄奥尼索斯宣称,天使的数量远远超过所有的物质事物的数量,正如无法预计高阶物体在数量上超出了低阶物体多少,非物质性自然的高阶存在物也超越了所有的物质自然的存在物,因为这里写道(托名狄奥尼索斯写道)**十万的万倍**(ten thousand times a hundred thousand),所以人们认为侍立数量远远多过臣僚数量……{不过,这样的数字不应从字面来理解,天使是如此众多,他们的数量如此庞大,远远超越了所有的物质性的芸芸众生}。[1]

荣耀的沉思天使远远胜于管理的天使(反之亦然)在这里直接被

---

[1] *Summa Theologiae*, 1, q.112, a.4.ad.2, pp. 45-47。(这里的大括号是圣托马斯·阿奎那原文中的大括号。——译注)

转译为一种数量上的超越。有趣的是，无论如何，我们第一次看到**众生**（multitudo）或者说理性存在物的无限众生的观念，这并不是指人，而是指天上之城的国民，不过，这并非是一种无形之大众，而是完美地依照等级制有着良好等级秩序的众生。

第四节

第一次将等级制导入天使学——甚至发明了"等级制"（hierarchy）一词——的人正是这个托名狄奥尼索斯的作者，在基督教文献中，他的态度极其费解，仍然有待发掘。这一模糊性（尤其在9世纪以降的讲拉丁语的西方）导致这种天上之城的等级制（或许，是所有的等级制）的神圣化变体同一种奥秘神学混淆起来。不过，有一个解读让它摆脱了那种比喻性的形象，毫无疑问这个解读告诉我们这个托名作者的策略 [他在写完《教会等级制》（Celestial Hierachy）之后不久就写作了《天国等级制》]：一方面，将天使们置于等级之中，依照严格的等级秩序来安排他们的衔级，不过，另一方面，将教会等级制天使化，即按照一种本质上的神圣级别来分配他们的地位。换句话说，依照一种序列，将**奥秘**变成**臣僚管理**，并将**臣僚管理**变成**奥秘**，对这个序列在中世纪基督教文化中的意义，康托洛维茨曾做过研究[1]。

"等级制"（hierarchia）一词（是这位托名作者的特别贡献，此外，这个词传承于普罗克鲁斯）的发明让人耳目一新。正如阿奎那正确地指

---

[1] Kantorowicz, 2005, p. 195.

出,它并不是指"神圣秩序",而是指"神圣权力"[1]。事实上,在托名狄奥尼索斯的全文中贯穿的一个核心观念,即什么是神圣的,什么是神性的,在等级上已经有所安排,只是遮蔽了其策略上的目的——通过不厌其烦地重复一个三元计划(起始于三位一体),经由天使三头政体,最后达到大地上的等级制——目的在于让权力神圣化。

天国等级制与大地等级制之间的平行关系,毕竟在这篇论及天使的论文开头就宣布了,此后这个文本不止一次地重复了这个话题;在《教会等级制》中,这个平行关系也被一样强调着。"至高权力,爱着人类,引我们进入奥秘,"托名狄奥尼索斯写道,"他向我们揭示了天国等级制,并以这样的方式建立了我们的等级制,这关系到通过类似于天国的形式来建立起臣僚的关系。"[2] "这样,为了确立我们的等级制,"这篇论文再次强调了大地等级制,"上帝严格地安排等级制,如同天国等级制一般,尽人类之可能,保留上帝的性质并模仿神灵。"[3]

不过,在两篇论文中,等级制本身就是实现救赎和神圣化行为的原则:"等级制被赋予神性,让其去拯救,将理性和理智的存在物神圣化。"[4] 等级制在本质上是一种治理行为,其暗含着一种"活动"(energeia),一种"知识型"(epistēmē),以及一种"秩序"(taxis)[5]。其源头和原型就是三位一体的安济:"等级制的起源是三位一体——

---

1 *Summa Theologiae*, 1, q.108, a.1, 3, p. 121.

2 Pseudo-Dionysius, *Celestial Hierarchy*, 124a, p. 16.

3 Pseudo-Dionysius, *Ecelesiastical Hierarchy*, 536d, p. 88.

4 Pseudo-Dionysius, *Ecelesiastical Hierarchy*, 376b, p. 52.

5 Pseudo-Dionysius, *Celestial Hierarchy*, 164d, p. 21.

生命之泉、善之本质、事物的第一因——从本源那里，所有的存在和善都降临于事物……通过神的理性设计来拯救万物。"[1] 因此——亦即因为等级制是"对神的模仿"并"类似于上帝"——等级制（无论天上的等级制还是地上的等级制）在本质上是三元的。这奠定了神对俗世治理内在关联的基调，通过两个典型的专业术语（第一个是他发明的，第二个源自普罗克鲁斯），托名狄奥尼索斯的作者定义了**神主制**（thearchia）[神之权力或治理，这个概念比神权制（theocracy）更为强悍] 和**有序安排**（diakosmēsis）（这就是有秩序的部署，即**安济**）。

第四节余论

托名狄奥尼索斯的等级制（"神圣权力"）在这个意义上是对普罗克鲁斯的**有序安排**（diakosmēsis）概念[2]的展开。**有序安排**（diakosmēsis）意味着"依秩序而统治"（或统治使之有序）；同样，"等级制"概念不可能在"有序安排"和"治理"之间做出区分。

第五节

在这里，托名狄奥尼索斯的作者开始展示其策略。这些源自新柏拉图主义的内部秘传框架和入会用词，被一种终极的治理工具赋予了意

---

1 Pseudo-Dionysius, *Ecelesiastical Hierarchy*, 373c, p. 52.
2 Proclus, *Elements of Theology*, prop. 144 and 151.

义和真正的功能。**神主制**（thearchia）三位一体地展现了俗世治理的等级制，它不可言说，不可命名，是超实体的；它是至高权力不可见的原则。神之**安济**完全被转译为等级制，成为一种"神圣权力"，从天空之国到大地上的国家与人民，其贯穿着所有神与人类世界：

> 我们此前已经说过，对于天使来说，他们要完善天国里诸精灵的总体序列，这个序列是天国诸存在物终极秩序，天国存在物拥有着天使的属性。是的，毋宁说，他们比那些更高位阶的存在物更适合被称为天使。这主要是因为他们的等级制让人所知，尤其是其涉及俗世上的万物。对于最高阶的秩序，被放在最靠近隐匿的太一的第一阶的位置，我们必须将其思考为一种比最高秩序本身更隐匿的引导精神事物的方式。不过，比起第一秩序，由神圣领主、掌权者和君王权威组成的第二秩序更多地引导着建立的天国、天使长和天使们的等级制，但比其后的秩序要更隐秘一些。我们必须记住，更为显著的天国、天使长、天使的秩序，通过彼此关联，凌驾于人类的等级制之上，其目的就是为了按照良好秩序引导、皈依、共享、与上帝结合。简言之，上帝以某种方式所赐予的秩序，成为所有等级制共有的善，或许成了最神圣的常规。于是，最神圣的经文将等级制赋予天使，区分了掌管犹太人的大天使米迦勒（Michael）和掌管其他人的天使。对于至高存在来说，既定国家的边界是按照上帝的天使数量来安排的。[1]

---

[1] Pseudo-Dionysius, *Celestial Hierarchy*, 260a–b, pp. 34–35.

在最富神学色彩的论文《论神名》(*The Divine Names*)中,这一点是绝对清楚的。在全书的结尾,托名作者分析了表达上帝权力的名字(圣之圣贤、王之君王、永恒的统治者、主之圣主、诸神之上帝),将王权(basileia)界定为"所有边界(horos)、所有秩序(kosmos)、所有法律(thesmos)、所有衔阶(taxis)的分派(dianemēsis)"[1]。与传统的界定不同(如亚里士多德传统、犹太-基督教传统、新毕达哥拉斯学派传统),这是一种原创的界定,将王权理解为本质上的等级制原则。如果其他名称[例如,"圣主"(Holiness)和"我主"(Lordship)]所表达的仅仅是权力的至高无上性和权力的完善性,而托名狄奥尼索斯将王权理解为一种秩序、一种分配、一种等级化的元素,更为有效地表达了"全然超越性的原因"(All-transcent Cause)的本质[2]:

> 从中……散布并向万物分派(dianemēsis)了无瑕的完美(aribeia)和一尘不染的纯洁;所有的秩序(diataxis)和所有的有序安排(diakosmēsis)祛除了一切不谐、不等、不均的东西,转向圣主本身,万物发现值得与圣主分有……但是,经文给出的圣主(Holy)、王(King)、主(Lord)、上帝(God)诸名字,表明他是所有等级制中的第一秩序。通过第一秩序,次等等级才从上帝那里获得馈赠,借助他们的多样性,让他们的分有的统一体走向多元。在神恩的神之行为中,

---

1 Pseudo-Dionysius, *The Divine Names*, 969b, p. 86.

2 Pseudo-Dionysius, *The Divine Names*, 969c, p. 86.

第一秩序的多样化让它们一并走向自己的统一。[1]

按照我们已经非常熟悉的治理机制的假说，在现实中，绝对超越性的神主制超越了一切因果行为，成为一种内在秩序和治理原则。这种否证性神学（apophatic theology），在这里具有遮蔽的功能，事实上，其旨在发现一种治理的等级制，而这一点在属于以神的名义的欢呼和仪式的功能中极为明显。通过这些欢呼和仪式，不可说的神必须——这里明显不是说神无法言说——不停地被赞美，被称颂。我们"必须用歌声赞美（hymnein）他那不可计数的名字，如圣之圣贤、王之君王、永恒的统治者、主之圣主、诸神之上帝……这些事物必须绝对地被赞美"[2]。深不可测的君权就是对权力的称颂和赞美，根据我们在彼得森那里看过的范式，智天使、炽天使、诸王在吟唱"圣哉！"中对他进行赞美：

> 对于他们[天使]而言，他们的言说超越人的方式，像"许多水的声音"一样，"祝福就是主的荣耀，源自你的地位"。但另一些人大声反复且用上帝最威严的词汇唱道："圣哉！圣哉！圣哉！万能的我主，你的荣耀，充满天地！"[3]

因此，这位托名作者在天使教义最后部分指向了他曾写过的已

---

1 Pseudo-Dionysius, *The Divine Names*, 969d–972c, pp. 86–87.

2 Pseudo-Dionysius, *The Divine Names*, 969a–969c, p. 86.

3 Pseudo-Dionysius, *Celestial Hierarchy*, 212b, p. 30.

散佚的或是他虚构的一篇论文,这篇论文的题目是"神之颂"(The Divine Hymns)[1]。天使们大声唱着赞美的颂歌,不过这对应于其双重本质,即思考的本质和臣僚的本质,它代表着神对俗世治理的神恩机制的核心部分:

> [神主制]是唯一的,是三重生存的一种,从至高的天国的精神到大地上最卑微之物,向所有造物发出他慈爱的关怀;它是所有造物的原则和原因,在他那毫无拒绝的胸怀中,用超越自然的力量,包涵了万物。[2]

等级制即颂歌学(hymnology)。

第五节 余论

雨果·巴尔(Hugo Ball)[3]第一次真正理解了托名狄奥尼索斯的天使学。即便施米特也认为,巴尔将托名狄奥尼索斯看作一位"献身于牧师的僧侣,因此他让牧师在教会等级制中具有优先职位,高于所有的禁欲苦行者,甚至高于殉道者,无论这些苦行者和殉道者有多么伟大"[4]。这并不完全正确。他反映的是教会等级制在等级上的优先地位的

---

1 Pseudo-Dionysius, *Celestial Hierarchy*, 212b, p. 30.

2 Pseudo-Dionysius, *Celestial Hierarchy*, 212c, p. 31.

3 雨果·巴尔是德国作家、诗人,也是达达主义的领军人物之一。——译注

4 Schickel, p. 51.

观念，而这个观念正是巴尔的著作《拜占庭基督教》（*Byzantinisches Christentum*，1923）的中心，在此书中，他深刻地分析了托名狄奥尼索斯的形象。

第六节

天国与大地的官僚制的平行关系并不是托名狄奥尼索斯的发明。如在雅典纳哥拉那里，他已经用管理语言中的词汇和形象界定了天使（参看前文第二章第八节），而德尔图良的《反普拉克勒亚斯》中的一个段落也肯定了它们之间的比较关系（参看前文第二章第十一节："因此，如果神的一主制也是由诸多天使的'团队'和'队伍'所管理"[1]），在亚历山大的克莱芒那里："教会的级别，即主教、长老（presbyter）、执事（deacon）都是模仿天使的光辉，及其神之**安济**，经文说，它等待着那些依循着使徒的足迹，生活在正确的圆满中的人。"[2]

在托名狄奥尼索斯之后，这种平行关系变得更为平淡无奇，就像德尔图良那里一样，这种平行关系后来被延伸到世俗权力。圣托马斯这样写道："神圣统治，就是'等级制'的意思，同存于人和天使之中。"[3] 和天使的情况完全一样，教会职位秩序也按照纯洁（purgare）、启迪（illuminare）、完善（perficere）三种职能来分配[4]。不过市民等级

---

1 Tertullian, *Treatise Against Praxeas*, 3, p. 32.
2 Clement of Alexander, *The Stromata*, Book 6, Chapter 13, p. 505.
3 *Summa Theologiae*, q.108, a.1, 3, p. 121.
4 *Summa Theologiae*, q.108, a.2, 3, p. 125.

制也必须按照秩序和层次来阐明:

> 那么,等级制的意义就是在秩序上做出区分,在官职和行为区分的基础上来解释等级秩序。以城市为例来说明,依照市民不同的工作——法官、士兵、农民——以及不同的阶层人民具有不同的等级。不过,在一个城市中,所有这些阶层都可以归为三个等级,在这个意义上,任何有组织的团体都是由头部、中间、尾部构成的。于是,在城市中,人民存在三种等级:一些人在顶端,即上层阶级;一些人在底部,即普通人;一些人在中间,即中产阶级(populus honorabilis)。于是,在所有的天使等级制中也有这些秩序,也是按不同的工作和官职区分的。[1]

在将等级制的观念置于中心之后,天使和臣僚走向融合,正如在卡夫卡的世界中一样。不仅天国的信使按照其职位和官职来组织,而且俗世的公职也反过来假定了天使的性质,与天使有着一样的方式,他们能够进行纯洁、启迪和完善。此外,随着精神权力和世俗权力之间的关系在历史中越来越难分彼此,天使学和官僚制的典范关系有时偏向一方,有时又偏向另一方。正如德尔图良在著作中指出的,俗世君主制的管理就是天使官职管理模式,然而在其他地方,天国的官僚制为俗世提供了原型。

---

1 *Summa Theologiae*, q.108, a.2, p. 127.

不过，在市民管理和治理的术语确定和发展起来之前，其核心范式已经在天使学中稳固地建立起来。我们已经看到，不仅等级制的概念，而且臣僚和使命的概念，正是在同天使行动的关系中，得到了高度系统化的说明。

第六节余论

在1928年的一篇短文中，康托洛维茨并未忽略这一点，即弗朗兹·布拉特（Franz Blatt）已经证明，在教父文本的原稿中，两个术语，即**奥秘**（mysterium）和**臣僚**（ministerium）已经不可避免地走向融合。在其列举的大量例子中，有一段摘自哲罗姆的"书简十八"（Eighteeth Letter）中的话，在这段话中（这段话与炽天使有关），一些地方难以阅读（lecito difficilior）：有些地方是"不同的奥秘守护者"（diversa mysteria mittantur），而在另一些地方（撰稿者应该没有写错）是明显的"不同的臣僚守护者"（in diversa mysteria mittantur）。布拉特认为从"臣僚"到"奥秘"的发展，可以用一事实来解释［尤其对于那些服务（既是圣礼也是服务）于大众的牧师来说］，即这两个词是完全一致的，这无疑击中要害。[1] 不过，这种混淆的来源更古老，它来自圣保罗的"奥秘的安济"及其颠倒版"安济的奥秘"，我们已经谈过这个颠倒与希波吕托斯和德尔图良的关系。那么我们就不会感到惊奇于，第一次有意识地将两个词重叠使用——同时是头韵体和概念式

---

[1] Blatt, p. 81.

的——出现在武加大拉丁文版的《哥林多前书》4∶1中:"人应当以我们为基督的执事(ministros Christi),为神奥秘的管家(dispensatores mysteriorum Dei)。"管理(即安济)在本质上关系到奥秘,而另一方面,奥秘只能在管理和"安济"中得到展开。正是这个关联——绝对构筑了三位一体的安济——解释了从早期教父到晚期经院哲学对奥秘(mysterium)和臣僚(ministerium)两个词多次随意使用的原因[1]。

在哲罗姆同一封信中,可以看到这种变化的第一个证据,这将引导臣僚一词(代表着"事奉、分派")走向现代管理意义上的说法,即"一系列职位和公职"。哲罗姆问道:"诸王、统治者、当权者、天使、所有的臣僚体制是(上帝)何时创立的?"(Quando [Deus] Thronos, Dominationes, Potestates, Angelos, totumque ministerium coeleste condiderit?)[2] 正如天使的官僚制预设了人类的等级制的完善,"天国的官僚制"也先于大地的官僚制,而大地官僚制从神学模式那里继承了其奥秘。

第七节

在问题108的结尾处,在转向讨论恶魔问题之前,阿奎那突然跑题问道,天使的等级制和秩序是否可以延伸到审判日之后。这个问题

---

[1] 马里乌·维克多里努(Marius Victorinus)那里有一个颇具启发性的例子,in Epistolam ad Ephesios, II, 4, 12, in PL, 8, 1275c。基督建立的正是这种奥秘和臣僚(dono Christi instituta sunt hujusmodi et mysteria et ministeria)。也可以参看 Benz, p. 153。

[2] Hierronymus, *Epistolae*, I, 18, 7, in PL, 22, 365.

绝非任意提出的，也是无法回避的。实际上，一旦世界历史及其造物到达终点，上帝的选民和被诅咒者要么接受永恒的祝福，要么接受永恒的惩罚，那么天使秩序存在的目的何在？我们如何想象一群无所事事的天使呢？

这一问题因为一个事实而变得十分复杂，在《哥林多前书》15：24中，圣保罗似乎指出在基督再临（prousia）之时，天使的等级被消除，变得无效了："之后末期到了，那时，基督既将一切执政的、掌权的、有能的都取消[1]了（古希腊语 katargēsēi，拉丁语 evacuaverit），就把国交与（paradidōmi）父神。"返回弥赛亚王国，交与圣父，意味着救赎历史任务的圆满。阿奎那在对圣保罗的《使徒传》的评论中，在这个方面已经讨论了治理和天使职位终结的问题，他区分了"荣耀"和"施行"，区分了那些引导的天使和施行的天使：

> 在他取消了所有的属国（principality）、权力和美德后，即当所有的人与天使的统治都终结了，我们将直接位于上帝之下（immedite erimus sub Deo）……但天使的秩序仍然有等级分别吗？我回答说是的，正如在显赫的荣耀（ad eminentiam gloriae）下，一些人高于另一些人，但他们不再具有对我们的施行治理的效果（ad efficaciam executionis ad

---

[1] 《圣经》中译本通常在这里将七十子本中的 katargēsēi 和武加大本中的 evacuaverit 翻译为"毁灭"，但实际上，这两个词都是"清除、清空"的意思，即将原来的世界全部清除干净，彻底取消现存的世界秩序。为了保持与阿甘本的分析一致，这里改变了《圣经》传统中译本中"毁灭"的译法，而采用了"取消"的译法。——译注

nos）。因此，他说那些被召唤去施行的天使将变得无效，即属国、权力、美德变得无效。主并没有召唤那些属于高阶的天使，因为他们不是施行者……也并不是说他们的统治将会变得无效，因为尽管它们也属于施行，但他们并不自己开展活动，而是接受神的引导和命令。[1]

即使在最后一天，在某种程度上，天使的职位仍然是十分重要的，不仅仅如《马太福音》25：31 中所述，他们将会见证末日审判，而且他们也"会被派到各处，召集被拯救者"[2]。此外，按照俄利根的说法，被拯救者将会"受到天使的保护"，天使"将他们扛在肩上"[3]。当最后的受祝福者升入天国，最后的被诅咒者坠入地狱，天国的官僚制会发生什么？

在《论俗世治理》中，这个谜题得到了揭示。**安济**，即对俗世的神恩治理不是永恒的，它会在审判日终结。"天使公职的目的是引导人类得救。相应的，天使的公职以及他们的秩序将不会再存在于审判日之后。"[4] 随后，王国将会变成我们可以称为无治之国的状态。但我们怎样去思考一个没有任何治理的王国呢？

阿奎那为了解决这个问题，做出了一个小区分。这个区分不亚于将等级制同其实施区分开来，其目的是去思考在拯救实践之后的权力

---

[1] Aquinas, *Commentary on the First Epistle to the Corinthians*, Chapter 15, l.3.

[2] Daniélou, p. 131.

[3] Daniélou, pp. 133-134.

[4] *Summa Theologiae*, q.108, a.7, 3, p. 151.

存在的可能性。同军事将领的职位在战斗中和在胜利后是不同的一样，等级制及其荣耀将在他们所安排的治理之后继续存在：

> 我们可以思考天使秩序的两个要素：等级的区分和官僚制的执行。一目了然，他们之中的等级的区分将永远存在，随着自然的毁灭，所有的自然差别都会变化，而荣耀中的差异对应的是亘古永存的先天品质的差异。在审判日之后，职位的运作会在某个途径上继续存在，而在另一种途径上将不复存在。不再存在，其目的是引导他者走向终结，持续存在对应于拥有终极的途径。譬如，一个军队衔级的作用，在战斗时和胜利时，是不同的。[1]

等级制，显然与公职或官僚制的实施密切相关，但它比其施行更为持久。

第八节

在最后的分析中，阿奎那试图克服的问题是**安济**的目的。救赎史——关系到对俗世的神恩治理机制——已经走到尽头。如今，这个机制会发生什么？在天国等级制中严格按照九条线得到有序安排的数百亿的天使，在审判日完成了他们不倦的官僚工作的瞬间会怎么样？

---

1 *Summa Theologiae*, q.108, a.7, 3, pp. 151–153.

阿奎那的裁定是无情的:"在最后的圆满中,有如让他人走向终点,基督将把属国和权力化为乌有,因为一旦得到圆满,就无须为之努力了。"[1] 而阿夸斯巴达的马修(Matthew of Acquasparta)的《论神恩问题》(Questions on Providence)中的一个论述更加绝对:

> 最终的圆满所允诺的,既非造物的合作,亦非让任何官僚成为可能。同样,上帝就是所有造物的直接开端,同时也是他们的直接目的,即 A 与 Ω[2]……因此,所有的管理都会停止。所有的天使官僚制都会停止,因为其秩序就是为了引导人们走向终点,一旦人们走到终点,它就必须终结。所有的等级制运作都将停止,所有的次等级和所有的高等级,都会走向终结,就如同使徒在《哥林多前书》15:24 中所说的那样。[3]

治理机制的停止反作用于三位一体的安济。如果后者在架构上衔接了上帝的行为与他对俗世的神恩治理,我们如何去思考安息的(inoperative)上帝?如果三位一体的安济已经在唯一的上帝中调和诺斯替教派区分的**无所事事的神**与**行动的神**,那么所有活动的停止似乎反过来让安济的意义出现了问题。因此,圣哲罗姆在写给教皇达玛酥(Pope Damasus)的信中,对《以赛亚书》6:2—3 节进行评述时说,

---

[1] *Summa Theologiae*, q.108, a.7, 3, p. 153.

[2] A 与 Ω 分别是古希腊语字母表的第一个字母和最后一个字母,这里隐喻的是开端和结束。——译注

[3] Matthew of Acquasparta, p. 316.

炽天使撒拉弗用其双翼遮住头与脚,可以一瞥那些在思想上不可能的先于创世、后于终结的标志:

> 在世纪圆满之后将会发生什么?在人性受到审判后,还会有生命存在吗?是否还有另一个大地?将会创造新的元素和新的世界吗?……以赛亚想说的是,创世之前和圆满之后的东西不可言说……我们仅仅知道,在创世和圆满之间的世界已经通过经文揭示出来:当世界被创造出来,当人被创造出来,洪水、律法,随着整个世界因第一个人的出生而充盈,直到最近上帝之子道成肉身来拯救我们。所有其他东西都被两位炽天使的双翼所遮蔽,他们遮住了头与脚。[1]

可以说,对于上帝,我们只知道他的安济,即治理,而不知道他的王国,或者那个安息(inoperativity)的国度,不过治理仅仅是王国两个光辉永恒的形象之间运行的间奏。

现在,我们可以理解,为什么神学传统在彼得森那里找到了其最极端的表达,彼得森完美地解密了唱颂歌所建构的基督教公民,并赋予天使在政治上的圆满形象(pleromatic figure),即这些天使终将安息。作为人之终点和作为神之形象的荣耀教义,超越了对俗世的治理,这就是神学家对于安济终结问题的回答。天使的官僚制在末日审判之后仅仅作为颂歌性的等级制,作为沉思和对神之光辉的颂扬而存在。

---

[1] Hieronymus, *Epistolae*, I, 18, 7, in *PL*, 22, 365.

所有的神恩活动都终结了，所有的救赎的管理都走到尽头，剩下的只有颂歌。仪式也只有作为赞美而存在。

第八节 余论

在基督教神学中，如何思考安息的神的形象的问题是一个真正的关键点，自爱任纽和圣奥古斯丁之后，人们在回答一个带有渎神色彩的问题时遭遇到的困难证明了这一点："上帝在开天辟地之前在干什么？……为什么他不像以前一样，继续无所事事？"圣奥古斯丁——在其《忏悔录》（第二卷，第 10 章，第 240 页）中以这种形式谈到了该问题，即将之归于全部时代（pleni vetustatis suae）中的人——已经给出过一个反讽性的回答，事实上这句话显露了他的窘迫："他在为那些刨根究底的人建造地狱（alta……scrutantibus gehennas parabat）。"[1] 11 个世纪之后，这个问题仍然明显存在，路德再一次以如下形式回答："他坐在森林里，砍下枝干，准备痛打那些问他无穷无尽问题的人。"

这个问题——起源于异教徒和诺斯替教派（他们的问题并不完全一样），对他们来说，回答并不太困难——对于基督徒而言，尤为麻烦，这正是因为三位一体的安济是上帝行动和治理的核心形象。这个问题完全对应于在世界终结之后，上帝和天使以及那些受祝福者的状态的问题。

于是，荣耀就其光辉覆盖着的，我们无法考量的安息之神的形象。即便基督教著作汗牛充栋 [如同在巴尔塔扎（Balthasar）那里一样]，荣

---

[1] Augustine, *Confessions*, Book II, Chapter 12, p. 241.

耀神学（theologia gloriae）仍然是神学论争中无人问津的领域。因此，荣耀神学的典型形式是其奥秘，在权力的光辉之下，唯一可以做的就是保持缄默。在其他情形下，正如路德在其尖锐的评论中指出的，在荣耀之下，**旁观者变得迟钝无比**（scurtator maiestatis obtunditur a gloriae）。

在犹太人圈子中，上帝并不是自己实施安济，上帝的安息问题也就没有那么困难了。按照米德拉什（Midrash）的说法，在上帝开天辟地两千年前，上帝就创造了七样东西［律法（Torah）、王座（Throne）、天国、地狱、天空庇护所、弥赛亚之名、"忏悔吧！人之子"的叫声］。之后的两千年——也是按照米德拉什的说法，回答了之前的问题——他诉诸律法，创造了另一个世界，用字母表上的字母来讨论，而这些字母是创世的代理。

第九节

审判日之后天使官僚制的取消证明了神对俗世的治理在结构上是受限于时间的，神学上的安济在本质上是有限的。基督教的治理范式，如同支撑它的历史观一样，从创世持续到世界末日。因此，在许多方面毫无保留地接受了神学模式的现代历史概念，会陷入矛盾。一方面，现代历史抛弃了末世论，将历史和世界治理无限延长，另一方面，这个范式的有限性不停地回归（这一点在科耶夫对黑格尔的历史终结问题的解释中，与海德格尔在晚期对存在史终结问题的讨论中，一样明显）。

按照这个原则，俗世治理在审判日会终结，但在基督教神学中有一个重要的例外。这就是地狱。在问题89中，圣托马斯向自己问道，恶魔是否会对受诅咒者实施审判（Utrum daemones exequentur sententiam iudicis in damnatos）。与那些认为在审判之后，治理和官僚制都会停止的人的意见不同，阿奎那反而指出，恶魔会继续担当施行的司法职责，实施永恒的地狱之罚。同样，他也指出，天使取消了其官僚制，但会永远维系他们的等级制和秩序，所以现在他写道："因此，我们也可以在惩罚中看到良好的秩序，人受到恶魔的惩罚，而天使居于人性与神性之间的神之秩序被彻底地搁在一旁。"[1] 换句话说，在地狱中，神的俗世治理是永恒存在的，即便这种秩序是以监禁形式存在的。当天堂中的天使放弃了所有的治理形式，他们就不再是官僚，而是侍卫，尽管他们的等级制变得空洞，然而恶魔成为不朽的官僚，永恒地实施着神之判决。

然而，从基督教神学的角度来看，永恒治理的观念（即现代政治范式）就是真正的地狱。有趣的是，这种永恒的监禁式的治理，这种永无赎还的刑罚式的居留，具有意想不到的戏剧式的含义。在阿奎那关于受祝福者条件的问题中，有一个问题是他们是否可以看到受诅咒者的惩罚（Utrum beati qui erunt in patria, videant poenas damnatorum）。他注意到，恐惧与**污浊**（turpitudo）的景观不会让那些圣人看到，不过，他的论断的狂虐式内涵，在心理上对我们现代人来说不太容易接受，他毫无保留地认为，"如果圣人被允许看到那些受诅咒者的遭遇，或许圣人会感到更加欣慰"[2]。此外，受祝福者和天使们不被容许对这些暴虐的场景表示同情，他们只能感到欣慰，因为对受诅咒者的

---

[1] *Summa Theologiae*, Supplement, q.89, a.4.

[2] *Summa Theologiae*, Supplement, q.94, a.1.

惩罚就是对神之判决的永恒秩序的表达（et hoc modo sancti de poenis impiorum gaudebunt, considerando in eis ordinem divinae justiae, et suam liberationem, de qua gaudebunt）[1]。

"受难景观"，与福柯论证过的**古代政体**（ancien régime）的权力的紧密关系，在这里找到了其永恒的根源。

阈

天使学直接与权力理论一致，天使是俗世治理的最佳人选，这在下述事实中十分明显，即天使之名与世俗权威之名是一样的：**执事**（arkai）、**掌管**（exousiai）、**统治**（kyriotētes）。在圣保罗那里，这一点十分清楚，在他的书信里，人们往往不容易区分天使的名字与世俗权威的名字。毕竟诸如**掌权的执事**（arkai kai exousiai）这样的重名法，在那时的古希腊语中往往被用于表示一般意义的人类权力［因此，在《路加福音》12∶11中，耶稣的追随者被吸引到犹太集会中，带到"执事并有权柄的人"（epi……tas arkas kai tas exousias）面前，在《提多书》3∶1中，圣保罗又告诫他的团体成员说要"**顺从执事掌权者**"（arkais exousiais）］。在《歌罗西书》2∶15中——这里当然涉及天使团体——我们不太清楚弥赛亚通过十字架所战胜的"执事和当权者"是天使还是人类当权者。甚至在《哥林多前书》15∶24中，当把国交还给上帝时，弥赛亚导致"所有统治、所有权威、所有权力"的毁灭，

---

[1] *Summa Theologiae*, Supplement, q.94, a.3.

这些也指世俗当权者和天使。在其他一些段落中,这个词明确地指天使权力,也隐约地表示恶魔的权力。所以《以弗所书》——其开头是在上帝右手边的被拯救者弥赛亚的发光形象,"远超过一切执政的、掌权的、有能的、主治的"(《以弗所书》1：21)——以天使们被奉召为"世界黑暗的统治者"(kosmokratores tou skotou toutou)为结尾:"因我们并不是与属血气的争战,乃是与那些执政的、掌权的、管辖这幽暗世界的,以及天空属灵气的恶魔争战。"(《以弗所书》6：12)

天使与世俗权威的交织,这一点十分重要。首先,他们的关系源于如下事实:因为他们是神对俗世治理的人选,那么他们就是"俗世的君王"(《哥林多前书》2：6)。俗世权威和天使权威在圣保罗那里无法分辨,因为他们均来自神。《罗马书》13：1—5 中论述所有**掌权者**的神圣根源的著名段落("没有权柄不是出自神的"),应当从这个角度来解读,它能矫正一些看法。圣保罗的天使学事实上赞同对神创立的律法和世俗权威进行批判。因为世俗君王——与律法一样("藉天使而设立的",《加拉太书》3：19,也可以参看《希伯来书》2：2)——是"因罪"而被给予的(《罗马书》8：3),随着弥赛亚的到来,其权威也宣告终结。没有"天使",也没有"掌权者"的权威可以将我们同"我主耶稣基督"分离开来(《罗马书》8：38—39)。乔治·B.凯尔德(George B. Caird)已经看到天使权威的含混性,如同律法和所有的权威一样,包含在这一事实中,即他们是神恩赋予的,同时因罪之故,而自称绝对正确。

当律法被隔离出来,并上升成为一种独立的宗教体系,它就变成了恶魔般的律法。律法的败坏就是罪之过，尤其是其自以为是之罪过……所有的律法论都是自我判定的，即宣称自己可以建立起自己的正确性，那么我们可以按照我们自己的道德和精神食粮来自我救赎。[1]

但是在某种层面上，这种恶魔式的彻底化的律法和天使等级，构成怒火和神之审判的本质，犹太卡巴拉主义称之为"怒火"（Din），在圣保罗那里，为"义愤和怒火"（orgē kai thymos）（《罗马书》2：5—8）。天使，作为神对俗世治理的密使，也表达了上帝黑暗和恶魔的一面，这样，天使不能简单地被抹除。

必须从这个角度来思考圣保罗的弥赛亚主义。它可以作为对天使权力和人之权力恶魔式膨胀的纠正。弥赛亚让律法以及天使丧失效力，变得安息，让他们与上帝和谐一致（katargeō 是圣保罗使用的专门词汇，用来表达弥赛亚与天使权力和人的权力之间的关系，我将 argos 翻译为"无效"，而不是"摧毁"）。（我们在《歌罗西书》1：15—20 中读到，"有位的、主治的、执政的、掌权的"都需要通过弥赛亚来创造，通过弥赛亚，它们就能与上帝和谐一致。）

律法的主题不再被应用，而是被研究，在卡夫卡的小说中，律法与持续安息的天使官僚肩并肩地携手而行，它在这里则揭示出其弥赛亚式的永存。律法以及天使权力和世俗权力的最终荣耀目的，就是要丧失效力，走向安息。

1　Caird, p. 41.

第七章
权力与荣耀

第一节

将天使本性进行区分，将他们的关系秩序分为侍卫和执事、荣耀的歌手和治理的臣僚，这对应于我们马上要讨论的权力的双重形象。或许，只有在**荣耀**（gloria）与**治理**（gubernatio）的张力关系中，王国与治理的关系才可同时达到可理解与模糊不清的极致。我们已经试图通过神学-安济范式的历史，耐心地重构出这种关系。之所以可以理解，是因为在侍卫和执事的区分之前，王国与荣耀之间的差异从未如此实在；之所以模糊不清，是因为人们会疑惑如果政治不再是治理，只是仪式，不再是行动，只是赞颂，不再是权力，只是荣耀，那是什么样的政治？

要回答这个问题，我们首先必须认识到一个隐含的脉络，它将彼得森1935年的论天使的文本同这位青年神学家尚未皈依天主教时、于

1926年出版的学位论文《唯一神：铭文、形态史和宗教史研究》(*Heis Theos*: *Epigraphische, formgeschichtliche und religionsgeschichtliche Untersuchungen*) 联系起来。多年之后，在遇到同样的问题时，康托洛维茨称彼得森的学位论文是"奠基性的"。其副标题将一个语文学 (philology) 范畴与源自神学的概念放在一起，从这一点来看，它有点让人摸不着头脑。但这绝非一份神学研究，也不仅仅是历史语文学研究，尽管其中蕴含着令人印象深刻的批判武器以及非凡的学识。这篇论文的学科领域非常模糊，因而需要进行一系列预备性的考察。

1934年，在其论罗马帝国典礼形式一书的导言中，安德烈亚斯·阿尔弗洛迪哀叹道，尽管帝国的理性司法方面的研究已经有了泰奥多·蒙森（Theodor Mommsen）[1]的《国家法》(*Staatsrecht*) 这样有一定水准的研究，但帝国典礼和宗教方面的研究只有阿波·鲍里耶（Abbot Beurlier）的《帝国祭礼》(*Culte impérial*) 等在科学价值上存疑的作品。同样，恩斯特·康托洛维茨在其《吾主颂》(*Laudes Regiae*, 1946) 一书的导言中写道，对政治史的仪式根源的研究直到20世纪初仍是神学家和基督教史学家的特权，他们自己就是研究对象的一部分，所以他们的研究并不一定是最有价值的来源。[2]

尽管彼得森的论文是神学作品［彼得森宣称弗朗兹·波尔

---

[1] 泰奥多·蒙森（1817—1903），德国古典学者、法学家、历史学家、记者、政治家、考古学家、作家，1902年诺贝尔文学奖获得者。他关于罗马历史的作品对当代的研究仍十分重要。他也是一个杰出的政治家，曾是普鲁士和德国的国会会员。他关于罗马法和债法的研究对德国民法典有着重大的影响。——译注

[2] Kantorowicz, 1946, p. vii．

(Franz Boll)[1]、爱德华·诺登（Eduard Norden）[2]和理查德·莱岑斯泰因（Richard Reitzenstein）[3]是他的老师]，但它通过研究**唯一神**（Heis theos）的劝诫文，打破了政治典礼和教会仪式之间关系的传统。同样，卡尔·施米特多年以后也承认："该论文使用了大量来自文献资源和铭文的材料，用完美的客观性进行论证，对神学家的出发点和所有学派的信条都不置臧否。"[4] 换句话说，这是走向今天仍然未到达的科学路径的第一步，其致力于权力与权利的典礼的历史研究，是对仪式和礼仪的政治考古学，在这里，我们可以用"荣耀考古学"的标题来称呼它——尽管只是临时的。因此，我们应小心谨慎地依循着彼得森论文的研究的步伐前进，去揭示其结果和策略的价值。

第二节

他的研究一开始耐心细致地列举了大量的发现，尤其是大量的铭文，在这些铭文中出现了**唯一神**的表达[有时，表达会扩展到二位一体和三位一体的意义上，如**一神与基督**（Heis theos kai Christos），或者**一神与基督及精神圣地**（Heis theos kai Christos autou kai to hagion pneuma）]。在面对主流的解释时，彼得森采取了双重策略，他将这些

1　弗朗兹·波尔（1867—1924），德国海德堡大学古典语文学家。——译注
2　爱德华·诺登（1868—1941），德国古典语文学家和宗教史家。——译注
3　理查德·莱岑斯泰因（1861—1931），德国古典语文学家、古希腊宗教学家和诺斯替教派研究专家，被称为当时最好的诺斯替教派研究专家。——译注
4　Schmitt, 2008a, p. 61.

材料同仪式性的表达形式联系起来，在最后的分析中，它可以理解为信念的信誓（profession of faith）[1]。一方面，他坚决否定了这个表达包含了信念的信誓；另一方面，他也坚决地将之归为欢呼："**唯一神**的表达是一种欢呼，而不是信念的信誓。"[2] 不过，这意味着将基督教最核心表达的起源回溯到一个十分蒙昧的根基上，这个根基与对异教皇帝的欢呼，以及酒神狄奥尼索斯在神秘仪式上的欢呼是重叠的，也与魔法的莎草纸卷的秘传奥义，与密特拉（Mithras）[3]、诺斯替以及摩尼教的表达形式是交叉的。这也意味着提出了欢呼的起源和意义与基督教仪式的关系的问题。

什么是欢呼？这是在特定情形下群众出于赞美的感叹，出于胜利的感叹（如"Io triumphe！"），出于颂扬的感叹，出于反对的感叹（这是一种**负面的欢呼**）。欢呼往往伴有抬起右手的姿势（这在异教和基督教的艺术中都得到了证明），或是剧院和马戏团里的鼓掌和挥舞手绢。在这里，欢呼是可以被引导的，正如西塞罗所说的那样[4]，它不仅仅是对运动员和演员的欢呼，而且适用于对共和国的执政官的欢呼，之后是对皇帝的欢呼。君主来到一座城市，都会有典礼式的**游行**（adventus），游行中一般都会伴有庄重的欢呼。彼得森详细列举欢呼的不同形式：对胜利的渴望（nika，vincas），对生活和肥沃土地的渴

---

1 尽管 profession 在现代意义上被理解为职业，但是在基督教诞生时期，它指的是按照一种传统仪式皈依基督教之后所发下的誓言，在这里译为"信誓"。——译注
2 Peterson, 1926, p. 302.
3 密特拉是印度－伊朗神祇，这一神祇原是雅利安人万神殿里共有的崇拜对象。——译注
4 Letters to Atticus, vol.1, 1.16, pp 149-163.

望（vivas, floreas, zēs, felicissime），对长寿的渴望（polla ta etē, eis aiōnas, de nostris annis augeat tibi Iuppiter annos），对强壮和拯救的渴望（valeas, dii te nobis praestent, te salvo salvi et securi sumus），对祈祷和祈求的渴望（kyrie, kyrie sōzōn, kyrie eleēson），对赞成和赞美的渴望（axios, dignum et iustum esti, fiat, amen）。欢呼通常会在仪式中多次重复，在有些时候，会做出一些调整。一个基督徒的证词为我们提供了在马西莫赛马场（Circo Massimo）中负面欢呼（acclamatio adversa）的细节：

> 绝大多数人叫喊道：基督徒被带走了！已经有十二个了。用陛下您的脑袋想想吧，那些不是基督徒！但观众中的法官，城市的执政官，以十倍的声音喊道：是的，陛下，您赢了！……随后他们立即离开，所有人都用一个声音喊道：陛下，您赢了！诸神乐吧！

圣奥古斯丁在一封信中，描述了将他的后继者希拉克略（Heraclius）确立为希波大主教时的典礼，他自己告诉我们基督教对**尊敬**（axios）、**尊贵**（dignum est）之类的欢呼表达的用法：

> 人民这样欢呼：感谢上帝，赞美基督，叫二十遍。聆听基督，奥古斯丁永生，叫六十遍……厚德，厚敬，叫五遍。尊贵而公义，叫六遍……是的，是的，叫十二遍。[1]

---

1 Augustine, *Letters*, 213, 5-8.

关键在于，要理解这些欢呼的价值何在，正如彼得森指出："这些东西并非无关紧要的，在特定环境下，它们具有司法上的含义。"[1] 彼得森为我们所提供的文本是《古典学科学百科全书》(*Realencyclopädie der Classischen Altertumswissenschaft*)——通常被称为"保利-维索瓦百科全书"(Pauly-Wissowa)——中的"欢呼"(Acclamatio)词条；不过蒙森在其《国家法》中也明确地认识到，在罗马公共法律中，欢呼具有十分重要的司法价值。首先，他注意到，在罗马共和国时代，通过欢呼，军队将他们取胜的将军称为**统帅**（imperator）[2]，此外，在帝国时代的罗马，欢呼则赋予统帅恺撒之名[3]。在帝国时代，元老们（senators）的欢呼被用来赋予皇帝旨意以决定性地位[4]，而在选举会议中，欢呼可以用来替代个体投票者的选票[5]。

彼得森在谈到基督教欢呼的异教根源问题时，在一个关键的地方强调了欢呼的司法价值，它是将法律与仪式统一起来的根本。对于**"多么尊贵而公义！"**（dignum et iustum est）[在选举仪式和教会宣誓仪式之外，这似乎还出现在弥撒仪式（Anaphora of the Mass）的开头]的表达，彼得森在批判了现代司法科学没有认识到欢呼的正确意义之后，指出这个表达不能被看成一种选举程序的缩减形式。相反，对应于源自世俗的**公民大会**（ecclesia）的教会习俗，这个表达"在欢

1　Peterson, 1926, p. 141.

2　Mommsen, vol.1, p. 124.

3　Mommsen, vol.2, p. 841.

4　Mommsen, vol.3, pp. 949–950.

5　Mommsen, vol.3, p. 350.

呼的形式中,展现出人民的**共识**(consensus)"[1]。不过,这种共识具有一种司法上的意义,这又重新说明了法律与仪式之间的关系。谈到卡根(P. Cagin)论述颂歌学中的欢呼的作品,将这种欢呼同选举出皇帝戈尔迪安(Gordian)后的欢呼做比较["多么公平,多么正义!皇帝戈尔迪安,愿诸神让你幸福安康!"(Aequum est, iustum est! Gordiane Aguste, dii te servent feliciter!)],彼得森写道:

> 在一个颇具锋芒的章节中,当卡根得出了观察分析的结论,即仪式的第一个词,真正的尊贵(vere dignum)不过是对人民欢呼的回应,他当然是对的:**多么尊贵而公义!**(dignum et iustum est)。但卡根没有,其他人也没有充分地澄清这个事实,即通过欢呼"**尊贵而公义**"(axion kai dikaion),仪式和颂歌[如《感恩曲》(*Te deum*)、《荣耀颂》(*Gloria*)等]都获得了司法上的基础。换句话说,公共典礼(leitourgia)对颂歌仪式中的"感恩"(Eucharistia)因素的吸收,只能发生在人民(laos)和牧师欢呼的司法形式中。[2]

第三节

1927年,在《全民公决的人民投票与人民诉求》(*Referendum and*

---

1 Peterson, 1926, p. 177.
2 Peterson, 1926, p. 178.

Petition for a Referendum)（在德语中，Volksentscheid 与 Volksbegehren 是两个相互对照的术语，其字面意思是"全民公决"和"源自人民的请求"）一文中，施米特参考了——尤其是在涉及欢呼的政治含义时——一年之前出版的彼得森的书。在这篇文章中，施米特将代表着当代民主制的秘密投票的个体选举，同代表着"纯粹"或直接民主中全体人民的直接表达对立起来，与此同时，在宪政框架中将人民与欢呼结合起来。

> 个体的秘密选举，之前没有任何程序上的公共讨论，其消除的正是全体人民的具体可能性。事实上，人民真正的行动、能力和作用，所有公共表达的核心，作为现象的直接民主——甚至卢梭都将之视为真正的民主——就是欢呼，大众全体表达出赞成和拒斥的呼声。人民拥戴一位领袖，军队（在这里等同于人民）拥戴一位将领和皇帝，市民或农民赞成一个建议（在那里，问题仍然是开放的，无论其拥戴的是一位领袖还是一个建议）；人民喊道"上台"或"下台"，他们颂扬或抱怨，拿起武器并召唤另一位领袖；他们热衷于用任何言辞来评议，或者用沉默来控制住欢呼。埃里克·彼得森的一个奠基性研究涉及欢呼的科学价值，远远超越了其主题的特定领域，描绘了早期基督教时代中的欢呼及其形式。[1]

如同对于彼得森而言，欢呼和仪式颂歌学表达了基督教民众

1　Schmitt, 1927, pp. 34–35.

(laos)的司法性和公共性一样，对于施米特而言，欢呼作为一种选民的民主权力，是人民纯粹而直接的表达。他在几行字之前写道，"这些民众拥有一种制宪权，是**制宪权力**（pouvoir constituant）的主体，因此是一种在本质上不同于另一些人的东西，那些人在宪法所限定的形式中行使其职能，即选出**国会**（Reichstag）或帝国的总统，或称为全民公决情形下起效的提案。"[1]因此，在将彼得森的问题变成一个世俗问题之后，施米特承认了"欢呼是所有政治共同体中的永恒现象；不存在没有人民的国家，也不存在不欢呼的人民"[2]，然后将这个问题推向了极端。

施米特的策略十分清楚：他由彼得森关于仪式性欢呼的宪政架构功能的概念，假设了纯粹民主与直接民主的理论家习性，借此反对魏玛共和国的自由民主制。如同喊出赞美的表达的信众在仪式中站在天使边，人民的欢呼直接对立于秘密投票的自由主义实践，这种实践剥除了主权主体的制宪权（constituent power）。

> 对欢呼的科学研究发现是对直接或纯粹民主程序的解释的出发点。我们一定不要忽视这一事实，即当公共意见是社会现实，不只是政治上的托词时，在人民的政治含义可以得到认可的所有关键时刻，首先出现的赞成或反对的呼声，完全不依赖于投票程序，因为在这种投票程序下，他们的本真

---

1 Schmitt, 1927, p. 32.

2 Schmitt, 1927, p. 34.

性会受到威胁：界定了这种欢呼的人民全体的当下性，被孤立的单个投票者和秘密的票箱所掏空。[1]

第四节

研究仪式的历史学家会知道，最初的基督教仪式发轫于赞美诗和颂歌元素同感恩仪式的结合。在这个方面，直至今日，一些关于仪式的教科书会在**赞美仪式**（liturgia epaenetica）、颂辞（laudation）与感恩仪式之间做出区分。不过，如果仔细研究感恩仪式会发现，在其中，欢呼、赞歌以及感恩式的牺牲，彼此非常接近地混杂在一起，实际上它们难分彼此。在尼古拉·卡巴希拉斯（Nicholas Cabasilas）[2]于14世纪写作的一篇关于神圣仪式的论文中，他概括了东方教会关于神之奥秘秩序的思想，感恩的献祭不同于赞美的颂歌，不同于祈祷，也不同于对圣言的朗读，不同于"在献祭前后一切所言所行"[3]。不过，在现实中，仪式的这些方面形成了一个"单一体"（single body），并致力于同样的目的，即对信众的污垢的涤荡（sanctifying）。"完全的密授，"卡巴希拉斯说道，"是一种单一的叙述体（sōma hen historias），从头至尾保持其和谐统一，通过这种方式，其中的每一个姿态和表述，都让它们共同致力于整体。"[4]从这个角度而言，仪式与**安济**（oikonomia）是紧

---

[1] Schmitt, 1927, p. 34.
[2] 尼古拉·卡巴希拉斯（1319—1392），拜占庭时期的神学家和作家。在东正教会中，卡巴希拉斯是一位圣人。——译注
[3] Cabasilas, p. 57.
[4] Cabasilas, p. 129.

密相关的,如同在颂歌和颂辞中的欢呼一样,在牧师的行为中,它仅仅"意味着救世主的安济(oikonomia tou Sōtēros)"[1]。按照赞美诗人的言辞,与面包和美酒的献祭方式一样,颂歌和颂辞也提供了一种"赞美的圣祭":"将汝之誓作为对上恩之祭,献与至高无上者……吾将兑现汝之誓,而汝应赞美吾。"[2]

在6世纪到8世纪,高卢人的弥撒(Gallic Mass)仪式都非常出众[不过,所有的古代仪式形式,从**使徒传统**(Traditio apostolica)到亚历山大的圣济利禄(Saint Cyril in Alexander)[3]的**仪式**,都从属于一个目的]。高卢弥撒开始会用唱诗作序,在唱诗时,主教靠近祭坛,并伴有赞美诗的轮唱(antiphone)和《荣耀颂》(Gloria patri)的颂词。从开头开始,这就是一系列欢呼:

> 哈利路亚!当受赞美,哈利路亚,
> 奉主之名:哈利路亚!
> 我主上帝,照耀我们。奉主之名。
> 愿光辉荣耀归于圣父、圣子、圣灵,
> 永世如此。阿门。
> 奉主之名。

1　Cabasilas, p. 61.

2　Cabasilas, p. 58.

3　亚历山大的圣济利禄(376—444),在罗马帝国统治下的亚历山大城任职亚历山大宗主教。圣济利禄著作甚多,积极参与当时关于耶稣基督的神性和人性的争论。他是第一次以弗所会议的关键人物,会议导致聂斯脱里被革除君士坦丁牧首的职务,聂斯脱里派亦被定作异端,天主教和聂斯脱里派分裂。——译注紧接着，唱《三圣颂》(*Trisagion*)，这是一首庄重的颂歌，用古希腊语和拉丁语演唱，信众需要用欢呼来回应：**阿门**（Amen）。三个男童会一起歌唱《神佑世人》(*Kryie ekeison*)，随后是两个轮换的唱诗队演唱《和散那颂》(*Benedictus*)。但是，那个时期的感恩仪式，如同当代的仪式一样，带有浓厚的赞美诗与欢呼彼此交织的色彩，将不同的元素从中分离开来是不可想象的。开启献祭的所谓的**牲祭**（immolatio）就是一组欢呼：**真正的正确与公义：我们感谢您，感谢您的无刻不在的庇佑，万能而永恒的神呀……通过我主基督而听到。天使们赞美您的尊严。牲祭**之后是圣三一颂（*Sanctus*），其形式是：**真正的圣灵，真正受庇佑的我主基督耶稣，您的圣子。**

现在，我们需要考察的是从彼得森论文的立足点中得出的仪式中欢呼实质性的表现。如果他的主题是正确的，那么我们不仅应将赞美诗－欢呼元素视为将基督教仪式同异教世界和罗马公法联系起来的东西，而且应将其看成一种"仪式"直接在司法意义上的奠基，也就是说，基督教典礼在公共层面和"政治上"的奠基。**仪式**（leitourgia）一词（来自 laos，即人民）在词源学上代表着"公共服务"，教会总是试图强调仪式崇拜的公共性，而反对私下的信仰。只有天主教——正如**感恩仪式**（Enchiridia liturgia）历来所强调的那样——才能展现对上帝的正当的崇拜（cultum legitimum aeterno patri persolvere）[1]。在这个意义上可以说，彼得森的论文通过人民在**教会**中统一的欢呼，为仪式公共性提供了基础。在《旧约》七十子本（Septuagint）和《新

1　Radó, p. 7.

约》中，两个词[即**人民**（laos）和**群众**（ochlos）]区分了公法传统上相互对立的两种人，这个区别被重新解释为人民（populus）和大众（multitudo）的区别：

> 参与**感恩**的**人民**（laos）只有在这个层次上才是具有司法能力的**人民**（laos）。看看西塞罗的《论共和国》（*Republic*）第一卷第 25 节："人民不是某种人们随意聚合的集合体，而是大众基于法权的一致性和利益的共同性而结合起来的集合体"……如果后来**人民**的司法行为仅仅限定在欢呼的权利上，这并没有改变这一事实，即我们可以从**人民**（populus/laos）或**教会**（ekklēsia）的原始方式来说，在那里，对人民而言，他们有可能展现一种司法行为。若有一天有人想写一部"人民"（Laie）的历史的话，需要注意这里所隐含的背景，要理解**人民**（laos）就是**大众**（ochlos），因为他们必须道出仪式性的欢呼。于是，当**人民**（laos）喊出仪式性的欢呼时，它将自己同教会法的法令结合在一起。同样，在公法中，**人民**正是通过他们在世俗**教会**中向**领主**的**欢呼**的权利来获取他们的法律的。[1]

比较特别的是，在一个注释中，彼得森将仪式中间歇性出现的**阿门**解释为一种专业意义上的欢呼，通过说"阿门"，信仰的大众

1　Peterson, 1926, p. 179.

（multitude）将自身建构为"人民"（laos）[1]。当犹斯定在《护教书》中告诉我们，在祈祷和感恩的结尾，"所有人通过说阿门，表达了他们的赞同"（pas ho parōn laos euphēmei legōn: Amēn）时，他所说的正是欢呼的专业－司法意义，或者更准确地说，基督教弥撒的"仪式性"构成了仪式的公共性。

第四节 余论

对《新约》尤其是对保罗书信中关于人民的词汇的分析，揭示了彼得森反弥赛亚主义的策略。对我们来说，理解**城邦**最为关键的**民众**（dēmos）一词，很少出现。人民是用**大众**（ochlos）一词来指涉的［在《新约》中出现了175次，此外，在拉丁语中，这个词被翻译成turba；在武加大译本中，在被译为turba和populus之外，我们还可以发现它被译为plebs和multitudo；作为对**大众**（ochlos）一词最好翻译的massa，自圣奥古斯丁开始，这个词具有了代表着原罪负载者的负面含义："万物之罪，背负在普罗大众身上。"[2]］，或者翻译为plēthos（这个词多次在《路加福音》中出现），在某种意义上，这呼应了在《旧约》七十子本中反复用laos表示选民（共124次）。彼得森将非政治的**大众**（ochlos）对应于**人民**（laos）的神学含义：即**大众**（ochlos）变成**人民**（laos）；通过仪式，大众得到"政治化"。为了达到这个目的，

1　Peterson, 1926, p. 179, note 2.

2　Augustine, *On Nature and Grace*, 8.9, p. 28.

彼得森必须忽略圣保罗所使用的特殊用法。事实上，很明显，圣保罗使用的**大众**（ochlos）和**人民**（laos）没有超出 12 次，而且也多出现在圣经的引文中［例如，在《罗马书》9：25 中所引用的《何西阿书》的"非我子民"］。Hēmis，意思是"我们"，圣保罗用这个术语指专门意义上的弥赛亚共同体，通常对立于**人民**（laos）（如在《罗马书》9：24），或者犹太人和希腊人［如在《哥林多前书》1：22—24 中"犹太人是要神迹，希腊人是求智慧，我们（hēmis）却是传钉十字架的基督"］。在《哥林多前书》中的引文中，代词"我们"直接被"那些蒙召之人"（autois de tois klētois）所定性。在圣保罗那里，这样的弥赛亚共同体是籍籍无名的共同体，似乎被定位在一个公私之间的无法区分的门槛之上。

第五节

1934 年到 1935 年间，安德烈亚斯·阿尔弗洛迪在《罗马公报》（*Römische Mitteilungen*）中发表了他关于罗马帝国典礼的形式和徽标（insignia）的研究结果。他放弃了在古典来源中业已发现的原型，按照这个原型，帝国的典礼与传统的罗马政治的严肃性有所不同，是皇帝戴克里先（Diocletianus）[1] 按照波斯廷臣仪式的模式引入的，阿尔弗洛迪反而证明了这种典礼是如何在共和国晚期和帝国最初几年里逐渐

---

[1] 戴克里先（245—312），罗马帝国皇帝，于 284 年 11 月 20 日至 305 年 5 月 1 日在位。他结束了罗马帝国的第三世纪危机，建立了四帝共治制，使其成为罗马帝国后期的主要政体。他的改革使罗马帝国对境内各地区的统治得以存续，最起码在东部地区持续了数个世纪。——译注

发展成形的，这种典礼范式由几种不同的传统汇聚而成，不过，这些传统实质上都是神学传统。为了理解在罗马主权者及其臣民之间的关系开始具有的"神学－神圣"性质，开始认为在主权者及其主体之间存在某种关系，绝无必要参考东方神圣君主制模式。"帝国让国家元首的地位远远高于元老，元老们为基督的善事，祈祷并颂扬基督的牺牲，以基督之名发誓，将基督召唤为上帝之子，并将基督耶稣的生辰和其他私下的节日作为公共的典礼。按照宣言，**君王**（auctoritas）让**王权**（principes）凌驾于其他所有人之上，已经假定了一种宗教信仰，正如他们承受着**圣奥古斯都皇帝**的神圣名字。"[1]

在这种视角下，阿尔弗洛迪很快重构了**崇拜**（proskynēsis）引导，在共和国时代，这种引导已经成为谦卑之人在当权之人面前跪下的姿势，渐渐地，这种跪拜成了帝国仪式中一个内在部分。元老们和高阶武士亲吻皇帝的脸颊 [**致敬**（salutatio）]；不过只有当他们在皇帝面前跪拜时，才能亲吻皇帝；这种**致敬**一直延续到拜占庭时期，当拜占庭出现了亲吻双膝和双手的致敬礼之后，**跪拜**才走向终结。

阿尔弗洛迪的一个特殊兴趣是更广泛地研究权力的服饰和徽标，而阿尔弗洛迪的这个研究对泰奥多·蒙森的历史记述产生了重大影响，似乎他用他自己对典礼的分析完成了《国家法》中佚失的部分。尽管阿尔弗洛迪并不总是完全注意到这一点，但这里所开启的研究领域，其紧要问题将界定该领域。他说明了帝王的服装，在帝国起初阶段，只是与罗马公民的宽袍（toga）相协调；逐渐地，在胜利游行队列中，

---

[1] Alfröldi, p. 29.

获胜的执政官会穿上不同的袍子;之后,从军事将领时代开始,带**披风**(paludamentum)和盔甲的军队制服成了永久的标志性特征。与此同时,正如无数的雕像所展现的那样,**胜利**(vir triumphalis)的桂冠成了君主的专用特征,后来桂冠被金属制成的**王冠**(corona radiata)所取代(与桂冠相比,王冠似乎永远不会坏掉)。在比较中,执政官所坐的**椅子**(sella curulis)后来成为王者的座椅,至少从卡利古拉皇帝(Caligula)[1]时代开始,皇帝将自己的座位单独置于一个**台子**(podium)之上,后来其功能逐渐变为王座(basileios thronos)。

不过,这里最为关键的问题是这些变化的专业-司法意义。事实上,问题不在于对奢侈和浮夸的单纯追求,或像让自己同普通民众区分开来的欲望,而是要在这个空间中建立起权威。学者们界定这个空间时所遇到的困难十分明显地表现在他们必然对诸如"典礼"(ceremonial)、"统治徽标"(Herrschaftszeichen)和"权力或国家的象征"(Machtsymbole, Staatssymbolik)之类的词语采取模糊的用法。我们已经在蒙森的观察方式中看到,从3世纪以后,"战争的紫衣成了君权的象征"[2]。但在这里,"象征"是什么意思?诸如罗马法中**扈从执法杖**(faces lictoriae)[3]或者中世纪法律中的王冠之类的对象的专门意义曾

---

1 卡利古拉(12—41),罗马帝国第三任皇帝。卡利古拉被认为是罗马帝国早期的典型暴君。他建立恐怖统治,神化王权,行事荒唐。由于他好大喜功,大肆兴建公共建筑,不断举行各式大型欢宴,帝国的财政急剧恶化。后来他企图以各种苛捐杂税来缓解财务危机,引起所有阶层的怨恨。41年,卡利古拉被近卫军大队长卡西乌斯·卡瑞亚刺死。——译注

2 Mommsen, vol.1, p. 433

3 faces lictoriae 是为罗马皇帝游行开道的卫队所执的法杖,一般在一根直木的上段配上斧钺。后来这种执法杖变成罗马皇帝权威的象征。而20世纪所形成的法西斯主义正好是将法杖(faces)一词作为词根变成facism,也代表一种至善的权威。——译注

经在一段时间里广为人知，不过，仍然没有一种法学理论可以准确界定它们的范围和价值。

让我们来考察一下从公民式的宽袍，到军事将领带有披风标志的**服装更替**（mutatio vestis）的问题。将这个过程（正如阿尔弗洛迪指出）理解为纯粹是军队的权威逐渐凌驾于元老权威之上的结果，或者说，将其与典礼联系起来，谈及法与权力之间的对立，仍然无法揭示其特殊意义所在。因为我们已经知道，在共和国时代，宽袍和**披风**的对立，对应于**城邦区域**（pomerium）与帝国其他地域的区分，而这个区分直接具有了公法的含义。在任何情况下，执政官都不会穿着军装进入罗马，在穿越前线的时候，他们更愿意穿上**宽袍**（sumere togam）。因此，帝国皇帝在城邦里穿上他紫色的**披风**，并不一定在事实上表明他对于军队的支配，而是标志着其中不再有执政官权力和地方总督权力、**城邦区域**与帝国其他地域、和平法和战争法之间的主要区别。因此，**服装更替**在公法中有一种直接的演示性后果。只有从这个角度来看，我们才能理解在拜占庭帝国中，皇帝礼仪性地将自己的袍子放置在特殊空间里，这个空间被称为**皇帝私域**（metatōrion），在这个空间中，高阶官僚对这一事实必须谨慎小心，他们在不同场合会穿着各种正确的服饰。我们唯有理解了紫色作为君王标志的法理上的意义，才有可能理解，从 4 世纪开始，紫色的生产已经被国家垄断，私人拥有紫色将会被裁定为不敬罪[1]。

在一些复杂的规章中，我们可以得出类似结论，除了**膜拜礼仪**

1　Alfröldi, p. 169.

(proskūvesis)¹ 之外，这些规章规定了皇帝在公共场合出现时的站姿和坐姿。在这个例子中，不能将这些姿势纯粹理解成等级地位的象征，而是要明白，正是这些姿势在当下的状态中建立起等级制。同样，对于托名狄奥尼索斯来说，神并不在等级制中显现，而是在他的**本质**（ousia）与**活动**（dynamis）——光辉、实体以及天上的权力，世俗的等级制²——中显现。因此，在这个行为当中，帝国君主如同其服饰一样，他的姿态既是等级制的典礼也是其徽标。

第六节

恩斯特·佩西·施拉姆这位历史学家，因为阿道夫·希特勒撰写的《祝酒词》(*Tischrede*)而在学术界外都声名狼藉，他一生致力于研究权力的徽标和象征。在他的三卷本《统治纹章与国家象征》(*Herrschaftszeichen und Staatssymbolik*)一书的序言和导论中，他坚持认为需要将他研究的领域从那些"浪漫派——或者更糟——那些在君主标志中寻找他们想象中的'中世经精神'的人"³手中解救出来，需要摒弃诸如"徽标"和"象征"之类的术语，因为其意义很含糊，而他宁可选用更为精确的"统治纹章"（Herrschaftszeichen）和"国家象

---

1 Προσκύνησις 是拜占庭帝国时期对公众在面见拜占庭皇帝时的诸身体动作的规定，有伏地膜拜、双膝跪地膜拜、单膝跪地膜拜、鞠躬和简单的致意几种。——译注

2 Pseudo-Dionysius, *Ecclesiastical Hierarchy*, 378a.

3 Schramm, vol.1, p. ix.

征"（Staatssymbolik）[1]这样的词语。

尽管施拉姆不止一次地回到术语和方法的问题，并按照瓦尔堡（Warburg）[2]的**情感定式**（Pathosformeln）[3]，提出"尊主定式"（Majestätsformeln）和"图像模式"（Bildmodel），然而，这本书实际上可以看成奉献给权力徽标的宏伟诗篇。在全书将近1200页的篇幅里，作者始终保持着谨慎、雅致的情感，作者的合作编撰者也始终小心翼翼地编目分类：从罗马皇帝胜利的**桂冠**，到教皇的法冠和皇帝的王冠；从德意志和伦巴第国王的圣矛，到装饰在牧师和国王罩袍上的铃铛（tintinnabula）；从皇家和帝国的王冠的无限多变的形式，到王座在各种属性上丰富的变化的现象——从**教椅**（cathedra Petri）到英格兰人、阿拉贡人、波兰人、瑞典人和西西里人的王座。

我们尤其关心的是花押（monograms）和印章的部分，包括狄奥多里克大帝（Theodric the Great）[4]的花押和印章，而其中施拉姆所看的东西值得进一步引申。他写道："**王者之名**（nomen regium）的花押表达了权力与法律，以及一个大型肖像：花押并不简单地表达形象，毋宁说国王通过花押来显现自己的在场。"[5]在第二卷中，关于旗

---

[1] Schramm, vol.1, p. ix.

[2] 阿比·瓦尔堡（1866—1929），德国历史学家、艺术史学家、文化理论家。——译注

[3] "情感定式"是指表达某一情感的固定模式，这个用法也被本雅明所使用。本文提到施拉姆按照瓦尔堡的"激情定式"提出了"尊主定式"，这也是在表达对君主和主权者敬意时的一种固定表达模式。——译注

[4] 狄奥多里克大帝（454—526），东哥特人的领袖，东哥特王国（其疆域大部分位于今日的意大利）的建立者。从511年开始，他还是西哥特王国的摄政。——译注

[5] Schramm, vol.1, p. 226.

帜（bandum，vandum，banière）和军旗的部分值得注意。这里清楚地说明了徽章的性质和特殊的表现力，不幸的是，施拉姆似乎没有完全注意到这一点。他引述的是法律史家卡尔·埃德曼（Carl Erdmann）[1]的著作，埃德曼证明了旗帜的特殊力量并不在于其标志或颜色，而是源于旗帜本身。因此，"和王冠一样，国王的王旗决不可遗失。正如不能用王冠来损害国王的荣誉一样，旗帜亦是如此……旗帜可以代替君主，它表达其统治的范围，他的权力延伸得多么遥远"[2]。

在其著作的开头，施拉姆说出了他的愿望，"直到如今，我们看到的都是武断地和主观地对待权力的徽章"，在徽章研究中会诞生一门科学，这门科学与在历史研究中业已通行的科学一样精准，一样严格。在书的结尾，施拉姆试图确定引导其全书的**基本概念**（Grundbegriffe）[3]，很明显，他的愿望并没有完全实现。同样，在第一卷标题页中，他根据歌德对于象征的界定来限定其研究（"象征是一种不作为此物存在但就是此物本身的事物：一种在心之镜中凝聚而成的形象，但它等同于此物"），所以他从黑格尔那里引用了一个段落，黑格尔提出象征的定义是"某种模糊不清的东西，当我们理解它的形式越多，它就变得越模糊不清"[4]。施拉姆并没有完全摆脱这个概念的模糊性

---

1 卡尔·埃德曼（1898—1945），德国历史学家，专门研究中世纪政治史和知识史。他对中世纪晚期的十字军观念的研究，以及对11世纪世俗和教会精英的信件研究尤为著名。他与施拉姆和康托洛维茨并列为德国中世纪政治文化研究方面最有影响力的德国学者，可惜的是，他的研究由于他在"二战"中加入德军后阵亡而中止。——译注

2 Schramm, vol.2. p. 653.

3 Schramm, vol.3.p. 1098.

4 Schramm, vol.3.p. 1065.

与含混性。权力徽章的科学仍然有待于奠基。

第七节

卡尔·冯·阿米拉（Karl von Amira）是一位与纳粹保持着妥协关系的历史学家（施拉姆在研究中引用了他的话），他提出了一种名为"法权考古学"的科学。阿米拉谱系学方法中的一个最典型的例子，是他关于中世纪符号中的手势的作品，即《萨克森徽章》（*Sachsenspiegel*），其中熠熠生辉的描写可以与安德雷·德·乔里奥（Andrea de Jorio）[1] 关于那不勒斯的手势的描述相媲美。在雅各布·格林（Jacob Grimm）[2] 之类仅仅从艺术史角度来思考微缩画形象（minniature figure）[3]、将之作为"艺术家的象征主义"（Simbolyk des Küstlers）的人，与那些反过来将这些形象看成真正司法上的模仿的人之间的争论中，阿米拉坚定不移地走了一条中间路线，即动摇了两个学科的渊源。因此，他区分了真实手势（在这种手势中，手直接象征着一种精神历程）与非真实手势（在那里，手只是象征的工具，它并非一种有效表达意

---

[1] 安德雷·德·乔里奥（1769—1851），意大利古典语文学学者。1832年，他在其《通过那不勒斯的手势研究来模仿古人》（*La mimica degli antichi investigate nel gestire napoletano*）一书中，第一次从民族志角度探讨了身体语言。——译注

[2] 雅各布·格林（1785—1863），德国古文学家、法学家、神话学家，其代表作为与兄弟合著的《德语字典》（*Deutsches Wörterbuch*），他们在其中提出了著名的语言学上的格林定律。——译注

[3] 微缩形象一般是指放在神龛中的神的缩小的雕像形象，但也有时用来指战争演示时所使用的统帅和国王的微缩形象。——译注

愿的标志，而仅仅是让一个人的社会属性变得可见）[1]。阿米拉将自己的注意力仅仅集中在前者上，其目的是确证在何种程度上，微缩画形象中的手势可以代表法律上的象征。

真实（或纯粹）手势与非真实手势的区分说明对阿米拉来说，这并不是他概念上的方向，他关心的仅仅是说明手势的法律用途。在其著作中，可以发现的最有趣的模仿范畴是一种与话语相伴的手势，即一种语言手势（Redegestus）。在这种情况下，表达着帝国权力的特殊效力的**大手**（ingens manus）的手势（前臂所支撑的展开的手以某种方式与胳膊形成一个恰当的角度），与那些（按照古代修辞学的说法）应当伴随着演说者的**行动**的手势相融合，于是这些手势在祝福的**语言**（Logos）中成了固定手势——这说明了手势在基督教仪式和图像学中具有极其重要的功能［拉丁式**祝福**（benedictio latino）伴随着拇指、食指和中指的伸张，而另外两根手指向手掌弯曲，这是希腊式**祝福**（benedictio graeca）的变体，在希腊式祝福中，小指也是伸张的］。昆体良在其《演说术原理》（Institutiones oratoriae）中详细地描述了语言手势的各种变形，正是言说的手本身，有着不可置疑的效力[2]。十分精准地界定语言手势的权力是不可能的，这种权力不可能还原为韵律节奏分析或者纯粹对话语的强调；那里有一些手势变成了言辞，而言辞变成了事实。我们发现自己已经置身于一种现象之中，这种现象——即便它明显通过一个相反过程出现——呼应于言辞与事实之间、真实与

---

[1] Amira, p. 168.

[2] "ipsae loquuntur", Ⅱ, 3, 85.

意义之间难分彼此的交融关系,这种交融关系界定了语言学家的述行(performative)语言的范围,而约翰·奥斯丁(Austin)[1]的《如何以言行事》(*How to Do Things with Words*)让这种交融关系具有了哲学上的地位。述行事实上就是语言学上的说出,语言的说出本身直接就是一个事实,因为其意思与它所产生的真实是一致的。

但是,述行语言以何种方式实现了其特殊效力?是什么让一个语段(例如"我发誓")获得了事实状态,并否定了古代的格言(按照古代的说法,言与行之间有一道不可跨越的鸿沟)?语言学家并没有告诉我们答案,仿佛在这里,他们发现自己站立在一个语言终极魔法层次上。对我们来说,为了回答这个问题,必须让我们自己谨记,述行语言通常是通过对语言的常规指意(normal denotation)的悬搁来实现的。述行动词必然是由这样的**言说**(dictum)所构建的,即在其自身中,拥有一种纯粹陈述的本质,没有这种陈述,其就是空洞且毫无效力的("我发誓"只有在其后跟着一些**言说**时才有价值——如"我发誓,昨天我在罗马")。只有**言说**的常规指意被悬搁,并以某种方式在一个关键点上加以转变,它才成为述行短语的对象。

这意味着,事实上,述行的说出并不是一个记号,而是一种印记

---

[1] 约翰·奥斯丁(1911—1960),英国哲学家、牛津日常语言学派的代表人物之一。1924年入斯路兹伯利大学学习,后入牛津大学巴里奥尔学院学习古典文学、语言学和哲学。"二战"期间在英国情报部门服役,在分析敌军情报方面显示出卓越才能,战后回牛津大学任教。1952年被任命为道德哲学教授。《如何用言语行事》的主要观点是:命题和语句都执行一定的言语行为,言语不总是同真理和错误相关。奥斯丁把言语行为分为三类:"表达语意的行为",即使用语言传达某种思想的行为;"加强语意的行为",即语句被说出时带有某种力量的行为;"取得效果的行为",即说出一个语句产生一定效果的行为。——译注

(segnatura)，一种标志着**言说**的印记，其目的是悬搁其价值，并用一种之前发生的新的非指意性范围来取而代之。我们应当以这种方式来理解权力的手势或标志，我们对此十分关注。这是内在于一些记号或对象之中的印记，这种印记被赋予了某种特殊效力。因此，权利领域与述行领域总是严格地交织在一起，而君主的行为就是让手势和言辞直接有效的行为，这些东西绝非偶然。

第八节

权力的印记并不仅仅存在于帝国时代。在罗马共和国时期，也有一样东西清晰地展现了具有特殊效力的印记。这就是**扈从执法杖**，奇怪的是，阿尔弗洛迪和施拉姆都未曾提及此物。这个东西起源于王政时代，并在共和国时代到达巅峰，并一直延续到帝国时代，尽管其后逐渐被淡化。众所周知，这个东西与《吾主颂》（*Laudes Regiae*）一样，在20世纪曾被临时复兴过。执法杖通常是用榆木或桦木作杆，大概130厘米长，在顶端用红色的带子绑上斧钺。它们被分发给一个特殊的组队，一半是宫使（apparitor），一半是行刑者（executioner），他们被称为**扈从**（lictores），他们将执法杖扛在肩上。在共和国时代（这个时代我们已经了解许多），施行**统治**（imperium）的执政官和治安官才具备拥有执法杖的特权。扈从有12人，必须随时随地跟着治安官，而不仅仅是在公共场合。当执政官在宫中的时候，扈从们在前庭候着，倘若执政官外出，即便是洗温泉浴或观看戏剧，他们都要一步不离地跟随。

将执法杖定义为"**统治象征**"——尽管有时情况真是如此——并没有告诉我们执法杖的特殊功能。**象征**一词所概括的性质无法告诉我们,执法杖实际上以两种形式来实施其主要的惩罚功能:(用杆)笞罚,(用斧)斩首。这样,唯有我们详细考察其与**统治**具体关联的方式,我们才可以理解执法杖的本质。它直接界定了**统治权**的本质与效力。如果——依具体情形而定——一位执政官并未实施其**统治**,他就丧失了拥有执法杖的权利(前19年,元老院授予奥古斯都拥有执法杖的权利,那时奥古斯都并无实施统治的权力,这意味一种倒退的开始,这种倒退在帝国时代达到巅峰)。尤为重要的是,治安官一旦发现自己身处**城廓**(pomerium),就得将斧钺从执法杖上取下,因为在这里,统治权(imperium)中的处死权(ius necis)受到每一个罗马公民的权利的限制,他们会呼吁平民抵制这种死刑。出于同样的原因,治安官在平民聚会时都会放低执法杖。

执法杖并不象征着**统治权**;执法杖的实施与决定均以这样的方式进行,即其所有的司法含义都对应于一个执法杖的物质含义,反之亦然。因此,拿起**执法杖**标志着治安官就职,就如同摔裂执法杖意味着对其免职。执法杖与**统治权**之间的关联是直接的,也是绝对的,没有人可以处在治安官与其扈从之间[除非是治安官的子嗣,依照罗马法,他们已经从属于其父的**拥有处死权的职权**(ius necisque potestas)]。出于同样的原因,在某种意义上,扈从自己并不实存:不仅他们的制服对应于他们所服侍的治安官(**城外**戴甲胄,**城内**穿罩袍),而且"扈从"一词就是与"执法杖"同义的。

尤为重要的是,执法杖与一种现象有关,而这种现象对帝国权力的形成来说意义重大。我们来谈一下胜利的情形,我们已经谈过胜利与欢呼的关系。除了治安官之外其他人均不能在罗马城内展示带斧钺的执法杖的禁令,有两个重要的例外:独裁者与胜利的将军。这意味着胜利暗示**本土－战场**(domi-militiae)之间无法进行区分,从公法的角度来看,这个区分将城邦同意大利本土和行省分开。我们知道,在战神广场(Campo Martius)上,谋求相应胜利的治安官必须在城外等候元老院的裁决,否则他将永远丧失获胜的权利,这仅仅是由于胜利的将军实际上拥有着**内城**,亦即只有他有执法杖随行。这里再一次证明了执法杖与**统治权**之间的相辅相成。与此同时,胜利被视为让帝国权力得以萌芽的种子。如果胜利可以被专门界定为专属于**皇帝**的特权,并在**城外**延伸,那么新帝国的权力可以被精确地界定为在全新时代中胜利权利的延伸与巩固。此外,正如蒙森透彻的说法,如果帝国**统治权**集中在王者手中,王者就会将胜利转变为皇帝专属的权利。[1] 反过来,皇帝可以被界定为对胜利的垄断,并永远拥有徽章和特权的人。有一种现象,即**胜利权**(ius triumphi),十分重要。一般分析认为,仿佛胜利权只是权力的形式工具和炫耀,但相反,胜利权说明了它就是罗马公法发生根本转变的最初的司法要害所在。看起来似乎仅仅是着装和炫耀的问题(胜利的将军所着之紫袍,头上所戴之桂冠,以及象征着其决定生死的权力的斧钺)成了理解政体结构发生根本转变的核心要素。这样,我们厘清了准确理解徽章和欢呼的意义的道路,在更一般的意义上说,我们厘清了"荣耀"一词所界定的领域。

---

1 *Kaiserliches Reservatrecht*: Mommsen, vol. I, p. 135.

第九节

在 10 世纪上半叶，紫衣贵族（Porphyrogenitus）[1] 君士坦丁七世（Constantine Ⅶ）在一篇论文中收录了许多与帝国典礼（basileios taxis）相关的传统和规定。在导论中，君士坦丁七世说明这本书的任务是"最基本也最值得做的，因为通过一场值得称颂的典礼，帝国权力似乎得到了更好的巩固，获得了更高的威严"[2]。不过，很明显，从一开始，波澜壮阔的权力之舞不纯粹是美学之舞。皇帝写道，在皇宫中心放置了一架光学设备，"一面好好打磨过的明亮的镜子，因而，透过在镜子中仔细地观看帝国权力的景观……用秩序和尊严来巩固帝国统治成为可能"[3]。没有什么比这些章节中所记录下来的权力的典礼更细致地说明了仪式的诸多细节。所有姿势、服装、饰品、言辞、沉默、地点都在仪式中被严格规定，或被详细编目。这些章节的**细节**（incipit）宣布了——对每一个人来说——在这样或那样的场合中什么是"必然看到的"（hosa dei paraphylattein），什么是必须"知晓"（isteon）的，以

---

1 紫衣贵族，是东罗马帝国（拜占庭）的一个称号，用于授予帝国皇帝的子女。不过并不是帝国的每一个王子和公主都能得到这个称号。皇族成员要得到这个称号需要符合一系列严格设定的条件。继承这个称号最重要的条件是必须生于帝国首都的君士坦丁堡神圣皇宫的紫色寝宫中。紫色寝宫又称斑岩寝宫，是神圣皇宫中一个独立的建筑群和皇族的居住区。不在紫色寝宫中出生的人，原则上讲不能称为"紫衣贵族"。君士坦丁七世是利奥六世和佐伊皇后之子，亚历山大的侄子，因为其出生于皇宫的紫室之中，故获得了紫衣贵族称号，以示其血统尊贵。——译注

2 Constantine Porphyrogenitus, *Le Livre des cérémonies*, Ⅰ, p. 1.

3 Constantine Porphyrogenitus, *Le Livre des cérémonies*, Ⅰ, p. 2.

及每一次节日、游行、聚会上需要发出什么样的欢呼（aktalogia）。官僚与其他人被分成各种等级，执行不同的任务，他们总体可以分成两种不同的类别，即"有须者"和"宦官"（eunuchs），他们留意着礼仪，以确保每时每刻都看上去合乎礼仪。**守门人**（ostiarii）宣布贵族进场，示默者（silentiaries）要求在皇帝到来之前保持缄默，棍卫（manglavites）[1] 和伙友骑兵（Hetaireia）[2] 负责在庄严肃穆的行进过程中的护卫，膳侍（dieticians）和掌衣侍（bestētores）负责个人服侍和照料，文吏和书记官（prothonotaries）跟随着皇家徽章和首辅大臣。君士坦丁皇帝描绘了加冕典礼：

> 当一切就绪，皇帝离开了奥古斯塔广场（Augusteion）[3]，穿着他的**斯卡拉罩衫**（skaramangion）和紫色**罩袍**，在个人护卫的护送下，行进到一个名为**欧诺波提翁**（Onopotion）的门廊处，在这里，他接受达官显贵（patrician）们的第一次叩

---

1 这个词也可以被写成 manglabite，是拜占庭帝国时期的近卫兵团，"棍卫"一词起源于希腊语的 manglabion，字面意思是"棍棒"。9 世纪的时候，棍卫军团与伙友骑兵一起，负责保护拜占庭帝国皇帝的个人安全，不过他们的武器不再是棍棒，而是剑。——译注
2 伙友骑兵，又译"伙伴骑兵"或"马其顿禁卫骑兵"。伙友骑兵是马其顿军队中的精锐骑兵，源于马其顿王国的国王骑兵卫队，在腓力二世的扩充改良下，成为马其顿最重要的突击主力，在当时的西方世界可说是最精锐的骑兵，它也被认为是第一个能够发起有效冲锋的骑兵。后来的拜占庭帝国承袭了伙友骑兵这一传统。——译注
3 奥古斯塔广场是古代和中世纪君士坦丁堡的一个重要典礼广场，大致相当于现代的圣索菲亚广场。原为公众市集，6 世纪时被改造成一个由柱廊环绕的封闭庭院，作为拜占庭帝国首都一些最重要的大厦之间的联系空间。广场一直幸存到拜占庭帝国后期，后来成为废墟，直到 16 世纪初仍可见痕迹。——译注

拜。典礼主持说道："欢呼（Keleusate）！"这些人便呼喊道："万寿无疆（Eis pollous kai agthous chronous）！"随后，他们行进到**大元老院**（konsistorion），在大元老院中，资政和其他元老聚集在那里。皇帝站在**圣台**（kiborion）上，而所有的元老和达官显贵们一起俯身跪拜。当他们起身的时候，皇帝给圣殿侍寝（Praipositos of the Sacred Cubicle）[1]一个手势，然后示默者吟道："欢呼！"他们祝愿皇帝："万寿无疆！"随后，皇帝走向教堂，穿过学院护卫团（Scholae）[2]和各种教派，他们都穿着得体的衣装，站在指派给他们的位置上，并打着十字架的手势。

当皇帝进入钟楼（Horologion）中，门帘升起，他进入**小间**（mētatōrion），他换上**戎装**（divītīsion）和**齐扎长衫**（tzitzakion）[3]，并披上**披风**，随后，他与大长老（the patriarch）一起进入圣洞。他点燃了圣洞银门上的蜡烛，穿过中央圣洞，抵达**所列圣坛**（sōlea）[4]，他在圣门前祈祷，并点燃其他的蜡烛，随后他与大长老一起走上讲经台（ambo）。大长老在一件斗篷上吟诵祷文，当他念完的时候，房间里的侍从接过斗

---

1 圣殿侍寝是拜占庭帝国时期负责皇帝起居的高级内侍，一般由宦官担任。——译注
2 学院护卫团的拉丁语是 Scholae，字面意思是学校，在罗马帝国晚期是一种帝国护卫团，而拜占庭帝国保留学院护卫团直到 12 世纪。——译注
3 齐扎长衫是一种土耳其式样的长衫，由拜占庭的一位名为齐扎（tzitzak）的公主引入拜占庭宫廷之中，后来主要作为军事上的穿着。——译注
4 所列圣坛是东正教教堂洞中圣像前突出的一块平台。——译注

篷并将之穿在皇帝身上。大长老再在皇帝的皇冠上吟诵祷文,当他的祈祷结束的时候,他手执皇冠,并将之戴在皇帝头上,随后,人民(laos)立即大声三呼道:"圣哉,圣哉,圣哉(Hagios, Hagios, Hagios)!天国荣耀(Doxa en hypsistois)归上帝,和平归大地!"其他人也跟着喊道:"皇帝,伟大的君王,万万岁!"皇帝戴着皇冠,走下讲经台,进入**小间**,坐在他的宝座(sellion)上,权贵们一一进入、俯身叩拜,并亲吻皇帝的脚趾。首批进来的是牧师;第二批进来的是贵族和将领;第三批进来的是御剑亲卫(protospathari);第四批进来的是**文臣**(logothete),禁卫军(excubitors)、**精英军团**(hikanatoi)和步兵兵团(noumeroi)[1]的**指挥使**(demestikos),元老近侍和资政;第五批进来的是持剑侍卫;第六批进来的是士绅,第七批进来的是学院护卫团的骑兵军团长(komēte);第八批进来的是骑兵的代表;第九批进来的是文吏(skribōnoi)和内臣;第十批进来的是书记官、掌衣侍、示默者;第十一批进来的是**帝国信使**(mandatores)和步兵代表;第十二批进来的是**警戒卫队**(Arithmos)和**精英骑兵团**的爵士,以及舰队的领袖和爵士。

---

[1] 据考证,拜占庭帝国时期的皇家近卫军一共有四种,即学院护卫团(Scholae)、禁卫军(Excubiti)、警戒卫队(Arithmos)和精英骑兵军团(Hikanatoi),有时包括步兵兵团(Numeri)、伙友骑兵(Hetaereria)和其他部队的君士坦丁堡警备部队。四个主要军团中,学院护卫团地位最高,由骑兵军团长指挥,共四千人。其次是禁卫军,由指挥使指挥,第三位的是警戒卫队,最后一位的是精英骑兵团。这些兵团及其将领的职位在下文中均有提及。——译注

圣殿侍寝向所有人说道："欢呼！"他们一起欢呼道："万寿无疆！"……[1]

第十节

没必要去说明欢呼在帝国典礼和仪式上所起的核心作用。在君士坦丁皇帝的书中，由于欢呼构成了所有典礼的重要组成部分，当没有典礼主持或示默者负责欢呼时，欢呼便被委托给一种被称为**欢呼官**（kraktai；这个词的字面意思是"尖叫者"）的专门官员来负责，他们就像剧院里专门雇佣的**鼓掌者**（claques）一样（或者毋宁说，如同在仪式庆典中开始唱颂诗的长老一样），同人民融合在一起，假装以欢呼为回应。因此，在圣诞典礼的过程中，当主权者抵达**里奇尼**广场（Lychni）：

> **欢呼官**喊"万岁，万岁，万岁"（polla，polla，polla），人民也跟着喊"万岁，万万岁"（polla etē，eis polla）。然后**欢呼官**再一次喊"陛下的神圣统治万万岁"，人民跟着三呼"陛下万岁"。之后，**欢呼官**喊道："陛下，上主的侍者，万万岁。"人民再三呼："陛下万岁。"**欢呼官**再喊道："罗马之主万万岁。"人民再一次三呼："陛下万岁。"**欢呼官**再喊道："陛下，罗马皇帝的无上尊贵，万万岁。"人民跟着三呼："陛下万岁。"……[2]

---

1 Constantine Porphyrogenitus, *Le Livre des cérémonies*, Ⅰ, p. 47.
2 Constantine Porphyrogenitus, *Le Livre des cérémonies*, Ⅰ, 2, p. 30.

值得注意的是赛马场赛马比赛中的欢呼同样被仪式化了，尽管这一点首先会使人困惑。欢呼官在这里也喊道，"万岁，万岁，万岁"，人民就像在圣诞典礼中一样呼应道，"万岁，万万岁"，直接用赛马胜利者的名字代替皇帝的名字。在拜占庭，从查士丁尼一世时代开始，赛马场中的观众就已被分成两个部分，即蓝色部分和绿色部分，这具有强烈的政治特征，也就是说，这是留给人民的唯一的政治表达形式。因此，不用诧异，体育欢呼与向皇帝的欢呼有着同样的仪式化过程。在查士丁尼一世统治下，甚至有些欢呼几乎让城市震动近一个星期，这些欢呼都将体育欢呼作为其口号［"胜利"（nika）；在今天的意大利，这种欢呼也是一个重要的政治成分，其名称来源于在运动场上听到的欢呼］。

阿尔弗洛迪说明了在拜占庭赛马场上的这些欢呼，对应于在更早的时代里罗马的类似欢呼，我们需要详细描述其根源所在。尽管得到了成千上万人的欢呼，但是这些欢呼并不是偶然发生的，而是像卡西乌斯·狄奥（Cassius Dio）[1]敏锐地观察到的那样，是"一场精心准备的合唱（hōsper tis akribōs choros dedidagmenos）"[2]。运动场中的群众后来转而向皇帝和皇后发出同样的欢呼，在欢呼中，必然出现一种特别的舞蹈，贯穿并带动观众像彩浪一样起伏：

　　一种欢庆的喊叫声马上重新出现了：普通民众成千上

---

[1] 卡西乌斯·狄奥（150—235），古罗马政治家与历史学家。著有从前 8 世纪中期罗马王政时代到 3 世纪早期罗马帝国的历史著作。出身于贵族家庭，后参加政治事务，曾担任执政官。他的著作现仅存残篇，风格模仿修昔底德，内容质朴翔实，为后世提供了极为重要的参考资料。——译注

[2] Alföldi, p. 81.

万的声音祝君王好运。"查士丁尼皇帝、索菲亚皇后万寿无疆!"到处都回响着他们的欢呼。鼓掌和快乐的喊叫此起彼伏,人群中彼此相互应和。他们一起抬起右臂,又一起放下右臂。在整个运动场中,人民**心潮澎湃**,挥舞着白色袖子(manicis albentibus),形成厚重的白色波浪。他们唱着歌,歌声又被融入波浪运动中……[1]

然而,全神贯注地分析欢呼的政治含义的阿尔弗洛迪,却并不打算界定欢呼的特有本质。当对权力的欢呼和仪式出现时,当君主在那一刻站在公民群体之上时,阿尔弗洛迪从整体上看到了一种在某些方面对立于法律的因素:

> 我们还可以看到,与君王权力的法律形式相平行的,还有一种帝国万威(omnipotence)的形式原则,这种形式不是客观的和理性的,而是主观的和想象的。在这种形式中,所表达的不是理性,而是情感。[2]

不过,他之后不久就承认,一旦我们只是从纯粹主观上的谄媚形式来看的话,我们就不能正确理解欢呼之类的现象:

> 认为这里只有个体当面谄媚,完全是错误的,因为赞美

---

[1] Alföldi, p. 82.
[2] Alföldi, pp. 186-187.

从头到尾是客观地结合在一起的。君主的官方套话,就像面向他的欢呼,就像诗歌和艺术作品中一样,不一定会循守形式上的局限。[1]

在他的 1935 年研究的末尾,他似乎反对——在走向建构帝国的过程中的——法制(Recht)与军权(Macht),"它们分别对应于元老院与军队,分别赋予帝国实权(Gewalt)和形式裁决"[2]。但是实权与形式裁决之间的单纯对立遮蔽了这样一个关键事实,即我们在这里所看到的是两种合法性程序,在后一种情况下,合法性是以欢呼的形式表达出来的。司法和宗教元素的对立同样是不充分的[3],因为正是在欢呼这里,它们似乎才毫无保留地和谐一致。更重要的是,阿尔弗洛迪关于身着紫袍的皇帝的看法(不幸的是,他并未在这一点上更进一步),"在司法上奠定主权的不再是贵族元老(Optimates)的**裁决**,也不再是人民的**一致赞同**,而是这种权力的神圣化的象征(dieses geheiligte Machtsymbol)"[4]。

换句话说,欢呼走向了更为源质性的领域,让我们想起了热尔内(Gernet)常用的一个说法。他用了一个不太贴切的词——法前状态(prelaw)——我们习惯上将这个词看成一种似乎以巫术 - 宗教的方式来实施的法律体现。这不只是年代上更早远的阶段,我们必须思考一

---

1 Alföldi, p. 188.
2 Alföldi, p. 272.
3 Alföldi, p. 186.
4 Alföldi, p. 169.

种具有不可区分性的门槛之类的东西，在那个门槛上，法律和宗教真的难分彼此。这种类型的门槛在其他地方被称为 sacertas，在这个门槛上，一种双重例外（从人法和神法角度来看）让一个形象出现了——神圣人（homo sacer），我们此前曾试图重构它与西方法律和政治的相关性。如果现在，我们将这个不确定的门槛区域称为"荣耀"，欢呼、典礼、仪式、徽章在这个区域中起作用，我们将会看到，一片新的研究领域在我们面前敞开，这片领域十分重要，其中很大一部分仍未有人涉足。

第十一节

康托洛维茨专门研究了仪式性欢呼的历史：他的《吾主颂》（*Laudes Regiae*）于 1946 年出版，但主要写作于 1930 年至 1934 年期间，那时，这位年仅 20 岁的学者已经同慕尼黑的革命工人委员会进行了斗争，与那些"流离失所的外国学者"并无二致［在伯克利（Berkeley）的时候，他正是以这个题目获得了特殊资助，来完成他的研究］。这本书重构了一种特殊欢呼的历史——尤其是以"胜者基督，王者基督，帝者基督"（Christus vincit, Christus regnat, Christus imperat）为开头的**欢呼**或**颂歌**（laetania）——这种欢呼或颂歌被用于 8 世纪初的高卢-法兰克时期的教会中，并从这里以各种形式传遍整个欧洲。这种涉及胜者基督、王者基督、帝者基督长段欢呼的特性不仅是将其神圣性同圣者之名联系起来，而且同教皇和国王的名字联系起来。在呼喊了胜者基督三遍之后，赞美的旋律传达给所听到的欢呼性的短语，他们用一个典型的**永生**（vita）的短语先向教皇欢呼，再向帝王欢呼（"教皇和普世的主教生命如雄狮一般。无与伦比的查理，上帝授予他桂冠，伟大的法兰克和伦巴第以及罗马的帕特里克的君主永生并无往不胜"）。在念了一长段天使和圣人的名字之后（用"圣加布里埃尔、圣西尔维斯特，请您们赐予帮助"此类型的短语进行欢呼），这个欢呼出乎意料地提到了官僚与帝国军队（法兰克所有的官员和军队永生且无往不胜）。在这里，**三段式欢呼"胜者基督……王者……帝者"** 再一次被重复三遍，随后伴随着一系列基督教的"军事"类型的欢呼（**诸王之王，带着我们的荣耀，我们的力量，我们的胜利，我们的军队势如破竹，又如一道永攻不破的钢铁长城**），康托洛维茨将这种"军事"类型的欢呼的起源追溯到奥古斯都时代的异教罗马帝国的欢呼。随后，有一系列的赞美的颂歌和旋律献给三位一体的第二格；最后，祈求我主基督慈惠，并以"**幸福、幸福、幸福，拥有如此美好的岁月，长此以往**"来结束欢呼，我们知道，这是向罗马皇帝欢呼的一部分。

欢呼，将天与地、天使与臣僚、皇帝与教皇联系在一起，它注定在世俗权力和精神权力的衔接点上扮演重要角色，王廷规则与仪式规则相遇了。尤其是，在康托洛维茨的帮助下，它有益于在两个领域之间不停地来来回回沟通。唯有从康托洛维茨所谓的"加洛林王朝的政治神学"（Carolingian political theology）[1]中才能得到完全的理解。在丕平的推动下，一种圣经式王权（Regnum Davidicum）复辟了，以对抗

1　Kantorowicz, 1946, p. 59.

罗马帝国式王权，而这种王权在真正圣经式的涂油礼中达到高峰。通过这种方式，加洛林王朝的帝王影响了一种世俗权力仪式化的形式，在这种情形中，我们应当摆正**王国荣耀**的位置。这些荣耀"代表着早期和最典型的等级制神权政治的例子。这种在艺术上创作出来的颂歌，吟唱出包括世俗王廷和教会的大地上诸显贵们的秩序，及其在天国中的回应，这二者彼此交融在一起"[1]。

康托洛维茨证明了，在罗马仪式的**颂歌**的不断发展中，那些颂歌所包含的一些要素无可置疑地起源于异教欢呼。事实上，异教罗马的帝国典礼已经逐渐地被"意大利化"，并被转变为服侍神的形式，对此而言，欢呼成了一个构成性要素。在俗世和宗教的紧密关系中，从一开始就包含着简单要素的欢呼逐渐在一个过程中形式化，在这个过程中，教会仪式和世俗规定彼此相成地发展。

> 无论宗教仪式语言最初从世俗王廷借来了多少东西，在典礼中固定下来的王廷语言的用词逐渐被注入了教会精神当中，并在宗教语言中得到回应。让王廷达官显贵们退散的表达——**退下**（Ite missa est）——现在变成教会中更为庄严的用语，用来让教会中的人退散，另一个改变是，从"**吾皇万福金安！**"（Exaudi Casesar！）的祝福变成"**我主基督万福金安！**"（Exaudi Christe！），同样也是从"此时此地"转变成超越时空和运动的超越性的变化。[2]

---

1 Kantorowicz, 1946, pp. 61-62.
2 Kantorowicz, 1946, p. 66.

正是在这种情景中,**颂歌**成为西方帝国加冕礼仪式的一部分。在 450 年的拜占庭,皇帝马克西安(Flavius Marcianus)[1]在典礼上加冕,在加冕礼上,元老院和军队向他欢呼,此外,教会在其中担当了极为重要的角色。不过,在西方,君主的皇冠只能从牧师手中交予丕平和查理曼大帝,"因此,教会认识到这一点,逐渐从其价值和尊严中收益颇丰,他们同意另一种缔造帝王的权力,这种权力凌驾于欢呼的人民之上,这或多或少被僧侣职能所遮蔽"[2]。在 800 年圣诞节,在罗马举行的庄严的查理曼大帝加冕礼上,**颂歌**扮演着重要角色,而康托洛维茨试图界定其专业-法律上的价值,他曾多次对此有些迟疑不决。当然,

> 在奉行神圣化的高阶弥撒中……颂歌必然展现出,不仅是有形的教会欢呼、肯定和承认新王,而且天国也通过教会承认了新**王**(Deo coronatus)。颂歌意味着新王也得到了天使歌队和圣人的欢呼,甚至得到了作为胜者、王者、帝者的基督本身的赞美,后者承认了教会新**基督**(christus)成为他的臣民的统治者。[3]

---

1 皇帝马克西安(392—457),于 450—457 年担任拜占庭帝国皇帝。马克西安的统治代表着东罗马帝国的恢复,皇帝不再受外部威胁,并进行了经济上和金融上的改革。另一方面,正是马克西安的孤立政策,让西罗马帝国处于匈奴族的阿提亚王铁骑的蹂躏之下。东正教将他看成一位圣人。——译注

2 Kantorowicz, 1946, pp. 78-79.

3 Kantorowicz, 1946, p. 82.

按照康托洛维茨的说法,这并不是纯粹寓言式的例子,在某种程度上,这是中世纪文化中可以谈及的"现实",一种完美的"现实的"概念。没有什么东西比《吾主颂》中所展现的缩微画的原稿更能说明,我们应以何种方式理解王者令人仰慕的实权:艺术家们描绘的国王,戴着王冠,一手握着权杖,一手掌控着地球,坐在一个带着大 X 符号的王座上,这构成了**三重基督的胜利**(tricolon Xristus vincit):**圣歌**(regale carmen)就是陛下的王座。

不过,对于康托洛维茨来说,欢呼的巨大价值并不具有构成性价值,只有承认性价值。

> 颂歌的欢呼,表达了对国王合法性的承认,它是一种附加性的展现,其显著特征为欢庆和肃穆,但颂歌并不是不可或缺的,因为规定性和仪式性的欢呼并未为实质权力增添任何新的元素,国王的选举和加冕并不会提早让他获得这些权力……借助颂歌,教会以一种庄严的方式承认并公开地拥护国王。不过,这种承认和拥护的分量却不能用法律标准来衡量。[1]

康托洛维茨未指名道姓但确凿地向彼得森开战,否定了这种承认来源于人民:

> "人民"和"教会"并不是一回事。颂歌表达了可见的和

---

1 Kantorowicz, 1946, p. 83.

> 不可见的教会对统治者的承认,因而不能被视为"代表人民立场的欢呼",甚至连"人民同意"都谈不上……除此之外,颂歌是由牧师而非人民来歌唱的。[1]

然而,对于**颂歌**的司法价值的限定有一个重要的例外,即在罗马进行的对查理曼大帝的加冕。在对典礼的描绘中,康托洛维茨尽可能详尽地提出一种真正关于欢呼的司法-宪制的意义的理论。

> 在这方面,这个事件尤为重要,对于典礼来说,它也十分重要……然而,即便通过现在的考察,这两种欢呼,即人民的欢呼和教会的欢呼,似乎仍难以分辨。对于我们是否要在二者之间做出区分,即一边是"忠诚的罗马人"在教宗将王冠戴到查理曼大帝头上时的欢呼,他们叫道"**查理**,你这位上帝加冕的最神圣的君王,伟大而平和的皇帝,万寿无疆且无往不胜",另一边是郑重其事的颂歌的吟唱,这些欢呼是由罗马**牧师们**一遍又一遍完成的,问题在于,对于这两种源头,我们是否要进行区分……罗马人的喊叫以及颂歌,当它们一个接着一个地进行而毫无中断,似乎形成了一种无数声音的爆发,在其中,试图找到是哪一种喊叫具有"构成性"和法律性效力是毫无意义的。[2]

---

[1] Kantorowicz, 1946, p. 82.

[2] Kantorowicz, 1946, p. 84.

第十二节

问题在于，康托洛维茨《吾主颂》的解释是一种政治神学。这本 1946 年出版的著作与随后的一本书《国王的两个身体》(*The King's Two Bodies*, 1957) 可以合为一体，而后者的副标题正是"对中世纪政治神学的研究"。后一本书试图通过关于国王神秘身体的观念的历史来重构出真正的"国家神话"的形式，正如前一本书借助欢呼（在其中，宗教仪式要素和世俗要素不可分离地交织在一起）的历史，重构了帝国的意识形态。

这样，对颂歌的神学－政治意义的分析优越于对其司法价值的严格分析。这在他专门探讨"现时代之中的颂歌"的结论章中十分明显。在 13 世纪到 16 世纪之间，对用于宗教仪式和加冕礼上的颂歌的滥用变得随处可见。在 20 世纪 20 年代，出乎意料的，这些颂歌被再次推出来，那些神学家和音乐家们正是在那个时代复兴了颂歌，"伴随着历史喜欢的反讽"，欧洲政治舞台被集权主义体制所攫取。这些颂歌在 1922 年选出的教宗庇护十一世（Pius XI）集中的巡游中扮演了重要角色，也就是在同一年 10 月，墨索里尼开始掌权。"法西斯主义的挑战遭到了教皇的反挑战的回应，并没有完全关上这扇门，那时庇护十一世在圣年（Holy Year）1925 年末，开始准备新的'基督王'（Christ the King）盛会。"[1] 在为这次盛会举行的庄重的弥撒中，**胜者基督……王者基督……帝者基督**的颂歌以新的形式复活了，很快便流行起来。欢呼

---

1 Kantorowicz, 1946, p. 184.

的历史特性就是在神圣与世俗之间不停地摇摆不定,按照这一特性,颂歌自那时起从忠实信徒的歌曲变成了法西斯斗士的歌曲,在西班牙内战中,这些法西斯斗士(在其他人当中)都唱着颂歌。甚至更早时候,在1929年,法西斯的教育部长将《吾主颂》收录在"爱国歌曲"当中,在其中,**永生**的欢呼原始文本采用了这样的形式:"上帝祝福我们的君王和平统治、无往不胜,万寿无疆,并被永恒庇护。意大利的领袖本尼托·墨索里尼和平的国家荣耀,万寿无疆并被永恒庇护。"在这本书的末尾,康托洛维茨重新考察这种新的也更为极端的**颂歌**版本,他看到欢呼"与法西斯主义体制的情感论不可分割。"[1] 在对纳粹欢呼的一个脚注中,他对彼得森发出最后的、反讽的攻击,他写道,1938年,德国合并了奥地利,在维也纳喊出了"**一个帝国,一个民族,一个领袖**"(Ein Reich, ein Folk, ein Führer)的欢呼,"这种欢呼经由巴巴罗萨,走向了彼得森讨论过的**唯一神**"[2]。他打算清除掉基督教"政治神学"的可能性,目的是在荣耀中建立唯一的基督教的合法性的政治维度,他是如此危险地接近了集权主义的仪式。

第十三节

康托洛维茨以及阿尔弗洛迪和施拉姆的著作,说明了神学和政治的关系并不是唯一的,它们总是在各个方向上运转。古埃及学家让·阿斯曼(Jan Assmann)在研究了古埃及颂歌之后,在雅各布·陶

---

[1] Kantorowicz, 1946, p. 185.

[2] Kantorowicz, 1946, p. 185.

伯斯的建议下研究古埃及和犹太教的政治神学，重新阐述了施米特的原理，按照施米特的说法，"所有现代国家理论中的重要概念无一例外都是神学概念的世俗化"[1]，阿斯曼将其变成了这样一个公式，"所有神学上的重要概念都是政治概念的神学化"[2]。不过，对命题的每一次颠倒，在某种意义上都意味着对原初命题的肯定。然而，比在一个命题或另一个命题立场上选边站队更为有趣的是，去理解两个原理之间的功能性关联。正是在荣耀中，神学和政治学的双向（或双义）关系被清晰地呈现出来。路易·布雷耶（Louis Bréhier）是最早对帝国崇拜和教会仪式之间的相互关系产生兴趣的学者之一，他不失反讽地评论"当教宗在6、7世纪驾临君士坦丁堡，皇帝向其膜拜，但与此同时，他也膜拜皇帝。同样，在10世纪的时候，皇帝和教宗在圣索菲亚会晤的时候也彼此膜拜"[3]。

比神学与政治、精神权力与世俗权力之间的对立关系更原初——或更好、更具有决定性意义——的是在荣耀中它们彼此和谐一致。从施米特的政治神学（或者从阿斯曼颠倒的版本）来看，看似判若云泥的两个原则，找到了它们世俗化（或神圣化）的结合点，从荣耀的视角——荣耀是安济神学的一部分——来看，它们跨越了一道具有不可区分性的门槛，在这道门槛上，并不容易区分这两个元素。在这个意义上，荣耀神学构成了一个秘密结合点，在这个点上，神学和政治不断沟通，不断交换。

1　Schmitt, 2005, p. 36.

2　Assmann, p. 20.

3　Bréhier and Batiffol, p. 59.

在小说《约瑟夫及其弟兄》(*Joseph and His Brothers*)（许多神话学者为之付出了大量劳动）的一段话中，托马斯·曼看到——其中一句话正是阿斯曼的出发点——宗教和政治并不是两个根本上彼此分明的事物，相反，它们经常"相互更换外套"。不过，它们之所以能互相更换，仅仅是因为在那个外套之下，它们均一无所有，亦无实体。在这个意义上，神学和政治就是某个绝对外衣经常更换和运动变化的结果，这个外衣拥有司法-政治上的重要含义。和许多我们在研究中遇到的概念一样，荣耀的外衣是一个印记（segnatura），它从政治上和神学上标示出身体与实体，并按照一种安济来确定和替代它们，我们现在准备来看看这个安济。

第十三节 余论

在两个代表性研究中，阿尔布莱希特·迪特里希（Albrecht Dieterich）[1]的《密特拉仪式》(*Eine Mithrasliturgie*) 和爱德华·诺登的《未识之神》(*Agnostos Theos*) 提出一种关于颂歌和祈祷的教义（参见诺登的书第261页）。诺登的作品说明了文学因素和形式如何从不同的传统——包括世俗传统和宗教传统 [斯多葛学派、犹太教、秘教传统

---

[1] 阿尔布莱希特·迪特里希（1866—1908），德国古典学家和宗教学者。他在莱比锡大学和波恩大学学习，在波恩大学他成为哈曼·乌森内的学生，1895年后，他在马堡大学获得教职。他的主要研究领域是古希腊罗马世界的传统信仰、宗教和神话，他对密特拉的研究独树一帜。——译注

(mystico-hermetic)]——中诞生,所有这些传统都汇聚到基督教颂歌的表达之下。在形式上,他们的研究与阿尔弗洛迪、施拉姆和康托洛维茨的研究中的具体案例一致。颂歌,无论是世俗的还是宗教的,都具有同样的形态学结构,但这仍未说明它们所追求的不同策略,或者它们扮演的不同功能。

阈

关注了权力的仪式方面的学者——康托洛维茨是其中最著名的——似乎在一个难以回避的问题面前都会感到迟疑:将权力与荣耀紧密联系在一起的关系是什么?如果权力在本质上是一种强制力和实际效力,那为什么权力还需要仪式性的欢呼和赞美的颂歌,戴上累赘的王冠和教皇三重冕(tiaras),让自己服从于无法理解的仪式,不能变更的约定——一言以蔽之,为什么在本质上起作用且为**安济**的东西需要荣耀以庄严的方式来巩固?阿米阿努斯·马尔切利努斯(Ammianus Marcellinus)[1]很惊奇地看到,皇帝君斯坦丁二世君临罗马时其皇位极其稳固,马尔切利努斯不是将皇帝比拟为活着的生物,或一位神,而是比拟为一种**虚构出来的东西**(figmentum),它"有着坚固的脖颈,双

---

[1] 阿米阿努斯·马尔切利努斯(325—391),古罗马末期最知名的史学家。出身于希腊贵族家庭,从350年起以文学书写及编年史方式详细描绘罗马帝国后期历史,直至378年。阿米阿努斯·马尔切利努斯在将近30年的史学编著中留下的罗马历史相关著作有31卷,后来因动乱等原因佚失13卷,不过即使如此,遗留下的18卷著作仍是罗马史研究的最主要源头之一。——译注

眸紧紧地盯着前方，既不偏左，又不偏右，如同以人类的样态虚构出来的东西"[1]。这种简单的工具性的解释说明这是掌权者证明其雄心的正当性的计谋，或在臣民中制造敬畏和顺从的花招，即便这种解释偶尔也在一定程度上接近了真理，但它依然不能用来考察政治领域与宗教领域之间深入而原始的关联。如果有人记得在9世纪的拜占庭和在12世纪的柏林时期极其复杂的大型舞蹈编排、经济上的耗费以及壮观的象征机制，单纯的武器展示足以胜任这个任务。仪式上的荣耀经常会被一些经历过的人视为痛苦的任务，即便是凌驾于法律之上的君主，也必须听从**仪式的法则**（lex ceremoniarum）。按照教皇抬起双脚让查理五世亲吻时所说的话："我很不情愿让人亲吻我的双脚，但我不得不尊重仪式的法则。"[2]

工具性的解释——如社会学理论将仪式理解为整个社会以象征形式出场[3]——并不会让我们比那些巴洛克古文物学家们理解得更深刻，他们在其中看到的是原罪的后果，原罪导致了人们之间的不平等，并创造了某种**仪式性戏剧**（theatrum ceremoniale），在**仪式性戏剧**中，掌权者成了邪恶的符号。[4]

在后面的章节中，我们将会试图理解在欢呼和仪式性颂歌的例子中体现出来的权力与荣耀之间的关系。我们将会试着在策略上用到路德的警示，即荣耀遮蔽了那些试图洞悉王权之人的双眼，由此不去问

---

1 Alföldi, p. 274.

2 Kantorowicz, 1946, p. 180, note 3.

3 Schenk, pp. 506–507.

4 Lünig, pp. 1–70.

这样一个问题：什么是荣耀？什么是权力？我们将追求仅在表面上看起来更容易达成的目标：研究它们的关系和运作的形式。换句话说，我们应当质问的不是荣耀而是赞美（glorification），不是**荣耀**（doxa）而是**荣耀化**（doxazein）和**使之荣耀**（doxazestai）。

第八章

荣耀考古学

第一节

显然,在汉斯·乌尔斯·冯·巴尔塔扎(Hans Urs von Balthasar)那气势凌人的《荣耀:一种神学美学》(*Herrlichkeit: Eine theologische Aesthetik*)一书之后,神学领域的荣耀研究就戛然而止了。尽管德语词 Herrlichkeit 和统治权力领域(Herrschaft, herrschen)在词源上有着明显的关联,但巴尔塔扎选择从美学角度来开始他的荣耀研究。他在第一卷的前言中写道:"我们在这里试图根据第三种超越性来发展基督教神学,也就是说:用美(pulchrum)的视野来补充真与善的视野。"[1] 相对于新教那种去美学化的神学,他提出将神学恢复到美学层次,那是真正属于神学的层次。当然,他认识到荣耀(kabhod),即原初圣经意义上的荣耀,预先假设了"主人"和"君王"的观念;不过,对于他

---

[1] Balthasar, 1982, p. 9.

来说，重要的是将这些概念转入美学领域——或者毋宁说转入一种带着很浓厚的康德色彩的美学领域：

> 重要的是，预见上帝的启示，只有在上帝的统治与主权中才能真正认识上帝，即以色列人所谓的 kabhod，或新约中的荣耀，尽管所有这些问题标志着人类本质和十字架。这意味着：上帝最初不是作为"导师"（真），也不是作为向我们提供诸多目的的"救世主"（善）来到我们身边的，而是要展现自己，散发出光芒，他自己永恒三位一体的爱的荣耀，并"没有关心"真正的爱已经与美趋同一致。[1]

巴尔塔扎注意到这样一个计划，即"美学化的神学"中存在风险，但他认为通过将重心从形容词转到实词上，并在这个意义上将**神学美学**同**美学神学**区分开来，就足以捍卫这个计划，在"美学神学"中，"美学作为定语会不可避免地从世俗的、有限的因而也是带有轻蔑的意义上来理解"[2]。

当然，或许有人会怀疑仅仅从词语上来捍卫这个计划在效果上是否充分。20世纪30年代，瓦尔特·本雅明发现纳粹有一种"政治的美学化"，将之作为"艺术的政治化"（不是美学的政治化）的对立面。相对于巴尔塔扎试图"将荣耀美学化"，将真正的"政治"概念（从彼

1　Balthasar, 1965, p. 27.

2　Balthasar, 1982, p. 79.

得森的视角来看，事实上，这界定了仪式的特殊的"公共"性）转入美的领域，我们对荣耀的解读将永不会忘记它从一开始就归属的情境。在《圣经》中，无论是 kabhod，还是**秩序**（doxa）都不曾有美学意义上的理解：它们都涉及耶和华（YHVH）令人恐惧的表象，涉及王国、最终审判和王座——只有从一个视角才能将所有事物界定为"美"，我们不得不将这个视角称为美学化的视角。

第二节

"耶和华之荣耀"（kabhod YHVH）这一短语是犹太教的基本概念。在《迷途指津》中，迈蒙尼德谈完上帝之名之后，紧接着就界定了其意义，与此同时，通过一个三重结构指出了其情境上的问题。

> 同样，kabhod 有时被用来指上帝降临于某地创造出来的光芒，他想以一种奇迹般的方式为之赋加荣耀：耶和华之荣耀。**耶和华的荣耀停于西乃山，云彩遮盖山六天**（《出埃及记》24：16）；**耶和华的荣耀就充满了帐幕**（《出埃及记》40：34）。这个表达有时用来表示上帝真正的本质和真正实在……当摩西说：**求你显出你的荣耀给我看**（《出埃及记》33：18）。他回答道：**你不能看见我的面，因为人看见我的面不能存活**（《出埃及记》33：20）。这个回答表明这里所谈之荣耀乃是其本质……Kabhod 有时用来表示，所有人让他具有荣耀。事实上，除上帝之外的其他人让上帝具有荣耀，因为

这种让他具有荣耀的方式正蕴含在对他的伟大的理解之中。这样，所有理解他的伟大、他的完美的人都会按照他们所理解的方式来赋予其荣耀……在这种观念中，谈到了所谓的**荣耀，他的荣耀充满全地**（《以赛亚书》6：3）。这等同于格言"他的荣耀充满大地"（《哈巴谷书》3：3），因为赞誉也被称为**荣耀**。因此，会说"**当将荣耀归给他**"（《耶利米书》13：16），以及"**凡在他殿中的，都称说他的荣耀**"（《诗篇》29：9）……那么要理解**荣耀**的多义性，并对应上下文来解释每一个段落中**荣耀**的意思。[1]

在三个点上，迈蒙尼德将 kabhod 的意义结合起来，首先指向了《出埃及记》40：34 中的时代，在那里，"耶和华的荣耀"对于犹太人来说似乎是熠熠生辉的火焰，被云彩遮蔽着，只有摩西能够穿透云彩看到它。其次，这个词说明了上帝的本质，实际上，这也源于同一篇文献。当上帝同摩西说话时，**耶和华**用他的手盖住摩西，不让摩西看到他那炫目耀眼的 kabhod，但摩西的皮肤和脸接受了其光辉，而犹太人不能直视摩西，摩西必须要用面纱遮住他的脸。通过这个典型的姿势，迈蒙尼德从如下事实中提出了这个词的第二个意义（在《圣经》的段落中，这个意义未被提到）。kabhod 第一个意义是"创造出来的光"，它不仅仅照亮了**耶和华**，也在同样层次上遮掩了耶和华。**耶和华**的不可见性，构成了第二个意义的基础，即作为上帝"真正实在"的

---

[1] Maimonides, *The Guide of the Perplexed*, Book 1, Chapter 64, pp. 156–157.

kabhod，它被隐藏在作为"创造出来的光"的 kabhod 之下。

第三个意义——诸造物的赞誉——由于其决定了某种人类实践[即便迈蒙尼德将这种赞美（glorifictaion）延伸到无生命的造物之上，这些造物以自己的方式"证明"了上帝的 kabhod]，因而它只有具体的意义。但在这一次，迈蒙尼德用它来得出第二个意义，因为赞誉设定了神之存在的伟大和完美。那么，同样，**赞美**源自真正的上帝所创造的**荣耀**。

有趣的是，我们注意到迈蒙尼德的策略可以在现代犹太学者和基督教学者对这个问题的研究中再一次被发现，而且没有多大改变。词典编纂和专著最后都区分了这三种意义，或多或少如迈蒙尼德一样，有时更准确地从"力量""伟大""持重"（weight）（最后一个从闪米特词源上来说，词根就是 kbd）等词语来阐明第二个意义。迈蒙尼德建立起来的作为"创造出来的光"的 kabhod 和作为上帝存在本真的 kabhod 之间的关系，被现代神学家、犹太学者和基督教学者所发展，即在炫目耀眼的荣耀意义上，它是对上帝、对神之本质的"展现"，因为正是荣耀让其变得可见、可感。

Kabhod 的意义最终的形态与耶和华本身相等同，于是它对立于"赞美"的"客观"意义："存在一种诸造物赋予上帝的 kabhod。这种 kabhod 可以被描述为耶和华'客观'的方面。"[1]Kabhod，在欢呼和赞美的旋律中被表达出来，有时候它被表达为众生对上帝荣耀的展现的自然而愉悦的回应。对于迈蒙尼德而言，在另一些时候，其类似于颁发

---

[1] Stein, p. 318。中世纪的神学家更为准确地将上帝的荣耀命名为"主观"方面。

给世俗权力的荣誉，不能简单地与上帝存在的 kabhod 相联系。在这种情形下，现代学者恰好忽略了这种客观意义。

然而，无论是古代学者还是现代学者，问题正在于去判断——或者说，有时在于去掩藏——其双重意义，即 kabhod 的同义与歧义：即荣耀与赞美、客观的 kabhod 与主观的 kabhod、神之本真的 kabhod 与人类的赞美实践之间的同义与歧义。

第二节 余论 1

在拉比犹太教中，"耶和华之荣耀"（the kabhod YHVH）与 Shekinah（字面意思是"居留""停留"）有关，Shekinah 表达了上帝在人之中降临。于是圣经有云："主真在这里。"（《创世纪》28∶16）《塔古姆》（Targum）[1] 将这句话译为："**停留**（Shekinah）的荣耀真的留在此处。"而在《阿基巴拉比的初级入门》（Alphabet of Rabbi Akiba）中可以读到："在那时，上帝看着他的王座，并看着他的荣耀（kabhod）和**停留**"[2]。甚至迈蒙尼德也将荣耀与动词 shakan（留在）和**停留**关联起来，对迈蒙尼德来说，**停留**并不意味着展现，而仅仅意味着"上帝在某处"[3]。

同样，萨阿迪·加翁（Sa'adiah Ga'on）[4]——同他一样的还有犹

1　《塔古姆》是希伯来《圣经》的意译本。——译注

2　转引自 Scholem, 1997。

3　Maimonides, *The Guide of the Perplexed*, Book 1, Chapter 25, p. 55.

4　萨阿迪·加翁，9 九世纪时一位著名的犹太拉比、犹太哲学家和释经学家，长期在巴格达讲学。——译注

大·哈列维（Yehudah Halewi）[1]和其他一些中世纪哲学家——将**停留**与**荣耀**（kabhod）联系起来："明亮耀眼的圣灵证明了救赎之本真性的预言，上帝给他的是一道创造出来的光：在圣经中它被称为**荣耀**（kabhod），在犹太拉比传统中被称为**停留**。"[2] 停留与上帝并不能等同，它与迈蒙尼德所说的荣耀（kabhod）一词的第一个意义一样，这是上帝的自由的创造，先于对世界的创造。

第二节 余论 2

在《旧约》和拉比犹太教中，**荣耀**（kabhod）设定了其在末世论中的特殊意义。这种意愿与上帝荣耀的彻底拯救完全一致，耶和华也必在锡安全山，并各会众以上，使白日有烟云，黑夜有火焰的光。（《以赛亚书》4：5）。在第二以赛亚（Deutero-Isaiah）[3]中，似乎其不仅仅向犹太人，而且向"所有的肉体"显现［耶和华的荣耀必然显现，凡有血气的，必一同看见，《以赛亚书》40：5）］。按照《哈巴谷书》2：14 的说法："认识耶和华荣耀的知识，要充满遍地，好像水充满洋海一般。"而《以西结书》的一个令人敬畏的版本——其中所说的有翅膀的

1　犹大·哈列维（1075—1141），西班牙裔的犹太医生、诗人和哲学家。他出生于西班牙，后来抵达耶路撒冷，并在那里逝世。哈列维被视为最为伟大的犹太诗人之一，既擅长写作宗教类诗，也擅长写俗世诗歌，他的诗经常被用于在犹太宗教仪式上朗读。——译注
2　转引自 Scholem, 1990。
3　有学者将《以赛亚书》分成两个部分，1 至 39 章为"第一以赛亚"，40 至 66 章为"第二以赛亚"（Deutero-Isaiah），它们各有不同之精髓。但这些所谓相异点之所以存在，是因为它们各有不同之主题。——译注

"活物"以及蔚蓝色的王座都极其深刻地影响了基督教的启示论——被预言表达为一种荣耀的画面:"这就是耶和华**荣耀**(kabhod)的形象。我一看见就俯伏在地,又听见一位说话的声音。"(《以西结书》1:28)

第三节

七十子本将 kabhod 翻译为 doxa,这个希腊语词(武加大本将其翻译为"荣耀")后来成为《新约》中翻译荣耀的专业词汇。但是在所有的译本中,《圣经》这段话中的**荣耀**(kabhod)经历了一个深刻的转变。起初,作为外在于上帝的一个元素,它标示出上帝的降临,后来——与新的神学背景一致——成了三位一体的安济的内在关系。这意味着在**安济**(oikonomia)与**荣耀**(doxa)之间存在一种构成性关系,这意味着我们如果不能同时考虑这种关系的话,就不可能理解安济神学。同样,基督教神学积极地通过在其中将实体和本体上的统一体同人及其实践的多元性加以辩证对立,转变了《圣经》的一神论,因此,**父神之荣耀**(doxa theou)界定了圣父与圣子之间(以及更一般意义上,三个格之间)相互视为荣耀的操作。三位一体的安济在构成上就是荣耀的安济。

我们或许可以说,对于这种荣耀的安济,没有比《约翰福音》表达得更为清晰的了。在节奏上,文本首尾呼应——在圣保罗的书信中以不同的腔调保持和谐一致——在耶稣被捕之前的祈祷中获得了最生动的表达:"父啊,时候到了。愿你荣耀(doxason)你的儿子,使儿子也荣耀（doxasēi）你。正如你曾赐给他权柄，管理凡有血气的，叫他将永生赐给你所赐给他的人。认识你独一的真神，并且认识你所差来的耶稣基督，这就是永生。我在地上已经荣耀你，你所托付我的事，我已成全了。父啊，现在求你使我同你享荣耀，就是未有世界以先，我同你所有的荣耀。"（《约翰福音》17：1—5）在稍早的一些时候，当他预言了叛徒出现，耶稣在向围着他坐在桌子边的使徒们所说的话中宣示了同样的主题："他既出去，耶稣就说，如今人子得了荣耀（edoxasthē），神在人子身上也得了荣耀（edoxasthē）。神要因自己荣耀人子，并且要快快地荣耀他。"（《约翰福音》13：31—32）

这些段落引人入胜，因其描述了安济完美的循环。耶稣在大地上完成的这项工作——即救赎的安排——事实上就是让其圣父获得荣耀——即一种荣耀的安济。但在同样的层次上，它也是通过圣父的努力来完成，让圣子获得荣耀。这种荣耀上的反复循环，不仅以同一个动词形式的不断重复为标记，而且也以如下观念中的彻底圆满为标记——该观念认为，荣耀先于世界的创造，这样，荣耀从一开始就界定了三位一体的关系（"世界出现之前你我同有的荣耀让你我共同获得荣耀"）。在犹太教的弥赛亚主义中，其名（chem 是与荣耀具有紧密关系的概念）就是在世界出现之前创造出来的五样事物之一，但接受了犹太教主旨的圣约翰，将其变成了神之内关系的荣耀性内核。当救赎的安排被托付于圣子，并在时间中完成，荣耀的安济就既不是开端，亦不是结束。

然而，《约翰福音》中的荣耀的安济也包含了人。指向了那些耶稣向他们揭示了上帝之名（即荣耀）的人们，耶稣继续说道："凡是我的都是你的，你的也是我的。并且我因他们得了荣耀。"(《约翰福音》17：10) 这样，三位一体的荣耀的安济对应于人与上帝之间的互为荣耀。

第三节 余论

荷马史诗的希腊语中对应于荣耀的语义范围的词语不是 doxa，而是 kleos。kleos 这个词在词源学上与"被听到的东西"（klyō）的词语范围相关，它并非诸神的财产，事实上，它源于一类特殊人群的活动：诗人的活动。当然，他们需要神之存在比如缪斯女神［她们让人"吟唱出人类的**荣耀**（kleos）"[1]］的参与合作；但是她们授予并"在天国中"得到的荣耀是她们满怀嫉妒地捍卫着的独有能力。正是由于这个原因，这并不是一个认识的问题，毋宁说类似于某种完全在言辞范围内道明自身的东西。"我们诗人，"荷马说道，"聆听着**荣耀**（kleos），而我们却一无所知。"[2]

格里高利·纳吉（Gregory Nagy）[3]说明了《伊利亚特》和《奥德赛》是最早关于阿喀琉斯和奥德修斯的**荣耀**（kleos）的诗歌，正是荣耀这个主题，将两部史诗统一起来。如果亚该亚人的第一勇士阿喀琉斯以返乡和生命换取荣耀 ["对我来说，没有**家乡**（nostos），唯有

---

1 Homer, *The Odyssey*, Book 8, 73.
2 Homer, *Iliad*, Book 2, 486.
3 格里高利·纳吉（1942—   ），生于匈牙利的布达佩斯，现为美国哈佛大学古典系教授。他专攻荷马史诗和古希腊诗歌。——译注

永恒的**荣耀**(kleos)"¹],而奥德修斯既返回故乡,又获得荣耀。正是诗人再一次赋予了荣耀。《奥德赛》中的菲埃克斯人(Phaecian)的歌者和《神谱》中的诗人都将他们自己表达为荣耀的主人,他们在过去与在将来看起来差不多["我会将过去和未来的声名(kleioimi)广为传播"²]。

因此,荷马的世界具有一种荣耀的形象,这种荣耀完全归于人之努力,是一种纯粹的赞美。正因此,许多世纪之后,一位罗马诗人可以将这种诗歌的"赞美"之弦拉到极限,他写道,不仅仅是那些英雄,而且"诸神也(如果我们可以这样说的话)通过诗歌而生存,即便尊驾这般伟大,也必须要人们赞美的声音"³。

第四节

在圣保罗给哥林多人的第二封书信中,他再一次提到了《出埃及记》中的**荣耀**(kabhod),这是为了通过谨慎地建立起一系列光学形象,从而找到一种荣耀理论。在摩西从上帝那里接受了律法的条目[这些律法得到了界定,按照圣保罗对律法激愤难平的批评,这是一种"属死的职事"(《哥林多后书》3:7)]之后,神恩眷顾的荣耀照亮了摩西的脸庞,而这种"属死的职事"与源于弥赛亚带给人类的"救赎的职事"无法相比,微小得可怜。然而,弥赛亚共同体的成员(圣

---

1 Homer, *Iliad*, Book 9, 413.

2 Hesiod, *Theogony*, p. 12.

3 Ovid, *The Pontic Epistles*, Book Ⅳ, 55–56, p. 455.

保罗并不知道"基督徒"一词)并不需要像摩西一样,在他们脸上罩上面纱(kalymma)——"直到今日,每逢诵读摩西书的时候",面纱"还在他们心上"(《哥林多后书》3:15)。事实上,弥赛亚就是要让面纱不起作用。(《哥林多后书》3:14)当犹太人皈依之后,面纱也就从他们那里挪走了。"我们众人既然敞着脸(anakekalymmenōi prosōpōi),得以看见主的荣光好像从镜子里返照(katoptrizomenoi),就变成主的形状,荣上加荣(apo doxēs eis doxan),如同从主的灵变成的。"(《哥林多后书》3:18)

在这里,荣耀的安济只用光学术语来表达。《希伯来书》1:3以相似的方法将同一形象表达得更为深刻。圣子是**光辉**(apaugasma),即上帝荣耀所照射和辐射出的光辉(动词apaugazein事实上意味着"照耀、发出光线",与"所发出的光辉"是一样的意思)。这就是为什么在《哥林多后书》4:6中,上帝之光照耀在基督脸上(en prosōpōi Christou),这是一种"得知上帝荣耀的光"。

荣耀的光学现象学是以如下方式展开的:上帝,"荣耀的父"(《以弗所书》1:17)将其荣耀照射到基督脸上,基督的脸反射了光辉,并像镜子一样将其光辉照射在弥赛亚共同体成员身上。《哥林多前书》13:12的著名末世论之诗可以在这个光辉下解读:我们如今神奇地从一面镜子中(di'esoptrou en ainigmati)看到了荣耀,我们将会面对面地(prosōpon pros prosōpon)看到它。现在,我们等候"荣耀显现"(《提多书》2:13),同样,那些被创造出来、没有耐心等待的人将会"脱离败坏的辖制,得享神儿女自由的荣耀"(《罗马书》8:21)。

相对于圣约翰,在这里圣保罗强调的并非圣父圣子的互相荣耀,而是圣父的荣耀照射在圣子以及弥赛亚共同体的成员身上。圣保罗的福音书的要旨并不是三位一体的安济,而是弥赛亚的救赎。

第五节

必须驳倒一个辞典中经常提到的俗见,即他们认为在基督耶稣之后的第一个世纪的教父时期没有荣耀理论。事实恰好相反。并不意外,在那时提出了荣耀神学的人正是提出安济神学的。尤其是爱任纽。在《反异教大全》第四卷中,他通过引述《出埃及记》33:20("因为人见我的面不能存活"),讨论了圣经中**荣耀**的不可知性(kabhod)["奇迹般的荣耀"(anexēgētos doxa)[1]的主题。但他通过预言性的圣灵以及圣子,即真正的"释经者""掌事""分配者"和荣耀的吟唱者,将上帝的救赎同《圣经》中无法认识的上帝对立起来:

> 从一开始,圣子就是圣父的阐释者(exēgētēs),因为从一开始,他就与圣父在一起。通过他的歌声,那些预言的天国、多样的禀赋、他的臣僚、对圣父的赞美(doxologia),都有序而系统地向人们揭示出来,又会适时让人受益。因此为人之善,言辞分配着圣父的恩泽,为人之故,圣父创造了巨大而多层的**安济**;一方面,他向人揭示上帝,另一方面,向

---

[1] Irenaeus, *Against Hersies*, Book 4, Chapter 20, 5, p. 366.

> 上帝显现人类：正如他让圣父绝对不能看见，在任何时候，人都是上帝面前的卑微者，或许人总是朝着某个方向成长，因而在另一方面，通过诸多层次的安济，他在人的面前揭示上帝。人们一旦一起远离上帝，就不再成长，因为上帝的荣耀是活生生的人，而人的生命就是为了去看到上帝。[1]

在这个特殊的段落中，赞美是通过**言辞**（Logos）来表达的，与爱任纽在描述救赎安济时一样，他同样使用了"安济"一词来描述荣耀。不仅救赎的安济预设了荣耀的安济，而且后者就是对仍然"无法描述"的东西的"解释"，仿佛神的生活如同人类世界的生活一样。换句话说，荣耀就是一种各种安济的安济，因为它解释了各种安济，它说明在**荣耀**（kabhod）中**耶和华**在多大程度上是未知的：

> 因此，如果可以见到许多天国之事的摩西、以利亚和以西结都见不到上帝，如果他们所见之事乃是圣主荣耀的类似物，以及即将来临事物的预兆，那么可以说圣父事实上是不可见的，正如圣主所说："**从来没有人看见神。**"（《约翰福音》1：18）但他的言辞，在他乐意的情况下，有益于表示和揭示出圣父的光辉，用来解释其安济［正如圣主所言："**只有父怀里的独生子将他表明出来**"（《约翰福音》1：18）］。[2]

---

[1] Irenaeus, *Against Hersies*, Book 4, Chapter 20, 7, pp. 368-369.
[2] Irenaeus, *Against Hersies*, Book 4, Chapter 20, 7, p. 372.

第五节 余论

可以在德尔图良的《反普拉克勒亚斯》中（即最初的安济神学中）找到荣耀神学的重要线索。德尔图良不仅完全了解在救赎安济中这种荣耀神学是什么，即对于圣子而言，一种弱化和缩减的版本将会导致一种与之完全对立的荣耀安济 ["荣耀和荣誉为其加冕，但在天国中恢复正常"（gloria tamen et honore coronaturus illum in caelos resumendo）[1]]；而且，通过在策略上引述圣约翰的话，他也看到了在荣耀中圣父与圣子之间不可分离的关系，圣子不可避免地寓居于圣父那里："耶稣说的'上帝将会在他自己那里让其荣耀加身'，即圣父'怀中所拥有的'圣子，尽管他被派遣到大地上，但最终在复活中荣耀加身。"[2]

第六节

在1世纪教父时期对荣耀神学最详尽的表述，出现在俄利根的《约翰福音》评论的第32卷里的一段题外话中——这段题外话几乎可以被视为一篇"论荣耀"（peri doxēs）的论文。在这个题外话的结尾处，他觉得荣耀问题如此重要，以至于他感到必须感谢上帝，因为——尽管他没有充分论述这一点——他所写下的东西对于他来说似乎"远远超

1　Tertullian, *Against Praxeas*, 23, p. 92.

2　Tertullian, *Against Praxeas*, 23, p. 94.

越了他自己的能力"（pollōi meizosin tēs hemeteras axias）[1]。通过与异教划清界限，他开始将荣耀一词的纯粹欢呼性的意义（作为"大众的赞美"的荣耀[2]）不仅同《出埃及记》那段向摩西揭示上帝**荣耀**（kabhod）的段落对立起来，而且也同圣保罗在给哥林多人的第二封信中关于这段话的解释对立起来。俄利根对那些段落的解释正体现出他典型的解释方式，将该词的字面意思同其奥秘（或精神）意思区别开来：

> 如果从肉身的观点来看，在摩西同上帝对话之后，神在帐篷、在寺庙、在摩西面前现身，那么，从奥秘解释的观点来看，我们可以说那是"上帝荣耀的显现"，只有完全净化的智慧才能在上帝那里认识与观看。为了小心谨慎地思考上帝，需要净化智慧，超越所有俗物，这种智慧成了神圣智慧，可以借此来进行思考。我们可以说，这就是曾经看到过神的面容的人的荣耀所在。[3]

换句话说，俄利根从认识的角度来解释荣耀，之后将这种解释用到圣约翰的那段话中，即"如今人子得了荣耀，神在人子身上也得了荣耀"[4]。那么，俄利根在解读这段话中所做的特殊的原创贡献不啻神的自我认识的过程：

1　Origen, *Commentaire*, p. 345.

2　Origen, *Commentaire*, p. 345.

3　Origen, *Commentaire*, pp. 333-335.

4　Origen, *Commentaire*, p. 335.

> 这样，由于了解圣父，圣子借助他自己的认识获得荣耀，那些知识就是最伟大的善，并走向最完美的认识，因为那些知识就是圣子借此来认识圣父的东西。不过，我相信，他已经通过他的这些认识获得了荣耀，因为正是通过这个方式，他认识到了他自己……通过这种荣耀，圣子被赞美，所有这些荣耀都是圣父的恩赐。所有让人充满荣耀的要素，原本就是上帝的荣耀，因为这不仅仅由于他被圣子所认识而获得赞美，而且也因为圣子亦赞美他。[1]

圣父和圣子之间相互获得荣耀的过程与神的自我认识相一致，这也可以理解为一种自爱（autosophia）[2]，这个过程是如此亲密无间，以至于我们不能说荣耀是由于圣子产生的。在这一点上，为什么"情感的安济"（hē oikonomia tou pathos）完全可以与荣耀的安济和谐共存，通过荣耀的安济，圣子揭示了圣父（ek tēs oikonomias apokalyptein ton patera ho hyios）[3]：

> 因此，当耶稣达到了安济，并由此被提升到高于俗世的地位，得到承认，那些不断赞美他的人的荣耀让他获得荣耀，他说出了如下的话："如今，人之子已经荣耀加身"，因为"除了揭示圣父的圣子之外，没有人了解圣父"，圣子准备

---

1 Origen, *Commentaire*, pp. 335–337.

2 Origen, *Commentaire*, pp. 335–337.

3 Origen, *Commentaire*, p. 343.

通过安济来揭示圣父,因此,"上帝也在他那里获得荣耀"。[1]

情感的安济和救赎的安济在荣耀中和谐一致,而后者(毋宁说,赞美)界定了三位一体的关系。三位一体就是一种荣耀颂。

第七节

我们已知,现代神学家们在"安济的三位一体"(救赎的三位一体)和"内在的三位一体"(实质的三位一体)之间做出区分。前者在上帝的活动中界定了上帝,通过这些活动,上帝向人们揭示自身。相反,内在的三位一体指明上帝自在于自身。在这里,我们在两个三位一体的对立,以及本体与实践、神学和安济的分裂中发现,我们已经看到了安济神学形式的构成性标志(参看第三章第四节)。对于内在的三位一体而言,本体对应于神圣;对于安济的三位一体来说,实践对应于世俗**安济**。我们的研究试图重新勾勒出让这些最初的对立在不同层次上发展演化成超越性秩序和内在性秩序、王国与治理、一般神恩与特殊神恩的对立的方式,这些对立界定了神对俗世治理的机制是如何运作的。安济的三位一体(治理)预先假定了内在的三位一体(王国),而后者证成并奠基了前者。

因此,不用感到奇怪,在一开始有着天壤之别的内在的三位一体和安济的三位一体随后不断地被神学家们重新统一、结合起来,正是

---

[1] Origen, *Commentaire*, p. 343.

这种结合成为神学上的关键所在。

"安济的三位一体就是内在的三位一体,反之亦然"[1]:我们必须用这个原则引导所有尝试思考它们关系的意图。在安济神学中最为重要的牺牲与拯救,不能在内在的三位一体中被抹除。

> 如果我们对三位一体的认识的核心根基是十字架(在十字架上,圣父通过圣灵为我们交出了圣子),那么我们不可能在这个事件的超越性原初根基上来思考所有的实质的三位一体,在那里,十字架和自我奉献并未出现。[2]

也就是说,存在两种不同的三位一体,但是仅有一个三位一体,亦即仅有唯一的神救赎故事,唯一的安济。不过,二者的同一性不能理解为"一者在另一者中的消弭"[3]。根据这个复杂机制的说法(我们知道,这个机制从一开始就标明了神学与安济的关系)——以及治理机制的运作——两种三位一体尽管紧密相连,但仍然彼此有别。问题毋宁说在于它们关系的相互性:

> 这个问题实质上试图引出三位一体的上帝的实体与救赎,"内在性"与"外在性"的相互作用……从世界的根基来看,**外在运行的三位一体**(opera trinitatis ad extra)对应于**内在情**

---

1 *Moltmann*, p. 160.

2 *Moltmann*, p. 160.

3 *Moltmann*, p. 160.

感的三位一体（passiones trinitatis ad intra）。[1]

正是在荣耀那里，神学试图思考内在的三位一体同安济的三位一体、**神学**与**安济**、存在与实践、自在的上帝与关照我们的上帝之间艰难的和谐。因此，尽管荣耀颂明显在典礼仪式上被固定下来，荣耀颂仍然是神学中最为辩证的部分，在其中，那些仅仅被分开来考察的东西必须获得统一。

> 真正的神学，即真正对上帝的认识，在感恩、赞美、崇拜中找到了其表达。凡在荣耀颂之中找到其表达的东西都是真正的神学。如果没有对感恩、赞美、欢乐的经历的表达的话，就没有所谓的救赎经历。一种不能以这种方式找到表达的经验就不能算是一种解放的经验……因此上帝不受爱戴、不受膜拜和不被感知仅仅是因为已经经历的救赎，但只是出于他自己的缘由。也就是说，赞美超越了感恩。上帝是被认识的，认识的不仅是他良善的工作，也是他本身的善。最后，崇拜超越了感恩和赞美。[2]

在荣耀中，安济的三位一体和内在的三位一体，上帝救赎的实践及其存在，都衔接在一起，彼此互动。从这里产生了将严格意义上的

---

1 *Moltmann*, p. 160.

2 Moltmann, pp. 152-153.

荣耀因素和我们可以在仪式中发现的圣体模仿（Eucharistic mimesis）绑定在一起的难解难分的结扣。赞美和崇拜直接通向了内在的三位一体，而内在三位一体预设了救赎的安济。正如在《约翰福音》中，圣父让圣子获得荣耀，而圣子也让圣父获得荣耀。**安济荣耀了存在，正如存在荣耀了安济**。唯有在荣耀这面镜子中，两个三位一体彼此辉映，也只有在其光辉中，存在与安济、王国与治理似乎才找到刹那间的和谐。于是，为了避免将圣父和圣子、安济与实体的分离的风险，尼西亚大公会议感觉到需要将"光之光芒"（phōs ek phōtos）的表达形式嵌入信仰的象征之中。因此，当圣奥古斯丁迫切地试图通过三位一体消除所有屈从的风险时，他采用了光与荣耀的形象[1]。

第七节余论

既然谈到荣耀，就不得不完整说清楚三位一体的安济运动，那么也正是在荣耀这里，存在与实践之间的不一致出现，且三个格之间关系的不对称的风险最高。所以，我们不用奇怪，在俄利根论荣耀的附记中，他似乎采取了一种屈从论（subordinattionalism）[2]的立场，让他看起来像是阿里乌的先锋。在谈论了《约翰福音》中圣父和圣子相互

1　Augustine, *On the Trinity*, Book 4, Chapter 20, 27.
2　屈从论是诺斯替教派用于解释圣父和圣子以及信众关系的一种学说，在这种学说中，圣父与圣子的关系不是平衡的，圣父绝对地凌驾于圣子之上，圣父拥有着比圣子更多的东西，圣子代表着一种对圣父绝对屈从的态度。在尼西亚大公会议之后，这种屈从论被视为异端，被正统的三位一体学说排斥。——译注

荣耀之后，他十分谨慎地推进了圣父自我荣耀的观念，这种自我荣耀不依赖于来自圣子的荣耀：

> 我想知道，上帝是否拥有一种方式，让其不依赖于源自圣子的荣耀而获得自己的荣耀，因为他拥有自我荣耀的才能；通过自我沉思，他在他自己的知识和国度里，由于一种无法描述的满足和快乐而感到欣喜，这种欣喜比圣子的欣喜更伟大，因为他在自身中找到了满足与快乐——相对于上帝，他完全可以表达这些观念。事实上，我使用的这些词并不能用在上帝身上，因为我根本不懂那些无法道出的言辞。[1]

从一开始，这种屈从论就被作为不可容忍的异端而遭到拒斥，这不仅是因其将圣父凌驾于圣子之上（在福音书中，耶稣多次将这种至上权威赋予圣父），而且更重要的是它让三位一体装置的功能陷入危险，而它又是建立在内在三位一体和安济三位一体之间的荣耀的相互循环上的。

圣奥古斯丁在其《论三位一体》一书中也引述了《约翰福音》中的这个段落，用来警告那些试图将不对称关系引入荣耀、让一个格凌驾在其他格之上的企图：

> 但在这里，如果他们也在思考这个问题，找到有利于他们的证据，说明圣父比圣子更伟大的话，应让他们清醒一下

1　Origen, *Commentaire*, pp. 337–339.

了，因为圣子说："父呀，让我荣耀吧。"那为什么圣灵也能让他荣耀。祈祷，难道圣灵也比他更伟大？……据此，可以想象，圣父所拥有的东西，不仅仅圣子拥有，圣灵也拥有，因为圣灵可以让被圣父赐予荣耀的圣子获得荣耀。但如果赐予荣耀的比获得荣耀的更伟大，那么他们就得承认那些彼此荣耀的是平等的。[1]

唯有它们完全对称且彼此互动时，荣耀的安济才能起作用。所有的安济必须成为荣耀，而所有的荣耀必须成为安济。

第八节

神学从来不想真的对内在的三位一体和安济的三位一体、**神学与安济**之间的断裂去刨根究底。这证明了，在荣耀中会称颂它们之间的和谐一致。而其中的不对称表明的是，时间终结所圆满的是安济的三位一体，而不是内在的三位一体。在最终审判之后，救赎的安济得到圆满，"神为万物之主"（《哥林多前书》15：28），安济的三位一体将会被内在的三位一体重新吸收，"所剩下的只是对真正上帝在其荣耀中的永恒的赞美"[2]。天堂的仪式在荣耀中终结，那里并不知道弥撒，只知道永恒的颂歌。在荣耀的这种不对称中，圣子的"随意而

---

1 Augustine, *On the Trinity*, Book 2, Chapter 4, 6.pp. 47-48.

2 Moltmann, p. 161.

行"——与此同时也是生产性——重新出现了,这是同阿里乌主义长期而激烈的争论来之不易的结果。安济是随意而行的,这样,在上帝的存在中并没有根基,不过圣父在永恒时间之前就诞下了圣子。这就是"安济的奥秘",荣耀不可能在其光芒中完全驱散它的黑暗。在时间终结之时,原初的生成性的随意无序的矛盾,对应着安济(不过,是有限的安济)的随意无序(这种试图一次性同时思考无限存在及其有限历史——因此,保存了其安济的存在形象——的企图正是现代哲学的神学遗产,在晚期海德格尔的作品中,这种哲学获得了其最极端的形式)。

当然,荣耀的运行——或者至少是其要求——表达了三位一体的圆满存在(pleromatic)形象,在这种形象中,安济的三位一体与内在的三位一体稳固地结合在一起。不过,只有通过不断地将这两个必须结合在一起的东西分开,并每次将必须保持分离的东西重新结合起来,才能实现这个任务。因此,正如在世俗领域中,荣耀这种属性,并不是治理的属性,而是王国的属性,并不是臣僚的属性,而是君王的属性,荣耀学于是最终指向的是上帝的存在,而不是其安济。不过,正如我们已经看到的,如果去掉治理,王国也不外如是,如果去掉王国,治理也不外如是,这样,治理机制通常是这两极的结合。同样,我们可以说,神学-荣耀学机制诞生于内在三位一体与安济三位一体之间的共存关系中,在这种关系中,每一方都让另一方获得荣耀,它们相生相成。治理荣耀着王国,王国荣耀着治理。但这个机制的中心是空洞的,荣耀不过是从这种空洞中散发出来的光辉,这种永不耗竭的**荣耀**(kabhod)既揭露也遮蔽了这个机制中心处的空。

第九节

在新教神学家的作品中可以非常清楚地看到所有荣耀神学所包含的难题,这些新教神学家,尤其是巴尔塔萨,是试图将荣耀美学化的源头。卡尔·巴特(Karl Barth)[1]在其《教会教义学》(*Church Dogmatics*)的一个关键段落中,插入了一段简明扼要论荣耀的话,而天主教神学家对他原著中的观点加以接受和拓展。尽管两种神学家作品的风格形式大相径庭,但他们的目的实质上是一样的。巴特充分注意到荣耀所指的是"上帝的自由,尊严和权威"[2],对巴特而言,这界定了"上帝足以使用其万能的能力……实施他的统治(Herrschaft)"[3]。他一下子将分析从荣耀转向了"接近"的美的领域,他把这个概念当成去面对在荣耀神学的概念上他的"盲点"[4]的补充。也就是说,问题仅仅在于去将一种观念中立化,即将上帝的荣耀和权威还原为他的万能的能力和行动(brutum factum)。

> 或者说,若不是因为隐藏于其背后的上帝的总体全能,若不是通过最高的力量来统治、主宰(herrscht)和征服(überwältigt),借此劝说(überzeugt)我们并让我们信服(überführt,其字面意思是"自上而下地引导我们"),我们是否

---

[1] 卡尔·巴特(1886—1968),新教神学家,新正统神学的代表人物。——译注
[2] Karl Barth, p. 641.
[3] Karl Barth, p. 641.
[4] Karl Barth, p. 650.

> 可以肯定地谈论上帝荣耀的方式、他让自我荣耀的方式？……
> 当圣经用"荣耀"一词来描述上帝的救赎和知识的时候，难道
> 它不是意味着它不只是对某个原初粗暴事实的肯定吗？……我
> 们已经看到，当我们谈论上帝的荣耀的时候，我们强调了上帝
> 的"力量"。不过，"荣耀"的观念包含了某种"力量"所不包
> 含的东西。因为在圣主的祈祷者的荣耀学中先于这两个概念存
> 在的"王国"概念，似乎言说了某种比"力量"一词单独所能
> 描述的更为宽广的东西。光也拥有力量并且就是力量，但这并
> 不是让光发光的力量。当上帝拥有光，并就是光，就是荣耀之
> 光时，难道上帝不是不局限于力量概念所涵盖的东西吗？[1]

在这里，当我们发掘出所有美学论调隐藏的根基，我们会发现必须去遮蔽那些自身就是纯粹力量和统治的东西，并让之具有威严。正是美的命名让我们可以去思考某种超越了纯粹权威行为的荣耀的"附加因素"，让**统治**（Herrlichkeit）一词"不那么政治化"[巴特在这一点上，并非偶然地用政治权威和治理的专业术语来表达：如**统治**（herrschen）、**领导**（führen）、**支配**（walten）]，将其变成纯美学领域的词。

> 如果我们可以说上帝是美的，那么这也就是说上帝启迪
> 我们，让我们信服，并说服我们。其描述的不仅仅是他的救
> 赎或他的实权（Gewalt）那样赤裸裸的现实，而且也是其外

---

[1] Karl Barth, p. 650.

形和形式,在这些形式中,它就是某个事实和权力。[1]

巴特充分注意到"美"一词是不适当和不充分的,"美"不可避免地指向了"快乐、欲望、愉悦"的世俗领域[2],但如果我们将荣耀理论从**权力**领域中分离出来,美学论的威胁(drohende Ästhetizismus)恰恰就是我们要付出的代价。那种美应当成为一种荣耀的名称,这个名称是不适合但又是绝对不可避免的,它意味着内在三位一体和**安济**三位一体,本体与安济的关系问题也必与美学领域相关。上帝的荣耀和自由并不是"抽象的自由或主权"[3]。上帝的存在也不是"故步自封的、纯粹的神圣存在"[4]。让他变得神圣和真实的是,其存在不过是圣父、圣子、圣灵的存在。"他的存在……不是在自身中形成的,而是在真正的上帝存在的具体形式中形成的。"[5] 在这个意义上,上帝的三位一体就是"上帝之美的奥秘"[6]。从圣经中的**荣耀**(kabhod)到中性的美学领域的转变的关键性时刻在这里发生了,仅仅几年之后,巴尔塔扎完全实现了这种转变。

第十节

在荣耀的美学化背后还隐藏着另一个原因。这让我们面对这样一

1　Karl Barth, p. 650.

2　Karl Barth, p. 651.

3　Karl Barth, p. 659.

4　Karl Barth, p. 659.

5　Karl Barth, p. 659.

6　Karl Barth, p. 661.

个问题，在神学史上，这个问题曾经出现过，并总是被新的意义所遮蔽。我们谈论的荣耀，神学家们界定为**主观的**（subiectiva）或**形式的**（seu formalis；或外在的）荣耀；亦即我们（以及那些天使们）归于上帝的荣耀。由于其构成仪式的荣耀颂，所以其享受着光彩熠熠的名声和自明性，然而，尽管神学家们对其予以阐明和论证，却不能说其合理性也同样得到了清晰的说明。

只要存在荣耀，就会存在对荣耀的赞颂，这不仅仅存在于世俗领域。由于耶和华是"荣耀之王"（melek ha-kabhod），耶和华所拥有之荣耀也是人们归于他的荣耀。"将**荣耀**归于耶和华，对他感恩"就是在以色列的子嗣们中不断回响的叫喊。它在以赛亚的**呼喊**（trisagion）中达到顶峰，在以赛亚那里，"他的荣光充满大地"（《以赛亚书》6：3）。这就是对**荣耀**的赞美，在荣耀颂中，仪式越来越正规化，在犹太教堂里，赞美采用了**祷告**（Kaddish）的形式，他们也夸耀、祝福并赞美着耶和华之名。

在《启示录》4：3 里伟大的末世荣耀颂中（我们将会随后考察该颂歌），以及在圣保罗的第一封书信中，发现了基督教荣耀颂的初期证据，这些荣耀颂涉及作为荣耀之"主"或"父"，上帝已经牢牢地拥有了荣耀［不仅在"赞美吧！"（doxasate）的表述中（《哥林多前书》6：20），也在《希伯来书》13：21 的仪式性荣耀颂的形式中，"愿荣耀归给他，直到永永远远。阿门"］，也正在这种情形中，教会让赞美在仪式中变得正规，使之在仪式中和在祈祷者的日常职事中变得一致。

我们应当注意一下对这种神学家们所提出的荣耀的双重形象的独特解释。主观的荣耀不过是人们对上帝的客观荣耀的愉悦的呼应。我们并不是由于需要上帝才去赞美上帝（他已经充满了荣耀）。也不是因为上帝对我们有用才赞美上帝。"赞美上帝的唯一理由在于他值得去赞美。"[1] 通过完美的论证的环形线路，主观荣耀归于客观荣耀，因为后者值得荣耀。即赞美归于荣耀，因为在某种意义上赞美源自荣耀。

在 13 世纪时，奥弗涅的威廉（William of Auvergne）[2] 提出了一个经院式的解释，固化了这个恶性循环。

> 上帝之荣耀的早期意思仅仅是他极其卓越伟大而高贵，这就是他自身之中的荣耀，或者内在于他自己的荣耀。为他的荣耀，合理地赞美他、颂扬他，将所有的崇拜形式都奉于他。命名为上帝之荣耀的另一个意思是，通过荣耀，他得到选民乃至所有人的赞美，亦即获得荣誉，进而得到宣扬、赞颂、崇拜。[3]

第十节 余论

正如我们已经看到，"秩序"一词同时意味着与上帝之间的超越性关系 [**神圣秩序**（ordo ad Deum）]，以及内在于诸造物中的属性 [**关系秩序**（ordo ad invicem）]，同样，相对于"秩序"，荣耀成了上帝的本质属性，即造物归于上帝，并表达他们同上帝关系的属性。此外，

---

[1] Mascall, p. 112.

[2] 奥弗涅的威廉（1180—1249），13 世纪初的巴黎大主教，也被称为奥弗涅的纪尧姆。他主张将理性和学术研究带入神学中，是经院神学的代表人物之一。——译注

[3] William of Auvergne, *De retributionibus sanctorum*, p. 320.

"秩序"一词的双重意义同样也最终适合于上帝的本质,因而"荣耀"一词的含混性让它成了界定上帝本质的名称。在这个意义上,两个词都毋宁说是一种印记(segnature),而不是概念。

第十一节

甚至巴特的论著也没有试图逃脱荣耀的循环。相反,他采取了一种极端形式,其中,路德译本所保留的荣耀神学的东西也被搁置一旁。巴特的论著以这样的陈述开始,在《新约》中,荣耀指明了上帝自己的荣誉,也指明了他从诸造物那里获得的荣耀。然而,在同一个词中并存着两种相矛盾的意思是"绝对必要的"[1]。事实上,诸造物奉于上帝的荣耀和颂歌不过是他们对上帝荣耀的"回声"(Widerhall)[2]。实际上,由于荣耀中存在着赞美的根基,所以赞美"在某种适切和关键意义上,只能被理解为上帝荣耀的作用"[3]。此外,诸造物的存在与自由在本质上依赖于赞美和感恩的行为。"对于上帝的荣耀而言,造物成为自由的,并不是因为他们可以并想这样做,而是因为他们通过上帝的荣耀只能这样去做。"[4] 他们不仅仅是去感恩,而且"他们自己**就是感恩**(Dank)"[5]。对上帝的称赞变得自由,这意味着在人们的存在中,将自己

---

[1] Karl Barth, p. 670.

[2] Karl Barth, p. 670.

[3] Karl Barth, p. 670.

[4] Karl Barth, p. 671.

[5] Karl Barth, p. 671.

理解为通过荣耀而被建构的，荣耀让我们去庆祝它，我们才去庆祝荣耀。"拥有对上帝赞美的力量，并不是造物的本质。这个能力属于上帝……上帝让他自己赋予造物力量……上帝将自己赋予造物，造物便可以赞美上帝。"[1] 造物从其"无力"中解放出来就体现在归于上帝荣耀并"走向对上帝的赞美"[2]。

如果造物在本质上是对荣耀——神归之于自身的荣耀——的赞美，那么很明显，造物的生命在**顺从**（Lebensgehorsam）上帝中达到巅峰。"我们没有别的选择，唯有赞美上帝，在感恩和赞美中，除了它自己之外，它不会为上帝提供别的东西——不多于也不少于它自己。"[3] 进行这种服侍的最著名的地方就是教堂。在巴特论著结尾处，他用了一种更像是天主教神学家的高调的口吻，宣布教堂就是荣耀最适宜之处。当然，教堂不能等同于彼得森那里的在天国中赞美上帝荣耀的天使和受祝福者的共同体。[4] 然而，教堂是这样一种形式，在其中，我们"被上帝的荣耀包裹着，在那里，我们加入上帝的荣耀之中"[5]。

现在，我们应当很清楚，在何种意义上，任何先入为主地排斥以政治领域为参照的荣耀理论的做法都是误入歧途。因为，在彼得森那里，我们已经看到，用神学压制政治之后，政治重新在荣耀颂中以一种不适切的形式出现了，这与所有压制的形式的情形一样。绝对地将

1　Karl Barth, p. 671.

2　Karl Barth, p. 672.

3　Karl Barth, p. 672.

4　Karl Barth, p. 675.

5　Karl Barth, p. 676.

诸造物还原为他们的赞美功能，很明显，这种做法类似于拜占庭和20世纪30年代的德国的世俗权力要求臣民做的，而巴特有意地摒弃这些行为。在这里，在对君主的赞美中也可以发现最高的尊贵和最高的自由。在这里，将赞美归于君主也不是因为君主的需要，正如君主那华丽璀璨的徽章、他的王座、他的王冠所揭示的那样，这是因为他自己就是荣耀的。该例子中的循环与前文所说的循环分毫不差。

第十二节

荣耀的悖论具有了如下形式：荣耀是上帝的亘古不变的独特属性，在他那里，荣耀保持永恒一致，这样，没有什么东西和什么人能够增添或消除他的荣耀；但是，荣耀是赞美，也就是说这就是所有造物不停地归于上帝的东西，也是上帝需要他们做的东西。这个悖论关系到另一个悖论，后者被神学家们视为对前者的解决：诸造物将荣耀、赞美的旋律归于上帝，实际上，这些荣耀和赞美正是源自上帝的荣耀；它仅仅是必要的回应，几近上帝的荣耀在他们之中唤醒的回声。即（这是该悖论的第三个表达形式）上帝所完成的一切——所创造的作品，以及救赎的安济——就是为了他的荣耀。然而，正因为如此，诸造物将感恩和荣耀归于他。

这个悖论有三种形式，在特伦廷大公会议之后和巴洛克神学中达到顶峰，那时世俗主权理论获得了一种新的构型。我们可以说，悖论的第一种表达形式在依纳爵·罗耀拉（Ignatius de Loyola）[1]的格言中显

---

[1] 依纳爵·罗耀拉（1491—1556），西班牙人，耶稣会的创始人，也是罗马公教的圣人之一。他在罗马公教内进行改革，以对抗由马丁·路德等人所领导的宗教改革。——译注

露出来,该格言有点像耶稣会(Society of Jesus)[1]的徽章:**献给上帝伟大荣耀**(Ad maiorem Dei gloriam)。后世讨论过依纳爵·罗耀拉的格言的来源和意义,在他决定放弃世俗的荣耀而选择上帝的荣耀时,这条格言完美地概括了依纳爵·罗耀拉的目的。有一个问题十分清楚,即依纳爵·罗耀拉将这个悖论推向极致,因为人类的赞美行为包含在一个不可能完成的任务中:不断地去增添上帝绝不可能被增添的荣耀。更准确地说——或许这就是该格言真正的意思——这是将增添上帝荣耀的不可能性转译为无限制地增加人尤其是耶稣会成员对上帝的外在赞美。不能增添的东西——第一种意义上的荣耀——需要从外在和主观层面来无限地增添荣耀。一方面,这意味着荣耀和赞美的关系现在已经被割裂,世俗的赞美获得依赖于上帝的荣耀,而上帝的荣耀证成了世俗的赞美。另一方面,这意味着赞美开始反作用于荣耀,一种观念开始形成:人们的行为能开始影响神之荣耀,并增添其荣耀。换句话说,当荣耀与赞美之间的区别变得难以分辨时,重心逐渐地从前者转移到后者那里。

我们可以在对17—18世纪的荣耀神学产生重要影响的耶稣会神学家莱昂纳德·勒修(Leonard Lessius)[2]的小册子《论神性的完美》(De

---

[1] 耶稣会,天主教的主要修会之一,又称耶稣连队,1535年8月15日由西班牙依纳爵·罗耀拉成立,以应对当时基督新教的宗教改革,获得罗马教廷教宗的许可。耶稣会最主要的任务是教育与传教,在欧洲兴办了许多大学,其培养出的学生除成为耶稣会人才外,也活跃于政界与知识分子阶层,著名的如笛卡尔。——译注

[2] 莱昂纳德·勒修(1554—1623),著名的耶稣会道德神学家,年轻时曾获得卢汶大学的布莱希特奖学金,他最著名的著作是《论正义与法律》(De iustitia et iure),这是第一部从道德神学角度来深入分析经济和金融的著作。——译注

perfectionibus moribusque divinis，1620）中找到将赞美凌驾于荣耀之上的宣言。在"论终极目的"（De ultimo fine）的标题下，他提出了如下问题："上帝从创世、从对世界的治理中能获得什么好处？"他的答案第一眼看起来非常奇怪，但从逻辑上来讲，完全说得通。上帝"无限完美，并得到各种方式的祝福"，对于他自己来说，没有从诸造物的多元性、变化性和美中得到任何益处，其仿佛"通过神圣之光的光束，悬挂在虚无之上"[1]。因此，上帝创世和俗世治理的目的是"某种外在的东西（quid extrinsecum），例如让其后嗣与他自己相似，让其后嗣加入对他的赞美和祝福之中"[2]。

勒修当然注意到内在的荣耀——内在荣耀与神性本身的光辉和卓越一样（即一种客观的内在荣耀），也等同于上帝自身之中（形式的内在荣耀）的知识、爱、快乐——和外在荣耀的区别。但他的宣言的特殊贡献在于他颠覆了两种荣耀之间的关系。上帝不可能为了获得和增加其内在荣耀而创世，他已经**圆满地**（plenissime）拥有了内在荣耀。因此，他的目的仅仅在于获得和增加他的外在荣耀。

> 荣耀并不必须是内在固有的善。凡夫俗子如此看重并欲求着国王和君主的荣耀，这种荣耀由外部事物构成，包含在官廷的金碧辉煌之中，包含在殿宇的恢宏壮丽之中，包含在军力的威武雄壮之中，如此等等。即便不可能从内部增加神

---

[1] Lessius, p. 513.

[2] Lessius, p. 513.

之荣耀,但通过那些外在事物,从外部增加其荣耀却是可能的,而那些外在事物正是人之赞美所在,即增加上帝之子的荣耀,通过上帝之子,上帝的荣耀得以被认识、被爱戴、被赞美。在这个意义上,上帝的荣耀是伟大的;在这个意义上,可以说上帝的荣耀得到了增添。这就是上帝通过所有他外在的工作,想为他自己获得的荣耀。[1]

勒修为了这位自负的上帝在逻辑上的连贯性,无情地牺牲了上帝对诸造物的爱的观念。由于所有的造物"与他相比,不值一提",由于"上帝之荣耀比任何造物的善不知远胜多少倍",上帝的行为"必然提高他的荣耀,而不是去让诸造物尽善尽美"[2]。上帝正是羡慕这种外在的荣耀(在《以赛亚书》48:11 中可以得到证明:"我必不将我的荣耀归于他人");也正是这种荣耀,让人必须将它作为他们所有行为的终结目的。[3]

如果没有对荣耀神学的基本理解,就很难完全理解特伦廷大公会议之后的教会政治、教士阶层的热忱以及耶稣会献于上帝的伟大荣耀——与此同时,献于上帝的还有耶稣会那狼藉的恶名——的令人叹为观止的行为。再说一遍,在荣耀层面,教会和世俗权力进入一个长期无法分辨彼此的门槛上,在这道门槛上,很难去衡量两者之间的相互影响和概念上的交流。与此同时,当主权领土国家开始接纳"对人的治理"的形象时,教会将其宣告末世降临的事务搁在一旁,逐渐将

---

1 Lessius, pp. 516–517.

2 Lessius, p. 538.

3 Lessius, p. 539.

自己的任务等同于在大地上对灵魂的治理，而不是对灵魂的拯救，以"增添上帝的荣耀"。20世纪的天主教哲学家在仅仅是自我本位的上帝——即"永恒的恺撒"，他将人"作为工具，来证明他自己的荣耀和权力"——面前的愤慨反应，大概都源于此。

第十二节 余论

正是在巴洛克时代以降的荣耀理论背景下，我们可以理解像马勒布朗士（Malebranche）[1]或莱布尼茨这样的头脑一向十分清醒的神学家，何以通常会从上帝自满于自身完美的角度来思考上帝的荣耀。马勒布朗士称上帝的荣耀为"上帝对自己的爱"，然后他提出了一个原理，按照这个原理，上帝仅仅为了自己的荣耀而行动，在这一点上，他不再否认他道成肉身的理由无非是想将人类从罪中解救出来。通过词语的道成肉身，上帝接受了"无限光辉的荣耀"，也因此，马勒布朗士否定了"堕落正是上帝之子道成肉身的唯一理由"[2]。

同样具有启发意义的是莱布尼茨在其《神正论》（*Theodicy*）中，依循拜耳的足迹，归之于上帝的荣耀观念：

（拜耳）说："上帝，其存在是永恒而必然的，是无限之

---

[1] 马勒布朗士（1638—1715），法国理性主义哲学家。他试图综合圣奥古斯丁和笛卡尔的思想，去证明上帝在世界各个方面都积极地存在着。同时马勒布朗士也被休谟批评为偶因论哲学家。——译注

[2] Malebranche, 1923, dialogue 9, 5, p. 232.

善和神圣，是智慧和权力，从永恒中拥有着荣耀和祝福，这些荣耀和祝福永远不能增添或抹杀。"拜耳命题的哲学味道一点也不亚于其神学味道。说上帝独自一人时拥有"荣耀"，这个说法依赖于这个词的意思。我们可以说，荣耀是某人在注意到他自己的圆满时所找到的满足，在这个意义上，上帝一直拥有着荣耀。但是，当荣耀标示着他人对这种圆满的关注时，我们或许可以说，唯有当他向理智的造物揭示他自己时，上帝才获得了荣耀；即便上帝的确从中并未获得任何新的善，而理性的造物的确从那里得到益处，在那时，他们才能真正理解上帝的荣耀。[1]

这段话足以去应付斯宾诺莎在《伦理学》第五卷的命题 36 的批注中提到的那些荣耀概念，斯宾诺莎用其来衡量将它们区分开来的裂痕。

第十三节

勒修的小书的标题"论终极目的"（De ultimo fine）所指的是最后审判日之后的受祝福者的条件。在天国的幸福中，当救赎工作得以完成，"所有的运动和所有的官僚"[2]都失去了作用后，除了思考、爱戴、赞美上帝的荣耀之外，天使们和受祝福者再没有别的事可做了。他们

1　Leibniz, 109, p. 183.

2　Lessius, p. 549.

只是"思考着上帝无限的美,在其荣耀中,带着妙不可言的快乐,带着永恒的赞美、祝福和感恩而欣喜"[1]。

事实上,讨论荣耀最重要的一点正是"选民的荣耀",即天堂中受祝福者的条件。这不仅仅暗示着身体上的转变[按照圣保罗的教诲(《哥林多前书》15:44),现在身体成为"荣耀的身体"],而且也暗示着整个理性造物及其理智和意志,必须加入作为最高善的上帝的荣耀中。从早期经院开始的关于这种加入的性质的白热化争论,让神学家们分裂为不同的阵营。按照圣托马斯和道明会(Dominicans)[2]的说法,界定天堂幸福的因素是理智,也就是说,上帝的知识或"极乐之国"。按照圣文德或方济各会的说法,幸福反而被确定为意志的运作,即爱。

1951年,年轻的牛津神学家埃里克·L.马斯卡尔(Eric L. Mascall)[3]在一本法国杂志上发表了一篇论文,这本杂志将让·丹尼埃卢(Jean Daniélou)[4]一类神学家的作品和不同背景的知识分子[其中包括莫里斯·德·甘狄亚克(Maurice de Gandillac)[5]和格雷厄姆·格林

---

1 Lessius, p. 549.
2 道明会,又译为多明我会,亦称"宣道兄弟会"(拉丁语:Ordo Praedicatorum,简称O. P.),是天主教托钵修会的主要派别之一。会士均披黑色斗篷,因此称为"黑衣修士",以区别于方济各会的"灰衣修士"和加尔默罗会的"白衣修士"。——译注
3 埃里克·L.马斯卡尔(1905—1993),英格兰教会传统下的盎格鲁天主教神学家。——译注
4 让·丹尼埃卢(1905—1974),耶稣会神学家,历史学家,红衣主教,法兰西学院院士。——译注
5 莫里斯·德·甘狄亚克(1906—2006),法国学者,他生于法属阿尔及利亚,在法国哲学和法国哲学史方面有所建树。——译注

(Graham Greene)[1]的作品放在一起,这篇文章从一个我们在这里不是太感兴趣的视角讨论了祝福问题。按照马斯卡尔的说法,知识和爱都无法以令人满意的方式来界定人的最终目的。知识不仅仅在本质上是自我本位的(因为它首先关注的是我们从上帝处获得的愉悦),这无论对人还是对上帝,都不是最终有用的东西——至少在审判之后的条件中是无用的。至于爱,也不可能是真的无偏私的,因为正如圣贝尔纳(Saint Bernard)告诉我们的,爱上帝,而不同时思考我们的福祉,这在心理学上是不可能的。[2]

唯一可用来界定我们受祝福状态的第一要素和根本要素,既不是爱,也不是关于上帝的知识,而只能是他的**荣耀**(praise)。唯一爱上帝的理由就是他值得赞美。我们不因为对我们有好处而去赞美他,尽管我们可以在其中发现对我们的好处。我们不因为对他有好处而去赞美他,因为事实上我们的赞美不会让他受益。[3]

当然,赞美在这里首先是荣耀颂和赞美的问题:

赞美既优先于爱,也优先于知识,尽管它可以同时包

---

1 格雷厄姆·格林(1904—1991),英国小说家、剧作家、评论家,1991年卒于瑞士沃韦。他的小说混合了侦探、间谍和心理等多种元素。——译注

2 Mascall, p. 108.

3 Mascall, p. 112.

含二者,并转化它们,因为赞美并不关心自己的利益,而只关心荣耀……在我们献给上帝的膜拜中,第一位的也是缘于赞美……经文让我们看到天国的崇拜总让我们去赞美。以赛亚在寺院中看到的正是天使们在伯利恒(Bethelehem)[1]歌唱,《启示录》第四章的天国仪式重复着同一件事情:**献给上帝最高的荣耀**(Gloria in excelsis deo),"我们的主,我们的神,你是配得荣耀尊贵权柄的"(《新约·启示录》4:11)。[2]

在这里我们发现了我们非常熟悉的所有荣耀理论的元素。有趣的是,作为人最终目的的荣耀,其特殊价值在于,最后,上帝和人都不需要它,也不从它那里得到什么用处。不过,与勒修的观点不同,这里的赞美不是外在于上帝的。"所有赞美的原型都可以在三位一体本身中找到,在其永恒的后嗣对上帝的言辞,对他的圣父的回应中找到。"[3] 换句话说,上帝在字面上是由赞美构成的,通过赞美上帝,人们被允许加入他最紧密无间的存在中。不过,如果事物持续如此,如果人们献于上帝的赞美与他是亲密无间、同质同体的,那么在某种意义上,荣耀颂或许就必然是神之生命的一部分。圣巴西尔将 homotimos(字面意思"同一种荣耀")一词作为 homousios(本质相同)的同义词,这

---

[1] 对于基督教而言,伯利恒是耶稣的出生地,也是世界上最早出现基督徒团体的地方之一。根据《圣经》记载,伯利恒也是大卫的出生地和他加冕成为以色列国王的地方。城外有对犹太教有重要意义的拉结墓。——译注

[2] Mascall, p. 114.

[3] Mascall, p. 115.

个专业用词在尼西亚象征中用于表达同质同体,因而意味着荣耀与上帝存在的近似性。或许内在荣耀和外在荣耀的区分正好是用来遮掩赞美和上帝实质之间的亲缘关系的。当这个区分被打破的时候,在上帝那里出现的就是神学绝对不愿看到的东西,一种必须不惜一切代价用光的装束来加以遮掩的赤裸裸的东西。

第十四节

天主教仪式所包含的荣耀颂中,有一种颂歌具有一个奇怪的名字,improperia,即"应答圣歌"(reproaches)。应答圣歌第一次出现是在 9 世纪的仪式文本中,它的实质出现可能会更早些。这种荣耀颂的特殊性在于它是由一种应答来引入的,在应答中,上帝转向他的子民,并斥责他们:"我的子民,我为你们所做的一切,究竟怎么让你们不悦了?回答我。"(Popule meus, quid feci tibi aut in quo contristavi te? Responde mihi.)在其他版本中,抱怨来自基督自己:"还有什么是我应该做而尚未做的?"(Quid ultra debui facere tibi, et nonfeci?) 只有在这里,祭师才在圣坛上做出应答,唱出伟大的赞美颂《三圣颂》(trisagion):"圣哉我主,圣哉伟岸,圣哉不朽,怜悯我们"(Agios ho Theos, agios ischyros, agios athanatos, eleēson hēmas)。

在这种情况下,关键在于上帝自己需要赞美。在古希腊历法的铭文中,他不限于让自己道出斥责,而且会不停地引发地震,直至人们和皇帝一起唱出"圣哉我主,圣哉伟岸,圣哉不朽,怜悯我们"。勒修的理论提出神行为的目的仅仅在于去获得荣耀,这一点在这里得到了肯定。此外，按照圣巴西尔的仪式指代法，"这是您之神圣的伟大所应得的，是公正的、适当的，去赞美您，为您歌唱，祝福您，崇拜您，向您表达感恩，让您荣耀加身"；但上帝似乎需要这种赞美与崇拜，在这一点上，上帝向人们要求"三次圣哉"（trisagios phonē）的欢呼，而这种欢呼是天国中炽天使的欢呼。正如屈梭多模的仪式中所记诵的那样，如果圣主的力量是不可比拟的，是无法表达（aneikastos）的，他的荣耀超越了一切理解（akatalēptos），那为什么要在荣耀颂中不停地道出并表达他的荣耀呢？为什么我们称他为"主君"（despotēs），为什么"在侍奉他的荣耀"（leitourgian tēs doxēs）时要组成天使和大天使的等级和团体（tagmata kai stratias）？在一种欢呼的形式即 axios 下，这个回答只强调复指——"因为所有的荣耀都适于您"（hoti prepei soi pasa doxa）——这意味着，"适于"（prepei）隐含着更为亲密的必然性：欢呼具有一种我们无法把握的意义和价值，而这是我们应当追求的东西。

第十五节

在西方教会中，最杰出的赞美颂是《感恩曲》（*Te Deum*），没有任何真实的凭据，一般认为，这首颂歌的传统可以追溯到圣安布罗西和圣奥古斯丁那里，但没有真凭实据。长期以来，研究仪式的历史学家讨论了这首颂歌的原作者、创作的时间以及起源的地方，而在争论中，大家或多或少认为它至少包括三个部分，在某种程度上，三个部分紧密地结合在一起，并构成了由 29 句诗句构成的颂歌：第一个部分（诗句

1—13）也是最古老的部分，是对三位一体的颂词，或许创作于尼西亚时代；第二个部分（诗句 14—21），这是纯粹基督教的部分，或许创作时间稍近一些，因为它似乎见证了反阿里乌派之争；最后一个部分（诗句 22—29）用一系列引自《圣经·诗篇》中的引文来组成颂词。

通常只关心创作年代和作者归属问题的学者，不会去问这首颂歌中有什么东西可以明显地消除所有可能的质疑：无论其起源如何，《感恩曲》从开始到结束都是由一系列欢呼构成的，在欢呼中，三位一体和基督教的因素都被嵌入统一的颂歌式和赞美性（epenetic）的上下文之中。诗句 1—10 的目的仅仅在于确定赞美和荣耀的神圣性，赞美和荣耀从四面八方环绕着他，在大地上如在天国中一般，在过去如同在此时一般：

> 天主，我赞美你，上主，我颂扬你
> 永生的父，万物敬拜你
> 所有天使，和天上的大能者
> 智天使和炽天使，不停地欢呼
> 圣哉，圣哉，圣哉，上主大能的天主
> 你的荣耀，充满天地
> 众使徒歌颂你的荣耀
> 众先知宣扬你的德能
> 众殉道者为你作证
> 普世教会也向你歌唱

一丝不苟地列举了赞美者的名字和作用之后,这里又提及了三位一体的诸格,似乎首先旨在说明赞美所指向的是谁,于是在赞美颂的形式下重述了一遍:

> 你是大父,无限尊威
> 你唯一的真子,令人敬爱
> 你的圣灵,赐人安慰

然而,即便在随后的基督教诗句中(里面当然包含了说教因素),在**拯救人类**(hominem suscipere)的表达中,基督第一次在末世论的词语中被表达为"荣耀之王",正是这样,赞美他的信众才请求加入他永恒的荣耀之中:

> 基督,光荣的君王
> 你永远是父之爱子
> 你为了拯救人类,甘愿生于贞女,降凡于世
> 你为世人征服了死亡,为信众重启天国之门
> 你坐天父之右,享受荣耀
> 你还要再度降临,审判万民
> 你用宝血赎回了子民,
> 恳求你常常保佑他们
> 使我们加入诸圣的行列,分享你永恒的荣耀

在最后的应答中，我们对《圣经》的引文感到震惊，这句引文向我们保证了侍奉荣耀将会是永恒的、永不停歇的，会日夜不停、世世代代地进行：

> 我们赞美你，日夜不停
> 世世代代颂扬你的圣名

在其他伟大的赞美诗的欢呼结构中可以找到更多证据，《荣归主颂》(*Gloria*) 是最古老的文献——正如《使徒约章》(*Consititution of the Apostles*, 380 年)——原创者是圣马丁。在这里，这个文本不过是各种各样的欢呼无中断的聚集——有赞美，有祝福，有感恩，有支持：

> 但愿在天上荣耀归于上帝
> 在地上平安
> 归于主所喜悦的人
> 我们赞美主
> 称颂主
> 敬拜主
> 荣耀主
> 为主之大荣耀，感谢主上帝
> 天上之王
> 全能的上帝圣父
> 主独生的圣子耶稣基督

> 带着圣灵¹的主上帝，上帝的羔羊
>
> 圣父之圣子，除去世人罪的主
>
> 怜悯我们……

我们已经看到，彼得森、阿尔弗洛迪以及康托洛维茨都已经说明仪式上的欢呼起源于世俗，即荣耀仪式的表达形式来源于帝国典礼上的欢呼。然而，有可能在两个方向上发生互换。例如，我们知道《感恩曲》和《荣归主颂》都会在仪式之外使用，前者被用在战场上［在托洛萨的纳瓦斯战役（Las Novas of Tolosa）²和在1213年的列日战役（Liège）］，后者被用在发现殉道者马罗苏（Mallosus）的尸身时，以及用在教皇利奥三世（Leo Ⅲ）抵达查理曼大帝的王廷时。在所有这些例子中，都是突然爆发胜利的欢庆，正如一般发生欢呼的情形一样。但是，我们如何在世俗典礼和宗教典礼的关系之外，解释基督教仪式中存在大量的欢呼呢？为什么必须不停地赞美上帝，即便神学家（至少在历史的某个特殊时期）孜孜不倦地向我们保证，他根本不需要赞美？内在荣耀和外在荣耀——后者是对前者的呼应——的区分真的能构成一个充分的解释吗？难道这不是宁可背弃解释不可解释的东西的

---

1 值得注意的是，阿甘本在这里引述的是《荣归主颂》的古本，在现在传唱的天主教圣公会版本中并无"带着圣灵"（Cum Sancto Spiritu）一句。——译注

2 托洛萨的纳瓦斯战役，在阿拉伯语里面被称作乌卡布之战，发生于1212年。卡斯蒂利亚的阿方索八世、纳瓦罗的桑乔三世和阿拉贡的佩德罗二世共同迎战安达卢西亚阿尔摩哈德王朝哈里发，这场战役是阿方索八世、托莱多大主教和教皇英诺森三世领导的十字军行动中重要的一部分，该战役是基督教世界一个重要的胜利。——译注

意图，去掩盖某种东西（这个东西太令人尴尬，以至于不能让其得不到解释）吗？

第十六节

马塞尔·莫斯（Marcel Mauss）[1]未完成的关于祈祷的博士论文——仅于 1968 年出版——可以当之无愧地被称作这位法国人类学家留给我们"最重要的著作之一"[2]。他一开始就注意到——有趣的是，他在 1909 年的观察在 40 年后启发了康托洛维茨进行一项类似的思考，即对仪式研究的情境思考——在这样一个重要问题上科学著作特别贫乏。语文学家（philologist）通常只去分析词语的意义，而不太关心词语的效力，由于祈祷有不可置疑的仪式性，他们往往对此不置一词；人类学家完全专注于原始文化的研究，而对这种看起来在宗教发展中较晚的产物置之不理。因此，这个主题再一次被抛弃了，转到神学家和宗教哲学家手中，理由很明显，他们的理论"考察的是他们经验所给予的东西，但绝不是科学的"[3]。

莫斯的主题在写了 175 页之后就戛然而止了，在那里，他正准备从他对澳大利亚土著阿龙塔人（Arunta）——他将阿龙塔人作为他的**研**

---

[1] 马塞尔·莫斯（1872—1950），法国人类学家、社会学家、民族学家，涂尔干的学术继承人，曾在巴黎大学和波尔多大学学习哲学。1898 年涂尔干创办《社会学年鉴》，莫斯负责该刊物宗教方面的研究与编辑。他曾对宗教实践产生过浓厚的兴趣，以后转向比较社会人类学的研究，被尊为法国实地民族学派的创始人。——译注

[2] Mauss, 1968, p. 356.

[3] Mauss, 2003, p. 29.

究领域——口头仪式的分析中得出结论。不过在前面的篇幅以及他同时期的系列论文中,他从未怀疑过引导他研究的前提假设。祈祷——即便祈祷采用了赞美或和散那(hosanna)[1]的形式——首先是一种口头仪式,因此,祈祷和所有仪式一样,具有"实际效力",它涉及圣物,并对之发生作用。这样:

> 它是有效的,并带有**特殊的**效力,因为祈祷的言辞可以导致最特别的现象。当然,早期的拉比通过恰当地说出berakâ(祝福)可以将水变成火,伟大的君王通过使用某种表达可以将不虔诚的婆罗门(Brahmins)变成昆虫,昆虫随后被变成蚁丘的城镇所吞噬。即便当所有的效力似乎从祈祷(变成了纯粹的崇拜)中消失了,或者当所有的力量似乎都聚集在一位神那里(如天主教、犹太教和伊斯兰教的祈祷),祈祷词仍然是有效力的,因为它让上帝以某种方式采取行动。[2]

从这个角度来看,通常很不容易区分巫术和宗教:"在咒语和祈祷之间存在诸多层次,正如在巫术仪式和宗教仪式之间一样。"[3] 然而,莫斯区分了巫术仪式和宗教仪式,因为前者似乎被赋予了一种内在力量,而后者只能通过神之力量的介入来发挥效力,这个力量外在于仪式。

---

[1] 和散那,耶稣骑驴进入耶路撒冷时众百姓的欢呼语。后被用于宗教歌曲中,用来表达对上帝的赞美。——译注

[2] Mauss, 2003, p. 54.

[3] Mauss, 2003, p. 55.

"这样,印第安人使用的是巫术仪式,在狩猎中,他相信在某个高度的树上放上一块石头就可以阻止太阳运动,而约书亚实施的是宗教仪式,为了阻止同一个太阳运动,他呼喊全能的耶和华。"[1] 咒语和巫术仪式并不对圣物产生影响,而是直接对现实产生效力,然而,祈祷"恰恰相反,它首先是作用于圣物的手段,正是圣物被祈祷者所影响、所改变"[2]。在转向他的研究领域之前,他这样界定了祈祷:"**祈祷是一种口头的宗教仪式,直接作用于神圣之物。**"[3]

有一本书对莫斯的思想产生了非常重要的影响,在这本书出版仅一年之后,莫斯就为这本书撰写了书评,这本书就是《婆罗门中的牺牲教义》(*La doctrine du sacrifice dans le Brâhmanas*,1899)。书的作者席尔文·列维(Sylvain Lévi)[4] 在巴黎讲授印度学,他希望说明最古老的婆罗门教"没有道德性",牺牲在本质上是由其物质效力来界定的:"它完全在于行动中,以行动为结束,完全由对仪式的谨慎小心的观察所构成。"[5] 不过,列维的研究最令人震惊的结果是,印度的牺牲不仅仅是一种有效的行为,如其在所有仪式中那样。它并不仅仅想影响诸神;它创造诸神:

---

1 Mauss, 2003, p. 53.

2 Mauss, 2003, p. 56.

3 Mauss, 2003, p. 57.

4 席尔文·列维(1863—1935),法国印度学家、梵文专家、法兰西学院教授、法国远东学院荣誉会员。1886—1935 年任高等研究实践学院博士生导师,1894—1935 年任法兰西学院梵文语言文学教授。其研究领域非常广泛,包括吠陀研究、印度宗教史、佛教、人类学、社会学、哲学、历史、文学、戏剧、语文学等。其著述宏富,具有世界性影响。著名汉学家伯希和是他的学生之一。——译注

5 Mauss, 1968, p. 353.

按照吠陀时代的神学家们的说法，诸神与恶魔一样，都诞生于牺牲。正是由于牺牲，他们才升入天国，同样那些执行了牺牲的人也仍然这样做。他们围绕着牺牲而聚在一起，他们都是牺牲的产物，他们在他们自己之中共享牺牲，正是这个结构决定了他们享有这个世界的方式。此外，牺牲不仅仅是诸神的源泉。它就是神本身，或者毋宁说，最伟大之神。它是主神，缥缈无形之神，无限无极之神，万物在这种精神中前进，不断地死去，不断地重生。[1]

这样，牺牲和祈祷为我们展现了巫术性的一面，其中，人们通过表演一系列仪式——在牺牲中更多是手势仪式，在祈祷中更多是口头仪式——或多或少对神灵产生实际影响。倘若如此，我们需要以新的眼光来考察赞美优先于荣耀的假设。或许赞美不仅仅是最适合上帝荣耀的东西，而且也是它自身，作为一种有效的仪式，生产出荣耀；如果荣耀是上帝的实体，以及他的安济真正的意义，那么他在根本上依赖于赞美，因此，借助斥责和强制，他有很好的理由来要求人们赞美他。

第十六节 余论

在莫斯武断地开展的关于祈祷的巫术性观念的研究中，他借用了埃米尔·涂尔干——他与涂尔干保持着非常紧密的学术关系和家庭关

---

1 Mauss, 1968, p. 353.

系——在《宗教生活的基本形式》一书中的一个观念：

> 那么，我们务必慎重，绝不能像史密斯那样，认为崇拜只是以人的受益为基础的，而与众神毫无关系，因为诸神对崇拜的需要绝对不亚于崇拜者对崇拜的需要。当然，没有神，人就不能生存。不过另一方面，如果人不进行崇拜，神也会死去。让凡俗主体与神圣事物进行沟通，并不是唯一目的，崇拜必须使神能够活着，使它们得到永无休止的再造与更新。[1]

第十七节

人类行为——尤其是口头仪式——与上帝荣耀之间的紧密关系的观念也出现在拉比的作品和卡巴拉（Kabbalah）[2]之中。查尔斯·莫波西克（Charles Mopsik）[3]对这个问题进行过专门的研究，其著作的副标题意义深远："制作神的仪式"（Les rites qui font Dieu, 1993）。卡巴拉所包含的巫术因素众所周知，不过莫波西克通过大量的文本分析，不仅

---

[1] Durkheim, p. 350.

[2] 卡巴拉（字面意思是"接收"或"接受"），与拉比犹太教的神秘观点有关的一种训练课程。这是一套隐秘的教材，用来解释永恒而神秘的造物主与短暂而有限的宇宙之间的关系。虽然它被许多教派引用，但它本身并未形成一个宗派，而仅仅是传统犹太教经典的一种类别。——译注

[3] 查尔斯·莫波西克（1956—2003），法国犹太教拉比，也是专门研究卡巴拉秘经的哲学家和古典学家。——译注

证明了这是卡巴拉的核心意旨之一，而且指出早期拉比的作品中早已谈过类似的主题。文本处处重复着至今我们都耳熟能详的原则（即崇拜"既不有利于也不有害于上帝"，正如我们在对基督教传统的讨论中看到的），我们在这些文本中也可以找到大量的证据来证明与之完全相反的观点。在《米德拉什》(Midrash)[1]论哀悼的部分中，我们已经能读到："当以色列人执行受祝福的圣者的意愿时，无论圣者是谁，他们都强化了上天掌权柄者的力量，正如其写道：'让我主的权柄大到极致。'当他们不去执行圣者的意愿时，或许这个圣者受到了祝福，他们都从上天削弱了他的力量，这样，在控告他们的圣者面前，他们也得毫无力量地前进。"[2] 按照其他拉比的资料中的说法，祈祷和赞颂具有强大的力量，通过呼喊耶和华的名字，用大天使圣德芬（Sandalphone）为其织造的王冠为耶和华加冕，就像真正的加冕仪式一样，在那里，正如《米德拉什》所说，上帝"迫使他自己从他的仆从那里接受王冠"。但莫波西克可以轻易证明耶和华的王位似乎在某种程度上依赖于正直之人（the just）的祈祷。[3]

在卡巴拉中，这种巫术概念获得了最高声望。膜拜与荣耀之间的

---

[1] 《米德拉什》，犹太教对律法和伦理进行通俗阐述的宗教文献，为犹太法师知识的研究与犹太圣经的诠释。"米德拉什"是希伯来文的音译，意思是解释、阐释，即"圣经注释"。雏形在2世纪时已出现，成书在6—10世纪。犹太拉比通过《米德拉什》将不同的观念引入犹太教，声称揭示早已存在经卷内的观念。——译注

[2] Mopsik, p. 53.

[3] Mopsik, p. 58.

直接关联，等同于**质点**（sefirah）[1] 王国（Malkut），这是闪-托夫·伊本·闪-托夫（Shem Tov ibn Shem Tov）[2] 和梅尔·伊本·迦拜（Meir ibn Gabbai）[3] 思想的核心，闪-托夫是一位西班牙卡巴拉主义者，他的主要著作《神圣崇拜手册》（*The Book of Sacred Worship*，1531）就是研究这对关系。闪-托夫再一次提到《米德拉什》中论哀悼的部分，提出仪式实践产生了一种从天国到大地的"流溢"（overflowing）：

> 事实上，下层世界的形式在最高的真实那里有一个根，因为人就是一棵倒栽的树，树的根在天空中。如果人与上帝之名的荣耀相连，清洗自己的罪恶，凝聚心神，他便可以通往更高荣耀，就如同我们点火或点灯，照亮我们的家园的方式一样。但如果人不重视崇拜神灵，会让他感到失望，这会让他重新收回照耀在下层存在物身上的神圣之光。[4]

站在他的立场上，伊本·迦拜做出了一个拉比式的表达（意为

---

[1] 质点，本意"计数"，是卡巴拉思想中的10种属性/流溢。透过这些质点，无限（Ein Sof，即自我显现前的上帝）彰显自身，又接连不断地创造物质领域以及一连串更高的形而上学领域。这一演化顺序又称为链状进程（Seder hishtalshelus）。质点这个术语在卡巴拉中含有复杂的含义。质点被认为与造物主的意志相关，这些质点不应被视为10个不同的"上帝"，而应视为同一上帝通过流溢来彰显意志的10种不同方式。——译注

[2] 闪-托夫·伊本·闪-托夫（1390—1440），西班牙卡巴拉主义者，也是理性主义哲学的激烈对手。——译注

[3] 梅尔·伊本·迦拜（1480—?），诞生于西班牙的卡巴拉主义者，最后逃离西班牙到东方，其亡卒年月不为人知。——译注

[4] Mopsik, p. 260.

"为了庙宇的需要"),宣布了一个形式上的真正巫术式的原理:"崇拜就是'最高者所需要的东西'。"[1] 在一种大胆的音乐式隐喻下,崇拜和荣耀的关系被比作两种乐器在同一个音叉下的调谐,"这样,通过其中一根弦的震动,我们带来了另一件乐器上相应的震动"[2]。

在中世纪卡巴拉的伟大文本中,崇拜神学性质的陈述转向了对《诗篇》119:126 的解释,在那里,诗句意思是"是您,我主,发挥作用的时候了",似乎可以解释为"是时候去制作上帝了"[3]。在这样一种解释的极端的结果面前,学者们会问,怎么会有这样一种激进主题(这最终意味着人是"造物主的造物主",或者至少人维系了上帝的存在,不断地去"修复"他)在这样一种宗教中出现,这种宗教不停地斥责异教由人创造的神祇的空虚。不过,"制作名称""制作安息日""制作神灵"的三重形式,这种表述出来的主题在赫罗纳(Gerona)的卡巴拉主义者(cabalist)和《光明书》(*Zohar*)[4] 中,都毋庸置疑与那些被逐出西班牙的卡巴拉主义一样:"他看到了下层的要求,认可了这个要求并让其成为上层的要求。"[5]

在这里,制作并不必然意味着创造**全新**(ex novo):其观念毋宁

---

[1] Mopsik, p. 365.

[2] Mopsik, p. 367.

[3] Mopsik, p. 371.

[4] 《光明书》是犹太神秘主义的思想的基本著作。这本书包括对《摩西五书》(*Torah*)中的神秘方面的评论,以及一些论及神秘主义的手稿和材料。《光明书》包含对上帝的本质、宇宙的起源和结构、灵魂的本质、救赎以及通向黑暗的自我与通向"上帝之光"的"真正自我"的关系的讨论。——译注

[5] Azriel of Gerona, Mopsik, p. 558.

说是，没有仪式的实践，神的健全存在就失去了其力量并腐败了；换句话说，上帝，需要不断地在人的怜悯中恢复和修复，同样，他也会被人们的不敬所唤醒。在崇拜和荣耀紧密联系的基础上，我们已经看到，卡巴拉主义者在这个意义上谈到了"荣耀的恢复"。

> 带着下层的要求，他将它们带到上层，它们的原型苏醒了，用以恢复最高荣耀……这就是荣耀恢复的问题，恢复荣耀之名的秘密……下层的权利恢复了上层的权利，它们一起恢复并制作了最高荣耀，并主张和强化了他的能量……[1]

这个概念如此稳固、广为传播且条理分明，以至于莫波西克在其研究的结尾处，提到了涂尔干论神对崇拜需要的问题，十分谨慎地指出，涂尔干或许已经受到了卡巴拉的影响："涂尔干，一名犹太拉比的儿子，在巴黎的拉比学校中开始了他的研究。让我们将从这里得出结论的任务留给研究社会学史的学者吧，如果这么做是正确的话。"[2]

第十八节

我们的目的不是得出关于荣耀颂和欢呼中的巫术根源的假设，也不是在荣耀脉络中宣布科学性的神话主题。我们看到，社会学家、人

1　Gabbai in Mopsik, p. 602.

2　Mopsik, p. 648.

类学家以及宗教史家,实际上已经部分地面对了这一问题。我们的任务毋宁说是再一次去理解治理机制的功能、我们在研究过程中所界定的治理机制的两极结构,以及我们概括出的荣耀考古学的理由是什么。对荣耀神学的分析仅仅是我们对权力结构的研究向过去的回溯。最后,荣耀颂和欢呼所涉及的是生产和增加荣耀,当然,这才是我们感兴趣的东西。我们不一定要去赞同施米特关于世俗化的讨论,即政治问题一旦同神学范式关联起来,将会变得更为明白,更为清晰。相反,我们试图说明,荣耀颂和欢呼构成了政治和神学难分彼此的一个门槛,才会导致这样的结果。正如仪式中的荣耀颂生产并增加了上帝的荣耀,世俗的欢呼同样并非政治权力的装饰品,它是发现和验证权力。就像内在三位一体和安济三位一体一样,**神学**与**世俗安济**在神恩范式中成为一种两极机制,其中的区别和关联都引出对俗世的治理,因此,王国与治理构成了同一个权力机制的两个元素或两个侧面。

然而,在仅仅提出这种对应关系之外,我们的兴趣还在于理解其运作。仪式以何种方式来"制作"权力?如果治理机制是两面的(王国与治理),荣耀在其中起着什么作用?对于社会学家和人类学家来说,仍然有可能将巫术作为这样一个领域,这个领域近似于理性,也先于理性,这也解释了为什么我们不理解我们生活于其中的社会最终是巫术性的社会。我们并不相信欢呼和仪式的魔力,我们相信连神学家和帝王都不会真正相信那些。如果荣耀在神学中如此重要,首先是由于它让我们在治理机制中,将内在三位一体和安济的三位一体、上帝的存在与实践、王国与治理结合在一起。界定王国和本质,也决定了安济和治理的意义。对我们来说,这让我们可以弥合神学与安济之间的断裂,而三位一体教义绝不可能解决这个问题，只有荣耀那光彩夺目的形象才能提供两者间可能的调和。

第十九节

在基督教仪式中，"阿门"就是最典型的欢呼。《圣经》中已经用到了这个词，在恒心与忠心的语义范畴内，用于对一致同意的欢呼，或者对颂歌（berakhah）的呼应，后来在犹太教堂中，作为对上帝赐福的呼应。"阿门"的"照应"（通常照应之前的某个词）作用——最典型的是，那个词不是说"阿门"的人所发出的词——至关重要。在犹太教中，发出这种欢呼十分重要，在《塔木德》中，我们可以发现这样一段话："那些用'阿门'回应神全部力量的人为自己开启了天堂大门。"圣保罗多次在荣耀颂的末尾使用这个词（如《罗马书》1：25 中的"**祝福直到永远，阿门**"），就是这种传统完美的延续，我们在最古老的基督教仪式中，尤其在圣餐祈祷结束后的欢呼（所有人回答说：阿门）中发现这种传统。在我们明白了统一的荣耀与神之本质的特殊关系之后，我们就不难理解在《塔木德》中，对于"**阿门的意义是什么？**"这一问题，回答可以是"上帝，最诚挚的君王"（el melek ne'eman）；也不难理解在《启示录》3：14 中有一个类似的将神性和欢呼等同起来的做法，在那里，基督被定义为"阿门，诚信真挚的见证"（ho Amēn, ho martys ho pistos）。

对这个词的翻译的历史沿革十分有趣——或者毋宁说，它没有被翻译为希腊文和拉丁文。七十子本多次将该词翻译为 genoito（让其是），有时候是 alēthōs（真正的），但在更多时候，他们置之不译（如《尼希米记》8∶6 中的"众人应声说，阿门"）。《新约》仅限于将其转写为希腊字母，尽管在某些段落中，用 alēthōs 和 nai 来表达**阿门**。另一方面，《旧约》拉丁文译本中沿用了七十子本的 genoito 的翻译，将**阿门**译为 fiat（是）。

圣奥古斯丁在不止一个地方，提出了将这个词恰当地转译为拉丁语的问题。他注意到欢呼的近乎司法意义的价值，重要的是，他将它与一些罗马法的体制进行比较（"我的兄弟们，你们的阿门是你们的印记，是你们的一致赞同，是你们对作为保障的契约的支持"[1]）。他关于翻译的论述包含在他的《论基督教教义》（*De doctrina christiana*）中，他区分了两个词，即"阿门"和"哈利路亚"，这两个词不可翻译，但可以像**和散那**和**拉沙**（racha）这些叹词一样，保留不译，因为这些词表达的是一种情感，而不是概念，"在变成另一种语言时，它们是不可翻译的"[2]。然而，他注意到，保留不译**阿门**一词，是"为了更为神圣的权威"（propter sanctiorem auctoritatem）[3]（"权威"是另一个诞生于律法的词汇）。在同荣耀颂的关系中，圣伊西多（Isidore）[4] 采纳了奥古斯丁

---

1 Augustine, *Sermons*, fragment 3.
2 Augustine, *On Christian Doctrine*, Book 2, Chapter 11, 16, p. 641.
3 Augustine, *On Christian Doctrine*, Book 2, Chapter 11, 16, p. 641.
4 圣伊西多（560—636），也被称为塞维利亚的伊西多，西班牙塞维利亚地区的教父，也是公认的最后一位教父。出生于西班牙长第根纳的贵族家庭。他的名声主要来源于他所编辑的《词源》（Etymologiae）一书，圣伊西多根据基督教教义和当时培养神职人员的要求，将所搜集到的古希腊、罗马作家的著作和基督教教父的著作加以汇集、整理，并予以阐释。圣伊西多全盘接受了圣奥古斯丁的思想，对诸如原罪、救赎、地狱、预定论等基督教的基本理论，做了具体的阐发。在此基础上，他提出了与教育问题直接相关的一些见解。——译注

的观点，指出："不容许希腊语、拉丁语或野蛮人的语言来翻译这两个词，即**哈利路亚**和**阿门**，不容许将其完全翻译为其他语言。"[1]

欢呼不断地变成仪式上的表达（起初，这种转变或许是自发的），欢呼在世俗仪式中的转变，如同其在宗教仪式中一样。世俗仪式和宗教仪式一起携手消除了这些欢呼所表达的语义，像"阿门"一样，这些词有意地被保留为最原初语言。大量的证据表明，在4世纪的时候，信众似乎已经理解了"阿门"是一种表示祈祷结束的表达形式，而不是用来呼应那些颂歌的欢呼。

在所有欢呼的例子中，其效果和功能比对其意义的理解更为重要。今天在法国和美国音乐厅中发出"bravo"（好极了！）呼声的听众，或许根本不明白这个意大利语词的准确意义和用法（即便在面对一位女士，或不止一个人的时候，他们还是会原封不动地用 bravo），但他们完全知道，他们欢呼所产生的效果。这是对演员和艺术大师的鼓励，并会让他们返回舞台。那些演艺界的人甚至主张说，演员需要掌声，就像人需要营养一样。这意味着，在荣耀颂和欢呼范围中，语言的语义层面失去了效力，在那一刻，如同一个空洞的反转；不过，正是这个空洞的反转为其提供了一种特殊的巫术效力：它们生产出荣耀。

第十九节 余论

我们经常会看到，《福音书》中耶稣使用阿门的方式，与《旧约》

---

[1] Isidore, *The Etymologies*, 6, 19–20, p. 147.

和拉比著作中的方式并不完全一致；他并不是将其作为一种仪式性的呼应，而是相反，从一开始他就以这样的形式来表达："**阿门，阿门，我告诉你……**"（Amēn amēn legō ymin……）（在武加大本中翻译为：Amen amen dico vobis）。在这种特殊用法中，可以看到，有一种有自我意识的弥赛亚，将欢呼变成肯定，将赞美和反复诵唱的颂歌转变成一种立场，至少在表面上，这是一种革新和超越的立场。

第二十节

在莫斯身后留下的诸多未完成的遗稿中，有一项对吠陀的神学部分的梵书（Brahmana）[1]中营养（anna）观念的研究。在这些吠陀时代的梵书所发明的观念中——莫斯立刻指出"奇怪的抽象和怪异的粗滥"[2]——"营养"是最原创性的概念。在《梨俱吠陀》中，牺牲的目的之一已然是获得食物包含的营养、汁水和力量；在诸神中，有两个神的主要属性就是滋养他们自己："阿耆尼（Agni），火之神，可燃物滋养着他；因陀罗（Indra），嗜酒（soma）之神，作为牲祭的珍馐美味（amrita）滋养着他。这是不朽的本质。"[3] 不过，在梵书中，营养学说获

---

[1] 梵书（或译为净行书）是古印度的一种宗教文献。梵书用梵语写成，是婆罗门教及印度教的圣典吠陀的一部分。其编写时间大约在前1000—前400年，这段时间因此被称为"梵书时代"。梵书为散文体，其主要内容是对吠陀本集的解释，并讲解吠陀的祭祀仪式。教授吠陀的各个学派都分别编写了自己的梵书。梵书主要记载举行各种祭祀的起源、规定和论述，也保存了大量神话和古代帝王的传说故事。在语言学上，梵书是一种重要的文献。——译注

[2] Mauss, *Manuscript*, p. 1.

[3] Mauss, *Manuscript*, pp. 3-4.

得了一种神学上的及"近乎哲学上的"[1]连贯性。**营养**不再是这个或那个神的营养,而是"一般营养,**营养**本身,annadya,即可食之物,以及对可食之物的拥有"[2]。那么 annadya 成了用来界定**王权**(kshatra)的性质。不仅向其提供牲祭的王成了"营养之主",我们还可以看到,印度逐渐诞生了一种真正的"营养崇拜",具有公共崇拜的特征,在崇拜仪式过程中,营养"成为一种神圣化的对象"[3]。anna,剥离了自己的物质属性,成了一种生命原则,维系和支撑生命的力量;"我们几乎可以说,营养是生命的呼吸与精神"[4]。就生命原则及活力和精神本质而言,营养对人和神来说是一样的,"牺祭不过是为诸神提供营养"[5],人参与其中,也从中获得营养。正是这种营养观念的发展,让莫斯可以在印度诸神的神殿之上,来重新思考生主(Prajapati)[6]观念形式下的神话传说,即"独一无二,宇宙中实存的主神,男性的先天而生的神,也是牺牲和提供滋养的神"[7]。该书在最后一页上,戛然而止之前,描述了生主的文化功能,莫斯似乎有意不点名地提到基督教的牺牲:生主的身体就是"普世盛宴

---

1 Mauss, *Manuscript*, p. 18.

2 Mauss, *Manuscript*, p. 8.

3 Mauss, *Manuscript*, p. 14.

4 Mauss, *Manuscript*, p. 20.

5 Mauss, *Manuscript*, p. 24.

6 生主(字面意思是"众生之主"),婆罗门-印度教中的一个神祇名称。"生主"一词的含义非常复杂,有时它指一个或一组具体的神,有时只是一个抽象的哲学概念,有时它又是一些神的别名或称号。在第一种情况下,其所指代的神祇也随着宗教理论的发展而不断变化。通常而言,这是一个对造物主的称谓,在此基础上,许多研究者认为生主是出现较晚的主神梵天的原型。——译注

7 Mauss, *Manuscript*, p. 28.

的材料……最高之主滋养着整个世界";他是一位营养神,其说道"没有人比我更有营养",他将自己作为一个牺牲为万物提供生命。[1]"神之本质,"莫斯得出结论说,"从这一点来看,就是食物,滋养着他自己。神就是食物。"[2]

在众多对梵书中的营养概念不太完善的研究中,有一篇文章题目极为简要,即"安娜-维拉吉"(Anna-Viraj),在这篇文章中,**营养**理论走向了一个出乎意料的方向。Viraj 是吠陀韵律形式,由三步组成,每步 10 个音节(Anna-Viraj 这一题目可以翻译为"营养之歌")。梵书将这种韵律形式看成它自己拥有了基本和特殊的营养性的美德。"婆罗门的理想就是通过对音律的聚集,由歌曲……一个雄性的生命、一鸟、一兽或人构成,将这种最高的神秘食物提供给吃的神灵,世界的造物主。"[3] 在这里,起决定作用的是音律,即**维拉吉**,它不只是生产食物,而且**是**食物本身。为了不惜一切代价确保营养的出现,婆罗门将会用此作为韵律标准的歌唱仪式,如果没有这些歌曲,用来自别处的诗文和表达形式,将会按照其韵律方式,改写为**维拉吉**的形式。"每 10 个音节之后强制中断,用音乐式的哭喊重复 10 遍来中断,任何元素,原生态的和经过提炼的,都用于这些歌中,为的是让以其他形式唱的歌曲变成**维拉吉**的普罗克鲁斯忒斯之床。"[4] 韵律形式与营养特征之间的关联如此之重要,以至于婆罗门的神学家们毫无保留地承认,如果某人

1　Mauss, *Manuscript*, p. 29.

2　Mauss, *Manuscript*, p. 29.

3　Mauss, 1974, p. 594.

4　Mauss, 1974, p. 595.

以**维拉吉**的形式唱出音律,"那是因为维拉吉拥有 10 个音节,因为**维拉吉就是营养**"[1]。这种联系如此紧密,以至于莫斯在其未完成的关于营养的手稿中似乎提出,关于安娜-营养的思考正好可以帮我们理解吠陀诗韵结构的意义:"这些圣歌、歌曲、尺度,这些通过数来表达的事物,这些数字,这些有旋律的姿势、被遮住的词语、哭喊都意味着营养,在同他者的关系中,都得到处置,就像食物在身体或身体附近中被处置一样,所有这些都是我们发现的解释体系的一部分,在那里,我们看到了其观念史和食物相关的象征。"[2]

在梵书的神学中,诸神用音律滋养自身,而在仪式上唱**维拉吉**的人以这种方式为诸神提供营养(也间接地为他们自己提供营养)。这或许出人意料地向我们揭示了仪式的本质。正如在圣餐牺牲的例子中,神将自己作为人们的营养,而神只在荣耀颂的情形下才会这样做。在梵书中,圣歌的音律形式必须在仪式上固定下来,因为这就是神的食物,反之亦然。

第二十一节

词语的最终目的是歌颂,这是西方诗学传统中经常出现的主题。在这种传统中,歌颂的特殊形式就是颂歌。古希腊语的 hymnos 就起源于仪式上的欢呼,它是在结婚典礼上大声喊出的欢呼:hymēn(后

---

[1] Mauss, 1974, p. 597.

[2] Mauss, *Manuscript*, pp. 15-16.

面经常跟着 hymenaios）。它并不对应于一定的音律形式，但是从所谓的荷马史诗时代，那个可以证实的最古老的时代，它首先指的是以诸神之名唱出的歌。无论如何，这就是基督教颂歌中的内涵，在 4 世纪的时候（如果不是更早一些），它极其繁盛，说拉丁语的叙利亚的厄弗冷（Ephrem the Syrian）[1]、圣安布罗西、希拉略（Hilary）、普鲁丹提乌（Prudentius），以及东方教会的纳西盎的格里高利、辛奈西斯（Synesius）[2] 都创作了颂歌。圣伊西多将这些颂歌分成三种形式——赞歌、赞美的对象、诗歌：

> 颂歌就是被赞美的人的歌，在古希腊语中意味着"赞美"，因为这是快乐和赞美的诗。不过，颂歌在某种意义上就是包含了对上帝赞美的诗歌。因此，如果仅存在赞美，但不是对上帝的赞美，它就不能算是颂歌；如果仅是对上帝的赞美，但不是诗歌，它也不能算颂歌。另一方面，如果既有对上帝的赞美，又有诗歌，这就是颂歌了。[3]

从中世纪末期开始，神圣颂歌不可逆转地衰落了。方济各会的《万物颂》（*Laudes creaturarum*），尽管并不完全属于颂歌传统，但它成了颂

---

[1] 叙利亚的厄弗冷（306—373），4 世纪叙利亚的基督教长老，也是多产的圣歌作者，他的作品被全世界基督徒所传唱。——译注

[2] 辛奈西斯（373—414），托勒密地区的希腊主教，自称是斯巴达国王的后裔。他也创作了大量圣歌和诗篇。——译注

[3] Isidore, *The Etymologies*, 6, 19, 17.

歌最后的伟大篇章，与此同时，这首歌也标志着颂歌的终结。除了某些重要的例外，现实诗歌比颂歌更伤感，在德语传统中尤其如此［在意大利也是这样，如孟佐尼（Manzoni）[1]的《圣歌》（Sacred Hymns）］。

在20世纪头10年的诗歌中，里尔克（Rilke）[2]是一个独特的例子。他的作品在伤感和哀悼的外衣下，毋庸置疑地带着颂歌式的意图。那总是笼罩着《杜伊诺哀歌》（Duino Elegies）的近乎神圣的仪式氛围或许可以归因于这些因素的感染，其表面的目的是去把握一种业已死去的诗歌形式。从专业层面上来看，这些诗歌的颂歌性质从第一行开始就格外明显，他质问天使的等级（"如果我叫喊，谁将在天使序列中听到我？"[3]），这正是那些必须与人们共唱颂歌之人［"我记诵这首颂歌的目的在于去分享天使队伍的歌唱"，耶路撒冷的济利禄（Cyril of Jerusalem）[4]在其《释奥要理》（Mystagogic Catechesis）第183页上写道］。里尔克将颂歌唱给天使们听（"向天使们颂扬世界"[5]），他们和他一起歌唱，直到最后他们都是诗人优先谈话的对象（"愿我唱出赞美和

---

[1] 孟佐尼（1785—1873），全名是亚历山大罗·孟佐尼，意大利诗人和作家，早年创作诗《自由的胜利》，歌颂了法国大革命，反对教会和君主。后受到天主教思想的影响，写作多首《圣歌》。——译注

[2] 里尔克（1875—1926），奥地利诗人。生于铁路职工家庭，大学攻读哲学、艺术与文学史。里尔克的早期创作具有鲜明的布拉格地方色彩和波希米亚民歌风味，如诗集《生活与诗歌》《梦幻》等。但内容偏重神秘、梦幻与哀伤。代表作为长诗《杜伊诺哀歌》。——译注

[3] Rilke, 2000, p. 5.

[4] 耶路撒冷的济利禄（313—386），早期教会的教父，被罗马大公教会和东方正教会列为圣人。——译注

[5] Rilke, 2000, p. 55.

欢腾，献给加入颂歌的支持的天使"[1]）。在《致俄耳甫斯的十四行诗》（*Sonnets to Orpheus*）——里尔克将这首诗看作《杜伊诺哀歌》的姊妹篇，几乎同样深奥难懂——他清楚地宣布了他的诗歌具有的颂歌式（即庆典式）使命："夸耀吧，就是这样！"（Rühmenm, das ists!）[2] 这样，第八首十四行诗是他的颂歌的哀歌式标题提供了最为关键的东西：哀悼（Klage）只能存在于庆典范围中（"唯有在颂歌的国度里才存在哀痛／走吧……"[3]）在第10首哀歌中，颂歌同样进入哀悼的领域。

弗里奥·杰西（Furio Jesi）致力于研究里尔克作品，在他打算为《杜伊诺哀歌》一个永远无缘出版的版本撰写的序言中，他颠覆了人们平常对《杜伊诺哀歌》的批评性考察，他在《杜伊诺哀歌》中，看到了一个极其丰富的教义内容。他问道，在这种情况下，说出"内容"是否有意义。他提出用括号括出《杜伊诺哀歌》中的教义内容（无论如何，这都是对里尔克诗歌中的那些老话的改头换面），并将这些内容读解为一系列修辞上的可能，让诗歌不再保持沉默。诗人想说话，但是在他那里，想说的东西却是不可知的。因此，

> 回响的话语没有内容：对话语来说，它是纯粹的意愿。最终，回响的秘密声音的内容不过是这样一个事实，即"秘密在言说"。这之所以发生，必然是话语的模态清空了所有的内容，这是以总体化的方式来实现的，是为了让之前发生的

1　Rilke, 2000, p. 59.
2　Rilke, 1987, p. 15.
3　Rilke, 1987, 8, 1–2.

活动有一个终结，在一个点上，所有词都被说出了。在《杜伊诺哀歌》中，里尔克对老套话的组织，即便是最古老的话，都依循着这一点。不过，在那里，必须要有某个地方让这些**老话**的内容流动起来，以便在《杜伊诺哀歌》中，它们可以无用地回应……[1]

杰西将《杜伊诺哀歌》定义为一种没有什么东西去说的诗，就像一种纯粹的"词语的语义中心的誓言"[2]，杰西的定义事实上是正确的，一般意义上的颂歌均是如此，即杰西的定义界定了所有荣耀颂的最深层的目的。在这里，其与荣耀完美地和谐一致，赞美是没有内容的，它在**阿门**中达到顶峰，但**阿门**没有说出任何事情，仅仅是赞同并总结已经说过的东西。《杜伊诺哀歌》哀悼同时又庆祝的东西（按照这个原则，哀悼只能发生在庆祝范围中），这正是颂歌在内容上无法弥补的缺憾，在语言的空洞中，走向了最完美的赞美形式。颂歌就是最激进地将意指（signifying）的语言变得无效，词语变得完全不起作用，然而，仪式的形式将这种非意指的词语保留下来。

第二十一节 余论

在荷尔德林诗歌创作的最后几年，即 1800—1805 年间，他创作了一系列碎片式且未完成的诗作，通常被称为"颂歌"。在专业层面上，这些诗作也是颂歌，因为它们的内容基本上都与诸神和半神有

---

[1] Jesi, p. 118.

[2] Jesi, p. 120.

关（在这里，后者可以说在一定程度上取代了天使的位置）。然而，由于一个关键性的转变，这些颂歌所颂扬的不再是诸神的出现，而是他们的离去。换句话说，荷尔德林晚期的颂歌与里尔克的哀歌是颠倒对称的：不过后者装扮得像是哀歌，荷尔德林却以颂歌的形式写下了哀歌。这种清醒的颠倒，让哀歌沁入完全异样的语境中，在音律上，是以打破颂歌的旋律作为标志的。尤其是残忍地以作诗手法加以碎片化成了荷尔德林颂歌的特征，而这个特征并未逃脱批评者的法眼。正是为了概括出被撕得七零八碎的句法结构，阿多诺将他对荷尔德林晚期文学作品的解读称为"并置"（Parataxis）。罗伯特·冯·黑林拉特（Norbert von Hellingrath）[1]在1913年编辑了第一部在文献上最精准完善的荷尔德林全集，他也更全面地提到了荷尔德林破碎的作诗方式。他凭借亚历山大学派的古典文献——尤其是哈利卡纳苏斯的狄奥尼修斯（Dionysius of Halicarnassus）[2]的作品——在**峻厉和谐**（harmonia austera）和**简练和谐**（harmonia glaphyra）之间做出诗学上的区分［或者峻厉关联——最典型的例子是品达（Pindar）——和简练关联——字面意思是"空"，词根起源于 glaphy，即"洞穴"］，并将它翻译为现代词语，如**冷酷无情的搭配**（harte Fügung）和**直截了当的搭配**（glatte Fügung），

---

[1] 罗伯特·冯·黑林拉特（1888—1916），德国文学学者，他对德国文学的贡献是第一次完整地编辑了德国诗人荷尔德林的诗集。——译注
[2] 哈利卡纳苏斯的狄奥尼修斯（前60—前7），在前30年罗马内战结束后移居罗马，在那里花了22年时间学习拉丁语和文学，并准备编写他的罗马史。他的罗马史从罗马之初写到第一次布匿战争，是站在亲罗马的立场上经过仔细研究写成的，与蒂托·李维所写罗马史同为早期罗马史最有价值的原始资料。这套书共20卷，前7年公布于世，最后10卷已佚失。——译注

或强硬关联和平和关联。在他对荷尔德林翻译的品达断片集的评论中，他写道："我用'强硬关联'和'平和关联'来表达这对古希腊术语，并在诗歌的三个平行的层面上通过对单个元素的强硬和平和的句法式连接来实现这一点：词汇的韵律、**语调**和声音。"[1] 并不是由那么多的并置来界定强硬关联，更多的是单个词语从它们的语义文境中脱离出来，直至构成一种自发的统一体，然而，在平和关联的情形下，想象和句法文境让词语居于其下，并将一定数量的词语绑定在一起。"强硬关联尽可能地去强调词语本身，将其传递给听众，并尽可能从词语归属的想象和感觉的相关文境中将其撕离出来。"[2]

荷尔德林晚期颂歌中破碎的韵律，几乎是对非韵律最详尽准确的概括。单个的词——有时甚至只有一个"但是"（aber）这样的连词——都被孤立出来，小心翼翼地在它们自身中被包裹起来；阅读这些诗句和诗节，不过是创造节奏和停顿的序列，在其中，所有的话语，所有的意义似乎都被打碎、被收回，仿佛让韵律和语义麻痹无用。在这种旋律和思想的"断奏"（staccato）中，颂歌展现出哀歌——即远离诸神的哀痛，或者毋宁说，对颂歌的不可能性的哀痛——是其唯一合适的内容。诗歌苦涩的趋势是孤立词语，而亚历山大派习惯称之为"自由风格"，也可以界定它为"颂歌"。正是在这个事实的基础上，所有的赞美诗最终都涉及对名称的庆典，即道出和重复说出神之名称。在这个意义上，所有的诗都假定了颂歌——无论其多么遥远——也就是说，颂歌是唯一可能去反抗背景、在神之名的国度里的诗。换句话

1　Hellingrath, pp. 20–21.

2　Hellingrath, p. 23.

说，诗是被**强硬关联**和**平和关联**的流向所穿透的张力性领域，在所矗立着的两极处，颂歌一方面赞美着诸神之名，另一方面，却为不能提供神之名而哀悼。通过打破颂歌，荷尔德林打碎了神之名，与此同时，也远离了诸神。

在现代诗学中，可以在马拉美的作品中发现将词语用颂歌的方式孤立出来的最极端的形式。通过真正颂歌式的目的，为了听不到强硬关联的恼怒，马拉美长期以来封印了法国诗歌。后者断开并打碎了诗歌的韵律结构，在某种程度上，它在为数不多的没有关联的名称中从文字上爆裂了，碎片布满整个页面。在"震动的悬浮"中，词语被从句法文境中孤立出来，恢复了词语**神圣之名**（nomina sacra）的状态，用马拉美的话来说，被展现为"所说的并不是话语"（ce qui ne se dit pas du discourse），就像是在语言中顽强地抵抗着有意义的话语。诗歌的颂歌式爆裂正如他的《骰子一掷》（Coup de dés）。在这一无法传诵的颂歌中，诗人以同时是开场和尾声的姿态，一种非神学的（a-theological）[或者毋宁说，神圣非言辞的（theo-alogical）]仪式，构筑了现代抒情诗，与之相比，里尔克的哀歌中庆典式的意图似乎有些过时。

第二十二节

将荣耀同安息（inoperativity）[1]联系在一起的特殊关系就是我们试

---

[1] Inoperativity 这个词有多种翻译的可能，一方面，与前文词语的意义和文境的隔离相对应，指词语和诗歌的语义成分不起作用；另一方面，operativity 也可以指劳作、费力。为与后文提到的《圣经》中关于安息日的描述对应，这里翻译为安息。——译注

图重构的安济神学反复出现的主题之一。由于其命名了审判日之后的人的命运与前提条件，荣耀与所有活动、所有工作的终止有关。在神的**安济**机制达到圆满，天使官僚的等级制彻底安息之后，这就是残留下来的东西。在地狱中，诸如惩罚管理之类的东西仍然起作用，而在天堂中，不仅没有治理，也没有写作，没有阅读，没有神学，甚至没有仪式庆典——只剩下颂歌，荣耀的圣歌。荣耀占据了审判之后万事安息的位置，正是在永恒的**阿门**中，所有的工作，所有神和人的言辞，都被消解。

在犹太教中，安息就是最适于上帝的维度，而人被赋予了安息日之中宏伟的形象。事实上，这个最典型的犹太节日具有一个神学上的根基，即并非创造工作的日子是神圣的，而是上帝停止所有工作的日子才是神圣的。(《旧约·创世记》2:2—3，或《旧约·出埃及记》20:11) 因此，安息就是最适合上帝的名称["唯有上帝真正拥有安息的存在"[1]，"安息日，意味着安息，归属于上帝"[2]，与此同时，也是在末世论中等待，"他们断不可进入我的安息"(《旧约·诗篇》95:11)]。

在圣保罗的书信中，尤其是在使徒写给希伯来人的书信中，不劳作的末世论问题通过《米德拉什》关于《诗篇》95:11的讨论而引入。圣保罗（无论他是否使徒书信的作者）所谓的"守安息"(sabbatismos,《新约·希伯来书》4:9) 就是等待着上帝之子民的安

---

1 Philo, *On the Cherubim*, 90, p. 89.

2 Philo, *On the Cherubim*, 87, p. 89.

息与八福（beatitude）¹：

> 除非我们获得进入他安息的应许，不然就当畏惧，我们中间或有人是赶不上了。因为有福音传给我们，像传给他们一样。只是所听见的道与他们无益，因为他们没有信心与所听见的道调和。但我们已经相信的人，得以进入那安息，正如神所说，**我在怒中起誓说，他们断不可进入我的安息**。其实造物之工，从创世以来已经成全了。论到第七日，有一处说，**到第七日神就歇了他一切的工**。又有一处说，他们断不可进入我的安息。既有必进安息的人，那先前听见福音的，因为不信从，不得进去。所以过了多年，就在大卫的书上，又限定一日，如以上所引的说，**你们今日若听他的话，就不可硬着心**。若是约书亚已叫他们享了安息，后来神就不再提别的日子了。这样看来，必另有一安息日的安息，为神的子民存留。因为那进入安息的、乃是歇了自己的工，正如神歇了他的工一样。（《希伯来书》4：1—10）

圣保罗发展了《圣经》和拉比的主旨，建立了末世的条件、安息

1　八福是指《诗篇》和《马太福音》中提到的八种福。原话为："虚心的人有福了，因为天国是他们的。哀恸的人有福了，因为他们必得安慰。温柔的人有福了，因为他们必承受地土。饥渴慕义的人有福了，因为他们必得饱足。怜恤人的人有福了，因为他们必蒙怜恤。清心的人有福了，因为他们必得见神。使人和睦的人有福了，因为他们必称为神的儿子。为义受逼迫的人有福了，因为天国是他们的。"——译注

日与安息之间的关联,这个关联十分深刻地指明了基督教中的王国概念。在对使徒写给希伯来人的书信的评论中,屈梭多模毫无保留地将安息、守安息和天上的王国等同起来:"圣保罗说的不是安息,而是'守安息日',因此,将王国称为'守安息日'才是最恰当的名称。"[1] "那么,除了天上的王国(basileia tōn ouranōn)之外 [安息日不过是对天国的想象和类型(eikōn kai typos)],其他的安息(katapausis)是什么?"[2] 守安息就是天国荣耀的名称,在本质上,就是不劳作。《克莱芒布道经》(The Clemetine Homilies)是在犹太 - 基督教传统的强大影响下形成的文本,它将上帝界定为安息日和不劳作。在一段高度精练的神学段落中,在将"无"(to ouden)之名归于上帝,并将其与空联系在一起之后,作者写道:"这就是安息日的秘密(hebdomados mystērion)。他自己就是万物的安息(tōn holōn anapausis)。"[3] 在一段我们已经引用过的托名狄奥尼索斯论颂歌的段落中,荣耀、颂歌、安息是紧密地结合在一起的,天使们的颂歌被界定为"神在本源上神圣安息之所(theioi topoi tēs thearchikēs……katapouseōs)。"[4]

正是在圣奥古斯丁那里,这个主题变成了一个问题,更准确地说,变成了最高的神学问题,即永恒的安息日的问题["安息日尚未定下"(sabbatum non habens vesperam)],从而在庄严崇高而同时又是痛苦折磨的灵光一现中,写下了《上帝之城》,这本著作包含了他对于神学和

---

[1] John Chrysostom, *Homilies on the Epistle to the Hebrews* 6, 2, p. 654.

[2] John Chrysostom, *Homilies on the Epistle to the Hebrews* 6, 7, p. 651.

[3] Clement of Alexandria, *The Clementine Homilies*, Chapter 17, 10, pp. 320-321.

[4] Pseudo-Dionysius, *Celestial Hierarchy*, 7, 57.

政治最深刻的思考。随即他用其最简洁的方式清晰地宣示了这个问题："当圣民们披戴不朽的、属灵的身体时，圣民们从事什么样的工作？"（Quid acturi sint in corporibus inmortalibus atque spiritalibus sancti?）[1] 圣奥古斯丁意识到，我们不可能恰当地去言说"行为"或**休息**（otium），诸造物最终的安息问题超越了人和天使的智力。问题在于"正如使徒所说，'上帝之和平'超越了所有人的理智'"[2]。

这种"和平"的视野，对于圣奥古斯丁来说太难以想象，一方面，他很敏锐地将其定性，说出这不仅仅是一个理智问题，因为我们将通过我们荣耀之身的感觉来看上帝。另一方面，他忘记了真正的问题正在于一种"和平"，似乎他在坚持认为，在永恒的安息日，我们将会看到上帝统治了一个新天国和新大地。[3] 不过他很快回到了那个关键问题，即受祝福者安息的不可理解的本质。在新国度，不知道懒惰（desidia）或需要（indigentia），我们甚至不可能去想象新国度如何运行，但新国度的运行必定会充满荣耀和端庄。[4] 他发现没有别的表达比复活之人与上帝一样的"守安息日"更适合来表示受祝福者的安息，它既不是做，也不是不做：

> "你们要安息，知道我是上帝"（vacate et videte quoniam ego sum Deus），到那时，将会有无夜晚之大安息日……当我

---

[1] Augustine, *The City of God*, Book 22, Chapter 29, p. 691.

[2] Augustine, *The City of God*, Book 22, Chapter 29, p. 691.

[3] Augustine, *The City of God*, Book 22, Chapter 29, p. 691.

[4] Augustine, *The City of God*, Book 22, Chapter 30, p. 695.

> 们被上帝的幸福和圣洁充满，被造就为新人的时候，我们自己将变成安息日。然后我们会安息（vacantes），知道他是上帝……但上帝使我们复原，上帝巨大的恩典使我们成全，我们将永远安息下来（vacabimus in aeterno），知道他是上帝，当上帝成为一切中的一切时，我们就被上帝充满了。[1]

在这里，圣奥古斯丁试图断断续续地理解不可理解之物，他将最终的条件界定为在第 n 层水平上的守安息，在安息日里让安息日得到休息，解决了安息中的安息：

> 这个时代之后，上帝将要安息，就好像我们在安息日一样……我们只要说第七日是我们的安息日也就够了，这个安息日不会以黑夜告终，而会以"主日"的到来告终，主日是第八日，是永久的日子……到那时我们将安息（vacabimus）和观看，我们将观看和爱，我们将爱和赞美。处在一个没有终点的终结处，你们瞧，将来会是什么样子！除了抵达一个没有终结的王国，我们还能给自己确立其他终点吗？[2]

唯有在这一点上，在安息日全部的荣耀中，在那一日，无物过剩，也无物匮乏，圣奥古斯丁可以在他的著作中得出结论，并宣布他的**阿门**：

---

1 Augustine, *The City of God*, Book XXII, Chapter 30, p. 695.

2 Augustine, *The City of God*, Book XXII, Chapter 30, p. 696.

所以在我看来，在主的帮助下，我现在已经尽了我的义务，到了该结束这本巨著的时候了。愿那些认为这本书太小或太大的人原谅我，愿那些认为这本书正好的人不要感谢我，而是与我一道感谢上帝。阿门！[1]

第二十三节

如果审判之后的条件与最高荣耀一致［"荣耀将是真实的"（vera ibi Gloria erit）[2]］，如果荣耀实际上在各个世纪具有了永恒大安息日的形式，那么还需要研究的正是荣耀与守安息之间的紧密关系。按照基督教神学的说法，在最高权力开始和结束的地方，有一种形象既不是行动，也不是治理，而是安息。这种不可描述的奥秘，即荣耀带着它那刺眼得几乎致盲的光，必须在**寻宝者**（scrutatores maiestatis）面前隐藏起来，这个奥秘就是神的安息，上帝在创世之前和在神恩式的俗世治理圆满之后所做的。这并不是**荣耀**（kabhod），这种**荣耀**不能思考或观看，而是那位安息着的尊驾用云彩和作为自己印记的光辉来遮蔽自己。无论是在神学中，还是在政治上，荣耀正是取代那个等同于权力安息的、我们完全无法思考的空的位置上的东西。不过，正是这种不可言说的空滋润和喂养了权力（或者毋宁说，将权力机制转化为营养的东西）。那意味着治理机器的中心，即王国和治理不停地互动、

---

[1] Augustine, *The City of God*, Book 22, Chapter 30, p. 696.

[2] Augustine, *The City of God*, Book 22, Chapter 30, p. 696.

不停地互相区分彼此的门槛,实际上就是空的;唯有安息日和**安息**(katapausis)——然而,这种安息对于治理机制非常重要,以至于必须不惜一切代价,在荣耀形式的中心接收并维护它。

在权力的图像学(iconography)中,无论世俗还是宗教,这种荣耀中心处的空,这种尊贵与安息的亲密关系,可以在**空王座**(hetoimasia tou thronou)中找到其最典型的象征。

空王座崇拜有一个古代的渊源,可以在奥义书(Upanishads)中找到这个根源。在迈锡尼时期的希腊,王座是在克诺索斯(Knossos)那里的一个所谓王座室中发现的,按照考古学家的说法,这是一个崇拜的对象,而不是用来坐的座位。在罗马美第奇宫(Medici Villa)中,浮雕正前方有一个空王座,在众塔包围下,一顶王冠置于王座之上,这似乎证明了大母神(Magna Mater)仪式中的王座崇拜。在政治目的下的王座崇拜,要追溯到前4世纪,我们知道,由主要掌管马其顿帝国在亚洲的军队的将领欧迈尼斯(Eumenes)[1]在前319年到前312年于辛达(Cynda)城建造了亚历山大的空王座。欧迈尼斯声称从在他梦中出现的亚历山大本人那里获得灵感,欧迈尼斯在王帐正中央装配了一个黄金的空王座,在王座上放置着死去君王的王冠、权杖和剑。在空王座前伫立着一个圣坛,在进行**叩拜**(proskynēsis)仪式前,官员和军士们在圣坛上撒上香料和没药(myrrh),仿佛亚历山大大帝在场一般。

---

[1] 欧迈尼斯(约前362—前316),古希腊的一名将领及学者,因支持马其顿阿吉德王朝王室正统而参与继业者之争。——译注

在罗马，关于这种东方习俗的最早记录，可以在**象牙椅**（sella curulis）那里找到，这个座位通常会指配给共和国在职的治安官来坐，元老院将它奖励给恺撒，并在竞赛时展示出来。椅子是空的，并装饰着镶嵌了宝石的王冠。在奥古斯丁大帝时期，记载以及硬币上的他的形象都说明，**大朱丽叶神**（divus Iulius）的黄金王冠不断地在竞赛中被展示出来。我们知道卡利古拉皇帝有一个放在卡比托利欧山（Capitoline Hill）[1]上的空王座，在王座前，元老们被要求上前去**叩拜**。阿尔弗洛迪提供了硬币的复制品，清晰地展现了在提图斯（Titus）[2]和图密善（Domitian）[3]时代，皇帝的**空椅**（sella）被戴上了王冠，这样椅子变成了王座，一个信仰的对象，类似于代表诸神的叩拜神灵的**软垫**（pulvinaria）和**神宴**（lectisternia）。卡西乌斯·狄奥告诉我们，对于领袖来说，无论其在场与否，剧院都会预备一个赫拉克勒斯的象征：一把黄金王座，一张狮子皮，以及一根棍棒。

然而，空王座的文化意义在基督教中，在宏大的末世论形象，在

---

[1] 卡比托利欧山，罗马七山之一，也是最高的一座，为罗马建城之初的重要宗教与政治中心，介于古罗马广场与战神广场（Campus Martius）之间。在古罗马时代，山上曾建有朱庇特神庙、维约维斯（Veiovis）神庙等宗教建筑，档案馆（Tabularium），以及君士坦丁巨像。——译注

[2] 提图斯（41—81），罗马帝国弗拉维王朝的第二任皇帝，79—81年在位。提图斯以主将的身份，在70年攻破耶路撒冷，大体上终结了犹太战役。在他两年短暂的执政期间，罗马却发生了三次严重灾害：79年的维苏威火山爆发、80年的罗马大火与瘟疫。他是一个在当时普遍受到人民爱戴的皇帝。——译注

[3] 图密善（51—96），他继承父亲维斯帕先与兄长提图斯的帝位，为弗拉维王朝的最后一位罗马皇帝，81—96年在位。由于他执政中后期曾严酷处决许多元老以及迫害基督徒，因此后世史书对他的评价普遍不佳。——译注

装饰凯旋门以及早期基督教和拜占庭巴西利卡式会堂的**庄严的空王座**中,达到顶峰。因此,5世纪在罗马大圣母玛利亚教堂(Santa Maria Maggiore)教皇西斯笃三世(Sixtus Ⅲ)拱门的镶嵌画上,描绘了一个镶嵌多彩宝石的空王座,王座上放着一个坐垫和一个十字架。在卡普阿城(Capua)[1]的圣普里斯科(San Prisco)教堂,另一幅镶嵌画上表现的是位于有翼的公牛和雄鹰中间的空王座,在空王座上是由七道封印所钉牢的卷轴。在托切罗岛(Torcello)的拜占庭圣母升天(Santa Maria Assunta)教堂,关于审判日的镶嵌画中的**宝座**是一把带十字架、王冠、一本封印的书的王座,画的上方有一个六翼的炽天使,在另一边,则是两幅巨大的天使画像。在米斯特拉斯城(Mystras)[2]的圣德米特里(Saint Demetrius)教堂,一幅13世纪的壁画展现了悬浮于空中的空王座,用紫布覆盖,六个欢庆的天使环绕左右,在画上方一个水晶般透明的棱形中,有一本书、一个土罐、一只雪白的鸟,以及一头黑色的公牛。

历史学家通常将空王座的形象解释为王权的象征,包括世俗王权和神圣王权。比卡(Picard)写道:"王座的价值在于,当王座是

---

1 卡普阿城,意大利坎帕尼亚卡塞塔省的一个城市,距离那波利北25公里,面积30平方公里,人口四万三千余人。建于前6世纪,后发展为重要的工商业城市。约前4世纪后期属于罗马。第二次布匿战争中为汉尼拔与罗马军队所争。前73年,斯巴达克起义在此发难。——译注

2 米斯特拉斯城(希腊语:Μυστράς),希腊同名村庄附近的一座古代拜占庭废墟城市。它位于斯巴达西北方泰格特斯山脉前麓的一座小丘上。米斯特拉斯的废墟今天可供参观。一些教堂和一座今天还被使用的修道院的颜色鲜明的壁画保存了下来。当地的教堂自成风格,部分被看作西方拉丁美洲式和东方拜占庭式教堂的过渡风格。——译注

空的时候,从未展现过像这样强大的力量。"[1] 这种解释当然简单明了,可以用康托洛维茨的国王的"两个身体"的理论来加以拓展,即认为王座和其他的王权徽章一样,更多指向的是主权者的职位和**尊严**(dignitas),而不是他本人。

然而,这样简单的解释并不能解释基督教**宝座**的空王座。这必须首先回溯到《启示录》4:1—11 的末世论背景。在这里,使徒已经不可分离地加入所有带有末世论景象的基督教仪式上颂歌的一般范式之中,再一次接受了《以赛亚书》6:1—4 和《以西结书》1:1—28 中的幻象般的预言主题。在《以赛亚书》中,耶和华坐在王座上,而在《以西结书》中,"有仿佛人的形状"(《以西结书》1:26),因而王座的形象源于这些段落。《以西结书》1:5 中"四个活物的形象",带着狮子、公牛、人和雄鹰的面像(从爱任纽时代开始,这被等同于福音传道者的形象);《以赛亚书》中的《三圣颂》之歌("圣哉,圣哉,圣哉,万军之耶和华")中,它第一次出现在基督教颂歌中。不过关键在于,虽然在启示录文本中,坐在王座上匿名的存在"应像碧玉和红宝石一般被尊敬"(《启示录》4:3),但在**空王座**(hetoimasia tou thronou)的表现中,王座绝对是空的——只有那本书(在文本中,书在"安坐的他的右手上")、王冠,以及后来的十字架上受难耶稣的象征。

预备(hetoimasia)一词,就像动词**预备**(hetoimazō)和形容词

---

[1] Picard, p. 1.

预备的（hetoimos）一样，在古希腊语的七十子本中是一个专门词汇，在《诗篇》中，这个词指向了耶和华的王座："耶和华在天上立定宝座"（《诗篇》103：19），"公义和公平，是你宝座的**根基**（hetoimasia）"（《诗篇》89：14），"你的宝座从太初立定（hetoimos）"（《诗篇》93：2）。预备（hetoimasia）并不意味着准备什么和提供什么东西，而是王座的预备。通常，王座已经备好，并已经在等待主上的荣耀。按照犹太教的说法，正如我们已经看到，荣耀的王座只是耶和华在创世之前所创造的七件物品之一。在同样的意义上，在基督教神学中，王座已经为所有永恒之物预备好，因为上帝的荣耀就是与之一同永恒。**因此，空王座并不是王权的象征，而是荣耀的象征。**荣耀先于创世，并在结束之后继续存留下来。王座是空的并不仅仅因为荣耀，尽管它与神之本质一致，但并不与之完全等同；而且也因为荣耀就在其最深层的自我安息和守安息之中。空就是荣耀的权威形象。

第二十四节

荣耀机制在空王座的尊贵中找到了其最完美的解码。荣耀机制目的就是在治理机制中把握那种不可思考的安息——让安息成为荣耀机制的内在动力——而不可思考的安息构成了最终的神之奥秘。展现了神之安息的客观荣耀，与人类休息来庆祝其永恒的大安息日的歌颂，有着同样的荣耀。神圣和世俗的荣耀机制在这里和谐一致了，根据我们研究的目的，我们可以将之视为一种认识论范式，这会让我们穿透权力的核心机密。

现在，我们可以开始理解为什么颂歌和典礼对于权力来说如此重要。问题在于，对人类生活至关重要的安息是分散在不同领域中来把握和刻画的。权力的**安排**以节日和荣耀的形式，被牢牢地固定在中心，在其眼里，似乎是人和上帝的安息，这不可能被看到。人类生活就是安息和漫无目的的，但正是这种**无用**（argia）和缺乏目的，让人类物种的不可比拟的劳作（operosità）成为可能。人让自己致力于生产和劳动（lavoro），因为人在本质上完全缺乏工作（opera），因为人是最优秀的大安息的动物。正如只有在其最内核处，荣耀颂的门槛上书写时，神学的**安济**机制才发挥作用，在这道门槛上，安济的三位一体和内在的三位一体不停地在仪式上（即在政治上）运动，两者相辅相成，同样，治理机制起作用是因为它在自己的空的中心把握了人类本质的安息。安息就是西方的政治实质，是所有权力的荣耀之营养。因此，节日和闲散不停地回到西方人的梦想和政治乌托邦之中，同样也不停地在那里触礁沉没。它们就是神秘的遗产，安济－神学机制都会在文明的岸边搁浅，每一次人们不断重新地、带有乡愁般地，也最终是徒劳地提出问题。乡愁是因为它们似乎包含了某种属于人类本质的东西，而徒劳则是因为事实上，它们不过是非物质和荣耀燃料，被机制动力燃烧过后的废物，而且这个过程无法停止。

第二十四节 余论

亚里士多德在《尼各马可伦理学》（1097b）的一个段落中写下了构筑人性的安息的观念。当他开始将幸福界定为政治科学的最终目的时,他提出了"人的作用"(to ergon tou anthropou)是什么的问题,他引出了人类物种可能的安息的观念:

> 对一个吹笛手、一个木匠或任何一个匠师,总而言之,对任何一个有某种活动(ergon)或实践(praxis)的人来说,他们的善或者出色就在于那种活动的完善。那么我们能否认为,木匠、鞋匠有某种活动或实践,人却没有?并且生来就没有一种活动?[1]

这个观念马上被亚氏所搁置,人的活动被等同于特殊的"劳作",按照其说法,这就是生活。但人在本质上的安息问题的政治关联并未逃过阿韦罗约(Averroes)的法眼,他认为是思想的力量(potenza)而不是活动,决定了人类物种的特殊属性,而但丁在其《论世界帝国》(*De Monarchia*)中将其作为他的大众(multitude)学说的核心。

第二十五节

现在,我们可以尝试去回答这个问题,这个问题在我们尚未做出清晰归纳的前提下,一开始就萦绕在我们荣耀的考古学研究的周围:为什么权力需要安息和荣耀?它们何以如此之重要,以至于权力必须

---

[1] Aristotle, *Nichomachean Ethics*, 1097b, 25–30, vol.2, p. 1735.

不惜一切代价在它的治理机制的空洞的核心中来描绘它们？是什么滋养着权力？最后，可以在荣耀机制之外来思考安息吗？

依循着引导我们研究的认识论策略，我们在神学层面上重新表述了上面的三个问题，犹太教和新约都赞同一个答案：永生（希伯来语的 chayye 'olam，希腊语的 zōē aiōnios）。首先这些词组所命名的都是在未来永恒之中，什么应归于公正。在这个意义上，七十子本似乎第一次用 zōē aiōnios 来翻译《但以理书》12：2 中的 chayye 'olam：" 睡在尘埃中的。必有多人复醒。其中有得永生的，有受羞辱、永远被憎恶的。"在这里，"永远"或"永恒"，就同希伯来语的 'olam（'olam 指示着神圣世界和末世论现实）和古希腊语的 aiōn ["the aiōn," 大马士革的约翰（John of Damascus）写道，"就是在天国和时间之前创造出来的东西"]一样清晰，它们不仅仅在时间上十分重要，而且也设定了生命的特殊质性，更准确地说，是即将来临的人类生命在俗世中经历的转变。因此，希腊化时期犹太教将之定义为："真正的生命"（alēthinē zōē）[1] 或者"不会败坏的生命"（aphthartos zōē）[2]，甚至是"无忧无虑的生命"（zōē amerimnos）。拉比传统将这种未来生命同当下生命对立起来，与此同时，又让二者保持一种独特的连续性关系；即让生物功能和坏的直觉不再起作用："在俗世中，即将到来的未来将会不吃不喝，甚至没有任何世代和生殖。那里没有商业和贸易，没有争吵、嫉妒或敌意；公正将留在他们的王冠上，并戴在他们头上，而公正也

---

[1] Philo, *The Special Law* I, 3, pp. 536–537.
[2] Philo, *On the Gaint*, 15; *On Flight and Finding*, 59, pp. 153 and 326.

将被**荣耀**（shekinah）的光辉所更新。"[1]

戴在他们头上正义之王冠，起源于归属于胜利的帝王或作为胜利象征的健将的王冠，其表达了永恒生命的光辉性质。正是"荣耀之冠"（stephanos tēs doxēs）和"生命之冠"（stephanos tēs zōē）的同一象征，在《新约》中成了受祝福者的荣耀的专业词汇："你务要至死忠心，如此我就赐给你那生命的冠冕"（《启示录》2：10）；"你们必得那永不衰残的荣耀冠冕"（《彼得前书》5：4）；以及"他必得生命的冠冕"（《雅各书》1：12）。

圣保罗在不止一个场合使用了这个象征来描述正义的末世背景，可以与赛跑的健将相比较［"他们不过是要得能坏的冠冕。我们却是要得不能坏的冠冕。"（《哥林多前书》9：25）"那美好的仗我已经打过了。当跑的路我已经跑尽了。所信的道我已经守住了。从此以后，有公义的冠冕为我存留，就是按着公义审判的主到了那日要赐给我的，不但赐给我，也赐给凡爱慕他显现的人。"（《提摩太后书》4：7—8）］。不过，对于他来说，永生问题不仅仅指明了未来的条件，而且指明了弥赛亚时间（ho nyn kairos，现在之时间）中特殊的生命之质，即耶稣的弥赛亚生命［"叫人因我们的主耶稣基督得永生。"（《罗马书》5：21）］。生命是由一个特殊的安息的指示所标示的，在某种程度上预测了当下王国的守安息：hōs mē，即"要像不"。同样，弥赛亚带来了新法，并让新法得以安息（圣保罗用了一个动词表达了弥赛亚和律法之间的关系，即 katargein，这个动词字面意思是"让其不起作用"，即安息的），因

---

[1] Talmud, b Berakhot, 17a.

此"要像不"(hōs mē)维持着,并同时让现今所有的法律条件和弥赛亚共同体成员的所有的社会行为都不再起作用:

> 弟兄们,我对你们说,时间短暂。从此以后,那有妻子的,要像没有(hōs mē)妻子。哀哭的,要像不哀哭。快乐的,要像不快乐。置买的,要像无有所得。用世物的,要像不用世物。因为这世界的样子将要过去了。(《哥林多前书》7:29—31)

在这个"要像不"之下,生命不能与自身相协调,被分解成我们所过的生活(vitam quam vivimus,一系列界定了我们传记的事实和事件)和我们为之而追求的生命(vita qua vivimus,让生活可以过下去并赋予其意义和形式的东西)。在弥赛亚中生活,这意味着在每一个瞬间,我们所过之生活的每一个方面,都让其不再起作用,而去创造一个我们追求的生命,圣保罗称为"耶稣之生命"(zōētou Iesou——zōē 而不是 bios!)的东西似乎在其中显现出来:"因为我们这活着的人,是常为耶稣被交于死地,使耶稣的生,在我们这必死的身上显明出来。"(《哥林多后书》4:11)弥赛亚生命是一种不可能性,即生命与预定形式之间无法调和,弥赛亚也是对**生活**(bios)的激活,为了让它向**耶稣的生命**开放。在这里所发生的安息不仅仅是一种静止或休息,相反,它是最典型的弥赛亚的运作。

与之相比较,在未来的永生中,当正义进入上帝的安息中,对于圣保罗来说,永生正好被放置在荣耀的标志之下。在《哥林多前书》

15∶35—55那段著名的段落——对其的解释,就是从俄利根到托马斯·阿奎那的诸多神学家探索的根源——事实上说出的不过是:正义的身体将会在荣耀中复活,将会变成荣耀,变成不会败坏的精神。在圣保罗那里,有意识地保留下来的一些悬而未决和一般性的东西["所种的是羞辱的,复活的是荣耀的。所种的是软弱的,复活的是强壮的。所种的是血气的身体,复活的是灵性的身体。"(《哥林多前书》15∶43—44)]被神学家们解释和发展成为一种受祝福者的荣耀身体的教义。依照一个现在我们已熟谙的机制,荣耀生命的教义开始替代弥赛亚生命的教义,前者在彼此分离的领域中将永恒生命及其安息分开。生命,让所有形式都安息,它自身成了一种荣耀形式。所以,平静、灵活、精妙和清明成了神学家们用来界定荣耀身体的生命的特征。

第二十六节

在斯宾诺莎《伦理学》卷五命题36的附释中,他出乎意料地由心中对上帝之爱引出荣耀观念。该命题说明了,心中对上帝的理智之爱与上帝自爱之爱无不同,因此,心中对上帝之爱与上帝对人之爱并没有什么不同。正是在这里,该附释发展出一种荣耀理论,附释用简短而多变的几行字,提炼出犹太教kabhod和基督教的doxa的神学要义:

> 据此我们可以明白我们的得救、幸福或自由何在了,即在于对神持续的永恒之爱,或在于神对人类的爱。而这种爱或幸福,在《圣经》里叫作"荣耀"并不是没有理由的。因

为无论这爱是出于神或基于心灵，它都可以恰当地叫作精神的满足，而精神的满足，其实与荣耀并无区别。因为就爱之出于神而言，爱便是为神自己的观念所伴随着的快乐，就爱之基于心灵而言，爱也是为神自己的观念所伴随着的快乐。[1]

此外，斯宾诺莎将荣耀和赞美、内在荣耀和外在荣耀的关系推至极限，荣耀在这里命名了内在于上帝存在的运动，这种运动无论是从上帝走向人，还是从人走向上帝都是一样的。但我们也发现，在安息日里荣耀与安息之间的关联 [menuchah, anapausis, katapausis，在这里都是一个词**满足**（acquiescentia），在古拉丁语中这个词不被知晓]，在这里可以用一种特殊的方式来理解。安息和荣耀，在这里是同一件事："满足……和荣耀……没有区别"（Acquiescentia……revera a gloria……non distinguitur）。

为了完整地理解这种将荣耀和安息问题彻底激进化的意义，我们必须回到《伦理学》卷四命题 52 的证明中对**满足**一词的定义，斯宾诺莎写道："自我满足（acquiescentia in se ipso）是一个人省察自己和自己的活动力量而引起的快乐。"[2] 当他写道"人省察自己和自己的活动力量"时，斯宾诺莎是什么意思？包含在人对自己力量（potenza）的省察中的满足是什么？从这个角度来看，我们如何理解"与荣耀不分彼此"的满足（安息）？

1　Spinoza, *Ethics*, Book 5, Proposition 36, pp. 378-379.
2　Spinoza, *Ethics*, Book 4, Proposition 52, p. 347.

斐洛曾写道，上帝的安息并不意味着静态或不动（aprassia），而是一种暗示着既不受苦也不费力的活动形式：

> 事实上，在存在的万物中，唯有上帝是安息的（anapauomenon），"安息"一词并不意味着"不动"（因为他在本质上是有能力的，他是万物的动因，将不会停止做最优善的事情），而是指一种不费劳力（aponōtatēn）的完全自由的能力（energeian），他丝毫感觉不到费力，并轻而易举完成一切；因此我们可以不带有丝毫不恰当地说，由于日月乃至整个天国并未被赋予独立的能力，不断地处于运动和活动状态中……它们劳作的最毋庸置疑的证据就是一年四季……上帝都不费力劳作……且没有感到一点累，即便他移动万物，也不可能停止去享受永远的安息。因此，休息和安息都是上帝特有的属性。[1]

斯宾诺莎描绘为"对力量的省察"，我们或许可以描述为在运行本身中的安息，即一种别具一格的"活动"，其在于让所有行动或活动的特殊力量安息下来。省察（自己）活动力量的生命，让自己在所有的活动中安息，过着（它）唯一可过的生活。我们用圆括号把"自己"和"它"括起来，是因为只有通过对力量的省察，让所有特殊的**活动**安息下来，诸如我们"自己"和"自我"的经验之类的东西成为可能。

---

[1] Philo, *On the Cherubim*, 87-90, p. 89.

"自我",主体性,就是开放自己,让自己成为所有活动最中心的安息,如同日常生活的生活-**能力**一样。在安息中,我们所过的生活仅仅是我们借以生活的生活;只有我们的活动和生活能力,我们活动-**能力**和生活-**能力**。在这里 bios 与 zōē 完全和谐一致。

所以,我们可以理解西方哲学传统赋予经过省察的生活以及赋予安息的一种根本功能:恰当地说,人类活动就是守安息,通过让生活的具体功能不起作用,开启了它们的可能性。在这个意义上,省察和安息都是一种人类起源学的形而上学的促发器,通过将活生生的人从生物或社会命运中解放出来,将他归于无法界定的维度,我们将这个维度称为"政治学"。将经过省察的生活与作为"两种**生命**(bioi)"[1]的政治学相对立,亚里士多德让政治学和哲学脱离了它们的轨道,与此同时,描绘出一种安济-荣耀机制的范式,这个范式可以进行自我塑造。这种政治既不是 bios,也不是 zōē,而是一种省察不再起作用的维度,通过让语言学和肉身、物质活动和非物质活动变得不起作用,它不停地开启并归于生命。正因为如此,从神学**安济**的角度来看(我们已经探讨过它的谱系学),没有比让安息与其运行机制合并在一起更紧要的事情了。zōē aiōnios,即永生,就是人类心中的安息之名,也是西方政治"实体"之名,而安济机制和荣耀机制不停地试图在自身中去把握这种政治"实体"。

第二十六节 余论 1

让所有人与神的劳作不起作用中的一种运作模式就是诗,因为诗

---

1 Arisitotle, *Politics*, 1324a, p. 2102.

歌正是让语言变得不起作用的语言学运作。或者用斯宾诺莎的话来说，在那里，语言的交流和讯息功能失去了作用，语言只能寓居于自身中，省察自己的言说的力量（potenza di dire），并以这种方式，为自己开启了一种新的可能方式。在这个方向上，但丁的《新生》（*La Vita Nouva*）和莱奥帕蒂（Leopardi）[1]的《坎蒂》（*Canti*）都是对意大利语言的省察，荷尔德林的颂歌或巴赫曼（Bachmann）的诗都是对德语的省察，兰波（Rimbaud）的《启迪》（*Les Illuminations*）则是对法语的省察，等等。诗性主体并不是写就这些诗的作者个人的主体，而是在某一点上，语言变得不起作用时被生产出来的主体，因而语言在作者之中也为了他变成了纯粹的可说的东西。

诗为了言说力量所圆满之物，也是政治和哲学为了活动的力量所必须圆满的东西。通过让安济和生物的活动安息，他们证明了人类身体可以做到的东西，他们开启了一种新的可能方式。

第二十六节 余论 2

只有从这个由治理和荣耀的谱系学所开启的角度来看，海德格尔将技术问题作为终极的形而上学问题，才有其最恰当的意义，与此同时，这也揭示了其局限。**座架**（Ge-stell），海德格尔将之作为技术的

---

[1] 莱奥帕蒂（1798—1837），意大利诗人、散文家、哲学家、语言学家。他是意大利浪漫主义文学的重要代表，但他又认为所谓的"浪漫主义风格"并非独创，古典作品比如荷马和维吉尔的诗歌就有着浪漫主义的成分，因此他又与其他浪漫主义作家略有分歧。——译注

本质，即"所有现存的东西的彻底可规制性（Bestellbarkeit）"[1]，这种处置和聚集事物——甚至人也成为其资源（Bestand）——的活动，在我们的研究当中，就是**安济**：即作为俗世治理的神学机制。可规制性（Bestellbarkeit）不过是一种治理，在神学的层面上，其就是那些必须指向救赎的管制和引导，并按照这种管制和引导来对待自己；在技术层面上，它就是可以用以维护**座架**的资源。**座架**一词完全对应于（不仅在其形式上：德语的 stellen 等于 ponere，即安放）拉丁语的词 dispositio，这就是对希腊语的**安济**（oikonomia）的翻译。**座架**就是俗世绝对而综合治理的工具。

海德格尔在试图解决技术问题上的失败在这里也一目了然。由于技术本身并不是"所有技术性的东西"[2]，而是存在的去蔽-遮蔽的时代形象，这基于存在论的差异上的形象，有如在神学中，安济-治理建立在三位一体的安济基础上。因此，技术问题不是人能够解决的问题，在座架中发生的对世界的自我拒斥就是"存在的终极奥秘"[3]，正如"安济的奥秘"是上帝最隐秘的奥秘一样。正因为如此，人只能在一个维度中对这个奥秘做出适当反应（entsprechen），在这个维度中，哲学似乎变成了宗教，且就在此名（Kehre）下，重复了皈依（conversion，德语词是 Bekehrung）这个专业术语。遭到技术威胁的救赎（Rettung），并不代表着一个行动，而是一种向本质、向守护着的小

1　Heidegger, 1994, p. 54.

2　Heidegger, 1994, p. 57.

3　Heidegger, 1994, p. 107.

屋（die Hut nehmen）、向一种存留（wahren）[1]的带回。

海德格尔之所以不能解决技术问题，正是因为他不能将它恢复到其政治**位置**上。存在的安济，在解蔽的时候遭到时代的遮蔽，就像安济神学一样，它是对应于将权力变成政府形象的政治奥秘。能解决这个奥秘的操作——这个操作会让技术－存在机制无法运行，并让其不起作用——就是政治。这并不是对存在和神的守护，而是在存在和神之中，让其安济变得无效，并终结安济。

阈

在这里，我们从**安济**（oikonomia）转向荣耀的研究，或许可以停一下，至少是临时停一下。我们已经非常接近这个被其光辉和颂歌所包裹的荣耀机制的核心。

荣耀、欢呼和颂歌在本质上的政治功能，似乎开始消退。典礼、礼仪以及仪式仍然无处不在，不仅仅是那些君主体制仍然在坚持这些东西。在欢迎和庄严的典礼中，共和国总统仍然按照礼仪章程而行动，要看到这些礼仪章程是有专门官员来保障的，罗马教皇仍然坐在**圣彼得教椅**（cathedra Petri）或**教宗御座**（sedia gestatoria）上，穿着制服，戴着教皇的三重冕，其中的意义，在广大信众的记忆中，已经丧失殆尽。

不过，一般来说，典礼和仪式在今天简化了许多，权力的标记被

1　Heidegger, 1994, p. 102.

简化为很简单的东西;博物馆玻璃箱中摆设的王冠、王座、权杖或者财宝,以及对于权力的荣耀功能如此重要的欢呼,似乎在所有地方都不见了踪迹。当然,的确,就在不久之前,在康托洛维茨所谓的法西斯体制的"情绪主义"的研究领域中,欢呼在某个欧洲大国的政治生活里还有着至关重要的作用:在这个词的专业意义里,还没有一种欢呼像纳粹德国的"希特勒万岁"(Heil Hitler)和法西斯主义的意大利的"领袖,领袖!"(Duce duce)表达得那样有力和有效。不过,这些极其可笑且全体一致的喊叫就在我们城市的广场上再次响起,在今天,这似乎是遥远而无法逆转的过去的一部分。

但真的是这样吗? 1928 年,施米特在《宪法学说》一书中再一次深化了一年前的论文《全民公决的人民投票与人民诉求》(Referendum and Petition for a Referendum)中的主题,施米特澄清了在公法中欢呼的制宪功能,也正是在这一章中,他分析了"民主理论"。

> "人民"是一个仅仅在**公共**领域(Öffentlichkeit)才出现的概念。人民似乎只出现在公共性的框架内,正因为人民在场,公共性才得以产生出来。人民与公共性是并存的关系,离开了公共性,就没有了人民,离开了人民,就没有公共性。唯有在场的、实实在在地聚集起来的人民才是真正的人民,才确立起公共性。这个事实是支撑着卢梭的著名论点的那个正确神学的依据:人民是不能被代表的,在场的东西是不能被代表的。人民之所以不能被代表,是因为他们必须**在场**,只有不在场的东西才能被代表,在场的东西是不能被代表的。

作为在场的、实实在在地聚集起来的人民,他们出现在具有最大限度的同一性的纯粹民主制中:是希腊民主政体下在集市广场上召开的公民大会(ekklēsia),是罗马广场上的民众,是聚集起来的队伍和军队,是瑞士的一个地方政府……只有实实在在地聚集起来的人民才是真正的人民,也只有实实在在地聚集起来的人民才能行使专属于人民的行动的职能:他们可以欢呼,也就是说,可以简单叫喊表示赞同或不赞同,可以高呼万岁或者打倒,可以对一位领袖或一项提议报以热烈欢呼,可以向过往或其他任何人三呼万岁,可以通过沉默或小声咕哝对喝彩表示拒绝……如果人民被实际地聚集起来,不管出于何种目的,那么,只要这些人民并非作为有组织的利益集团出现,例如在街头游行中、在公众庆典中、在剧院中、在赛马场上、在体育馆里,这些欢呼的人民就至少是一个潜在的政治实体。[1]

在这里,施米特的贡献不仅仅在于建立了欢呼和民主之间、欢呼和公共领域之间难解难分的联系,而且在于指出这些形式在当代民主制的形式中仍然存在,在这种形式中"实实在在的人民聚会和欢呼被彻底地置若罔闻"[2]。在当代民主制中,按照施米特的说法,公共意见领域中欢呼仍然存在,而且只有在告别了人民——欢呼——公共意见的

---

[1] Schmitt, 2008b, p. 272.
[2] Schmitt, 2008b, p. 273.

制宪关系时,欢呼才存在,并有可能将其综合到公民权利和公共性概念之下,今天,这个公共性概念"相当隐蔽,而且这对于所有的政治生活,尤其对于现代民主制来说至关重要"[1]。

> **公意（public opinion）就是现代欢呼方式**。或许这是一种极其松散的方式,其问题既没有在社会学上,也没有在公法上获得解决。但是公意的本质和政治意义恰恰在于,它能够被解释为欢呼。不存在没有公意的民主制和国家,正如不存在不欢呼的国家一样。[2]

当然,施米特注意到了民主制面临的根本危险,即会遭到公意的操纵;不过,与该原则相对应,人民在政治上存在的最终标准就是其能否区分敌我,他坚持认为,当人民拥有这种能力时,这样的危险就不足为惧了：

> 在一切民主体制下,都会有政党、演说家和煽动家,从雅典民主政体下的**领袖**（prostatai）到美国民主政体下的**党魁**,再加上报刊、电影以及其他控制大众的心理技术方法,可谓应有尽有。所有这一切都摆脱了彻底的规范化。因此就会存在一个危险,公意和人民意志受到无形的、不负责任的

---

[1] Schmitt, 2008b, p. 272.
[2] Schmitt, 2008b, p. 275.

社会力量的支配。[1]

除了将欢呼同真正的民主传统——它们似乎都属于极权主义传统——结合起来的独特关联（他 1927 年的论文中已经谈过这个问题），我们还希望看一下这个说法，即荣耀领域——我们试图重构荣耀的意义和考古学——并没有在现代民主制中消失，而是纯粹地变成了另一个领域，即公意的领域。倘若如此，在今天被广为讨论的当代社会中，媒体的政治功能问题就获得了一个新的意义和新的迫切性。

1967 年，居伊·德波（Guy Debord）[2]——似乎在今天对我们来说有点老生常谈——将资本主义的政治和经济（economy）的巨大转型诊断为"**景观**的巨型聚集"[3]，在景观中，商品和资本本身假定了图像的媒体形式。如果我们将德波的分析与施米特的问题联系起来，按照这个说法，公意就是现代的欢呼形式，当代媒体景观对一切社会生活领域的支配就有了一个新的化身。我们面临的可以说是新的和闻所未闻的荣耀功能的汇集、倍增和散播，及其成为政治体制的核心。原来限于仪式和典礼领域中的东西，已经逐渐集中于媒体领域，与此同时，通过媒体，它得到传播，并每时每刻渗透到社会的每一个角落，包括公共空间和私人空间。当代民主制就是一种彻底建立在荣耀基础上的民

---

[1] Schmitt, 2008b, p. 275.

[2] 居伊·德波（1931—1994），法国思想家、导演，情境主义代表人物。1967 年出版的《景观社会》是他最有影响力的著作，对于之后的马克思主义、无政府主义等极左思想有着深远影响。——译注

[3] Debord, p. 12.

主,即建立在欢呼效果上的民主,并被超乎一切想象的媒体所倍增和散播。(古希腊的"荣耀"一词doxa,与今天表示公意的词是同一个词,从这个角度来看,荣耀与公意之间的关系不仅仅是一种巧合。)正如我们在世俗和教会仪式中看到的情形一样,这个被假定的"原初的民主现象"再一次在形式中,并按照观众权力的策略来捕捉、定向和操纵。

我们现在已经开始很好地理解了当代将民主界定为"同意下的治理"或"赞同一致的民主",以及民主制度(问题就在这些用词上)重大转型的意义所在。1994年,德国联邦法院驳回对《马斯特里赫特条约》(Maastricht Treaty)[1]修正案的违宪性的起诉之后,在德国,开明的宪法学者迪特尔·格林(Dieter Grimm)和哈贝马斯就这个问题发生了一场争论。在一篇简短的论文中[论文标题就带有质问口气:"欧洲需要一部宪法吗?"(Braucht Europa eine Verfassung?)],这位德国宪法理论家进入这场讨论,德国对此的讨论格外热烈,争论的一方认为这一使欧洲一体化的条约是具有宪法价值的,争论的另一方则相反,他们认为需要一部真正的宪法文件。他指出国际条约与宪法绝对不同,国际条约的司法基础在于国家之间的一致,而宪法假定的是人民的制宪行为。

在宪法中,内在于宪法一词的完整意义,可以回溯到人

---

[1] 1991年12月9—10日,第46届欧洲共同体首脑会议在荷兰的马斯特里赫特举行,经过两天辩论,通过并草签了《欧洲经济与货币联盟条约》和《政治联盟条约》,即《马斯特里赫特条约》。这一条约是对《罗马条约》的修订,它为欧共体建立政治联盟和经济与货币联盟确立了目标与步骤,是欧洲联盟成立的基础。——译注

民或至少归因于人民所采取的行为,在这个行为中,他们将政治能力归于他们自己。原始的共同体的法律没有其他的来源了。条约不是回溯到欧洲人民,而是回溯到个体的成员国,即便其付诸实施了,条约仍然需要依赖人民。[1]

格林并不眷念民族国家模式或民族共同体,在某种意义上,民族共同体被假定具有实体形式或"根植于种族根源"[2];但他只能提出欧洲没有公意,也没有共同语言,所以不可能形成诸如政治文化的东西,至少现在是如此。

这个问题明显地反映出现代公法的原则,实质上与列普修斯（Lepsius）之类的社会学家立场一致,列普修斯在差不多同一年,在**种族**（ethos；基于血统和同质性的民族集体）和**人民**（dēmos；人民作为"公民之国民"）之间做出区分,肯定了欧洲并不拥有一个共同的**人民**（dēmos）,因而不能构成在政治上合法的欧洲权力。

对于人民与宪法之间必然关系的概念,哈贝马斯反对这种人民主权的命题,人民主权要彻底地从实质性的主体－人民（主体－人民是由"在身体上出场、参与并身涉其中的集体成员"所构成）中解放出来,并在无主体的交往形式中得到彻底解决,按照他的公共性观念,"它调节了公意和意志的政治形式的流向"[3]。如果人民主权消解了自身,

---

1 Grimm, p. 290.

2 Grimm, p. 297.

3 Habermas, p. xxxix.

并溶解在这样一种交往形式中,不仅仅权力的象征地位不再被新的身份象征所占据,而且宪政主义者对诸如"欧洲人民"——正确地(即从交往上)来理解——存在的可能性的反对也就烟消云散了。

众所周知,在随后几年,一部"欧盟宪法"得到了起草,并伴随着一个意想不到的结果——但应该预料到这个结果的——它遭到了"人民公民"(popolo dei cittadini)的拒绝,他们要求修正那些明显不是他们的制宪表达的内容。事实是,如果对于格林和人民-制宪关系理论家,我们可以反对说,他们仍然回溯到那些语言和公意的一般假设,那么对于哈贝马斯和人民-交往的理论家,我们可以轻而易举地反对说,他们将不再把政治权力交到专家和媒体手中。

我们的研究已经表明,那个建立在欢呼的人民当下在场基础上的神圣国家,以及将其消解在交往形式中、没有主体的中立化的国家,其中的对立是表象上的。他们不过是同一个荣耀机制以两种不同形式呈现出来的两个侧面:欢呼的人民的直接的和主体的荣耀,以及社会交流的被中介的和客观的荣耀。今日应十分明显了,人民-国家和人民-交往,尽管它们在行为和形象上有所不同,但它们都是**荣耀**(doxa)的两个侧面,这样,它们不停地在当代社会中相互交织,又彼此分离。在这种相互交织的元素中,"民主的"和交往行为的世俗理论家发现他们自己正与诸如施米特和彼得森这样的保守的欢呼思想家携手并进;但这正是每一种理论思考必须付出的代价,既然他们认为可以不进行谨慎的考古发掘。

在前面的例子中,一致赞同所依赖的"赞同下的治理"和社会交往，实际上可以回溯到欢呼，我们可以通过简要的考古学研究说明这一点。"一致赞同"概念第一次出现在公法的专业文本中是在奥古斯都的《奥古斯都神的丰功伟绩》(Res gestae divi Augusiti) 的一个关键段落中，在那里他简要地总结了他如何将制宪权力集于他一身："在我执政的第六七年，在扑灭了内战之后，我获得了所有人的赞同，我获得了全权。"(In consulate sexto et septimo postquam bella civilia extinxeram, per consensum universorum potitus rerum ominum.)[1] 罗马法的史学家质疑了在公法中，这种特殊的集中权力的做法。例如，蒙森和恩斯特·科尔尼曼（Ernst Kornemann）[2] 主张说权力集中不再基于胜利的作用，而是基于某种例外状态。[3] 不过，特别的是，奥古斯都明确地将之建立在赞同［所有人的赞同（per consensum universorum）］基础上，也就在前一句说明了赞同展现出来的方式："我获胜时获得了两次欢呼，我胜利登上**最高职位**时获得了三次欢呼，而我被命名为皇帝时获得了二十一次欢呼。"(Bis ovans triumphavi, tris egi curulis triumphos et appellatus sum viciens et semel imperator.)[4] 对于像蒙森这样的从来没有听说过"交往行为"的历史学家来说，将一致赞同的观念回溯到公法根基当然不容易；但如果理解了将其与欢呼结合在一起的本质关联，就可以将施米特论公意的论题重新组织，毫不费力地将赞同界定为"现代的欢呼形式"（这跟施米特所说的身体上在场的民众表达出来的

---

1 *Res gestae divi Augusiti*, §34.
2 恩斯特·科尔尼曼（1868—1946），德国专门研究古代史的学者。——译注
3 Kornemann, p. 336.
4 *Res gestae divi Augusiti*, §4.

欢呼，或者哈贝马斯所说的交往程序的流向，压根儿没有什么联系）。无论如何，一致赞同的民主——德波称之为"景观社会"，而交流行为理论家与之甚密——就是荣耀的民主，在那里，**安济**被完全消解在荣耀和赞美的功能中，在仪式和典礼中释放了自己，并将自己绝对化到一个闻所未闻的程度，渗透到社会生活的每一个角落。

每当从谱系学和功能角度分析治理和权力的技术和策略时，哲学和政治科学总是忽略了在所有方面都十分关键的问题：我们的文化从何处提出了政治的标准——无论是在神话中还是在现实中？是什么样的实质（或程序，或门槛），让我们赋予某物特有的政治属性？我们的研究所给出的答案是：荣耀；且在两个层面上，即神与人、本体与安济、圣父与圣子、人民－实体与人民－交往中的荣耀。人民，无论实在的还是交往的——在某种意义上，"赞同下的治理"和当代民主的安济必须在本质上回到人民——在本质上就是欢呼和**荣耀**（doxa）。荣耀是否在"永生"的外表下，包含并捕获人作为活生生的存在物（vivente uomo）的特殊实践（我们将之界定为安息），以及是否可能认为政治——超越安济和超越荣耀——开始于 bios 和 zoē 之间的安息的脱节，这将是未来的研究任务［前者已在本书中得到有限说明，后者在《神圣人》（*Homo Sacer*）一书结尾处曾宣布］。

附录
现代的安济

第一节 规律与奇迹

一

在 17 世纪后半叶，在法国，神恩问题成了帕斯卡的《致外省人信札》(*Provincial Letters*) 所奚落的形式。由于各个领域对治理实践和权力理论的兴趣逐渐增加，神学家之间的争论也逐渐聚焦于神恩统治（论本质和论恩泽，这些都是其统治的主要工具）的方式和治理与被统治者之间的关系（在何种程度上，神恩强制着理性的造物，又在何种意义上，相对于他们所接受的恩泽，他们仍然是自由的）。按照帕斯卡的证明，让耶稣会、摩里纳主义者（Molinist）、托马斯主义者和冉森主义者（Jansenist）不可调和地划清界线的问题正是"充分"恩泽和"有效"恩泽问题，即上帝干预两种动因的治理的方式。

他们在充分恩泽的主题上的差异如下。耶稣会主张说存在着赋予所有人的一般恩泽，但在某种意义上，这种恩泽屈从于自由意志，因此，这种恩泽是有效还是无效在于俗世的选择，而不需要另外求助于上帝。它不需要任何外在于他自己的东西让这种运作有效。对于这种思考，我们用**充分**一词将其区分出来。相比之下，冉森主义认为，如果没有效果，任何恩泽实际上都是不充分的。亦即所有的原则并不决定意愿具有实际效力，而这种原则对于行为是不充分的，因为他们说，没有人能在有效恩泽下行为。[1]

尽管耶稣会和托马斯主义者都谴责冉森主义者，但在对恩泽——神恩治理最优良的工具的界定上（无论是充分或有效），他们的观点依然十分混乱。事实上，托马斯主义者所谓的充分恩泽恰恰是不充分的，因为它不足以来决定行为。"也就是说，所有人都有着足够的恩泽，而所有人也都没有足够的恩泽——恩泽是充分的，也是不充分的；也就是说，名义上充分，实质上不充分。"[2]"我们现在在何处？"帕斯卡继续讽刺道。

在这里，我要站在哪一边？如果我否定了充分恩泽，我就是一个冉森主义者。如果同耶稣会一样，在这个意义上，

---

1 Pascal, 2003, pp. 245-246.
2 Pascal, 2003, pp. 247-248.

认为不存在有效恩泽的必然性,你们会说我是一个异端。如果我赞同你,我就违背了常识。我是一个疯子,耶稣会这样说。那么,面对这种不可避免的情境,即要么我是疯子,要么是异端,要么是冉森主义者,我究竟该如何做?[1]

实际上,隐藏在这个明显的术语问题背后的是我们如何思考神对俗世治理的方式,神学家们用或多或少有点小聪明的方式讨论了政治问题。神对俗世治理起源于统治行为(恩泽,在其各种形式上)与被统治个体的自由意志之间艰难的平衡关系。如果科奈留斯·冉森(Cornelius Jansen)[2]的立场对于教会来说是不可接受的,那正是因为在承认恩泽总是有效的并因此是不可战胜的之后,他摧毁了人的自由,并将神恩眷顾的行为变成绝对的不可理解的治理——就像伟大的巴洛克国家一样,总是带着他们的奥秘和他们的"理由"——这种治理通过其意志,拯救了选民,让其他人堕入了永恒的天谴中。

二

正是在这种情况下,1680年,在围绕《致外省人信札》出版发生的激烈争吵15年之后,马勒布朗士的《论本质和恩泽》(*Treatise on Nature and Grace*)出版了。在这本书中,对于一般神恩和特殊神恩学

---

[1] Pascal, 2003, p. 248.
[2] 科奈留斯·冉森(1585—1638),比利时伊普尔大主教,他开创了一个名为冉森主义的宗教运动。——译注

说、第一动因和第二动因，他给出了新的形式，这个形式不仅对那些神学家，而且尤其对哲学家们产生了持久的影响，哲学家们明显地受到其左右（"我就是为此写下了这篇论文"[1]）。由于这不仅是神之治理的绝对化的问题，它彻底地转变了第二动因（现在将其看作偶然动因）的意义，所以我们理应按照马勒布朗士在附在他论文后面的《说明》（*Eclaircissement*）中给出的对他学说的总结走下去。

神恩行为的主体是神的意志。因此，马勒布朗士一开始就将一般意志同特殊意志区分开来。

> 当上帝以他所创立的一般规律的结果来行动时，我就说上帝通过一般意志而行动。例如，当我被刺伤时，他让我感到疼痛，我就说上帝在我之中通过一般意志而行动，因为一般规律和实效规律的结果统一于他所创造的灵魂和身体里，当我的身体遭到恶劣对待时，他会让我感觉到疼。同样，当一个球撞击了第二个球，我说上帝通过一般意志让第二个球运动，因为他之所以能驱动物体，正是因为运动相互作用的一般实际规律——一般来说，上帝在某一刻让两个物体发生碰撞，两个物体按照一定的比例分别运动，正是通过一般意志的效力，两个物体具有了相互运动的力量。[2]

另一方面，如果其产生效果不依赖一般规律，我们就会说，上帝

---

1 Malebranche, 1979, p. 146.
2 Malebranche, 1992, p. 195.

以其特殊意志来行动。如果上帝让我感到刺痛,而没有一个原因作用在我身上,无论在身体内部还是外部,如果物体开始运动,而没有受到另一物体的撞击,这就是特殊意志的结果,即奇迹。

马勒布朗士的策略在于,他或多或少排斥了神恩上的特殊意志,而将神对俗世治理的问题还原为一般意志和动因之间的关系项,他将后者界定为偶然性(换句话说,他将第二动因变成了偶然动因)。

> 当我们明白了效果是在某个**偶然**动因行为之后立即发生的,我们必须判断,这个效果是通过一般意志的效力而发生的。一个物体在受到撞击之后马上运动起来:物体的撞击就是**偶然**动因的行为;这样,这个物体是由于一般意志而运动的。一块石头掉在人头上并杀死了他;这块石头的掉落和其他所有东西一样,我的意思是说,它的运动几乎是按照算术级数1、3、5、7、9等而继续的。那意味着,它是由一般意志的效力而运动的,或者按照运动相互作用的规律来运行的,这非常容易证明。[1]

不过,当一个效果是在没有偶然动因(例如,如果一个物体在没有被另一个物体敲击下而运动)的情形下发生的,我们不可能确定它是特殊意志还是受到干预的奇迹。事实上,我们可以假定,上帝已经建立了一般规律,按照一般规律,天使拥有按照他们意愿移动物体的

---

[1] Malebranche, 1992, p. 197.

力量；特殊的天使意志作为上帝意志的偶然动因而发生作用，而神恩治理机制在所有情形下都是一样的。

> 这样，我们平常可以确定，上帝是由一般意志来起作用，但我们不可能以同样的方式来确定他是否通过特殊意志起作用，即便在那些经受检验的奇迹中也是如此。[1]

按照马勒布朗士的说法，事实是，最好认为神的智慧按照纯粹一般方式来起作用，而不是通过多样的特殊意志来起作用。在这个方面，对于奇迹，他得出了一种奥卡姆剃刀式的表达：奇迹，就像实体一样，**如无必要，无须增加**（non sunt multiplicanda extra necessitatem）。如果我们看到雨落到一片需要甘霖的土地上，我们并无必要去证明，雨是否也落到不太需要雨水的毗邻的土地或道路上，"因为如无必要，我们无须求助于奇迹"[2]。

> 因为在实施他的计划时，用简单和一般方法要比用复杂和特殊的方式更明智……我们必须将其归于上帝的荣耀，相信这种行为方式是一般的、统一的、连续的、有比例的，我们这才拥有了无限智慧的观念。[3]

---

1 Malebranche, 1992, p. 197.
2 Malebranche, 1992, p. 200.
3 Malebranche, 1992, pp. 200−201.

神恩治理的范式并不是奇迹而是规律，不是特殊意志，而是一般意志。

这也是思考恶的唯一合理的方式，恶，似乎对我们来说，与我们所假定的神恩设计难以调和。上帝已经建立了一般规律，当我们享受适于滋润我们的果实时，我们应当感受到一种愉悦的感觉。如果我们吃了有毒的食物时也会有同样的感觉，这并不意味着上帝通过他的特殊意志，偏离了他所创立的规律。相反：

> 由于有毒的水果在我们大脑中产生兴奋的运动，就如同那些好水果所产生的运动一样，上帝给予了我们一样的感觉，这是源于统一着灵魂和身体的一般规律——这是为了对规律的持存保持清醒。同样，上帝给予那些失去手臂的人疼的感觉，因为这只手臂只是按一般意志而起作用……这样，可以肯定，雨水对地上的水果是无用或有害，这是上帝在这个世界上创立的产生效果的运动相互作用的一般规律的必然结果……[1]

这里采用了斯多葛学派的平行后果，将其纳入受一般规律所支配的神对俗世治理之中，一般规律的秩序完全对应于自然科学正在揭晓的东西。

> 一个聪明的人必须行事聪明；上帝不可能否定自己；他

---

[1] Malebranche, 1992, pp. 198-199.

的行为方式必然承载着他的属性。既然上帝了解一切，预知一切，他的智慧就无所限量。现在，他选择某些偶然动因，确立某些一般规律，以此来实施某种工作，比起他随意在某些时刻改变意愿，或者用某种特殊意愿来活动，这更能体现出他在知识上无限宽广。这样，上帝是通过一般规律来实施其计划的，一般规律的效力是通过偶然动因来决定的。当然，创造一只表（这只表按照机械原理，自己有规则地运动，无论是否有人带着它，无论是否有人拿着它悬在半空中，无论是否有人乐意使劲摇晃它），要比创造一只不能正确运转的表需要更为广阔的心灵，如果创造这只表的他没有时时刻刻依据表所处的情境对表做些改变……这样，创立一般规律，选择最简单的方式，与此同时也是最有成效的方式，这就是智慧无边的上帝最值得选择的方式，相对而言，选择特殊意志而行则表明他只有有限的智慧……[1]

对于马勒布朗士来说，这并非否定或颠覆神恩之力，相反，如今它与世界秩序完美地协调一致，也再无必要去将其同自然本质区分开来，自然本质不过是"上帝所创立的一般规律，用最简单的方式，用统一而连续的行为来建造或保留他的作品"[2]。所有其他的自然本质的概念，例如异教哲学家的概念，都是"怪物"（chimera）。唯有这种自然本

---

[1] Malebranche, 1992, pp. 210-211.

[2] Malebranche, 1992, p. 196.

质,即上帝仅仅通过一般意志和一般规律"在万物中做所有事情"[1],与现代科学没有什么分别。正因为如此,芬乃伦(Fénelon)[2]在评论马勒布朗士的论文时,颇具洞察力地观察到"他的上帝必须与世界秩序协调一致","在继续作为上帝的情况下,不能践踏这种秩序"[3]。

三

无论如何,关键在于马勒布朗士在神恩治理中赋予基督教的功能。他解释了三位一体的**安济**,在这个意义上,耶稣基督在牺牲之后作为救赎**卓越绝伦**(meritorious)的动因而起作用,圣父将之建构为他的恩泽的偶然动因,这样,他实施并赋予了上帝通过一般规律而创立的其特殊性下的实效恩泽。"这样,他自己应用并散播其作为偶然动因的天赋。他在上帝的家庭里安置一切,就像一位在父亲的家庭里被宠爱的儿子一样。"[4] 换句话说,他是神恩的治理机制的一个总体部分,并具有关键性的作用,这个环节在所有领域将他与所有人的行为结合在一起。正是在这个意义上,按照马勒布朗士的说法,我们既要理解,福音书中肯定的说法——基督已经被赋予了"天上、地下所有的权柄"(《马

---

1 Malebranche, 1992, p. 196.
2 芬乃伦(1651—1715),法国天主教神学家、诗人和作家。今人记住的他,一是寂静主义的主要倡导者之一,二是 1699 年首次出版的《忒勒马科斯历险记》的作者,他在那部小说中几乎不加掩饰地攻击了法国君主。——译注
3 Fénelon, p. 342.
4 Malebranche, 1992, p. 201.

太福音》28：18）——也要理解圣保罗的说法，即基督是信众作为其成员的教会的领袖。圣保罗的话

> 并不是简单地说耶稣基督就是所有恩泽**卓越绝伦**的动因：它们更为明确地表达了基督徒都是耶稣基督作为其领袖的团体的成员的观念，正是在他那里，我们信仰，我们过着全新的生活，只有通过他的**内在活动**（kat' energeian），教会才得以形成，上帝创造的他，是唯一的**偶然**动因，他通过不同的愿望和不同的努力，来散播上帝的恩泽，就如同将上帝作为真正的动因在人们间散播一样。[1]

换句话说，基督是作为实施**治理**（gubernatio）的领袖而起作用的，上帝是治理最高的立法者。但是，正如**安济**并不意味着神性的分裂，分派给基督的权力同样也不涉及主权的分裂。因此，在基督问题上，马勒布朗士可以说"主权权力"["偶然动因的主权权力"（puissance souveraine de cause occasionnelle）[2]，即便这个权力是由圣父所给]，并同时将圣子的功能简单地界定为"臣属"：

> 耶稣基督作为人，是教会的领袖，正是他在成员中分配得到恩准的恩泽。但由于他仅仅拥有作为上帝在他之中所创

1　Malebranche, 1992, p. 203.

2　Malebranche, 1979, p. 148.

立的一般规律的结果（为的是实现他的伟大设计，永恒的神殿）的权力，我们真的可以说，是上帝，也唯有上帝，给予他内在的恩泽，尽管他的确是通过耶稣基督这个臣属来给予的，耶稣基督——作为人——通过他的祈祷和愿望，决定神圣意志的效力。[1]

在这个意义上，在圣经中，基督可以同作为"上帝的官僚"[2]与天使相提并论。与天使们给出旧法（天使是旧法的臣属）的方式一样，基督"就是新法的天使"[3]，也是新法的"臣属"，他已经凌驾于诸天使之上[4]。

余论

即便是马勒布朗士关于天使的神恩性地位的界定，也背离了"官僚式的"，即真正治理的使命。不仅天使代表并侍奉着上帝，而且他们的行为——与在传统上划分给奇迹的领域协调一致——也在规律和一般意志的体系中提供着类似于例外状态的东西，这让马勒布朗士可以用新的术语来表达他对奇迹的批评。按照马勒布朗士的说法，《旧约》中有多处证明了奇迹，但这些奇迹不能解释为与一般规律相对立的上帝特殊意志所导致的。相反，它们应当被理解为一般意志的结果，通

---

1 Malebranche, 1979, p. 185.

2 Malebranche, 1979, p. 183.

3 Malebranche, 1979, p. 186.

4 Malebranche, 1979, p. 187.

过一般意志，他将他的权力交给天使："我相信我能用神圣经卷的权威来证明，天使从上帝那里接受的俗世之上的力量，上帝通过它们实施其意志，以及按照某种一般规律来实现他的设计。在这种方式下，在《旧约》中显现为奇迹的事物绝不能证明上帝的行为与特殊意志有什么关联。"[1] 所谓的奇迹就是一般规律的结果，上帝赋予了他的天使臣属以这种一般规律的权力，以明显违背另一种一般规律的行为来行事（例如，运动的相互作用）。换句话说，例外并不是奇迹（绝不是外在于一般规律体系之外的特殊意志），而是授予天使的一种特殊的治理权力的一般规律的结果。奇迹并不外在于规律体系，而是表现为一种特殊情况，在这种情况下，规律不能得到应用，于是另一种规律——从可能最好的治理的角度来看，上帝将他的主权权力赋予天使——却行得通。

施米特的例外状态的理论虽然悬置了一些规则的应用，但并不在总体法律秩序之外，它完全对应于这篇论文中谈到的天使的权力模式。

四

这篇文章的关键在于，对可能最好的治理的定义。这个任务的难点（与冉森所论辩的困难是一样的）就是在看似矛盾的两个命题之间的协调："上帝希望所有人得救"，以及"不是所有人都会得救"。这个问题不啻一种对比，即上帝的意愿（希望所有人，甚至是邪恶的人，

---

[1] Malebranche, 1979, pp. 182–183.

都得救）与他的智慧（最后只能选择最简单和一般规律来达到这个目的）之间的对比。因此，最好的治理将会是这种治理：它可以找到意志与智慧之间最安济的关系，或者用马勒布朗士的话说，找到在他看来具有秩序和连续性的智慧与丰富性（丰富性需要更大规模、更多数量的教会）之间最安济的（economic）关系：

> 上帝爱众人，并希望他们全部得救；他希望涤清他们所有的罪恶；他希望他的作品是最完美的；教会拥有最大规模和最大圆满。但上帝更爱他的无限之智慧，因为通过一种自然而必然的爱，他对智慧的爱是不可战胜的。因此，他不可能不采取最明智也是最适于他的方式来行动；他必须依循那些最好地对应他的智慧的行为。但是，由于通过以最单纯也是最配得上他的智慧的行为方式来行事，他的作品不可能比现有的更完美、更伟大。因为如果上帝可以按照其他同样简单的方式让教会比现有的教会更大规模、更加圆满，这将意味着，他并不打算通过他的行为去实现这些最配得上他的作品……上帝的智慧，不会让他采取太过复杂的方式，在每一个瞬间都实现奇迹，他的智慧迫使他以一般的、连续的、统一的方式来行为。正因为如此，他并不会拯救所有人，尽管事实上，他希望所有人都得救。尽管他热爱他的造物，但他只能做那些他的智慧让他去做的事情；尽管他希望有一个更大规模和更为完美的教会，但他并不会让教会绝对地更大和更完美，而是实现与最配得上他的方式相对应的最大规模和最完美

的教会，因为上帝并不会让他的设计超过他所能实现的。当他知道在智慧和丰富性、某种方式与某种作品之间存在一个更好的关系时，他便像人们所说的那样，做出决定，选择了他的方式，并建立了他的信条。[1]

拜耳已经开始问道，这样的陈述如何可以与公众所接受的最高存在者的本质和万能观念相一致。莱布尼茨的《神正论》曾引用他的《一个外省人对问题的应答》(*Réponse aux questions d'un provincial*)，他在其中写道：

> 这些观念告诉我们，所有没有隐含矛盾的事物对他来说都是可能的，因此对他来说，拯救那些他没有拯救的人是可能的：什么样的矛盾会导致认为选民的数量比现在更巨大？他们告诉我们……他没有他不可能实施的意愿。那么，我们该如何理解他想救所有人，而他不可能做到这一点？[2]

事实上，只有将这些问题放入正确的领域，即俗世治理的领域中，马勒布朗士的问题才能完全得到理解。他所说的，并不是上帝是万能的还是无能的这种抽象观点，而是俗世治理的可能性，即**一般规律和特殊的偶然动因之间的有序关系**的可能性。如果上帝，作为主权的拥

---

1 Malebranche, 1979, p. 171.

2 Lebniz, 223, pp. 266-267.

有者,从一开始就按照特殊意志来完成,那么这就无限地增加了他的奇迹般的干预,那就既没有治理,也没有秩序,只有混乱无序,我们或许可以称之为奇迹的大杂烩。因此,正如统治一样,他必须**统治**,而不是**治理**,他必须将律法和一般意志规定下来,并允许偶然动因和特殊意志偶尔发挥它们最有利的作用:

> 上帝知道万物不能扰乱他的方式的简洁性。永恒存在者必须总是维持统一的行为。一般动因不能通过特殊意志来起作用。上帝的治理必须带有他属性的标记,除非永恒和必然的秩序不让他去改变,因为相对于上帝,秩序是不可践踏的律法,他不可逆转地深爱着秩序,总是将之完美化为专断的规律,而他通过这些规律来实现他的设计。[1]

但是,从一般意志和偶然动因、王国与治理、上帝与基督的关系中得出的东西就是一种**安济**(oikonomia),在其中,问题并不在于人是善还是恶,而是多数人遭天谴与少数人得救的方式以何种方式相谐调,一些人恶的本质不过是其他人善的对应的后果。

余论

在莱布尼茨与拜耳的争论中——争论促成了他的论文《关于上

---

[1] Malebranche, 1979, p. 188.

帝之善的神正论，人的解放与恶的根源》(*Théodicvée sur la bonté de Dieu, la liberté de l'homme et l'orgine du mal*)——他不止一次提到马勒布朗士，并同意马勒布朗士的一般意志理论，他宣称马勒布朗士是一般意志理论的创立者（无论正确与否）。他写道：

> 《真理的追寻》(*The Search for Truth*)的优秀作者已经从哲学过渡到神学，最后出版了一本令人仰慕的关于本质和恩泽的论文。在这里，他以他的方式展现了从一般规律中获得力量的事件并不是上帝特殊意志的对象……我赞同马勒布朗士神父的观点，即上帝以最配得上他的方式来行事。但在"一般意志和特殊意志"的问题上，我比他走得更远一些。正如上帝没有理由就不能做任何事，即便他以奇迹的方式行事，他对个别事件也没有意愿，那只是某种一般意志的结果。[1]

似乎对莱布尼茨来说，他的先定和谐理论与马勒布朗士的体系中可能最好的治理之间，有着极大的相似性，以至于他要提醒他的读者，他是第一个思考这个问题的人：

> 当我在法国的时候，我给 M. 阿尔诺（M. Arnauld）看过一篇我用拉丁语写的论恶的起因和上帝的正义的对话［《哲学忏悔录》(*Confessio philosophi*)］，这篇对话不仅在他与马勒布朗

1　Lebniz, 204-206, pp. 254-256.

士神父争论之前,而且也早于《真理的追寻》一书的出现。[1]

事实上,"神正论"的观念已经在马勒布朗士那里得到了表达,他写道:"让人理解上帝是强大的,理解他能随意创造他的造物,这还不够。如果可能,有必要去证明他的智慧与善。"[2] 像马勒布朗士一样,莱布尼茨也肯定了上帝总是选择最简单、一般的方式:

> 这非常容易解释,而且这对解释其他事物来说也极其有用……即便先定和谐理论并不必然是其他样子,因为它消除了肤浅的奇迹,上帝可以选择作为最和谐的存在……似乎有人说,某栋房子是在一定的花费下被建造出来最好的房子。事实上,这个人将这两个条件,单纯性和生产性,还原为单一的益处,即尽可能生产出最完美的东西:马勒布朗士神父的体系在这一点上与我的体系完全相同。[3]

莱布尼茨从他的体系中所得出的关于恶的起源和必然性的结论广为人知。神的智慧包含了一切可能的世界,经过对比,对所有世界进行权衡,为的就是穿透最高或最低程度的完美。他安排了所有世界,并在可能宇宙的无限性中来分配它们,每一种可能的宇宙都包含着造

---

1 Lebniz, 211, p. 260.
2 Malebranche, 1979, p. 174.
3 Lebniz, 208, p. 257.

物的无限性。

> 所有这些比较和思索的结果就是从所有可能的体系中选择了最好的,他的智慧做出这样的选择是为了最彻底地满足他的善,而这正是他宇宙的如其所是的规划。[1]

但是可能最好的世界的选择有一个代价,这就是包含在其中的作为其必要的附带效果的恶、苦难以及天谴的数量问题。莱布尼茨再一次援引了马勒布朗士来证明一般规律名义下的神恩选择:

> 但是我们必须相信即便是苦难和畸形都是秩序的一部分,要牢记,承认这些缺陷、这些畸形要比践踏一般规律要好得多,正如马勒布朗士神父有时所说的那样,而且这些奇迹都是依照规律的畸形,与一般意志的行为是一致的,尽管我们认识不到这种一致性。正如有时数学上出现不规则性,当我们刨根究底时,最终发现它在一个更大的秩序中得到了解决:这就是为什么我已经在这本书中看到,按照我的原理,所有个别的事件,毫无例外地都是一般意志行为的结果。[2]

甚至最完美的心智都有无法理解的区域,他们会在某些问题上

---

[1] Lebniz, 225, pp. 267-268.

[2] Lebniz, 241, pp. 276-277.

迷失，以至于孱弱得多的心智会嘲笑他。面对伏尔泰在《老实人》（*Candid*）里用讽刺手法刻画出的他的立场，莱布尼茨就是这样的态度。在莱布尼茨看来，这种失败有两个原因。第一个原因是司法-道德上的，涉及他在"神正论"这一标题下所表达出来的辩护目的。诸如此般的世界不需要证明，而是需要拯救；如果不需要拯救，也就更不须证明了。但是，用世界本然所是的方式来判定上帝，是对基督教所能想象的理解中最糟糕的误读。第二个也是更为重要的原因有一个政治特征，涉及他对规律（一般意志）必然作为俗世治理工具的盲目信念。按照这种离经叛道的观念，如果一般规律作为奥斯维辛发生的必然结果，那么对于这个理由来说，"规则之下的畸形"和规则都不是那么奇怪了。

五

马勒布朗士对卢梭的政治理论的影响已经广为人知［如布雷耶、莱利（Riley）、波斯蒂廖拉（Postiliola）］。不过，学者们只是重构了二人之间的术语上的巨大传承和明显的影响，但他们很少研究与之相关的结构上的类似关系，正是结构上的类似让后者从神学情境向政治情境的转变成为可能。尤其是帕特里克·莱利（Patrick Riley）的专著《卢梭之前的一般意志》（*The General Will Before Rousseau*）[1]追溯了**一般意志**（volonté générale）和特殊意志（volonté particulière）观念

---

[1] 一般来说，在卢梭的中译本，尤其是《人类不平等的起源与基础》和《社会契约论》中，general will 习惯性翻译为公意，但是在本书中，为了与前文相对应，这里仍然坚持翻译为一般意志。——译注

的从 18 世纪神学到《社会契约论》(Contract social) 中广阔的谱系。卢梭当然没有创造这些观念，但是他从神学对恩泽的讨论中吸收了许多，正如我们已经看到的，神学对恩泽的讨论在对俗世的神恩治理中有一个策略性的作用。莱利证明了卢梭的一般意志可以毫无疑问地界定为相对应的马勒布朗士神学范畴的世俗化，更一般地说，是从阿尔诺（Arnaud）到帕斯卡、从马勒布朗士到芬乃伦的神学思想的世俗化，这在卢梭著作中留下了实质性的印记。但是，这在何种程度上决定了整个神学范式被政治维度所取代，这个问题则在莱利的研究范围之外。从神学领域到政治领域的观念转换或许意味着某种预料之外的结果，于是，在卢梭的例子中，某种"不可原谅的遗漏"的东西，并没有被阿尔贝托·波斯蒂廖拉（Alberto Postigliola）所忽略。但是，他只是说明了在马勒布朗士的体系中，"一般意志"的观念与神的无限属性是同质的，导致了问题（如果不是矛盾的话），它被转变成卢梭的城邦的世俗领域，在这个领域中，一般性是有限的。相反，我们试图说明通过**一般意志**和**特殊意志**的观念，整个神恩治理机制都从神学转向了政治领域，因此，这不仅构成了卢梭的**公共安济**（économie public）的几个要点，而且为其提供了基本框架，也就是说，主权与治理、法律与行政权力的关系。通过《社会契约论》，共和传统从神学范式和治理机制中毫无保留地承袭下来，而这一点远远未被认识到。

六

在福柯 1977—1978 年的《安全、领域、人口》(Securité, territoire,

population)的讲座稿中，他用短短的凝练的几行字，界定了卢梭政治计划的基本结构[1]。在这里，他试图证明在欧洲政治中，在治理技术走向前台的时候，主权问题并没有远离舞台。相反，相对于其他时代，这个时代需要更迫切地提出这个问题：尽管直到 17 世纪，我们自己还仅限于从主权理论中引出治理范式，但之后便颠倒了；既然治理技术逐渐成为首要之物，那么这变成了对司法形式和主权理论的探索，从中找到一种足以维持并建立治理技术的首要性的形式和理论。在这个阶段，他通过解读卢梭来阐明他的主题，尤其是对 1775 年卢梭为《百科全书》写的"政治安济"(political economy)条目与《社会契约论》的关系的解读。按照福柯的说法，这个问题在于对"安济"(economy)或治理技术的界定上，"安济"不再是在家庭中成形的东西，而是以可能最好的方式和最高效率满足人民幸福的统治的公共目标。当卢梭写下《社会契约论》时，这个问题则正是：

> 通过注入"自然""契约""一般意志"等观念，我们如何可以给出治理的一般原则，它既是主权的司法原则，也是用来界定和描述治理技术的要素……主权问题并没有被消除，相反，它比以往更为灵活。[2]

让我们根据我们的研究成果来推进福柯的分析。开始，他极有

1　Foucault, pp. 106–108.

2　Foucault, p. 107.

可能直观到治理机制的两极特征，尽管其方法论决定了将对法律上普遍性的分析搁在一旁，这种做法让他没有把问题完全解释清楚。卢梭的主权理论当然是一种治理理论"或者公共安济，正如他所界定的一样"，但是在卢梭那里，两个元素之间的关联仍然比在福柯的简要分析中看起来的更为亲密和紧密，这种关联完全建立在神学模式上，卢梭从马勒布朗士和法国神恩理论家那里接受了这种模式。

从这个角度来看，关键在于主权和治理的区分和关联，这是卢梭政治思想的基础。他在一篇论**政治安济**的论文中写道："我要求我的读者也小心地把**政治安济**——我所说的政治安济就是我称为**治理**的东西——从最高权威，即我所谓的**主权**区分开来——这种区分包含在人们拥有合法权利之中，在某种情况下，人们可以让国家本身对其负有义务，而另外一些人只有行政权力，他们只能让私下的个体对其负有义务。"[1] 在《社会契约论》中，这个区别被重新表述为，一方面是一般意志与立法权力之间的关联，另一方面是治理与行政权力之间的关联。对卢梭来说，这个区别的策略关系得到了如下事实的证明，即他强硬地否定了这是一种分裂，相反，他将其表达为不可分割的最高权力的内在关联：

> 出于同样的原因，主权既是不可转让的，亦是不可分割的；因为意志要么是一般的，要么不是一般的，要么是人民总体的意志，要么是其中一部分人的意志。在第一种情况下，

---

1 Rousseau, 1992, p. 142.

这种公开的意志就是一种主权行为并制定了法律；在第二种情况下，它仅仅是一种特殊意志，或者仅仅是一种执政行为——最多是一种信条。但是我们的政客们，不能在原则上，只是在对象上分割主权。他们将其分成权力和意志；分成立法权和行政权；分成课税权、司法权、战争权；分成内政权与外交权——有时，混合了所有这些分支，有时，又把它们区分开来。他们让主权变成了一种梦幻般的存在，由各个分离的部分所组成；似乎他们创造了一个来自不同身体的人，一个身体提供了眼睛，另一个身体提供了胳膊，还有一个提供了脚。据说，日本的魔术师可以在观众眼前肢解一个孩子，随后将所有他的肢体扔到空中，然后让小孩落下来再一次成为活生生的完整的身体。这几乎就是我们的政客们玩弄的变戏法的骗术，在肢解了社会总体之后，又通过魔术般的把戏，他们以不可思议的方式，将各个部分重新组合在一起。他们的错误源于没有形成关于主权权威的清晰的观念，源于他们将权威派生的东西当成了权威的要素。[1]

与神恩范式相同，一般神恩和特殊神恩并不是彼此对立的，它们也不代表神之意志内的分裂；正如在马勒布朗士那里，偶然动因不过是上帝一般意志的特殊的实现，因此在卢梭那里，治理或行政权力宣称与法律权威相一致，然而治理或行政权力区别于法律权威，将自己作为其特殊的派生物和实现。卢梭所使用的派生的概念并不是没有

1　Rousseau, 2002, p. 171.

引起他的评论者的好奇,但如果回到原始文本,就会发现选择这个词是多么重要,这是新柏拉图主义的派生性动因,通过波埃修斯、裘安纳·司各特·爱留根纳(Johannes Scotus Eriugena)[1]、《原因篇》(Liber de causis)[2]和犹太神学的著作,它被综合到创世和神恩的理论中。正是由于这个起源,在卢梭的时代里,这个术语并没有很好的形象。在狄德罗的《百科全书》的"卡巴拉"词条中,派生范式被界定为"整个哲学的卡巴拉和派生体系围绕其转动的轴,按照这个说法,所有事物都是从神的本质中派生的"。甚至在"派生"词条中,有着更具批评性的判断。在这里,狄德罗重述了"派生"同卡巴拉的关联,并警告说:"这种理论直接会导致泛神论。"卢梭在一个微妙的节点上引入了这个词,他必须算计出他选择这个词的隐含意义。这并没有让其回溯到卡巴拉,而是回溯到基督教神学,在基督教神学那里,这个词首先指向了三位一体的安济的诸格的演进过程(直到17世纪,事实上这就是法语émanation一词的意义)以及创世主义和神恩范式中动因理论。在这种情形下,这个词意味着神之原则不能消失,也不能被其三位一体教义,被其创世活动和持守世界的行为所分割。正是在这个意义上,卢梭使用了这个词,相对于那些被他讽刺为**政客**(les politiques)的思想家,他排除了主权在某种程度上是可以分割的可能性。不过,正如在

---

1 裘安纳·司各特·爱留根纳(815—877),爱尔兰的新柏拉图主义哲学家与诗人。他因为译注伪托狄奥尼索斯的著作而广为人知。——译注
2 《原因篇》是中世纪广为流传的归于亚里士多德名下的一部哲学著作,这篇著作先以阿拉伯文出现,后来才被翻译为拉丁文。这本书从普罗克鲁斯的《神学要素》中借用了大量的东西。在中世纪,首先是托马斯·阿奎那注意到这本书的价值。在现代,这本书已经被证实是托名亚里士多德的伪著。——译注

三位一体的安济和神恩理论中，不能分割的东西正是通过诸如**主权权力**/治理、**一般意志**/**特殊意志**、**立法权**/**行政权**的区分来阐释的，这标志着在卢梭正小心翼翼地将其中的这些裂痕尽可能缩小了。

七

通过这些区分，整个安济－神恩机制（通过其**统治**/**行政**、神恩/命运、王国/治理的两极）被作为一个毫无问题的遗产直接过渡为现代政治。需要确定的是存在与神之行为之间统一，实质统一体与三位一体的诸格之间谐调一致，特殊治理与普世之神恩之间的协调一致，在这里变成了一般主权和一般法律，与公共安济和对个体的实际治理之间的策略性的协调功能。这种神学范式穿上政治合法性的外衣最坏的结果就是让民主传统无法思考治理及其安济（在今天，我们反而会写道：安济及其治理，而两个术语在实质上是同质的）。一方面，卢梭将治理看成主要的政治问题，另一方面，他将治理的本质和基础问题缩小，将其还原为主权权力的实施行为。这种含糊处理的方式似乎解决了治理问题，即将之表达为纯粹的一般意志和一般法律的执行，这种模糊处理不仅对理论，而且对现代民主制的历史发展都产生了消极影响。因为民主的历史不过是逐渐认识到，立法权的优先性，以及治理最终不能归为纯粹的行政，实质上都不实。如果在今天，我们看到了治理和安济绝对支配着被掏空了所有意义的人民主权，这或许意味着西方民主制为其神学遗产付出了政治上的代价，他们极其不明智地从卢梭处继承了这一遗产。

将治理作为行政权的模糊处理方式就是西方政治思想史上影响最为深远的错误。其意味着现代政治神学迷失在诸如法律、一般意志、人民主权之类的抽象和空泛的神话之中,无法面对最关键的政治问题。**我们的研究已经说明了那个真正的问题:政治的核心秘密不是主权,而是治理,不是上帝,而是天使,不是国王,而是臣僚,不是法律,而是治安(police),即它们形成和支撑的治理机制。**

余论 1

两种主权,即王朝主权和人民民主主权,指向了两个完全不同的谱系。神圣王朝主权起源于神学-政治范式,而人民民主主权起源于神学-安济-神恩范式。

余论 2

卢梭并没有隐瞒这一事实,即他的政治体系的基本关联起源于神学范式。在论**公共安济**的论文中,他肯定了他所提出的体系的主要困难是调和"公共自由与治理权威"之间的关系。[1] 卢梭写道,这个困难"已经被所有人类制度最崇高的一面,或者毋宁说神之启示一面所消除,在这里,神之启示告诉人类在永恒不变的神之信条之下去模仿它"[2]。换句话说,卢梭所指的法律的权威,模仿和再生产出俗世的神恩

1　Rousseau, 1992, p. 145.

2　Rousseau, 1992, p. 145.

治理的结构。和马勒布朗士一样,对于卢梭而言,一般意志、法律让人臣服,仅仅是为了让他们更自由,在永恒不变的统治中,他们的行为不过是表达出他们的本质。正如他们自己让上帝统治一样,他们仅仅是让他们的本质选择自己的方向,所以法律不可分割的权威保障了统治与被统治者的对应关系。

他完全赞同马勒布朗士的思想也体现在他的《山中来信》(*Letters from the Mountain*)与奇迹相关的第三封信。卢梭将例外(这是"真正和可见的上帝律法的例外"[1])与奇迹紧密地联系起来,并强烈地批判了信仰和拯救的奇迹的必然性。问题似乎并不在于上帝是否"能够"创造奇迹,而是——通过有意识地回到绝对权力和制序权力之间的区别——上帝是否"愿意"这样做[2]。有趣的是,可以看到,尽管卢梭否定了奇迹的必然性,但卢梭并没有彻底地排斥奇迹,而是将它们看成例外。施米特的理论,从例外状态的神学范式来看奇迹,在这里找到了其确证。

第二节 看不见的手

一

安济(oikonomia)一词,在中世纪的西方神学语言中消失了。当然,它的等同词**部署**(dispositio)和**豁免**(dispensatio)继续被使用,

---

1　Rousseau, 2001, p. 173.

2　Rousseau, 2001, p. 173.

但它们都逐渐失去了它们的专门意义，仅仅指在一般方式下的神对俗世的治理。17世纪的人文主义和博学的学者并没有忽视这个古希腊词汇的神学意义，它在艾蒂安·邵文（Étienne Chauvin）[1]和约翰·卡斯巴尔·苏伊切尔（Johann Kaspar Suicer）[2]的词典（1682年，尤其是它在"上帝词语的道成肉身"的名义下出版）以及诸如贝塔维尤（Petavius）[3]的《论神学教义》（De theologicis dogmatibus）之类的神学概略中得到了充分的阐明。然而，在18世纪的时候，这个词重新以拉丁语oeconimia的形式出现，尤其在其他欧洲语言中，这个词被等同于我们所熟知的意义，即"对世俗事务和人民的管理和治理的活动"，这些语言似乎在**哲学家**和**经济学家**（économistes）的头衔下重新（ex novo）创立了这个词，似乎这个词与经典的安济学说或它的神学传统并没有本质性关联。众所周知，现代经济学（economics）并不是起源于亚里士多德的家政学（economics），也不是起源于中世纪的关于**家政学**（Oeconomica）的论著，这里或多或少指向了诸如尤斯图·曼纽斯（Justus Menius）的《基督教的家政学》（Oeconomica christiana）（维滕贝格1529年版）和巴图斯（Battus）的著作（安特卫普1558年版），

---

1 艾蒂安·邵文（1640—1725），法国新教神学家，出生于尼姆（Nîmes），他最著名的作品是他辛勤编订的并于1692年出版的《理性词条》（Lexicon Rationale）。——译注
2 约翰·卡斯巴尔·苏伊切尔（1620—1684），瑞士改革宗神学家、语言学家。致力于研究希腊教父。著有《依据希腊教父们教会宝库》二册（Thesaurus ecclesiasticus e patribus Graecis I-II，1682）等。——译注
3 贝塔维尤（1583—1652），通常被称为狄奥尼索斯·贝塔维尤，也被称为丹尼·贝淘（Denis Pétau），他是一位法国耶稣会教士。贝塔维尤最著名的大部头著作是并未出版的《论神学学说》，这本书第一次系统地从历史发展的角度来探讨神学学说的演进。——译注

这些书将基督教大家庭的行为作为他们的研究对象。但现代经济学与神学**安济**（oikonomia）和神对俗世治理的范式之间或多或少隐含的关联，几乎完全没有被研究。我们的目的并不是重构出这些关联，但似乎很明显，一种对 economics 的谱系学研究可以有助于关注 economics 与神学范式的关联，我们已经描绘出这种神学范式的根本特征。在这里，我们仅仅提出一点概要式的指引，其他人或许会愿意完成这个任务。

二

1749 年，卡尔·林奈（Carl Linneaus）[1] 在乌普萨拉（Uppsala）出版了他的《自然安济的学术样本》（*Specimen academicum de oeconomia naturae*）。他给予"自然安济"（economy of nature）这个词组一种策略性的功能，这将会导致现代经济学的诞生，详述一下该书的开头给出的定义是非常有益的：

> 借助"自然安济"，即由造物主创立的自然存在物最明智的布局（dispositio），它们似乎有着共同的目的，并实施了相互作用。万物都包含在公开展示了造物主智慧的这个宇宙之

---

[1] 卡尔·林奈（1707—1778），瑞典博物学家，动植物双名命名法的创立者。自幼喜爱花卉，曾游历欧洲各国，拜访著名的植物学家，搜集大量植物标本。归国后任乌普萨拉大学教授。1735 年发表了最重要的著作《自然系统》，1737 年出版《植物属志》，1753 年出版《植物种志》，建立了动植物命名的双名法，对动植物分类研究的进展有很大影响。——译注

中的界限当中。通过这个布局，我们能感觉到万物，我们心灵触及万物，我们看到万物，这布局展现上帝的荣耀，即产生了的目的正是上帝希望作为所有造物最终目的的目的。

然而，奇怪的是，这个概念会出现在一个我们习惯认为是现代科学分类学奠基者的作者那里，而这个词起源于安济-神恩传统却是明显无疑的。**自然安济**（Oeconomia naturae）仅仅意味着——完美地对应于我们所熟悉的神学范式——造物主留在他的造物印象中的明智的**神恩布局**，通过这个布局，造物主统治造物，并领导它们走向终点。在这样的方式下，在现实中，明显的恶会赞同一般性的善。此外，从18世纪40年代开始，林奈写下了一系列作品，这些作品中心都围绕这样的观念。在1748年的《自然的好奇》（Curiositas naturalis）中，一个月亮上的居民出乎意料地降临到地球，并惊奇地看到，在这个星球的区域中发生了众人针对一切统治者的恐怖而无序的战争。但是当他以逐渐小心的方式观察事件，月亮居民开始解码——在明显的残忍的混沌之中——一般规律的不变的秩序，在一般规律中，他认识到神圣的造物主的手段和目的。1760年，他在《论自然政策》（Dissertatio academica de politia naturae）中又再一次进行了这样的实验。"自然安济"让位于一种**自然政策**（politia naturae），不过按照在这个时代变得日益巩固的**政策科学**（Policeywissenschaft）的术语来说，这个词意味着单纯的关于秩序的知识和治理，以及人类社会的内在构成。在这本书中，月亮居民像亚当一样被赤裸裸地扔到地球的战争和残忍的屠杀之中。不过，他又一次逐渐地理解了主宰着生物之间相互关系的隐藏秩序，并完全按照循环运动来让它们运动。

我们可以理性地推论，在自然国度中存在一种必然的**政体**（politia）。没有治理、没有秩序以及失去控制的国度终将被废弃。在一个国家中，我们把对整体的导向和管理称之为**政体**，如果我们尽最大可能地按照自然之链而行，我们就能确定这个概念。

人类真正的使命就在于认识这种"自然政体"：

人自己就是大地的眼与心，人总是带着惊奇看到造物主的安济（economy），发现他是唯一通过观察上帝完美的作品而对上帝崇敬的存在物。

三

当时所谓的经济学派（la sect économiste）——即**重农主义**（Physiocrats）学派——完全同意"自然安济"概念的前提。马勒布朗士对魁奈（Quesnay）的影响众所周知，[1]一般来说，根本不需要寻找神恩秩序模式对重农主义思想的影响的有力证据。不过，我们现在尚未反思过现代经济和治理科学所奠基的奇特背景，现代经济和治理科学

---

[1] 参看 Kubova in Quesnay, vol.1, pp. 169–196。

建立在神学**安济**（oikonomia）范围内发展起来的范式之上，其概念和印记有可能被准确记录下来。

我们发现在神对俗世治理的构建中起到关键作用的"秩序"概念，在这方面起到了十分特殊的关联作用。在 18 世纪 50 年代，魁奈写作了著名的《经济表》(*Tableau économique*，1758) 以及《百科全书》的词条"佃农"和"谷物"，而在此之前，"秩序"概念在他的思想中占据着中心地位。在他采用我们熟悉的形式之前，即在 18 世纪上半叶，economy 一词已经出现在"机体总体"（animal economy）的词组中。然而，机体总体并不是一种社会科学，而是医学的一个分支，在广义上，它对应于生理学。在 1736 年，一生担任医生的魁奈写作了《论机体总体的身体》(*Essay physique sur l'économie animale*)，在那本书里，后者是在内在秩序的术语中得到界定，而这很强烈地让我们想起了治理范式。机体总体，他写道，并不是设定这样的机体，而是：

> 秩序，机制，支撑动物生命的整套功能和运动，完美和普遍的锻炼，如果忠实执行这些，身体将更加敏捷而舒适，这成了健康的最欣欣向荣的状态，在这种状态中，最低程度的紊乱就是疾病。

这足以将这种"健康状态"的秩序转变为政治状态，从自然变成社会，为的是立刻得到一种治理范式。**天国的安济治理**（gouvernement économique d'un royaume）不过是**最好的自然秩序**（ordre naturel plus avantageux），而这源于最高存在为了创建和保存其造物所建立的永恒不变的规律。对于魁奈来说，安济即意味着秩序，奠定了治理的秩序。因此，在1762年版的《学术辞典》（*Dictionnaire de l'Académie*）中所编辑的économie一词的意思是"让政治体原则上可以维持下去的秩序"[在1789—1799年版中加上了"在这种情况下，它被称之为政治经济学（political economy）"]。这里正如在托马斯·阿奎那里一样，秩序作为一种印记（segnatura）而运作，它将宇宙的神圣秩序同人类社会的内在秩序联系起来，将神恩的一般规律同一系列的特殊现象联系起来。魁奈写道：

> 人不可能看透最高存在物对宇宙构造的设计；他们不可能将自己提升到最高存在为了创建和保存自己的造物而建立的永恒不变规则的命定的终点之处。然而，如果悉心考察规则，我们将会意识到生理损伤的生理原因与生理上的善的原因是一样的；雨水激怒了旅行者，却滋润了大地。[1]

（雨水的例子同时是仁慈和破坏的，这与马勒布朗士用来界定神恩机制的东西并不完全一致。）

实质上，自然秩序的神学观念对事物的影响，在**经济学家**的思想中表现得十分清楚，因而我们所谓的"政治经济学"也可以被称为"秩序科学"。这就是勒特罗纳坚持在他的《论社会秩序》（*De l'ordre social*，1777）使用的那个名称，他从《旧约·诗篇》中选择的题词无

---

[1] Quesnay, vol.2. p. 37.

疑成了这个概念的渊源。尽管勒特罗纳第一次使用**经济学**,并提出了一种价值理论,克服了重农主义的局限,但是他的体系仍然建立在模糊不清的神学基础上。事实上,通过其暗含的"秩序"和"经济真理"的概念(或者毋宁说是印记),他试图让理解和主宰"似乎在那个点上看起来无法看透的"[1] 政治学成为可能。

> 管理科学所表达仅仅是事实性的、独断的、可变的规则,因为它尚未得到信任,若要获得尊重,它就必须采纳先知们的奥秘式的晦涩之辞。[2]

但是只要人们瞧一眼"秩序科学",奥秘就会被驱散,并被让人类社会得以建立的经济知识所取代,这种知识与支撑着物理世界的规律一模一样:

> 存在一种上帝所创立的**自然的、永恒不变的、本质性的**秩序,为了以最有利于主权和主体的方式来统治市民社会,人必然部分地适应于它,否则他们之间的任何联系都是不可能的。如果社会并不像他们应然和他们所渴望的那样幸福,那是因为他们所经受的无序和邪恶源于这样的事实,即他们只知道一些一般原理,并没有将它理解为一个整体,并未从

---

1 Le Trosne, p. VIII.
2 Le Trosne, p. IX.

中得出实践上的可以让我们遵循的结论,也不会在一些关键地方对其弃而不顾。这个对于发现和理解来说如此重要的秩序有一个物理基础并且——通过一系列必然的关系链——起源于物理秩序的规律;这就是食物、财富、人口增长的唯一途径,最终也是帝国繁荣昌盛、社会国家所使用的幸福指标增长的唯一途径。[1]

重农主义的"经济科学"不过是将自然秩序"应用"到和转换到"社会治理"上[2];但**自然**(physis)的问题是这个**自然**源于神对俗世治理的范式,即起源于一般规律与特殊情形,第一动因与第二动因、目的与手段的关系的总和,它计算的是"如此重要也如此灵巧的创造"[3]的对象,即**经济表**。**秩序的治理**(gouvernement de l'ordre)一词[勒特罗纳第八篇论文即《秩序治理的证据与可能性》(*De l'évidence et la possibilité du gouvernement de l'ordre*)专门研究这个概念]的使用至关重要。在这里,所有格同时是主观的和客观的,同样,在托马斯·阿奎那那里,秩序并不是一个外在强加的规划,它就是上帝自己的存在,他建立了对俗世的治理,与此同时,也建立了将造物联系在一起,让他们变得可以被统治的内在关系的厚重网络。

换句话说,政治经济学是作为一种神恩**安济**的社会合理化而被建构起来的。因此,拉里维埃的梅西耶的论文《自然秩序与政治社会的本

---

1 Le Trosne, pp. 302–303.

2 Le Trosne, p. 318.

3 Le Trosne, p. 320.

质》(*Ordre naturel et essential des sociétés politiques*) 借用马勒布朗士的话"秩序就是精神不容践踏的法则，若不适应于它，什么都得不到控制"作为标题页上的题词就不是偶然的了。

四

克里斯蒂安·马路比（Christian Marouby）已经证明了亚当·斯密的"自然安济"概念的重要性。[1] 这个概念第一次出现在《道德情操论》(*Theory of Moral Sentiments*) 中，而其与神恩范式的关联在这里十分清楚。斯密不仅让自己表达了"自然的创造者"建立起第一动因与第二动因、目的与手段之间的关联[2]，而且一般来说，他在不止一个场合概括过他的这个概念与神恩范式的亲缘性。斯密援用"古代的斯多葛主义"说："古代的斯多葛主义有这样的观点，当世界被一位明智的、有权力的、良善的上帝全权地神恩统治的时候，所有的单个事件都应该被看成整个宇宙规划的一个必然部分，用来增进整体的一般秩序和幸福；因此，人类的邪恶与愚蠢，是作为他的明智或德性的规划的必然部分而存在的。通过从病厄中引出善的技艺，人类的邪恶与愚蠢同样可以让伟大的自然体系走向繁荣和圆满。"[3] 但是，佩罗（Perrot）证明了曼德维尔（Mandeville）、马勒布朗士、皮耶尔·尼可洛（Pierre Nicole）、帕斯卡等法国作者对斯密思想的影响。[4] 佩罗相信，斯密一段

1　Marouby, pp. 232-234.

2　Smith, 2002, Part Ⅰ, Ⅱ, Chapter 5, note.

3　Smith, 2002, Part Ⅱ, Chapter 3, p. 44.

4　Perrot, p. 348.

著名的话,"我们并不期望屠夫、啤酒师、烘焙师出于慈惠而准备餐食,我们期望的是他们为他们自己的利益",来自尼可洛和帕斯卡;从这个角度来看,我们应当研究"看不见的手"这一著名形象。

众所周知,"看不见的手"在亚当·斯密的著作中出现过两次:第一次出现在《道德情操论》中,第二次出现在《国富论》第四卷第二章中:

> 当每一个个体……管理产业的方式目的在于使其生产物的价值能达到最大程度,他所盘算的也只是他自己的利益。在这场合,像在其他许多场合一样,他受着一只看不见的手的指导,去尽力达到一个并非他本意想达到的目的。也并不因为事非出于本意,就对社会有害。[1]

毫无疑问,这段话的隐喻源于《圣经》。即使在那些从年代上更接近斯密的作者中我们也可以找到最直接的来源,我们对神恩安济范式的谱系学研究让我们偶然地不止一次地看到了其形象。按照圣奥古斯丁的说法,上帝统治并管理着俗世,"大若丘山,小至蝼蚁,世间诸物,均在神秘之手中"(omnia maxima et minima, occulto nutu administranti)[2],圣托马斯·阿奎那在《神学大全》(*Summa Theologiae*)中以同样的方式谈到了**统治之手**(manus gubernatoris)在看不见的情

---

[1] Smith, 1976, p. 477.

[2] Augustine, *On the Government of God*.

况下统治着造物；在路德《意志奴役论》(De servo arbitrio) 中，造物自己就是看不见的上帝之手；最后，在博絮埃（Bossuet）那里，"上帝是整个天国最高的统治者，在他手中掌握着所有的心灵"[1]。但是比"看不见的手"更强也更深刻的这个类比将让我们做出进一步推论。迪迪耶·德鲁勒权威地分析了休谟与斯密思想以及经济自由主义诞生之间的联系。他将休谟和斯密的"自然主义"对立于重农主义的"神恩主义"，我们已经看到，后者是神学范式的支脉。将原初的神之设计的观念，与大脑提出的一个计划相比，休谟反对说——我们已经看到——绝对内在的秩序原理，恰恰是作为我们的"胃"，而不是作为我们的大脑。"为什么，"他让斐洛问道，"难道有序体系不可能是从胃部而不是从大脑中创造出来的吗？"[2]如果在这个意义上，斯密的看不见的手可以理解为一种内在原理的行为，我们重构出的神学**安济**的两极机制已经说明了在其中"自然主义"和"神恩主义"之间没有冲突，因为仅仅是由于超越性原则与内在性秩序的对应，这个机制才起作用。正如王国与治理、内在三位一体与安济三位一体，"脑"与"胃"也不过是同一个机制、同一个**安济**的两个侧面，在这个机制中，两极之一每一次都支配着另一极。

自由主义表达了一种将"内在性秩序-治理-胃"的一极推向极端的趋势，在这一点上，它几乎消除了"超越性上帝-王国-脑"的一极。但是这样做不过是重新用神学机制的一极来反对另一极。当现

---

1 Bossuet, 1936, Part Ⅲ, Chapter 7, pp. 1024-1025.

2 Deleule, pp. 259 and 305, note 30.

代性消除了神圣的一极,诞生于神圣一极的经济并不会因此从神恩范式中解放出来。在现代基督教神学中,有一些力量以同样的方式试图将基督学变成一种非神学的趋向;但在这种情形中,神学范式也没有被超越。

五

在《神正论》中,莱布尼茨叙述了某种犹太秘传观点,按照这种秘传观点,亚当之罪在于他将神之王国同其他的属性分离开来,因此造成了统治之中的统治:

> 在犹太教秘传主义者那里,Malcuth 或者说王国,即最后一个等级(sephiroth)的含义是,上帝以完全不容抗拒而又宽柔和不动用暴力的方式统治着,所以人自以为在以其自己的意志行事,而实际上他在实践着上帝的意志。秘传主义认为,亚当的罪是**将王国同其他植物分离开来**(truncatio Malcuth a caeteris plantis),也就是说,亚当在上帝之国中形成自己的国家并加给自己一种不依附于上帝的自由;但他的堕落教他明白了他无法通过自己本身而存在,人必须通过弥赛亚重新振作起来。[1]

按照莱布尼茨的说法,斯宾诺莎[他在《神学政治论》中为了批

---

[1] Leibniz, 372, p. 348.

判现代自由观念,再一次提出了**国中之国**(imperium in imperio)的形象]在其体系中,不过是将秘传主义的观点推到极致。

现代的**安济**(oikonomia)就是**王国的分离**,即为了自己将主权同其神之根源分离开来,这事实上维系了对俗世治理的神学范式。它在安济中建立了**安济**,让对应于这种模式的治理概念丝毫未被触动。因此,将世俗主义和一般意志同神学及其神恩范式对立并不合理;相反,所需要的是一种类似于我们在这里所做的考古学工作,通过挖掘出这样的时代,即在这个分离发生之前,将对立的两极转变成平行的事物,如同不可分离的弟兄,这样就消解了整个安济-神学机制,让其不起作用。

这个机制的两极并不是对立的,而是直到最终都秘密地保持一致,这一点在那些将神恩出发点推向极端的神学家们的思考中十分明显,他们似乎彻底解决了问题,并在现代性世界的形象中没有丝毫残留物。在《论自由意志》(Traité du libre arbitre)中,博絮埃试图不惜一切代价调和人类自由与神对俗界的治理。他写道,上帝为了全部的永恒,希望人得到解放,不仅仅是潜在的解放,而且是对人的自由的实际而具体的实现。

> 还有什么比说人不自由是因为上帝希望他不自由更为荒谬的吗?难道我们不应该反过来说人是自由的,因为上帝希望人类这样;我们是自由的,是因为上帝命令我们是自由的,同样,我们自由地做这样或那样的行为,是因为这一命令延伸到特殊事物之上吗?[1]

1　Bossuet, 1871, Chapter 8, p. 64.

神对俗世治理是如此绝对，他如此深刻地看透了造物，因而神的意志在人的自由中被抹除了（在前者中的后者）：

> 上帝让我们适应于他的信条，并不一定是在我们之中放置了某种不属于我们自己决定的东西，或者并不一定是通过其他人将这种东西放置在我们之中。正如说我们的决定消除了我们的自由是荒谬的一样，说上帝通过他的命令消除了我们的自由也是荒谬的；正如我们的意愿（决定选择一样东西而不是另一样东西）并没有取消我们的选择的权力，我们必须同样推论出上帝也并不会从我们这里带走自由。[1]

在这一点上，神学将自己消解在无神论之中，将神恩主义消解在民主之中，因为上帝创造了世界，仿佛那里没有上帝一样，统治世界，仿佛世界自己统治自己一样：

> 事实上，我们可以说，上帝让我们做的正如我们自己会做的那样，因为他将我们创造于我们存在的原则和状态中。因此，的确可以说，我们存在的状态就是上帝希望我们所是的状态。同样，他让某人成为某人所是的样子，让物体成为物体所是的样子，思想成为思想所是的样子，情感成为情感所是的样子，行为成为行为所是的样子，必然成为必然所是

---

[1] Bossuet, 1871, Chapter 8, p. 65.

的样子,自由成为自由所是的样子,行动和实践中的自由成为行动和实践中自由所是的样子……[1]

在这幅宏伟的图像中,上帝所创造的世界被等同于一个没有上帝的世界,在那里,偶然与必然、自由与奴役全都融合在一起,治理机制的荣耀之心似乎很明显。现代性将上帝从俗世中移除,但它不仅没有将神学远远地抛在身后,而且在某种程度上不过是让神恩**安济**的计划更为完善。

---

[1] Bossuet, 1871, Chapter 8, p. 65.

参考文献

Alexander of Aphrodisias. 1931. *On Destiny*. Translated by A. Fitzgerald. London: The Scholartis Press.
Alexander of Aphrodisias. 1999. *La provvidenza. Questioni sulla provvidenza*. Edited by S. Fazzo and M. Zonta. Milan: Rizzoli.
Alexander of Hales. 1952. *Glossa in quatuor libros sententiarum Petri Lombardi*. Florence: Quaracchi.
Alföldi, Andreas. 1970. *Die monarchische Repräsentation im römischen Kaiserreiche*. Darmstadt: Wissenschaftliche Buchgesellschaft.
Amira, Karl von. 1905. *Die Handgebärden in den Bilderhandschriften des Sachsenspiegels*. Abhandlungen der Bayerischen Akademie der Wissenschaften, Philosophisch-Philologische und Historische Klasse, vol. 23, no 2.
Apuleius. 1909. *Apologia*. Translated by H. E. Butler. Oxford: Clarendon Press.
Aristides. 1951. *The Apology of Aristides the Philosopher*. In *The Ante-Nicene Fathers*, vol. X. Translated by Rev. D. M. Kay. Grand Rapids, MI: Wm. B. Eerdmans Publishing.
Aristotle. 1945. *Aristotle's Politics*. Edited by J. A. Smith and W. D. Ross. Oxford: Clarendon Press.
Aristotle. 1951. *De mundo*. In *The Works of Aristotle*, vol. III. Edited by J. A. Smith and W. D. Ross. Oxford: Clarendon Press.
Aristotle. 1953. *Aristotle's Metaphysics*. Revised with introduction and commentary by W. D. Ross. Oxford: Clarendon Press.
Aristotle. 1966. *Oeconomica*. Translated by E. S. Forster. In *The Works of Aristotle*, vol. X. Oxford: Clarendon Press.
Aristotle. 1984. *Nichomachean Ethics*. In *The Complete Works of Aristotle*, vol. 1. Translated by J. Barnes. Princeton: Princeton University Press.
Arius. 1957. *Letter to Alexander*. In Athanasius, *Select Works and Letters, The*

Nicene and Post-Nicene Fathers, vol. IV. Edited by A. Robertson. Grand Rapids, MI: Wm. B. Eerdmans Publishing.

Assmann, Jan. 2000. *Herrschaft und Heil. Politische Theologie in Altägypten, Israel und Europa*. Munich: Carl Hanser Verlag.

Athenagoras. 1956. *Embassy for the Christians; The Resurrection of the Dead*. Edited by J. Quasten and J. C. Plumpe. London: Longmans, Green & co.

Aubin, Paul. 1963. *Le problème de la conversion. Étude sur un terme commun à l'hellénisme et au christianisme des trois premiers siècles*. Paris: Beauchesne.

Augustine. 1847–1848. *Expositions on the Book of Psalms*. Vols. 1–5. Translated by J. H. Thomas. Oxford: J. Parker.

Augustine. 1873. *On the Trinity*. Translated by Rev. A. W. Hadden. Edinburgh: T. & T. Clark.

Augustine. 1952. *The City of God*. Translated by M. Dods. In *The Confessions, The City of God, On Christian Doctrine*. Chicago: Encyclopaedia Britannica.

Augustine. 1952. *On Christian Doctrine*. Translated by J. F. Shaw. In *The Confessions, The City of God, On Christian Doctrine*. Chicago: Encyclopaedia Britannica.

Augustine. 1992. *On Nature and Grace*. In *Four Anti-Pelagian Writings*. Translated by J. A. Mourant and W. J. Collinge. Washington, DC: Catholic University of America Press.

Augustine. 2002. *The Literal Meaning of Genesis*. In *On Genesis*. Translated by E. Hill. Hyde Park, NY: New City Press.

Augustine. 2002. *A Refutation of the Manichees*. In *On Genesis*. Translated by E. Hill. Hyde Park, NY: New City Press.

Augustine. 2006. *Confessions*. Translated by F. J. Sheed. Indianapolis: Hackett.

Augustine. 2007. *On Order*. Translated by S. Borruso. South Bend, IN: St. Augustine's Press.

Austin, John L. 1962. *How to Do Things with Words*. Oxford: Clarendon.

Ball, Hugo. 1923. *Byzantinisches Christentum. Drei Heiligenleben*. Munich: Duncker & Humboldt.

Balthasar, Hans Urs von. 1965. *Rechenschaft*. Einsiedeln: Johannes Verlag.

Balthasar, Hans Urs von. 1982. *The Glory of the Lord*. Vol. 1. Translated by E. Leiva-Merikakis. Edinburgh: T. & T. Clark.

Barth, Karl. 1957. *Church Dogmatics*. Vol. 2, *The Doctrine of God*, first half volume. Edited by G. W. Bromiley and T. F. Torrance. Edinburgh: T. & T. Clark.

Basil. 1952. *Letters and Select Works*. In *The Nicene and Post-Nicene Fathers*, vol. VIII. Translated by Rev. B. Jackson. Grand Rapids, MI: Wm. B. Eerdmans Publishing.

Bayle, Pierre. 1704–1707. *Réponse aux questions d'un provincial*. 5 vols. Rotterdam.

Bengsch, Alfred. 1957. *Heilsgeschichte und Heilswissen. Eine Untersuchung zur*

Struktur und Entfaltung des theologischen Denkens im Werk "Adversus haereses" des heiligen Irenäus. Leipzig: St. Benno-Verlag.

Benz, Ernst. 1932. *Marius Victorinus und die Entwicklung der abendländischen Willenmetaphysik.* Stuttgart: Kohlahmmer.

Blatt, Franz. 1928. "Ministerium-Mysterium." In *Archivum Latinitatis Medii Aevi,* 4, pp. 80–81.

Blumenberg, Hans. 1985. *The Legitimacy of the Modern Age.* Cambridge, MA: MIT Press.

Boethius. 1969. *The Consolation of Philosophy.* Translated by V. E. Watts. Harmondsworth, UK: Penguin.

Bossuet, Jacques Bénigne. 1871. *Traité du libre arbitre.* In *Œuvres choisies,* vol. IV. Paris: Gallimard.

Bossuet, Jacques Bénigne. 1936. *Discours sur l'histoire universelle.* In *Œuvres.* Paris: Gallimard.

Bréhier, Émile. 1938–1939. "Les lectures malebranchistes de J.-J. Rousseau." In *Révue internationale de philosophie,* 1 (October), pp. 98–142.

Bréhier, Louis, and Pierre Batiffol. 1920. *Les survivances du culte impérial romain, à propos des rites shintoïstes.* Paris: Picard.

Cabasilas, Nicolas. 1967. *Explication de la divine liturgie.* In *Sources chrétiennes,* 4bis. Paris: Cerf.

Caird, George B. 1956. *Principalities and Powers. A Study in Pauline Theology. The Chancellor's Lectures for 1954 at Queen's University, Kingston, Ontario.* Oxford: Clarendon Press.

Carchia, Gianni. 1997. "Elaborazione della fine. Mito, gnosi, modernità." *Contro tempo,* 2, pp. 18–28.

Christ, Felix (editor). 1967. *Oikonomia: Heilsgeschichte als Thema der Theologie. Oscar Cullmann zum 65. Geburtstag gewidmet.* Harnburg-Bergstedt: Herbert Reich.

Cicero. 1965. *Letters to Atticus.* Edited by D. R. Shackleton Bailey. Cambridge: Cambridge University Press.

Clement of Alexandria. 1934. *The Excerpta ex Theodoto of Clement of Alexandria.* Edited with translation, introduction, and notes by R. P. Casey. London: Christophers.

Clement of Alexandria. 1951. *The Clementine Homilies.* In *The Ante-Nicene Fathers,* vol. VIII. Translated by Rev. T. Smith. Grand Rapids, MI: Wm. B. Eerdmans Publishing.

Clement of Alexandria. 1962. *Exhortation to the Heathen.* In *The Ante-Nicene Fathers,* vol. II. Edited by Rev. A. Roberts and J. Donaldson. Grand Rapids, MI: Wm. B. Eerdmans Publishing.

Clement of Alexandria. 1962. *The Stromata, or Miscellanies.* In *The Ante-Nicene*

Fathers, vol. II. Edited by Rev. A. Roberts and J. Donaldson. Grand Rapids, MI: Wm. B. Eerdmans Publishing.

Coccia Emanuele. 2006. "Il bene e le sue opere in un trattato anonimo della fine del sec. XIII." In *Etica e conoscenza nel XIII e XIV secolo*. Edited by I. Zavattero. Arezzo: Università degli Studi di Siena.

Constantine Porphyrogenitus. 1935. *Le livre des cérémonies*. Vol. I. Paris: Les Belles Lettres.

Costa, Pietro. 1969. *Iurisdictio. Semantica del potere politico nella pubblicistica medievale. 1100–1433*. Milan: Giuffrè.

Courtenay, William. 1990. *Capacity and Volition. A History of the Distinction of Absolute and Ordained Power*. Bergamo: P. Lubrina.

Cyril of Jerusalem. 2000. In E. Yarnold, *Cyril of Jerusalem*, containing Cyril's *Mystagogic Catechesis*. London: Routledge.

D'Alès, Adhémar. 1919. "Le mot 'oikonomia' dans la langue théologique de saint Irénée." In *Revue des études grecques*, 32, pp. 1–9.

Daniélou, Jean. 1990. *Les anges et leur mission d'après les Pères de l'église*. Chevetogne: Éditions de Chevetogne.

Dante. 1990. *The Banquet*. Translated by R. H. Lansing. New York: Garland Publishing.

Debord, Guy. 1994. *The Society of the Spectacle*. Translated by D. Nicholson-Smith. New York: Zone Books.

Deleule, Didier. 1979. *Hume et la naissance du libéralisme économique*. Paris: Aubier Montaigne.

Dieterich, Albrecht. 1903. *Eine Mithrasliturgie*. Leipzig: Teubner.

Diodorus Siculus. 1939. *The Library of History*. Translated by C. H. Oldfather. London: Heinemann.

Dionysius, the Areopagite. 1894. *The Celestial and Ecclesiastical Hierarchy*. Translated by Rev. J. Parker. London: Skeffington & Son.

Dionysius, the Areopagite. 1957. *The Divine Names*. Translated by C. Rolt. London: Unwin Brothers.

Doornick, Stefan von. 1891. *Die summa über das Decretum Gratiani*. Giessen: Kessinger.

Dörrie, Heinrich. 1970. "Der König. Ein platonische Schlüsselwort, von Plotin mit neuem Sinn erfüllt." In *Revue internationale de philosophie*, 24, pp. 217–235.

Durant, Will. 1947. *The Story of Philosophy*. London: Ernest Benn.

Durkheim, Émile. 1995. *The Elementary Forms of Religious Life*. Translated by K. E. Fields. New York: The Free Press.

Eunomius. 1987. *Expositio Fidei / The Confession of Faith*. In *The Extant Works*. Translated and edited by R. P. Vaggione. Oxford: Clarendon.

Eusebius. 1903. *Preparation for the Gospel*. Translated by E. H. Gifford. Oxford: E Typographeo Academico.

Eusebius. 1927. *The Ecclesiastical History and the Martyrs of Palestine*. Edited by H. J. Lawlor and J. E. L. Oulton. London: Society for Promoting Christian Knowledge.

Eusebius. 1957. *Letter of Eusebius of Caesarea to the People of His Diocese*. In Athanasius, *Select Works and Letters*, *The Nicene and Post-Nicene Fathers*, vol. IV. Edited by A. Robertson. Grand Rapids, MI: Wm. B. Eerdmans Publishing.

Fénelon, François. 1997. *Réfutation du système du père Malebranche*. In *Œuvres*. Paris: Gallimard.

Flasch, Kurt. 1956. "*Ordo dicitur multipliciter.*" *Eine Studie zur Philosophie des "ordo" bei Thomas von Aquin*. Phil. Dissertation. Frankfurt.

Foucault, Michel. 2009. *Security, Territory, Population. Lectures at the Collège de France 1977–1978*. Translated by G. Burchell. New York: Picador.

Gass, Wilhelm. 1874. "Das Patristische Wort 'oikonomia.'" In *Zeitschrift für wissenschaftliche Theologie*.

Gernet, Louis. 1981. *The Anthropology of Ancient Greece*. Baltimore: Johns Hopkins University Press.

Giles of Rome. 1986. *On Ecclesiastical Power*. Translated by R. W. Dyson. Woodbridge, UK: The Boydel Press.

Gogarten, Friedrich. 1953. *Verhängnis und Hoffnung der Neuzeit. Die Säkularisierung als theologisches Problem*. Stuttgart: Vorwerk.

Gregory of Nazianzus. 1952. *Select Orations*. In *The Nicene and Post-Nicene Fathers*, vol. VII. Translated by C. G. Browne and J. E. Swallow. Grand Rapids, MI: Wm. B. Eerdmans Publishing.

Gregory of Nyssa. 1972. *The Great Catechism*. In *The Nicene and Post-Nicene Fathers*, vol. V. Translated by W. Moore and H. A. Wilson. Grand Rapids, MI: Wm. B. Eerdmans Publishing.

Grimm, Dieter. 1995. "Does Europe Need a Constitution?" In *European Law Journal*, 3, no. 95.

Habermas, Jürgen. 1991. *The Structural Transformation of the Public Sphere. An Inquiry into a Category of Bourgeois Society*. Translated by T. Burger. Cambridge, MA: MIT Press.

Harnack, Adolf. 1924. *Marcion. Das Evangelium vom fremden Gott. Eine Monographie zur Geschichte der Grundlegung der katholischen Kirche*. Leipzig: Hinrichs.

Heidegger, Martin. 1962. *Kant and the Problem of Metaphysics*. Translated by R. Taft. Bloomington: Indiana University Press.

Heidegger, Martin. 1994. *Bremer und Freiburger Vorträge*. Frankfurt: Klostermann.

Hellingrath, Norbert von. 1936. *Hölderlin-Vermächtnis. Forschungen und Vorträge. Ein Gedenkbuch zum 14. Dezember 1936*. Munich: Bruckmann.
Hesiod. 2004. *Theogony, Works and Days*. Translation, introduction, and notes by A. N. Athanassakis. Baltimore: Johns Hopkins University Press.
Hippolytus of Rome. 1977. *Contra Noetum*. Introduced, edited, and translated by R. Butterworth. London: Heythrop Monographs.
Hobbes, Thomas. 1983. *De Cive*. Oxford: Clarendon Press.
Ibn Rushd [Averroes]. 1984. *Ibn Rushd's Metaphysics*. Translated by C. Genequand. Leiden: Brill.
Ignatius of Antioch. 1946. *The Epistles of St. Clement of Rome and St. Ignatius of Antioch*. Translated by J. A. Kleist. Westminster, MD: The Newman Press.
Irenaeus. 1868. *Against Heresies*. In *The Writings of Irenaeus*. Translated by Rev. A. Roberts and Rev. W. H. Rambaut. Edinburgh: T. & T. Clark.
Isidore of Seville. 2006. *The Etymologies*. Translated, with introduction and notes by S. A. Barney, W. J. Lewis, J. A. Beach, and O. Berghof. Cambridge: Cambridge University Press.
Jesi, Furio. 1999. "Rilke, Elegie di Duino. Scheda introduttiva." In *Cultura tedesca*, 12.
John Chrysostom. 1889. *Homilies on the Epistle to the Hebrews*. In *Nicene and Post-Nicene Fathers*, vol. XIV. Translated by Rev. F. Gardiner. Grand Rapids, MI: Wm. B. Eerdmans Publishing.
John Chrysostom. 1961. *Sur la providence de Dieu*. Edited by A.-M. Malingrey. In *Sources chrétiennes*, 79. Paris: Cerf.
John of Damascus. 1973. *Exposition of the Orthodox Faith*. In *The Nicene and Post-Nicene Fathers*, vol. IX. Translated by Rev. S. D. F. Salmond. Grand Rapids, MI: Wm. B. Eerdmans Publishing.
Justin. 1867. *The First Apology*. In *Translations of the Writings of the Fathers down to A.D. 325*. Edited by Rev. A. Roberts and J. Donaldson. Edinburgh: T. & T. Clark.
Justin. 1881. *Iustini philosophi et martyris opera quae feruntur omnia*. Edited by J.C. T. Otto. Vol. 3, *Opera Iustini subditicia. Fragmenta Pseudo-Iustini*, t. 2, "Corpus apologetarum Christianorum saeculi secundi." Jenae.
Justin. 2003. *Dialogue with Trypho*. Translated by Rev. T. B. Falls. Washington, DC: The Catholic University of America Press.
Kantorowicz, Ernst. 1946. *Laudes Regiae. A Study in Liturgical Acclamations and Medieval Ruler Worship*. Berkeley: University of California Press.
Kantorowicz, Ernst. 1957. *The King's Two Bodies. A Study in Medieval Political Theology*. Princeton: Princeton University Press.
Kantorowicz, Ernst. 2005. *I misteri dello Stato*. Edited by G. Solla. Genoa: Marietti.
Kolping, Adolf. 1948. *Sacramentum Tertullianeum. Erster Teil: Untersuchungen*

über die Anfänge des christlichen Gebrauches der Vokabel "Sacramentum." Münster: Regensberg.

Kornemann, Ernst. 1905. "Zum Streit un die Entstehung des Monumentum Ancyranum." In *Klio*, 5, pp. 317–322.

Krings, Hermann. 1940. "Das Sein und die Ordnung. Eine Skizze zur Ontologie des Mittelalters." In *Deutsche Vierteljahrsschrift für Literaturwissensschaft und Geistesgeschichte*, 18, pp. 233–249.

Krings, Hermann. 1941. *Ordo. Philosophisch-historische Grundlegung einer abendländischen Idee.* Halle: Niemeyer.

Leibniz, Gottfried Wilhelm von. 1951. *Theodicy. Essays on the Goodness of God, the Freedom of Man, and the Origin of Evil.* Edited with an introduction by A. Farrer. Translated by E. M. Huggard. London: Routledge & Kegan Paul.

Lessius, Leonardus. 1861. *De perfectionibus moribusque divinis libri 14.* Freiburg.

Le Trosne, Guillaume François. 1777 [1980]. *De l'ordre social. Ouvrage suivi d'un traité élementaire sur la valeur, l'argent, la circulation, l'industrie & le commerce intérieure & extérieure.* Paris [Munich: Kraus Reprint].

Lillge, Otto. 1955. *Das patristische Wort "oikonomia." Seine Geschichte und seine Bedeutung.* Dissertation. Erlangen.

Longinus. 1935. *Longinus on the Sublime.* Translated by W. R. Roberts. Cambridge: Cambridge University Press.

Löwith, Karl. 1953. *Weltgeschichte und Heilsgeschehen. Die theologischen Voraussetzungen der Geschichtsphilosophie.* Stuttgart: W. Kohlhammer.

Lübbe, Hermann. 1965. *Säkularisierung. Geschichte eines ideenpolitischen Begriffs.* Freiburg: Alber.

Lünig, Johann Christian. 1719. *Theatrum ceremoniale historico-politicum.* Leipzig.

Maccarone, Michele. 1959. *Il sovrano "Vicarius Dei" nell'Alto Medioevo.* Leiden: Brill.

Maimonides, Moses. 1963. *The Guide of the Perplexed.* Translated by S. Pines. Chicago: University of Chicago Press.

Malebranche, Nicolas. 1923. *Dialogues on Metaphysics and on Religion.* Translated by M. Ginsberg. London: George Allen & Unwin.

Malebranche, Nicolas. 1979. *Traité de la nature et de la grâce.* In *Œuvres*, vol. 2. Paris: Gallimard.

Malebranche, Nicolas. 1992. *Treatise on Nature and Grace.* Translated by P. Riley. Oxford: Clarendon Press.

Marcus Aurelius. 1887. *The Meditations of Marcus Aurelius.* Translated by J. Collier. London: Walter Scott.

Markus, Robert A. 1954. "Pleroma and Fulfilment. The Significance of History in St. Irenaeus' Opposition to Gnosticism." In *Vigiliae Christianae*, 8, no. 4.

Markus, Robert A. 1958. "Trinitarian Theology and the Economy." In *Journal of Theological Studies*, 9.

Marouby, Christian. 2004. *L'économie de la nature. Essai sur Adam Smith et l'anthropologie de la croissance.* Paris: Seuil.
The Martyrdom of Polycarp. 1954. In *The Apostolic Fathers II.* Translated by K. Lake. London: William Heinemann.
Mascall, Eric L. 1951. "Primauté de la louange." In *Dieu vivant*, 19.
Matthew of Acquasparta. 1956. *Quaestiones disputatae de productione rerum et de providentia.* Bibliotheca Franciscana 17. Florence: Quaracchi.
Mauss, Marcel. 1968. *Œuvres.* Vol. 1. Paris: Les Éditions de Minuit.
Mauss, Marcel. 1974. *Œuvres.* Vol. 2. Paris: Les Éditions de Minuit.
Mauss, Marcel. 2003. *On Prayer.* Translated by S. Leslie. New York: Durkheim Press.
Mauss, Marcel. *Manuscript.* [Quotations refer to the handwritten transcription that was kindly lent to me by Claudio Rugafiori.]
Melandri, Enzo. 2004. *La linea e il circolo.* Macerata: Quodlibet.
Moingt, Joseph. 1966. *Théologie trinitaire de Tertullien.* 3 vols. Paris: Aubier.
Moltmann, Jürgen. 1981. *The Trinity and the Kingdom of God.* Translated by M. Kohl. London: SCM Press.
Mommsen, Theodor. 1969. *Römisches Staatsrecht.* 5 vols. Graz: Akademische Druck.
Mondzain, Marie-José. 1996. *Image, icône, économie. Les source byzantines de l'imaginaire contemporain.* Paris: Seuil.
Mopsik, Charles. 1993. *Les grandes textes de la cabale. Les rites qui font Dieu.* Lagrasse: Verdier.
Nagy, Gregory. 1979. *The Best of the Achaens. Concepts of the Hero in Archaic Greek Poetry.* Baltimore: Johns Hopkins University Press.
Napoli, Paolo. 2003. *Naissance de la police moderne. Pouvoir, normes, société.* Paris: La Découverte.
Nautin, Pierre (editor). 1949. Hippolyte. *Contre les hérésies.* Paris: Cerf.
Negri, Antonio, and Michael Hardt. 2000. *Empire.* Cambridge, MA: Harvard University Press.
Norden, Eduard. 1913. *Agnostos theos. Untersuchungen zur Formengeschichte religiöser Rede.* Leipzig: Teubner.
Origen. 1973. *On First Principles.* Translated by G. W. Butterworth. Gloucester, MA: Peter Smith.
Origen. 1983. *Philocalie, 1–20, sur les écritures et la Lettre à Africanus sur l'histoire de Suzanne.* In *Sources chrétiennes*, 302. Paris: Cerf.
Origen. 1992. *Commentaire sur S. Jean.* In *Sources chrétiennes*, 385. Paris: Cerf.
Origen. 1998. *Homilies on Jeremiah: Homily on 1 Kings 28.* Translated by J. C. Smith. Washington, DC: The Catholic University of America.
Ovid. 1851. *The Pontic Epistles.* In *The Fasti, Tristia, Pontic Epistles, Ibis, and Halieuticon.* Translated by H. T. Riley. London: H. G. Bohn.

Pascal, Blaise. 1962. *Pensées*. Paris: Seuil.
Pascal, Blaise. 2003. *Letters Written to a Provincial*. In *The Mind on Fire*. Edited by J. M. Houston. Vancouver: Regent College Publishing.
Perrot, Jean-Claude. 1992. *Une histoire intellectuelle de l'économie politique. 17–18 siècle*. Paris: Éditions de l'École des Hautes Études en Sciences Sociales.
Peters, Edward. 2001. *Limits of Thought and Power in Medieval Europe*. Aldershot, UK: Ashgate.
Peterson, Erik. 1926. *Heis Theos. Epigraphische, formgeschichtliche und religiongeschichtliche Untersuchungen*. Göttingen: Vandenhoeck und Ruprecht.
Peterson, Erik. 1994. *Ausgewählte Schriften*. Vol. 1, *Theologische Traktate*. Würzburg: Echter.
Peterson, Erik. 1995. *Ausgewählte Schriften*. Vol. 2, *Marginalien zur Theologie und andere Schriften*. Würzburg: Echter.
PG: Patrologiae cursus completus. Series Graeca. 1857–1866. Edited by Jacques-Paul Migne. Paris.
Philip the Chancellor. 1985. *Summa de bono*. 2 vols. Bern: Editiones Francke Bernae.
Philo. 1993. *The Works of Philo*. Translated by C. D. Yonge. Peabody, MA: Hendrickson Publishers.
Photius. 1986. *Photii Epistulae et Amphilochia*. Vol. 4. Edited by L. G. Westerink. Leipzig: Teubner.
Picard, Charles. 1954. "Le trône vide d'Alexandre dans la cérémonie de Cyunda et le culte du trône vide à travers le monde gréco-romain." In *Cahiers archéologiques*, VII, pp. 1–18.
PL: Patrologiae cursus completus. Series Latina. 1844–1855. Edited by Jacques-Paul Migne. Paris.
Plato. 2002. *Letters*. In *The Collected Dialogues*. Edited by E. Hamilton and H. Cairns. Princeton: Princeton University Press.
Plutarch. 1959. *On Fate*. In *Moralia VII*. Edited by P. H. De Lacy and B. Einarson. Cambridge, MA: Harvard University Press.
Pohlenz, Max. 1948. *Die Stoa. Geschichte einer geistigen Bewegung*. 2 vols. Göttingen: Vandenhoeck & Ruprecht.
Postigliola, Alberto. 1992. *La città della ragione—per una storia filisofica del settecento francese*. Rome: Bulzoni.
Prestige, George L. 1952. *God in Patristic Thought*. London: SPCK.
Proclus. 1833. *Two Treatises of Proclus*. Translated by T. Taylor. London: William Pickering.
Proclus. 1963. *The Elements of Theology*. Translated by E. R. Dodds. Oxford: Clarendon Press.
Proclus. 2004. *Tria Opuscula. Provvidenza, libertà, male*. Edited by F. F. Paparella. Milan: Bompiani.
Puech, Henri Ch. 1978. *En quête de la Gnose*. Paris: Gallimard.

Quesnay, François. 1968. *Quesnay et la physiocratie.* 2 vols. Paris: Institut National d'Études Démographiques.
Quidort. 1614. *Fratris Johannis de Parisiis . . . de potestate regia et papali.* In Melchior Goldast, *Monarchiae sacri Romani imperii, sive Tractatuum de iurisdictione imperiali seu regia et pontificia seu sacerdotalis,* vol. 2. Frankfurt.
Radó, Polycarpus. 1966. *Enchiridion liturgicum complectens theologiae sacramentalis et dogmata et leges.* Rome: Herder.
Res gestae divi Augusti. 2009. Translated by A. E. Cooley. Cambridge: Cambridge University Press.
Richter, Gerhard. 2005. *Oikonomia. Der Gebrauch des Wortes Oikonomia im Neuen Testament, bei den Kirchenvätern und in der teologischen Literatur bis ins 20. Jahrundert.* Berlin: de Gruyter.
Rigo, Antonio (editor). 2004. *Gregorio Palmas e oltre. Studi e documenti sulle controversie teologiche del XIV secolo bizantino.* Florence: Olschki.
Riley, Patrick. 1988. *The General Will Before Rousseau. The Transformation of the Divine into the Civic.* Princeton: Princeton University Press.
Rilke, Rainer Maria. 1987. *Sonnets to Orpheus.* Translated by D. Young. Middletown, CT: Wesleyan University Press.
Rilke, Rainer Maria. 2000. *Duino Elegies.* Translated by E. Snow. New York: North Point Press.
Ross, William D. 1953. *Aristotle's Metaphysics.* Oxford: Clarendon Press.
Rousseau, Jean-Jacques. 1992. *Discourse on Political Economy.* In *Collected Writings of Rousseau,* vol. III. Translated by J. R. Bush, R. D. Masters, C. Kelly, and T. Marshall. Hanover, NH: University Press of New England.
Rousseau, Jean-Jacques. 2001. *Letters Written from the Mountain.* In *The Collected Writings of Rousseau,* vol. IX. Translated by J. R. Bush and C. Kelly. Hanover, NH: University Press of New England.
Rousseau, Jean-Jacques. 2002. *The Social Contract.* In *The Social Contract and the First and Second Discourses.* Edited by S. Dunn. New Haven, CT: Yale University Press.
Salvian. 1977. *The Writings of Salvian, the Presbyter.* Translated by J. F. O'Sullivan. Washington, DC: The Catholic University of America Press.
Santillana, Giorgio De. 1963. "Fato antico e fato moderno." In *Tempo presente,* VIII, no. 9–10.
Scarpat, Giuseppe. 1959. "Introduction" to Tertullian, *Adversus Praxean.* Turin: Loescher.
Schelling, Friedrich Wilhelm Joseph. 1977. *Philosophie der Offenbarung. 1841/42.* Frankfurt: Suhrkamp.
Schenk, Gerrit Jasper. 2003. *Zeremoniell und Politik. Herrschereinzüge im spätmittelalterlichen Reich.* Cologne: Böhlau.
Schickel, Joachim. 1993. *Gespräche mit Carl Schmitt.* Berlin: Merve.

Schmitt, Carl. 1927. *Volksentscheid und Volksbegehren. Ein Beitrag zur Auslegung der Weimarer Verfassung und zur Lehre von der unmittelbaren Demokratie*. Berlin: Walter de Gruyter.

Schmitt, Carl. 1933. *Staat, Bewegung, Volk. Die Dreigliederung der politischen Einheit*. Hamburg: Hanseatische Verlagsanstalt.

Schmitt, Carl. 2003. *Nomos of the Earth in the International Law of the Jus Publicum Europaeum*. Translated by G. L. Ulmen. New York: Telos Press.

Schmitt, Carl. 2005. *Political Theology: Four Chapters on the Concept of Sovereignty*. Translated and with an introduction by G. Schwab. Chicago: University of Chicago Press.

Schmitt, Carl. 2008a. *Political Theology II: The Myth of the Closure of Any Political Theology*. Edited by M. Hoelzl and G. Ward. Cambridge: Polity Press.

Schmitt, Carl. 2008b. *Constitutional Theory*. Translated and edited by J. Seitzer. Durham, NC: Duke University Press.

Scholem, Gershom. 1990. *Origins of the Kabbalah*. Translated by A. Arkush. Princeton: Princeton University Press.

Scholem, Gershom. 1997. *On the Mystical Shape of the Godhead*. Translated by J. Neugroschel. New York: Schocken Books.

Schramm, Ernst Percy. 1954–1965. *Herrschaftszeichen und Staatssymbolik. Beiträge zu ihrer Geschichte vom dritten bis zum sechzehnten Jahrhundert*. 3 vols. Stuttgart: Anton Hiersemann.

Schürmann, Reiner. 1990. *Heidegger on Being and Acting: From Principles to Anarchy*. Bloomington: Indiana University Press.

Seibt, Klaus. 1994. *Die Theologie des Markell von Ankyra*. Berlin: de Gruyter.

Senellart, Michel. 1995. *Les arts de gouverner. Du "regimen" médiéval au concept de gouvernement*. Paris: Seuil.

Silva Tarouca, Amadeo de. 1937. "L'idée d'ordre dans la philosophie de Saint Thomas d'Aquin." In *Revue néoscholastique de philosophie*, 40, pp. 341–384.

Simonetti, Manlio (editor). 1986. *Il Cristo*. Vol. II, *Testi teologici e spirituali in lingua greca dal IV al VII secolo*. Milan: Fondazione Valla/Mondadori.

Smith, Adam. 1976. *An Enquiry into the Nature and Causes of the Wealth of Nations*. Chicago: University of Chicago Press.

Smith, Adam. 2002. *Theory of Moral Sentiments*. Cambridge: Cambridge University Press.

Spinoza, Benedict. 2002. *Ethics*. In *Complete Works*. Translated by S. Shirley. Indianapolis: Hackett Publishing.

Stein, Bernhard. 1939. *Der Begriff KEBOD JAHWEH und seine Bedeutung für die Alttestamentliche Gotteserkenntnis*. Emsdetten: Heim.

Stoicorum veterum fragmenta (SVF). 1903. Edited by Hans von Arnim. Vols. II–III. Leipzig: Teubner.

Suárez, Francisco. 1858. *Opera omnia*. Vol. 3. Paris: Vives.

The Targum Onqelos to Genesis. 1988. Translated by B. Grossfeld. Edinburgh: T. & T. Clark.

Tatian. 1867. *Address of Tatian to the Greeks*. In *The Writings of Tatian and Theophilus; and The Clementine Recognitions*. Translated by Rev. B. P. Pratten, Rev. M. Dods, and Rev. T. Smith. Edinburgh: T. & T. Clark.

Taubes, Jacob. 1987. *Ad Carl Schmitt. Gegenstrebige Fügung*. Berlin: Merve.

Tertullian. 1948. *Tertullian's Treatise Against Praxeas*. Edited by E. Evans. London: SPCK.

Tertullian. 1972. *Adversus Marcionem*. Edited and translated by E. Evans. Oxford: Clarendon Press.

Theodoret. 1969. *Dialogues (The "Eranistes" or "Polymorphus" of the Blessed Theodoretus, Bishop of Cyrus)*. Translated with notes by Rev. B. Jackson. In *The Nicene and Post-Nicene Fathers*, vol. III. Grand Rapids, MI: Wm. B. Eerdmans Publishing.

Theodoret of Cyrus. 2001. *Commentary on the Letters of Saint Paul*. 2 vols. Translated with an introduction by Robert Charles Hill. Brookline, MA: Holy Cross Orthodox Press.

Theophilus of Antioch. 1970. *Ad Autolycum*. Edited and translated by R. M. Grant. Oxford: Clarendon Press.

Thomas Aquinas. 1961. *Commentary on the Metaphysics of Aristotle*. Translated by J. P. Rowan. Chicago: Regnery.

Thomas Aquinas. 1964–1981. *Summa Theologiae*. Edited and translated by Th. Gilby et al. London: Blackfriars.

Thomas Aquinas. 1975. *Summa contra Gentiles*. Translated by A. C. Pegis, J. F. Anderson, V. J. Bourke, and Ch. J. O'Neil. London: University of Notre Dame Press.

Thomas Aquinas. 1979. *On Kingship to the King of Cyprus*. Revised translation, introduction, and notes by I. Th. Eschmann. Westport, CT: Hyperion Press.

Thomas Aquinas. 1996. *Commentary on the Book of Causes*. Translated by V. A. Guagliardo, C. R. Hess, and R. C. Taylor. Washington, DC: The Catholic University of America Press.

Thomas Aquinas. 1997. *On the Government of Rulers: De regimine principum*. Translated by J. M. Blythe. Philadelphia: University of Pennsylvania Press.

Torrance, Thomas. 1967. "The Implications of Oikonomia for Knowledge and Speech of God in Early Christian Theology." In *Oikonomia. Heilgeschichte als Thema der Theologie. Oscar Cullmann zum 65. Geburstag gewidmet*. Edited by Felix Christ. Hamburg-Bergstedt: Herbert Reich.

Troeltsch, Ernst. 1925. *Glaubenslehre. Nach Heidelberger Vorlesungen aus den Jahren 1911 und 1912*. Munich: Duncker & Humblot.

Verhoeven, Theodorus L. 1948. *Studiën over Tertullianus' "Adversus Praxean." Voornamelijk betrekking hebbend op Monarchia, Oikonomia, Probola in ver-*

band met de Triniteit. Amsterdam: N. V. Noord-Hollandsche Uitgevers Maatschappij.

Vernant, Jean-Pierre. 1972. "Ebauches de la volonté dans la tragédie grecque." In Various Authors, *Psychologie comparative et art. Hommage à Ignace Meyerson.* Paris: PUF.

Weston, Jessie L. 1920. *From Ritual to Romance.* Cambridge: Cambridge University Press.

William of Auvergne. 1570. *De Retributionibus sanctorum.* In *Opera omnia,* vol. 2. Paris.

Wolff, Christian. 1995. *Natürliche Gottesgelahrtheit nach beweisender Lehrart abgefasset.* In *Gesammelte Werke,* ser. I, vol. 23.5. Hildesheim: Olms.

Xenophon. 1923. *Memorabilia and Oeconomicus.* Translated by E. C. Marchant. London: Heinemann.